Barbara Dietrich

Abschied von Papa

Auf dem Weg ins Licht
Ein Trostbuch

Über die Autorin

Barbara Dietrich, Jahrgang 1953, lebt in der Nähe von Nürnberg uns ist von Beruf Lehrerin und Mutter von vier Kindern, drei eigenen und einer Stieftochter. Sie hat sowohl in ihrer Familie, als auch bei ihren Schulkindern immer wieder erlebt, wie schwer es ist, die Trennung der Eltern zu verkraften. Sie kennt die Ängste der Kinder, einen geliebten Elternteil zu verlieren. Aber sie durfte auch erleben, wie beglückend es sein kann, wenn ein Kind feststellt: Ich habe weder Vater noch Mutter verloren, auch wenn wir nicht mehr alle zusammen wohnen. Im Gegenteil, ich habe sogar eine mütterliche Freundin und/oder einen väterlichen Freund dazu gewonnen! Und dass das allemal besser ist, als zu Hause ständig Streit und Spannung zu erleben, das möchte sie ihren jungen Leserinnen und Lesern gerne vermitteln.

Barbara Dietrich

Abschied von Papa

Auf dem Weg ins Licht
Ein Trostbuch

Smaragd Verlag

Bitte fordern Sie unser kostenloses Verlagsverzeichnis an:

Smaragd Verlag
In der Steubach 1
57614 Woldert (Ww.)
Tel.: 02684.97848-10
Fax: 02684.97848-20
E-Mail: info@smaragd-verlag.de
www.smaragd-verlag.de

Oder besuchen Sie uns im Internet unter der obigen Adresse.

Deutsche Erstausgabe 2002
Dritte Auflage Januar 2011
Cover: Böhm & Partner, Koblenz
Satz: DTP-Service-Studio, Rheinbrohl
Printed in Czech Republic
ISBN 978-3-934254-55-8

Hellwach lag Tina in ihrem Bett.

Eben hatte Oma leise die Tür hinter sich zugezogen und war ins Wohnzimmer gegangen.

Tina hatte sich schlafend gestellt, damit sie endlich ging, denn heute hatte sie noch etwas vor – und dafür musste sie alleine sein.

Die kleine Anna, die an der anderen Seite des Kinderzimmers in ihrem Gitterbettchen lag, störte sie nicht. Sie schlief längst tief und fest, den Daumen im Mund ..., und hatte keine Ahnung von all dem Schrecklichen, das über ihre Familie gekommen war.

In Gedanken ließ sie die letzten Tage noch einmal an sich vorüberziehen.

Am Sonntag hatten sie noch alle zusammen ein Picknick am Badesee gemacht, waren um die Wette geschwommen und hatten im Wald süße Himbeeren gefunden, die Papa auf lange Grashalme gefädelt hatte...

Montag früh musste Papa wieder auf Dienstreise, wie so oft.

Tina konnte diese Tage gar nicht leiden, aber Papa hatte sie getröstet, dass es diesmal nur drei Tage dauern würde. Mittwoch Abend würde er wieder da sein und vor dem Zubettgehen noch eine kleine Radtour mit ihr machen.

Heute war Mittwoch, aber aus der Radtour war nichts geworden!

Als die Familie gestern beim Mittagessen saß, klingelte das Telefon.

Mama war drangegangen und hatte wenige Sekunden später im Flur einen Schrei ausgestoßen.

Kurz darauf war sie käseweiß wieder in die Küche gekommen.

„Papa ist zusammengebrochen“, hatte sie gestammelt, „es geht ihm sehr schlecht.“

Dann ging erst mal alles durcheinander.

Oma wurde angerufen, Anna kam zur Nachbarin, Mama packte ein paar Sachen in ihre Reisetasche und wuselte aufgeregt durch die Wohnung.

„Sei brav, wenn Oma da ist“, hatte sie noch gesagt, „und sei lieb zu Anna“..., und schon war sie weg.

Tina hatte versucht, ihre Hausaufgaben zu machen, aber irgendwie waren die Zahlen im Rechenbuch ganz durcheinander und Tinas Gedanken kreiselten immer nur um die paar Worte *„zusammengebrochen“*, *„geht ihm schlecht“* ..., verstanden hatte sie überhaupt nichts.

Als Oma dann kam, holten sie erst mal Anna, dann kochten sie sich einen Tee und Oma erzählte.

Sie hatte schon mit dem Krankenhaus telefoniert, in das Papa gebracht worden war.

Man vermutete einen Herzinfarkt, aber so genau wusste das bis jetzt noch niemand. Im Moment war er bewußtlos.

Mama war zu ihm gefahren, damit sie bei ihm sein konnte, und Oma würde so lange für Tina und Anna sorgen.

Am Abend hatten sie gebetet, dass der liebe Gott Papa bitte ganz schnell wieder gesund machen soll.

Am nächsten Tag konnte Tina in der Schule überhaupt nicht aufpassen, weil sie dauernd an Papa denken musste. Irgendwann fragte die Lehrerin, ob sie wohl gestern zu lange aufgeblieben sei – da erzählte Tina von Papa.

Alle waren sehr erschrocken und wollten wissen, ob er vorher schon krank war oder so, aber davon wusste Tina nichts. Eigentlich war Papa immer kerngesund gewesen.

Am Abend telefonierten sie mit Mama.

Papa war immer noch bewußtlos – er war „ins Koma gefallen", sagte sie dazu, und Tina merkte, dass Mama dabei weinte. Niemand konnte sagen, wann er wieder aufwachen würde, nicht mal, ob er überhaupt am Leben bleiben würde.

O Gott, das war ja schrecklich!

Nein, Papa darf doch nicht einfach sterben!

Das kann doch alles nicht wahr sein, dachte Tina verzweifelt. Bestimmt ist das nur ein schlimmer Traum und morgen früh wache ich auf und alles ist wieder in Ordnung. Dann wird Papa in der Küche sitzen und

Zeitung lesen, die dicke Kaffeetasse in der Hand ..., es konnte gar nicht anders sein.

Aber heute früh war gar nichts wieder in Ordnung.

Es ging schon damit los, dass Anna nach der Mama brüllte, ihre Flasche aus dem Bett schmiss und nach der Oma trat, als die sie beruhigen wollte.

Keine Mama beugte sich über Tinas Bett, kein Papa saß mit der Zeitung in der Küche ...

Tina hatte sich die Bettdecke über den Kopf gezogen und ihren Tränen freien Lauf gelassen, bis Oma sich zu ihr gesetzt und ihr immer wieder sanft über den Kopf gestreichelt hatte.

„Tinamaus, kleine Tinamaus", hatte sie immer wieder gemurmelt.

Irgendwann waren dann die Tränen versiegt und Tina hatte sich schulfertig gemacht.

„Du hilfst dem Papa nicht, wenn du den ganzen Tag weinst", hatte Oma gesagt, und wahrscheinlich hatte sie Recht.

In der Schule hatte Frau Friedrich sie gleich nach dem Papa gefragt. Als Tina erzählte, dass er ins Koma gefallen sei, ließ Frau Friedrich alle Kinder ihre Rechenbücher wegräumen und sprach mit ihnen über Krankheit und Tod.

Fast alle hatten dazu schon etwas erlebt.

Ramona erzählte von ihrer Freundin, die im

Rollstuhl sitzt und vielleicht bald sterben muss; bei Stefan war im letzten Winter der Opa gestorben und ein anderes Kind erzählte von einem tot geborenen Geschwisterchen. Frau Friedrich selber sprach von einem Verwandten, der viele Wochen im Koma gelegen hatte, dann aber doch wieder aufgewacht war und inzwischen sogar wieder laufen konnte.

Das gab Tina neue Hoffnung.

Dann hatte Frau Friedrich gesagt, dass Menschen im Koma nicht nur alles mitbekommen, was in ihrem Zimmer gesprochen wird, sondern wahrscheinlich sogar Gedanken ‚hören‘ können, selbst wenn sie von weit, weit herkommen.

Das war Tina den ganzen Tag nicht mehr aus dem Sinn gegangen, und das war es auch, was sie jetzt vorhatte: dem Papa ihre Gedanken zu schicken, wie einen unsichtbaren Brief.

Ganz fest dachte sie an ihn, stellte sich sein Gesicht vor, die vielen Fältchen um die Augen, wenn er lachte, die Locke, die ihm immer in die Stirn fiel, der Duft nach Zigaretten und Rasierwasser ...

‚Lieber, lieber Papa‘, dachte sie mit aller Kraft ihres Herzens, ‚bitte bitte, du darfst nicht sterben! Wir brauchen dich noch so dringend! Bitte, bitte, lieber, lieber Papa, werd‘ wieder gesund, wach‘ wieder auf! Papa, ach Papa, ich hab‘ dich doch so lieb!‘ ..., und die Tränen liefen ihr nur so übers Gesicht.

Irgendwann war sie dann wohl doch eingeschlafen.

Sie erwachte von einer Berührung.

Jemand saß an ihrem Bett und streichelte ihre Haare.

Als sie die Augen öffnete, glaubte sie, ihren Augen nicht zu trauen – es war Papa! Ihr Papa!

Laut aufschluchzend warf sie sich in seine Arme und brauchte sehr lange, bis sie sich wieder beruhigen konnte.

Schließlich bettete er ihren Kopf behutsam wieder aufs Kissen und schaute sie sehr liebevoll und irgendwie feierlich an.

„Meine große Tochter“, sagte er ernst. „Ich habe deine Gedanken empfangen, so ungefähr wie Radiowellen, deshalb bin ich zu dir gekommen.“

„Bist du wieder gesund? Ist Mama auch da?“, wollte Tina aufgeregt wissen, doch Papa legte den Finger auf den Mund.

„Niemand weiß, dass ich hier bin“, sagte er. „Ich hab‘ mich heimlich davongemacht, weil ich dir manches sagen möchte.

Mein Körper liegt noch immer dort im Krankenhaus, aber mit meiner Seele kann ich reisen.“

Fassungslos riss Tina die Augen auf, aber Papa lächelte.

„Du kannst das auch“, sagte er, „und du tust es auch – jede Nacht – wenn du träumst. Davon möchte ich dir heute erzählen.“

„Weißt du“, begann er, „jeder Mensch hat einen Körper, den wir sehen können, und eine Seele, die wir nicht sehen können, obwohl der Seelenkörper genauso aussieht wie der andere Körper.

Unsere Seelen sind eigentlich im Himmel zu Hause, bei Gott, in der anderen, unsichtbaren Welt, in der es unendlich viele verschiedene Bereiche gibt.

Wenn nun ein Baby im Mutterbauch zu wachsen beginnt, kommt eine Seele aus dem Himmel in diesen neuen Körper, um hier auf der Erde zu leben.

Oft haben die Seelen aber auch Heimweh nach zu Hause. Dann nutzen sie die Nacht, wenn der Erdenkörper schläft, und fliegen in diese andere Welt.

Dort treffen sie dann viele liebe Freunde – solche, die auch gerade mit ihrem Seelenkörper unterwegs sind, aber auch solche, die gerade nicht auf der Erde leben. Mit ihnen können sie dort allerlei erleben. Manche Menschen übernehmen auf diese Weise in der Nacht sogar wichtige Aufgaben.

Wir alle machen im Schlaf solche Reisen, ob wir das nun wissen, oder nicht.

Wenn wir dann aufwachen, erinnern wir uns oft nur ganz undeutlich an unsere Erlebnisse, manchmal wissen wir auch gar nichts mehr davon. Und trotzdem sind diese Reisen genauso wirklich wie unser Tagesleben.

Es ist ein bißchen so, als ob zwischen unserer Erdenwirklichkeit und der unsichtbaren Welt ein Schleier ist.

Durch diesen Schleier kann die Seele leicht hindurchschlüpfen, unsere Erdenaugen aber können nicht – oder nur ganz selten einmal – dahinter schauen.

Hast du schon einmal bewusst über eine Kerze oder ein Feuer geschaut? Alles, was dahinter ist, zittert dann ein wenig. Es ist die Hitze der Flammen, die heiße Luft, die da zittert, und für uns sieht es so aus, als ob das Zimmer oder die Landschaft dahinter zittert.

So ähnlich ist das auch mit diesem Schleier zwischen den Welten. Er ist nicht heiß, aber durch ihn erscheint uns alles, was dahinter ist, verschwommen oder verzerrt. Deshalb kommen uns unsere Träume oft so unwirklich vor.

Manchmal allerdings können wir uns auch ganz klar an unsere Nachterlebnisse erinnern.

Wenn wir uns das beim Einschlafen fest vornehmen, können uns unsere unsichtbaren Helfer, die wir alle haben, dabei unterstützen.

Du zum Beispiel wirst dich morgen ganz genau an unser Gespräch erinnern. Dein Helfer hat mir das versprochen.

Es ist wichtig, dass du dir diese Dinge merkst, denn

sie können dir helfen, die Welt besser zu verstehen.

Allerdings musst du wissen, dass die meisten Menschen, besonders die Erwachsenen, dir nicht glauben werden!

Das ist schon wirklich seltsam bei uns großen Leuten: Wir wollen einfach nur das glauben, was wir mit unseren Erdenaugen sehen können ..., dabei müssten wir es doch eigentlich besser wissen.

Okay, der Schleier verzerrt unsere Erinnerungen an die nächtlichen Erlebnisse, deshalb tun wir sie einfach als Fantasie ab.

Wir wissen, dass unser Körper die ganze Nacht im Bett geblieben ist und können uns einfach nicht vorstellen, dass die Seele auch allein auf Reisen gehen kann.

Viele Erwachsene denken sogar, dass es gar keine Seele gibt, dass der Mensch nur den Erdenkörper hat, und mehr nicht. Die Armen! Die denken nämlich auch, dass dann mit dem Tod alles vorbei ist.

Ich habe das auch lange gedacht, aber jetzt weiß ich es besser, und du sollst das auch wissen!

Jetzt weiß ich, dass wir, wenn wir hier auf der Erde sterben, nach Hause zurückkehren, in den Himmel, zu Gott, in die unsichtbare, andere Welt hinter dem Schleier.

Und dort, mein Schatz, ist es wunder-, wunderschön!“

Staunend folgte Tina den Worten ihres Vaters.

So viel Neues, Erstaunliches und Fremdartiges erzählte er ihr da – es war kaum zu fassen und fast ein bisschen viel auf einmal.

Allmählich wurden ihr die Augen schwer ...

Eine warme Hand streichelte ihren Kopf.

„Papa“, murmelte sie glücklich, doch als sie die Augen aufschlug, war es Oma, die an ihrem Bett saß. Tina blinzelte ein paarmal, doch es blieb Oma, die sie unglaublich traurig ansah und merkwürdig rote Augen hatte.

Verwirrt blickte Tina aus ihren Decken.

Irgend etwas stimmte nicht, das fühlte sie genau, und plötzlich war da eine ganz schreckliche Ahnung.

„Oma“, fragte sie zitternd, „Ist was mit Papa?“

Da nickte Oma, und Tränen kullerten über ihre gefurchten Wangen.

„Heute Nacht ist Papa von uns gegangen“, sagte sie leise. „Jetzt ist er bei den Engeln im Himmel“.

„Nein!“, stammelte Tina entsetzt, „Das kann nicht sein! Er war doch heute Nacht noch bei mir!“

„Vorhin hat Mama angerufen“, erklärte Oma. „Gegen Mitternacht ist es passiert. Dein Papa ist tot.“

„Aber er war doch hier, bei mir!“ – Tina schrie es fast. „Er hat mit mir gesprochen! Er hat mir ganz viel erzählt!“

Oma nickte unter Tränen.

„Opa war auch einmal so bei mir, nachdem er gestorben war", sagte sie dann. „Er hat mich damals sehr getröstet. ‚Weine nicht mehr', hat er gesagt, ‚mir geht es hier sehr gut!' ... und dann verschwand er plötzlich, löste sich wie Nebel auf.

Tina konnte es nicht fassen.

Sie wollte es einfach nicht glauben.

Bestimmt kam gleich ein Anruf, dass das alles ein Irrtum war, ein Versehen, ...

Aber es kam kein Anruf.

Stattdessen kam Mama, als sie gerade beim Frühstück saßen.

Sie sah furchtbar blass und elend aus, wollte aber nichts essen.

Sie erzählte, dass sie die ganze Nacht an Papas Bett gesessen hatte. Irgendwann, noch mitten in der Nacht, hatte er plötzlich die Augen aufgemacht, hatte Mama ganz liebevoll angelächelt, ihre Hand gedrückt und geflüstert: „Ich hab' dich lieb!"

Gleich darauf hatte er die Augen wieder zugemacht und einfach aufgehört zu atmen.

Mama hatte das gar nicht gleich gemerkt, sondern gedacht, er sei wieder eingeschlafen.

Erst als wenig später die Schwester kam, um nach ihm zu sehen, entdeckte die, dass er tot war.

Die Ärzte hatten dann wohl noch versucht, ihn zu beatmen, aber es war nichts mehr zu machen gewesen.

Stumm und fassungslos saßen sie am Tisch.

Dann brachte Oma Mama zu Bett und redete im Schlafzimmer noch lange mit ihr.

Keiner dachte daran, Tina zur Schule zu schicken.

Sie versuchte, sich um die quengelige Anna zu kümmern, las ihr vor, baute Türmchen mit ihr – und war doch in Gedanken weit, weit weg.

Später konnte Tina gar nicht mehr sagen, wie sie diesen Tag zu Ende gebracht hatten.

Ja, irgendwann waren irgendwelche Leute da gewesen ...

Wahrscheinlich hatten sie auch zu Mittag gegessen, Tina wusste es nicht mehr.

Sie war nur froh, als sie endlich abends zu Bett gehen und dort weinen, weinen, weinen konnte ...

Wieder erwachte sie mitten in der Nacht und sah Papa an ihrem Bettrand sitzen.

„Papa!“ schluchzte sie auf. „Bitte sag‘, dass das alles nicht wahr ist!“

Behutsam nahm er ihre Hand.

„Mein großes Mädchen“, sagte Papa zärtlich, strich ihr die wirren Haare aus der Stirn und wartete, bis Tina sich allmählich beruhigte.

Langsam wich das maßlose Entsetzen dieses furchtbaren Tages, und ein tiefer Friede erfüllte sie.

Wie gut es tat, Papas Nähe zu spüren!

Vielleicht wurde doch noch alles gut!

„Ja, meine Große“, begann Papa. „Es gibt eine Menge Dinge, die ich dir erzählen möchte.

Ich will versuchen, dir zu erklären, warum alles so ist, wie es jetzt ist.“

Ängstlich schaute Tina ihn an, doch Papa lächelte.

„Erinnerst du dich an das, was ich dir gestern erzählt habe?“, fragte er.

Als Tina nickte, fuhr er fort:

„Es ist eine lange Geschichte, und sie beginnt dort, in der anderen Welt, von der ich dir gestern erzählt habe:

Bevor wir alle geboren wurden – Mama und ich und du und Anna – lebten wir sehr glücklich und zufrieden in den himmlischen Welten.

Eines Tages trafen wir uns, zusammen mit unseren Helfern und Beratern, in Gottes großer Halle, um unser gemeinsames Leben zu planen.

Deine Mutter und ich wollten sehr gerne als Mann und Frau zusammenleben und Kinder miteinander haben. Ich wusste aber auch, dass ich bald eine sehr wichtige Aufgabe in den anderen Welten übernehmen sollte.

Dieses Problem mussten wir gemeinsam lösen.

‚Ich kann nicht sehr lange auf der Erde bleiben,

wahrscheinlich müsstest du die Kinder allein großziehen', erklärte ich ihr. ,Sollen wir es trotzdem wagen?'

Wir fragten dann euch beide, wie ihr dazu denkt, aber ihr wart euch einig:

,Auch wenn es nur wenige Jahre sind, die wir miteinander leben können,' sagtet ihr damals beide, ,wir wollen es trotzdem! Es wird zwar nur eine kurze Zeit sein, aber sie wird glücklich sein. Doch, wir wollen dich trotzdem als Vater!'

Auch eure Mutter sah das so, aber unsere Helfer hatten Bedenken.

Schließlich wurde einer unserer besten Freunde dazugeholt.

Wir erzählten ihm von unserem Plan und von den Bedenken, und er bot an, uns zu helfen.

Wenn meine Zeit auf der Erde vorbei sei, wollte er kommen und euch beistehen.

Dieser Vorschlag gefiel allen und so wurde beschlossen, dass unser Freund nach meinem Fortgang euer neuer Vater und Mamas neuer Mann werden sollte."

Empört unterbrach Tina ihren Vater: „Was soll denn das? Ich will keinen neuen Vater! Du bist mein Vater und niemand sonst!"

Papa lachte: „Nun reg' dich mal nicht so auf, mein Kleines! Klar bin ich dein Vater, und ich bleibe es natürlich auch. Aber, wie gesagt, ich kann nicht länger hierbleiben, und deshalb bin ich sehr froh, dass er in ein paar Jahren zu euch kommt! Ihr werdet jemanden brauchen, der euch Halt und Stütze gibt, wenn ihr größer werdet, und Mama braucht auch irgendwann wieder jemand Erwachsenen zum Liebhaben. Wenn ihr Kinder groß seid, soll sie doch nicht allein bleiben! Nein“, wehrte er Tinas Aufbrausen ab, „ihr müsst ein eigenes Leben aufbauen. Ihr dürft nicht ewig bei Mama bleiben. Aber eins kann ich dir versichern: Ihr werdet ihn sehr liebgewinnen!

Doch nun lass mich mal weitererzählen!

Kurze Zeit nach diesem Gespräch kam ich auf die Welt, ein paar Jahre später eure Mutter.

Alles lief nach Plan.

Wir trafen uns, heirateten, bekamen unsere Kinder, erst dich, dann Anna – aber wir alle hatten im Moment unserer Geburt den Plan vergessen!

Ich habe inzwischen erfahren, dass das immer so ist, bei allen Menschen.

Man könnte sonst das Leben nicht ertragen.“

Das verstand Tina nicht.

„Ich glaube, ich fände es viel besser, wenn ich wüsste, wie es weitergeht“, meinte sie zweifelnd, doch Papa schüttelte den Kopf.

„Stell‘ dir nur mal vor, wir hätten all die Jahre, Monate, Wochen und Tage vor meinem Zusammenbruch gewusst, dass ich sterben werde! Wir hätten mit Sicherheit die letzte Zeit nicht mehr so herrlich genießen können, wie wir es getan haben. Die letzten Tage wären garantiert ganz schrecklich geworden – für uns alle. So aber war unser Zusammensein bis zum letzten Augenblick unbeschwert. Zeit zum Abschied nehmen und Trauern ist jetzt immer noch genug.

Aber mach' dir keine Sorgen – unser Freund wird euch genug Zeit lassen, bis ihr euch an die neue Situation gewöhnt habt, und auch ich werde euch immer wieder mal besuchen kommen.

Du weißt schon, in der Nacht, so wie jetzt auch.

Jetzt aber, meine großes Mädchen, brauchst du Ruhe und Erholung, denn morgen ist ein neuer Tag, und die nächsten Tage werden aufregend und anstrengend für euch sein.

Ich werde bis zur Beerdigung in der Gegend bleiben.

In dieser Zeit kann ich dich jede Nacht besuchen kommen, um dir noch so manches von der jenseitigen Welt zu erzählen, bevor ich meinen neuen Job dort antrete.

Also, Tinchen, dann schlaf' jetzt mal schön und mach's gut bis morgen!"

Mit diesen Worten verschwand er wieder, wie in der Nacht zuvor, und wenige Minuten später war Tina bereits eingeschlafen.

O ja, er hatte Recht gehabt!

Die nächsten Tage wurden tatsächlich schlimm.

Erstmal wurde Anna zu Tante Jule gebracht, denn niemand hatte Zeit, sich um sie zu kümmern.

Tina musste zwar nicht zur Schule – Mama hatte sie für die restliche Woche beurlauben lassen – aber so richtig genießen konnte sie diese freien Tage natürlich auch nicht.

Im ganzen Haus schien eine bleischwere Trauer zu hängen, die Tina fast das Herz abdrückte.

Gern hätte sie Mama von ihren Nachtgesprächen erzählt, aber es fand sich einfach nicht der rechte Zeitpunkt. Mama war verstört und aufgeregt, auch Oma wuselte immerzu irgendwo durch die Wohnung und Tina empfand sich selbst als überall im Weg.

Schließlich verzog sie sich ins Kinderzimmer und kramte das chinesische Tagebuch heraus, das Papa ihr zum letzten Weihnachtsfest geschenkt hatte.

Wenn schon keiner Zeit hatte, ihr zuzuhören, dann wollte sie die Erlebnisse dieser letzten Tage wenigstens aufschreiben.

Später dann, am Nachmittag, fuhren sie zusammen ins Krankenhaus.

Tina war recht beklommen zumute, als sie an das Bett trat, in dem Papa lag.

An der Tür dachte sie einen winzigen, hoffnungsvollen Moment lang, er schläft bloß, alles war doch nur ein schrecklicher Traum.

Doch als sie neben ihm stand, sah er merkwürdig fremd und – ja, irgendwie leer aus.

Er ist wirklich nicht mehr drin, in diesem so vertrauten Körper, das spürte sie sehr genau. Er hat seinen Körper verlassen, genau wie letzte Nacht.

Wo er jetzt wohl war?

Verstohlen schaute sie sich im Zimmer um.

Vielleicht war er sogar auch hier und sie konnten ihn bloß nicht sehen? War da nicht neben Mama so etwas wie ein Schatten?

Angestrengt starrte sie an diese Stelle ..., nein, sie hatte sich wohl doch getäuscht.

Mama und Oma mussten sehr weinen, Tina stand ein wenig hilflos daneben. Sie hatte einen dicken Kloß im Hals. Dieser leere Papakörper bedrückte sie, aber weinen konnte sie nicht.

Schließlich griff sie nach Mamas Hand.

„Lass uns gehen“, flüsterte sie. „Papa ist hier nicht mehr.“

Leise verließen sie das Krankenzimmer und gingen durch die langen, düsteren Flure der Klinik zurück zum Parkplatz.

Auf der Rückfahrt waren sie alle sehr still. Jeder hing seinen Gedanken nach.

In Tinas Kopf häuften sich eine Menge Fragen, die sie Papa unbedingt stellen musste.

Fast konnte sie es nicht erwarten, dass endlich Schlafenszeit war.

Doch dann konnte sie erst mal überhaupt nicht einschlafen. Dauernd tauchte vor ihrem inneren Auge dieses schrecklich blasse, leere Gesicht im Krankenbett auf. Immer wieder sagte sie sich, dass das nicht mehr ihr Papa war – und doch war es dieses Gesicht gewesen, an das sie sich so oft geschmiegt hatte, dieses Gesicht, das so herzhaft lachen konnte, dass lauter kleine Fältchen um die Augen erschienen, ... Jetzt endlich kamen auch ihre Tränen, und sie weinte, bis das Kissen ganz nass war, bis ...

... ja, bis diese so vertraute Stimme plötzlich leise „Tinamaus, aber, aber, meine Kleine!“ sagte und sie die wohltuende Nähe ihres Vaters spürte.

Tatsächlich, er war wieder gekommen, saß an ihrem Bettrand und blickte sie besorgt an.

Eine Weile konnte Tina gar nichts sagen.

Sie lag einfach nur da und schaute glücklich in sein nun wieder so lebendiges, liebes Gesicht.

„Ach Papa“, seufzte sie schließlich. „Das war so scheußlich heute Nachmittag!

Erst dachte ich ja, dass du bei uns bist – aber ich hab‘ mich wohl getäuscht, weil ich‘s mir so gewünscht hab“.

„Aber ich war bei euch!“, beteuerte Papa. „Ich habe versucht, Mama zu trösten, doch das ist gar nicht so einfach, wenn jemand wach und auch noch so verzweifelt ist. Selbst bei dir musste ich heute recht lange warten, bis du endlich eingeschlafen und ruhig geworden bist.“

Da staunte Tina nun aber doch.

Der Schatten war also tatsächlich Papa gewesen!

Irgendwie war sie darüber sehr froh, ohne so recht zu wissen, warum eigentlich.

„Nun ja“, meinte Papa dann, „bis zur Beerdigung werde ich, wie gesagt, auf jeden Fall noch bei euch bleiben. Dann allerdings wird es höchste Zeit für mich. Aber -“ lächelte er begütigend, als er Tinas erschrockenen Blick sah, „ich hab‘s dir doch gesagt: natürlich kann ich immer wieder mal frei nehmen, um euch zu besuchen. Ich muss doch wissen, wie es euch geht, wie ihr Kinder euch entwickelt und groß werdet, und auch, wie Mama zurechtkommt. Nein, nein, keine Sorge, wir werden den Kontakt zueinander niemals verlieren!

Und eines verspreche ich dir:

Wenn deine Zeit gekommen ist, in die jenseitige Welt zu gehen, dann werde ich bei dir sein, dich begleiten und dir beim Übergang helfen. Heiliges Ehrenwort!“

Mit großen Augen schaute Tina ihren Vater an.

Wenn das stimmte – und er hatte sie bisher noch nie angelogen! – dann brauchte sie vielleicht wirklich keine Angst mehr vor dem Tod zu haben?

Richtig leicht wurde ihr auf einmal ums Herz, und glücklich schloss sie für einen Moment die Augen. Ja, an Papas Hand würde sie mit Freuden überall hingehen – warum nicht auch in die andere Welt ...?

Als Tina die Augen aufschlug, schien bereits die Sonne ins Zimmer und malte helle Flecken auf den Teppich.

Vom Wohnzimmer her hörte sie leises Stimmengemurmel, dann ging die Tür und Mama begleitete irgendwelche Leute hinaus. Dann wieder Stille, die erst nach einer langen Weile vom Gebrumm des Staubsaugers abgelöst wurde ...

Ach ja richtig – sie musste ja nicht in die Schule!

Papa war gestorben.

Schweren Herzens schwang Tina die Beine aus dem Bett.

Es war Oma, die mit dem Staubsauger durch die Wohnung brummte. Mama war beim Einkaufen, erfuhr Tina, aber in der Küche hatten sie das Frühstück für sie stehen gelassen.

Halbherzig stocherte Tina in ihrer Müslischüssel herum, während ihr das letzte Gespräch mit Papa durch den Kopf ging.

Es war schon merkwürdig:

Warum wusste niemand von diesen Dingen?

Weder in der Schule, noch in der Kirche, noch sonstwo hatte sie jemals irgend etwas Genaues darüber erfahren, was beim Sterben eigentlich passiert, – außer der etwas unklaren Information, dass man dann in den Himmel kommt, oder auch in die Hölle, wenn man ein schlechter Mensch war. Gott sei Dank war Papa nun wirklich ein guter Mensch!

Aber alle diese Zusammenhänge, von denen er da gesprochen hatte – warum nur wusste das niemand? Oder sprachen die, die davon wussten, vielleicht nur nicht darüber? Weil sie dachten, es glaubt ihnen ja sowieso keiner? Das könnte sein! Auch Papa hatte ja vorher nichts davon gewusst.

Sonst hätte er ihr bestimmt schon vorher davon erzählt.

Sie beschloss, ihn bei seinem nächsten Besuch danach zu fragen.

Irgendwie ging dann auch dieser Tag vorüber.

Morgen sollte die Beerdigung sein.

Tina hatte während des Tages immer wieder mal hingespürt, ob Papa wohl in der Nähe war, aber sie hatte diesmal nichts wahrnehmen können.

Es war aber auch kein Wunder.

Den ganzen Tag über waren sie in Aktion gewesen, hatten geputzt und geräumt, weil doch morgen die ganze Verwandtschaft kommen würde.

Jetzt fühlte sie sich völlig erledigt und hatte sich deshalb auch gleich nach dem Abendessen in ihr Bett verkrochen.

Diesmal schlief sie ganz schnell ein.

Als Papa sie weckte, war Tina voller Fragen.

Ja, sie hatte richtig vermutet, bestätigte er ihr.

Es gab tatsächlich doch eine ganze Menge Leute, die von der anderen Welt und all diesen Dingen wussten, aber sie redeten nicht mit jedem darüber.

Aber – und das war Tina neu – es gab trotzdem sogar Bücher über diese Themen, für Erwachsene, aber auch für Kinder!

Tina beschloss, bei nächster Gelegenheit in die Bücherei zu gehen, und sich so ein Buch auszuleihen.

„Allerdings – der Tod macht den meisten Menschen Angst.

Deshalb wollen sie lieber nicht daran denken und auch nicht daran erinnert werden.

Das ist auch der Grund, warum darüber einfach nicht gesprochen wird.

Die Menschen schieben alle Gedanken an Tod und Sterben lieber beiseite.

Tod bedeutet Abschied, und Abschied tut weh, ist unangenehm, macht traurig."

Deshalb also hatte Tina nie etwas von diesen Büchern gehört.

Auch ihre Eltern wollten nicht daran erinnert werden, dass alles seine Zeit hat, dass letztlich immer am Ende des Lebens der Tod steht.

Aber deshalb hatten auch die Eltern nie erfahren, dass es nach dem Tod weitergeht, dass damit beileibe nicht alles zu Ende ist, ja, dass der eigentliche Mensch gar nicht sterben kann, sondern nur der Körper, die Hülle. Und leider hatten ja auch sie all das Wissen vergessen, das sie vor ihrer Geburt, dort in der anderen Welt, noch gehabt hatten.

„Papa", fragte Tina nach einer langen Weile, während der sie diese Erkenntnisse zu verarbeiten suchte, „wenn du morgen in diese andere Welt zurückgehst – wo genau gehst du dann eigentlich hin?"

Nachdenklich schaute ihr Vater sie an.

„Soll ich's dir mal zeigen?", fragte er schließlich.

Jetzt riss Tina aber die Augen auf!

„Ja geht das denn?", fragte sie aufgeregt.

„Na klar", schmunzelte Papa. „Du gehst da in deinen Träumen öfter hin, als du denkst! Komm', ich werde dich auf einen kleinen Ausflug mitnehmen!"

Aufmunternd nickte er ihr zu und reichte ihr die Hand.

Zögernd setzte Tina ihre nackten Füße auf den Boden.

Sie konnte sich nicht so recht vorstellen, wie das

denn nun gehen sollte, aber Papa wusste das anscheinend ganz genau.

An der Tür drehte Tina sich noch einmal um.

In ihrem Bett lag jemand mit dunklen, verstrubbelten Haaren. Verblüfft schaute sie ihren Vater an, doch der nickte nur lächelnd. Da wurde ihr klar, dass das sie selber war – genauer gesagt: ihr Körper. Sehr seltsam!

Und noch seltsamer war, dass von diesem Körper ein feiner, silberner Faden bis zu ihrer Brust reichte. Sie machte einen Schritt zurück ins Zimmer – der Faden wurde kürzer. Sie ging wieder an die Tür – der Faden wurde wieder länger. Er schien aus einer Art Gummi zu sein.

„Dieser Silberfaden ist die Verbindung zwischen deinem Körper und deiner Seele“, erklärte ihr Vater. „Du kannst so weit fliegen, wie du willst und er gibt immer nach. Solange dieser Faden heil ist, kannst du jederzeit zu deinem Körper zurückkehren. Erst wenn wir den Erdenkörper nicht mehr brauchen, reißt die Verbindung ab. Das nennen wir dann ‚sterben‘- aber du hast ja inzwischen schon verstanden, dass wir eigentlich überhaupt nicht sterben können.

Seelen sind Gotteskinder. Und Gott ist ewig. Gott war schon immer da und wird auch immer sein – wie sollten dann seine Kinder sterben können? Nein, wir sind genauso unsterblich!

Wenn wir allerdings auf dieser Erde leben wollen, brauchen wir auch einen Erdenkörper. Den bekommen wir zu Beginn unseres Lebens und geben ihn am Ende wieder ab, wie ein Kostüm, wenn das Theaterstück vorbei ist, oder wie ein altes Kleidungsstück, das uns nicht mehr passt, oder das kaputtgegangen ist.

Im Himmel brauchen wir ihn nicht, denn er ist viel zu schwer.

Spürst du, wie leicht du dich ohne ihn fühlst?“

Tatsächlich, jetzt merkte sie es auch. Es war ein sehr angenehmes, freies Gefühl.

Im Flur machte Tina eine weitere, verblüffende Entdeckung:

Romeo, ihr Kater, lag in seinem Körbchen und schlief, aber eine feine Silberschnur zog sich von seinem Körper zum Fenster und verschwand irgendwo in der Dunkelheit der Nacht.

Wieder schaute sie ihren Vater überrascht an, und wieder lächelte er.

„Da staunst du, was? Aber natürlich haben Tiere auch eine Seele. Und anscheinend ist unser guter Romeo gerade damit unterwegs.“

Tina konnte es nicht fassen.

Es war aber auch gar so viel Neues auf einmal!

Als sie die Haustür erreicht hatten, glitten sie einfach hindurch, ohne sie öffnen zu müssen.

Wirklich, sie kam aus dem Staunen gar nicht mehr heraus.

Nun nahm Papa sie bei der Hand und ihr war, als fasste sie auch an der anderen Hand jemand, doch bevor sie sich noch wundern oder nachschauen konnte, erhoben sie sich bereits in die Lüfte und schwebten dem funkelnden Sternenzelt entgegen.

Das war nun so aufregend und faszinierend, dass alles andere nicht mehr so wichtig schien.

Immer kleiner wurden die Lichter der Stadt weit unter ihnen, schimmernde Funken kamen ihnen entgegen und schwebten an ihnen vorbei, es war einfach phantastisch.

Plötzlich jedoch schienen sie in eine Art Strudel zu geraten, einen starken Sog, der sie immer schneller in so etwas wie eine Röhre oder einen Tunnel hineinsaugte.

Tina wurde es so schwindlig dabei, dass sie die Augen schloss, bevor ihr wirklich Hören und Sehen verging.

Als sie wieder zu sich kam, war das Erste, was sie spürte, ein unbestimmtes Licht-und-Schatten-Flimmern auf ihrem Gesicht. Dann hörte sie Vogelgezwitscher und leises Plätschern von Wasser.

Vorsichtig öffnete sie die Augen und schaute sich ungläubig um.

Sie lag mitten auf einer blühenden Wiese unter einem mächtigen Baum, durch dessen Zweige die warme Sommersonne blitzte.

Jetzt hörte sie ein leises Lachen hinter sich und fuhr herum.

Schräg hinter ihr saß ein junges Mädchen mit lachenden Augen, das ihr merkwürdig bekannt vorkam, ohne dass sie hätte sagen können, woher sie sich kannten.

Verwirrt schaute sie die Ältere an.

„Ich bin Stella“, antwortete diese, als hätte sie Tinas Gedanken erraten. „Ich bin dein Schutzgeist, dein unsichtbarer Helfer“, stellte sie sich vor.

Tina machte ein dermaßen verdutztes Gesicht, dass Stella laut auflachte.

„Bist wohl enttäuscht, dass ich keine Flügel und kein langes weißes Nachthemd trage?“, kicherte sie.

Tina wurde rot und wusste nicht recht, was sie darauf antworten sollte.

Zum Glück kam in diesem Moment Papa um die Ecke.

„Na, kleine Langschläferin“, neckte er sie, „hast du jetzt ausgeschlafen?“

Er hatte ganz nasse Haare und war offensichtlich beim Schwimmen gewesen.

Nun setzte er sich neben sie und schaute sie erwartungsvoll an. „Und – gefällt es dir hier?“, fragte er.

Tina nickte begeistert. Sie fand es fast zu schön, um wahr zu sein.

„Magst du es hier noch ein bisschen genießen, oder wollen wir uns auf den Weg machen?“, schaltete sich nun auch Stella ein.

Fragend blickte Tina von Papa zu Stella und wieder zurück.

„Nun, du wolltest doch die andere Welt kennenlernen“, erklärten die beiden. „Dies hier ist natürlich nur ein ganz kleiner Teil davon.“

„Na gut“, erklärte sie nach einigem Zögern und stand auf, „dann machen wir uns eben auf den Weg, obwohl es hier tatsächlich wunderschön ist!“

Unterwegs bewunderte Tina die fremdartigsten Pflanzen, phantastische Schmetterlinge und wundersame, bunte Vögel. Sie alle wirkten viel lebendiger als auf der Erde und schienen ihr freundlich zuzunicken.

An einem kleinen See machten sie Rast, schwammen und tauchten um die Wette und ließen sich dann am Ufer von der Sonne trocknen.

Tina hatte schon die ganze Zeit über Stella nachdenken müssen, jetzt, während sie nebeneinander im weichen Gras lagen, traute sie sich zu fragen, warum sie ihr so bekannt vorkam.

Stella schmunzelte. „Na, wir kennen uns einfach schon sehr lange“, erklärte sie dann.

„Wir kannten uns schon vor deiner Geburt, und seither war ich immer bei dir, Tag und Nacht. Ich habe die Aufgabe übernommen, dich zu begleiten, zu beraten und zu beschützen. Als du noch sehr klein warst, konntest du mich auch noch sehen. Später haben deine Eltern dir dann eingeredet, dass es mich gar nicht gibt. Sie meinten, du solltest nicht so viel fantasieren."

Bei diesen Worten grinste sie zu Papa hinüber, und der wurde tatsächlich rot.

„Wir wussten es nicht anders", entschuldigte er sich.

„Ich habe mich an diese Dinge auch erst jetzt wieder erinnert. Es stimmt leider, dass ich während meines Erdenlebens vieles falsch gesehen habe.

Deswegen ist es mir ja auch so wichtig, dass du, Tina, erfährst, wie es wirklich ist!

Du bist noch offen genug, um mich verstehen und das alles glauben zu können.

Vielleicht gelingt es dir später einmal, auch anderen Menschen davon zu erzählen.

Bei diesem Satz räusperte sich Stella.

„Entschuldigt, wenn ich mich einmische", sagte sie, „aber gerade das ist ja eine von Tinas wichtigsten Lebensaufgaben!"

Jetzt schauten Papa und Tina gleichermaßen überrascht, doch Stella sprach schon weiter:

„Eben weil so viele Menschen nicht wissen, was es mit dem Sterben auf sich hat, dass es den Tod eigentlich gar nicht gibt, sondern dass das Leben weitergeht, muss es Menschen geben, die die Wahrheit kennen und weitersagen.

Wenn du wüsstest, Tina, wie viele Menschen schreckliche Angst vor dem Tod haben – du würdest sofort anfangen wollen, sie zu trösten.

Aber noch ist es dafür zu früh für dich. Einem Kind glauben sie nicht. Doch deine Zeit wird kommen, so wahr wir hier sitzen!“

Tina staunte nicht schlecht, als sie das hörte.

Irgendwie klang das toll, und eigentlich war das ja auch genau das, worüber sie seither so viel nachgedacht hatte.

Doch dann wurde sie plötzlich sehr nachdenklich.

Wie, um Himmels Willen, sollte sie anderen Menschen die Angst vor dem Tod nehmen ? – Sie hatte doch selber solche schreckliche Angst!

– Nicht vor ihrem eigenen Tod, das merkte sie auf einmal. Was ihr wirklich Angst machte, war diese Trennung, dieser schreckliche Abschied für so unvorstellbar lange Zeit.

Die beiden anderen nickten verständnisvoll.

„Und doch“, sagte schließlich Stella, „seid ihr nicht wirklich getrennt. Ihr bleibt ja im Herzen verbunden, auch wenn ihr euch nicht seht. Und wenn auch du deinen Erdenkörper abgelegt hast, werdet ihr wieder beisammen sein.

„Doch nun“, wechselte sie abrupt das Thema, „lasst uns gehen!“

So machten sich die drei auf den Weg, die jenseitigen Welten zu erkunden.

Tina konnte sich gar nicht satt sehen an all den herrlichen Pflanzen und Tieren und der wunderschönen Landschaft. Das Gras unter ihren Füßen fühlte sich ungewohnt weich an, die Luft flimmerte in zarten Farben und über allem lag ein ganz feiner, zarter, sehr angenehmer Duft.

Sie hätte ewig so weitergehen mögen.

Nach einer Weile jedoch merkte sie, dass die Umgebung sich zu verändern begann.

Kaum merklich zunächst, doch bald immer deutlicher.

Vor einer Weile schon waren sie in einen Wald gelangt, dessen Wege zunächst noch sonnenbeschienen und angenehm weich waren.

Doch nun wurde es immer düsterer, die Sonne schien sich hinter Wolken verzogen zu haben und immer dichtere Nebelschwaden waberten zwischen den Stämmen der riesigen, fremdartigen Bäume.

Normalerweise mochte Tina Nebel, doch hier wirkte er seltsam bedrohlich. Beunruhigt griff sie nach Papas Hand.

„Hier ist es aber gar nicht mehr schön!", flüsterte sie und Papa nickte bestätigend.

„Du brauchst dich trotzdem nicht zu fürchten!", tröstete Stella und griff nach Tinas anderer Hand. „Uns kann hier nichts passieren!"

Die ganze Umgebung wirkte seltsam farblos, nur grau in grau.

Als Tina nach oben blickte, bemerkte sie erschrocken, dass die Bäume allesamt gänzlich kahl und ohne Laub waren. Auch die wenigen Pflanzen am Waldboden sahen so aus, als hätten sie noch nie Sonnenlicht gesehen.

„O nein, hier ist es aber wirklich ..." Tina beendete ihren Satz nicht, denn in diesem Moment entdeckte sie jemanden vor sich auf dem Weg. Unwillkürlich drückte sie die Hände ihrer beiden Begleiter fester, doch der Mensch vor ihnen schien sie nicht gehört zu haben. Eng in seinen dunklen Mantel gewickelt, hastete er weiter und bog in einen Seitenweg ab.

Allmählich tauchten noch weitere Menschen aus dem Nebel auf, die einander merkwürdig ähnlich waren. Alle trugen sie dunkle Mäntel oder Umhänge und schienen es enorm eilig zu haben. Keiner schien die Besucher wahrzunehmen, aber auch untereinander hatten sie keinerlei Kontakt, sondern eilten stumm aneinander vorbei, ohne sich anzuschauen. So etwas hatte Tina noch nie erlebt. Sie schaute diesen Menschen in die gehetzten, müden Gesichter, aber keiner erwiderte ihren Blick.

„Was ist denn mit denen los?“, erkundigte Tina sich bei Stella.

„Weißt du“, versuchte diese zu erklären, „das hier ist die sogenannte ‚graue Zone‘. Hier landen nach dem Tod all jene Menschen, die nur an sich selber denken. Deswegen sehen die auch weder die anderen, noch uns. Sie denken immer noch nur an sich, andere Menschen sind ihnen egal. Erst wenn sie lernen, ihre Mitmenschen wahrzunehmen, können sie diese graue Gegend verlassen.“

Mitleidig betrachtete Tina diese gehetzten Gestalten.

„Kann man denen denn nicht helfen?“, fragte sie dann.

Plötzlich schaute Stella sehr ernst. „Doch, schon“, meinte sie, „aber es ist schwer. Man kann sie nämlich nur mit Liebe erlösen – wie im Märchen. Ihre Herzen sind jedoch so verhärtet, dass die Liebe sie erst dann erreichen kann, wenn sie von ihrer eigenen Hektik so sehr erschöpft sind, dass sie zusammenbrechen.

Und selbst dann klappt es oft nicht gleich beim ersten Versuch.“

Das klang ja schrecklich!

Tina war entsetzt und wollte das nicht glauben.

Als wenig später eine junge Frau an ihnen vorbeihetzen wollte, stellte sich Tina ihr in den Weg und sprach sie an.

„Entschuldigen sie“, sagte sie freundlich, „können sie mir bitte sagen ...“ „Keine Zeit!“, unterbrach die andere sie grob, schob Tina beiseite und eilte davon.

Kopfschüttelnd kehrte sie zu Papa und Stella zurück, die ihren Versuch fast ein wenig schmunzelnd beobachtet hatten.

„Du kannst niemandem helfen, der das nicht will“, erklärte Stella ihr schließlich, als sie miteinander weitergingen.

Kurz darauf kamen sie an eine Wegkreuzung, an der ein Mann wie gehetzt hin- und herrannte, mal in die eine, dann wieder in die andere Richtung, aber immer nur ein paar Schritte weit. Als die drei Spaziergänger näherkamen, blieb er plötzlich stehen und starrte sie fassungslos an. Alle drei begannen fast sofort, ihm liebevolle Gedanken zu schicken. Immerhin hatte er sie angeschaut! Es könnte klappen!

Und tatsächlich machte er den Mund auf und stammelte mit unsicherer Stimme: „Ich, ich hab‘ den Weg verloren! Könnt ihr mir sagen, wo es weitergeht?“

Tinas Herz machte regelrecht einen Luftsprung vor Freude.

Stella war mit einem Schritt bei ihm und legte ihm den Arm um die Schulter.

„Aber ja, mein Freund!“, sagte sie sanft. „Komm, ich zeige dir den Weg!“

Bereitwillig ließ der Mann sich führen. Tina und ihr Vater folgten den beiden leise und fühlten sich sehr, sehr froh

Überraschend bald hatten sie den Rand des Waldes erreicht, wo ein freundlicher Mann mittleren Alters sie offensichtlich bereits erwartete.

Stella schien ihn zu kennen, denn die beiden tauschten einen strahlenden Blick, bevor sie dem anderen ihren Schützling übergab.

In der Ferne sahen sie Rauch aus den Schornsteinen eines kleinen Dorfes aufsteigen. Dorthin wandten sich nun die beiden Männer, während Tina und ihre beiden Begleiter ihnen nachschauten, bis sie um die nächste Wegbiegung verschwunden waren.

Fast gleichzeitig seufzten die drei tief auf, bevor sie sich ihrerseits wieder auf den Weg machten.

„Jetzt verstehe ich, was du gemeint hast, als du sagtest, es sei schwer!“, wandte Tina sich nach einer Weile an Stella, und die nickte.

„Ja“, bestätigte sie. „Und nun verstehst du vielleicht auch, warum es so wichtig ist, bereits auf der Erde Mitmenschlichkeit zu lernen. Je liebevoller man auf der Erde mit seinen Mitmenschen umgeht, desto schöner ist die Umgebung, in der man dann in der jenseitigen Welt leben kann. Mitmenschlichkeit und Nächstenliebe gehören sozusagen zum Lernpensum jeder Seele, und je eher man das lernt, desto besser geht es einem. Und eben hast du ja gesehen, wie unangenehm es werden kann, wenn man sich weigert. Diese Menschen lernen es schon auch noch, keine Sorge, aber der Weg bis dahin ist sehr schmerzlich!"

Noch immer war die Sonne hinter dichten Wolken verborgen.

Ihr Weg führte leicht bergab und wurde allmählich immer steiniger.

Dicke Felsbrocken tauchten am Wegrand auf, bis sie schließlich durch ein regelrechtes Labyrinth aus riesigen Steinen gingen.

Staunend betrachtete Tina diese mächtigen Brocken, als sie plötzlich aus dem Augenwinkel eine Bewegung wahrnahm. Sie drehte sich um, sah jedoch nichts. Als sie kopfschüttelnd weiterging, hatte sie das Gefühl, beobachtet zu werden. Wieder drehte sie sich um, diesmal ganz schnell, und sah gerade noch einen Schatten hinter einen der Felsen huschen.

„Da war grad' jemand!", zupfte sie Stella am Ärmel und staunte nicht schlecht, als die ihr seelenruhig erzählte, dass auch hier Menschen leben.

„Wie, in dieser Steinwüste?", wunderte sich Tina.

„Ja!“, bestätigte Stella. „Dort hinten gibt es Höhlen, in denen leben sie.“

Ob das hier Höhlenmenschen waren? Solche, wie in ihrem Geschichtsbuch?

Doch Stella schüttelte den Kopf.

Bevor sie jedoch zu einer Erklärung ansetzen konnte, legte Papa plötzlich einen Finger auf die Lippen und deutete nach vorne. Erst bei sehr genauem Hinsehen entdeckte Tina dort einen bullig aussehenden Mann, der mit einer Keule bewaffnet hinter einem mächtigen Stein lauerte und sie mit zusammengekniffenen Augen beobachtete. Tina machte gleich einen erschrockenen Satz nach hinten. Entsetzt sah sie, dass Stella ganz ruhig auf diesen Mann zuging. Erst als dieser die Keule hob, blieb sie stehen, hob den Blick und schaute ihm direkt in die Augen. Daraufhin – Tina konnte es nicht fassen – ließ der Kerl seine Keule fallen, stieß einen unartikulierten Laut aus und rannte davon, als hätte Stella ihm die Hunde auf den Leib gehetzt.

„Was war denn mit dem los?“, fragte Tina fassungslos, als sie Stella eingeholt hatten. „Und überhaupt – wo, bitte, sind wir hier?“

Stella nickte und erklärte:

„Wir sind im Tal der Angst! Hier, zwischen all den Steinen, kann man sich besonders gut verstecken, deshalb haben sich die ängstlichen Seelen nach und nach hier eingefunden. Alle, die hier leben, haben Angst vor allem Möglichen; vor Fremden wie uns, vor verschiedensten Gefahren, ja, selbst voreinander."

„Aber der Kerl eben, der dich beinahe erschlagen hätte?", fragte Tina ungläubig, doch Stella war ganz sicher. „Doch, doch", meinte sie, „der hatte solche Angst vor bösen Mitmenschen, dass er versuchen wollte, sich zu schützen. Hier kann er uns nicht wirklich etwas anhaben, aber auf der Erde kann diese Sorte tatsächlich ganz schön gefährlich werden. Doch wie ängstlich er wirklich war, hast du gesehen, als ich ihn angeschaut habe. Allein schon mein ruhiger Blick war mehr, als er ertragen konnte.

Diese armen Menschen können einem wirklich Leid tun", fuhr Stella fort. „Sie haben zu nichts und niemandem Vertrauen und sind so misstrauisch, dass sie dir natürlich auch kein Wort glauben, wenn du mit ihnen ins Gespräch kommen willst. Häufig haben sie sich schon während ihres Lebens auf der Erde als Opfer des Schicksals gefühlt. Manche haben einen regelrechten Hass auf Gott entwickelt und ihm die Schuld an ihrem Elend gegeben. Dazu kommt, dass sie alle fest davon überzeugt sind, nur ihre eigene Meinung sei richtig. Deswegen haben sie sich schon dort nicht helfen lassen – und hier sind nun unsere besten Psychologen gefragt, so mit ihnen zu arbeiten, dass sie es nicht merken. Nur so haben die eine Chance, das Vertrauen dieser verängstigten Seelen zu gewinnen.

Schwerarbeit – das sag' ich dir!"

Das konnte Tina sich nur zu gut vorstellen.

Diese Leute taten ihr entsetzlich Leid.

„Das muss doch die reinste Hölle sein, so zu leben", meinte sie nachdenklich.

„Hölle – ja, so könnte man das wohl nennen!", bestätigte Stella.

„Die Hölle, wie ihr sie euch vorstellt, mit Fegefeuer und so, gibt es natürlich hier nicht. Das ist als Bild gemeint, nicht als Wirklichkeit. Aber die Zonen des Elends, die graue Zone vorhin ebenso wie diese hier und noch so manche andere, das ist tatsächlich höllisch.

Aber eines ist immer gleich: Die Menschen kommen in der jenseitigen Welt immer in das Umfeld, das ihren Gedanken entspricht. Freundliche, liebevolle Menschen kommen in freundliche, wunderschöne Gegenden, eigennützige, bösartige oder eben auch extrem misstrauische und angstvolle Menschen landen zum Beispiel hier. Sie kommen allerdings nicht als Strafe hierher, sondern um das zu lernen, was sie auf der Erde nicht gelernt haben. Wenn so ein verängstigtes Wesen nämlich mit lauter anderen verängstigten Wesen zusammenlebt, kann es viel schneller durchschauen, was da abläuft. Das bedeutet: sie haben hier die Möglichkeit, ihre Angst schneller abzulegen, als anderswo. Aber natürlich ist es wie überall: Manche lernen schnell, andere brauchen ewig, aber lernen tun sie's letztlich alle. Und darauf kommt es schließlich an."

Das war neu für Tina, kam ihr aber logisch vor.

Gleichzeitig nahm sie sich jedoch auch ganz fest vor, an ihren Schwächen zu arbeiten, sobald sie wieder zu Hause war. Hier wollte sie nicht gerne landen! Lieber wollte sie wirklich alle Anstrengungen unternehmen, um noch zu Lebzeiten ein liebevoller, verständnisvoller Mensch zu werden.

Zärtlich legte ihr Vater ihr seinen Arm um die Schultern.

„Das war ein bisschen viel für meine Kleine, was?", fragte er mitfühlend.

Doch Tina schüttelte energisch den Kopf.

„Nein!", beteuerte sie. „Ich bin froh, dass ihr mir das gezeigt habt! Jetzt weiß ich wenigstens, worauf es im Leben wirklich ankommt. Es ist wichtiger, ein guter Mensch zu werden, als unbedingt gute Noten haben zu müssen."

„Du Schlawinerin", lachte Papa, „gute Noten sind schon auch wichtig! Aber natürlich hast du Recht: Noch wichtiger ist ein gutes Herz."

Fast unmerklich hatten sie während dieses Gesprächs das steinige ‚Tal der Angst' hinter sich gelassen.

Der Weg schlängelte sich nun durch ein Birkenwäldchen. Endlich kam auch die Sonne wieder heraus und ließ die Blätter regelrecht leuchten.

Tina atmete tief durch und merkte erst jetzt so richtig, wie bedrückend es in jenen elenden Zonen gewesen war.

Als sie aus dem Wäldchen heraustraten, sah Tina zu ihrer Rechten ein großes, wunderschönes Haus, das rundherum von überdachten Veranden umgeben war. Dort lagen, warm in bunte Decken gepackt, Menschen aller Altersstufen auf Liegestühlen. Schalen mit Obst und Krüge mit allerlei Säften standen auf niedrigen Tischchen zwischen ihnen.

Ein Krankenhaus?

Manche Patienten schienen zu schlafen, andere hatten Bücher vor sich, träumten vor sich hin oder unterhielten sich leise mit ihren Nachbarn.

Eine Atmosphäre tiefen Friedens umgab das gesamte Anwesen und Stella erzählte ihnen, was es damit auf sich hätte.

Es sei tatsächlich so eine Art Sanatorium, sagte sie.

Hier könnten frisch verstorbene Menschen sich erholen, ausruhen und ganz sachte an die neuen Lebensumstände gewöhnen.

Auch jene, die den Weg aus den elenden Zonen gefunden hätten, kämen häufig erst einmal hier her, berichtete Stella.

„An diesem friedvollen Ort seelischer Gesundung kann man neue Kräfte sammeln, um sich dann jenen

Aufgaben stellen zu können, die hier auf einen warten“, ergänzte sie ihren Bericht.

Das gefiel Tina sehr!

Sie dachte an ihren Opa und wie sehr er am Ende seines Lebens gelitten hatte.

Wenn der nach seinem Tod hier gelandet war – etwas Schöneres hätte sie sich kaum für ihn wünschen können.

Wenig später erreichten sie ein Dorf.

Niedrige, gepflegte Häuschen standen in üppig blühenden Gärten, alles strahlte Ruhe und Behaglichkeit aus.

Gleich aus dem ersten dieser Häuschen trat eine rundliche, ältere Frau an den Zaun und winkte sie heran.

„Ihr seht müde aus!“, meinte sie freundlich. „Mögt ihr euch ein wenig stärken?“

O ja, das mochte Tina gerne, und auch die beiden anderen hatten nichts dagegen. Sie nahmen im Garten, unter einem ausladenden Apfelbaum an einem runden Tisch Platz und Mutter Mara, wie sie sich vorstellte, servierte ihnen frischen Apfelsaft und leckeres, selbstgebackenes Brot.

Tina hatte das Gefühl, noch nie etwas Köstlicheres gegessen zu haben.

Sie genoss den Frieden dieses Ortes über alle Maßen und lauschte glücklich dem Gesumm der

Bienen und dem Zwitschern der Vögel.

Als Mutter Mara ihr anbot, in der Hängematte ein Schläfchen zu halten, nahm sie dieses Angebot nur zu gerne an.

Erfrischt und ausgeruht erwachte sie nach einer Weile, und bald darauf machten sie sich wieder auf den Weg. Sie dankten Mutter Mara, und diese winkte ihnen noch nach, bis sie hinter den letzten Häusern verschwunden waren.

Gleich hinter dem Dorf schlängelte der Weg sich wieder hinauf in die Hügel.

Auf einer kleinen Anhöhe entdeckten sie eine Bank, von der aus sich ein phantastischer Blick über das Tal bot.

Stella bat Tina und ihren Vater, für einen Moment hier Platz zu nehmen, damit sie über ihr weiteres Vorgehen beraten könnten.

„Du hast jetzt ein paar recht unterschiedliche Bereiche der jenseitigen Welten kennengelernt", wandte sie sich nun an Tina. „Bei Mutter Mara hast du sicher schnell erkannt, welche Qualitäten sie in ihrem Erdenleben entwickelt hat. Du siehst also wieder einmal: Jeder kommt in das Umfeld, das seinem Wesen entspricht.

Doch natürlich gibt es noch unvorstellbar viel mehr!

Auch hier lernen die Seelen dazu und entwickeln sich weiter.

Manche entscheiden dann irgendwann, wieder einmal auf der Erde zur Welt zu kommen, andere gehen hier in die nächsten Bereiche, die für sie dran sind.

Letztes Ziel ist es jedoch für uns alle, zurück in die absolute Glückseligkeit Gottes zu gelangen, aus der wir ursprünglich kommen.

Diese tiefe Sehnsucht ist sozusagen der Motor unseres gesamten Handelns, und wir haben auch das Versprechen, dass wir am Ende unserer Tage wieder dorthin zurückkehren dürfen. Doch bis es so weit ist, müssen wir alles lernen, was man als Mensch nur lernen kann. Dafür haben wir so viel Zeit, wie wir brauchen, – und manche brauchen sehr, sehr lange. Doch auch sie werden ihr Ziel erreichen."

Als Stella innehielt, konnte Tina nicht mehr an sich halten.

„Aber was, um Himmels willen, kann denn noch glücklicher machen, als so ein Leben, wie Mutter Mara es führt?", rief sie fast empört. „Etwas Schöneres kann ich mir beim besten Willen nicht vorstellen!"

Tinas Vater schmunzelte, doch Stella machte richtig erschrockene Augen. Dann wurde sie sehr nachdenklich.

„Wenn du so sprichst", sagte sie schließlich leise, „merke ich wieder mal, wieviel man vergisst, wenn man als Mensch lebt. Du kommst – wie wir alle – aus den Gefilden des Lichts und der Glückseligkeit, aber du kannst dich nicht daran erinnern – es ist nicht zu fassen!"

Tina wollte schon empört aufbrausen, doch Stella hob beschwichtigend die Hand.

„Entschuldige, wenn das wie ein Vorwurf klang. Natürlich geht das allen Menschen so. Nimm's also bitte nicht persönlich, wenn ich darüber erschrecke, denn für mich ist das kaum nachvollziehbar. Die lichten Gefilde der Glückseligkeit! Ach, was soll ich dir erzählen? Komm', lass' uns einfach dort hingehen!"

Damit stand sie auf, und Tina und ihr Vater folgten ihr.

Wahrscheinlich war es tatsächlich die Gedankenkraft, die die drei so schnell an den neuen Ort gebracht hatte, denn bereits nach wenigen Schritten erreichten sie eine kreisrunde Öffnung im Berg, die ihnen überhaupt nicht aufgefallen war.

Es war keine Höhle, wie Tina zunächst gedacht hatte, sondern ein ziemlich langer Tunnel, an dessen Ende sie ein winziges Licht entdeckten.

Weit vor ihnen gingen bereits andere diesem Licht entgegen, man konnte ihre Umrisse jedoch nur als dunkle Schatten ahnen.

Tina und ihre beiden Begleiter folgten der dunklen Röhre, und Tina wunderte sich, wie lang dieser Tunnel offensichtlich war. Unendlich langsam nur schienen sie diesem Licht an seinem Ende näherzukommen, doch Tina wurde immer aufgeregter.

Ihr Herz schien fast im Hals zu pochen, ohne dass sie hätte sagen können, warum.

Ganz plötzlich war der Tunnel zu Ende.

Tina stand an seinem Rand wie an einem Abgrund.

Vor ihr war nichts als goldenes Licht, in dem ebenfalls goldene Wesen schwebten. Und Musik! Wunderbare Klänge, die jede Faser ihres Seins zu erfüllen schienen.

Sie empfand sich selbst und ihren Körper als unerträglich schwer und dunkel, wie einen Stein oder einen Klumpen Lehm. Gleichzeitig erfüllte sie eine so dermaßen starke Sehnsucht nach diesem klingenden Licht, dass sie das Gefühl hatte, ihr Herz müsste zerspringen.

Dort wollte sie sein!

In diesem wunderbaren Licht wollte sie mitschweben!

... und plötzlich war sie mitten drin.

Sie war nicht mehr Tina, nicht mehr Mensch, hatte sich aufgelöst im Licht – und war doch noch da!

Sie war wie ein Wassertropfen im Meer, ein Funken im Feuer, und dabei glücklich zum Zerspringen.

Alles Wollen oder Wünschen war verschwunden, es gab nur noch das Sein.

Nie hatte sie auch nur im Entferntesten geahnt, dass es eine solch unvorstellbare Glückseligkeit geben könnte!

Auf einmal war die Musik zu Ende.

Schlagartig war sie von tiefer Dunkelheit umgeben.

Tina konnte es nicht fassen!

Erst packte sie schieres Entsetzen, dann überflutete unerträgliche Trauer sie, wie eine riesige Woge.

Tränen strömten ihr übers Gesicht, regelrechte Weinkrämpfe schüttelten sie durch und durch.

Sie spürte eine Decke über ihren Schultern und zog sie sich über den Kopf.

Sie wollte nichts sehen, nichts hören, nur weinen, weinen, weinen.

Dort hatte sie bleiben wollen, im Licht der Glückseligkeit!

Nun hatte sie zurückkommen müssen, wohin auch immer, sie wollte es gar nicht wissen.

Irgendwann waren ihre Tränen versiegt, doch Tina blieb liegen, den Kopf unter der Decke.

Sie fühlte sich leer und ausgebrannt.

Es dauerte ziemlich lange, bis sie merkte, dass ganz in ihrer Nähe eine sehr zarte Melodie zu hören war. Weiche, beruhigende Klänge schmeichelten sich in ihr widerstrebendes Bewusstsein und begannen ganz sachte, diese bodenlose Trauer und Hoffnungslosigkeit in ihrem Inneren aufzulösen. Allmählich wurde Tina wieder ruhig.

Still lag sie noch eine Weile und lauschte, dann

schob sie vorsichtig den Kopf unter der Decke hervor.

Es war immer noch sehr dunkel um sie herum, doch sie spürte, dass sie nicht allein war.

Neben ihr saß Papa, der nun zärtlich über ihren Kopf strich, ohne ein Wort zu sagen.

Auf der anderen Seite entdeckte sie Stella, deren Gesicht sie in der Dunkelheit erstaunlich gut erkennen konnte.

Noch ganz benommen blickte Tina von einem zum anderen und versuchte, wieder Ordnung in ihre verwirrten Gefühle zu bringen.

Stella und Papa schienen zu wissen, wie ihr zumute war, denn sie fragten nichts, sondern ließen ihr Zeit, erst mal wieder ganz zu sich zu kommen, während die trostreiche Musik allmählich immer leiser wurde und schließlich verklang.

Mit einem tiefen Seufzer setzte Tina sich endlich auf, doch es fehlten ihr einfach die Worte, ihre Empfindungen auszudrücken.

„Jetzt weiß ich, was du vorhin meintest“, stammelte sie schließlich, an Stella gewandt.

„Danke, dass ich das erleben durfte!“

Die Ältere nickte mitfühlend:

„Ja, das war mir sehr wichtig. Dieses Erlebnis wirst du dein ganzes Leben lang nicht vergessen und es wird dir sicher noch so manches Mal ein Trost sein.“

„Jetzt wirst du auch meine Aufgabe verstehen können, wegen der ich euch so bald verlassen musste", schaltete sich nun auch Tinas Vater ein. „Du hast das ‚Tal der Angst' und die ‚graue Zone' kennengelernt. Es gibt noch mehr solcher dunklen Zonen, und ich habe mich bereit erklärt, dort als Helfer zu arbeiten, damit all diese armen Seelen schließlich auch den Weg zurück in die göttliche Glückseligkeit finden."

Tina schnappte nach Luft.

„Dort willst du jetzt leben?", fragte sie erschrocken und bewundernd zugleich. „Das ist aber doch bestimmt ganz schön schwer?"

Ja, das musste ihr Vater bestätigen.

„Aber ich habe diese Arbeit schon öfter getan und bin dabei auch nicht allein", erklärte er ihr. „Und außerdem -" hier zwinkerte er Tina zu, „dürfen wir Helfer uns im Licht der Glückseligkeit erholen und dort neue Kraft auftanken, so oft wir das brauchen!"

Ja, wenn das so war!

Dann war sogar diese schwere Aufgabe zu schaffen, davon war Tina überzeugt. Und gleichzeitig war sie sehr stolz auf ihren Papa.

„Wenn du magst, kannst du mir sogar dabei helfen", sprach er weiter. „Jedesmal, wenn du einen Gedanken der Liebe in die dunklen Zonen schickst, kommt er wie ein stärkender Lichtstrahl dort an."

Das erstaunte Tina nun aber doch sehr, und sie versprach, das möglichst oft zu tun.

Da beugte sich ihr Vater zu ihr nieder, nahm sie fest in die Arme und drückte sie.

„Jetzt ist es Zeit für mich, zu gehen“, sagte er leise und stand auf.

„Stella bleibt natürlich hier, auch wenn du sie nicht immer sehen kannst. Und wir beide bleiben selbstverständlich auch in Verbindung. Versprochen ist versprochen! Mach‘s gut, mein Schatz, und halt die Ohren steif! Ich bin sehr stolz auf dich!“

Da war er plötzlich wieder, dieser Kloß im Hals, doch Tina lächelte tapfer.

„Mach‘s auch gut, Papa“, flüsterte sie. „Ich bin auch mächtig stolz auf dich!“

Sie folgte ihm mit den Augen, bis die Dunkelheit ihn verschluckt hatte, dann schluchzte sie auf.

Im Nu war Stella an ihrer Seite und nahm sie in die Arme.

„Weine ruhig, wenn dir danach ist“, sagte sie leise, doch Tina hatte sich schnell wieder beruhigt.

Entschlossen putzte sie sich die Nase und erklärte, dass es jetzt eigentlich keinen Grund zum Weinen gebe.

„Wir sind ja nicht wirklich getrennt“, erinnerte sie die Gefährtin.

„Papa hat eine enorm wichtige Aufgabe, und die will ich ihm durch mein Jammern nicht schwerer machen als nötig.“

„Trotzdem darfst du deine Tränen nicht wegdrücken, wenn sie nun mal kommen wollen!", betonte Stella nachdrücklich. „Weggedrückte Tränen liegen wie Steine im Herzen!"

Da versprach Tina, dass sie weinen würde, wenn ihr danach sein sollte, vielleicht morgen, bei der Beerdigung, oder wann auch immer. Aber jetzt wollte sie erstmal schlafen.

Erst als sie sich im Bett zurechtkuschelte, merkte Tina, dass sie auf ihrem eigenen Schmusekissen lag. Überrascht richtete sie sich noch einmal auf und schaute sich um – tatsächlich, nach all den unglaublichen Abenteuern war sie, ohne es zu merken, wieder in ihrem Kinderzimmer gelandet. Inzwischen hatten sich ihre Augen an die Dunkelheit gewöhnt und sie konnte die Umrisse deutlich erkennen. Tatsächlich! Dort drüben an der Wand stand Annas noch immer leeres Gitterbettchen, vor dem Fenster ihr eigener Schreibtisch, ...

Stella saß auf Tinas Bettrand und beobachtete sie schmunzelnd.

Mit einem tiefen Seufzer ließ sich Tina wieder auf ihr Kissen sinken und von Stella liebevoll zudecken. Sie spürte kaum noch deren leichte Hand auf ihrer Stirn, da war sie auch schon eingeschlafen.

Der Duft von Toast und Kakao weckte sie am nächsten Morgen, als die Sonne bereits wieder einmal diese leuchtenden Flecken auf den Teppich zauberte, die Tina so liebte.

Sie blieb ganz still liegen und spürte in sich hinein.

In ihren Ohren schien noch ein Hauch jenes wundersam tröstenden Klanges zu schweben, der sie anscheinend auch noch während ihres zwar kurzen, aber doch sehr tiefen und erholsamen Schlafes begleitet zu haben schien.

Was hatte sie aber auch alles erlebt in dieser vergangenen Nacht!

Sie konnte sich deutlich an jede Einzelheit ihres nächtlichen Abenteuers erinnern und versäumte nicht, gleich ein paar ganz besonders liebevolle Gedanken in die dunklen Welten zu schicken, als Trost und Unterstützung für all die armen Wesen, die sich durch ihr eigenes, liebloses Denken und Tun dort verfangen hatten.

Aber auch an all das Wunderbare dachte sie voller Freude und Dankbarkeit:

Diese lichtdurchfluteten, herrlichen Landschaften mit ihren phantastischen Pflanzen und Tieren, das friedvolle Sanatorium, die gute Mutter Mara, die sie so freundlich bewirtet hatte, und nicht zuletzt das göttliche Licht der Glückseligkeit ...

Heute würde Papas Körper beerdigt werden.

Alle Verwandten und Freunde der Eltern würden kommen, um sich von ihm zu verabschieden und die Familie in diesen schweren Stunden nicht allein zu lassen.

Tina wusste, er würde dasein, bei dieser Feier. Das hatte er ihr gesagt. Danach würde er seine Aufgabe in den dunklen, jenseitigen Bereichen antreten.

Gestern noch hatte sie sich vor diesem Tag gefürchtet – heute war sie ganz ruhig.

Ja, sie hatte fast das Gefühl, in dieser Nacht ein ganzes Stück älter geworden zu sein.

Sie würde Mama trösten müssen, Oma wahrscheinlich auch. Aber vielleicht könnte sie ihnen heute Abend, wenn alle Gäste wieder fort sein würden, von ihrem Abenteuer mit Papa erzählen.

Tina hatte durchaus die Hoffnung, dass sie ihr an einem solchen Tag, erschüttert und aufgewühlt wie sie waren, vielleicht eher glauben könnten als sonst. Außerdem – Stella war ja auch noch da und würde ihr bei diesem Vorhaben bestimmt helfen.

Es war ein wunderbares Gefühl, ganz sicher zu wissen, dass man nie, nie, niemals allein und verlassen ist, sondern auf allen Wegen, bei Tag und bei Nacht, liebevoll begleitet und beschützt wird!

Das – wenigstens das! – musste sie unbedingt Mama klarmachen!

Und sobald Anna groß genug sein würde, um so etwas zu verstehen, wollte sie auch ihr davon erzählen. Dann würde die kleine Schwester sich niemals fürchten müssen, wenn sie sich mal einsam fühlen sollte.

Entschlossen schwang Tina die Beine aus dem Bett und setzte sie mitten in einen der hellen Sonnenflecke auf dem Teppich.

Ein neuer Tag wartete auf sie.

Es kam ihr fast so vor, als sei er der Beginn eines neuen Lebens.

Sie war bereit, sich seinen Anforderungen zu stellen.

☆☆☆

Nachwort

Diese Geschichte war ursprünglich der kleinen Christina gewidmet, die eines Tages in meine Klasse kam und schreckensbleich erzählte, ihr Vater sei ganz plötzlich ins Koma gefallen, und keiner wisse warum.

Die Gespräche, die Frau Friedrich in meiner Geschichte mit Tinas Klasse führte, fanden in meinem Klassenzimmer statt. Dabei wurde mir wieder einmal mehr bewusst, wie dankbar Kinder sind, wenn man offen mit ihnen über dieses heikle Thema redet.

Der Tod ist in unserer Gesellschaft fast tabu. Daran zu denken, geschweige denn, darüber zu reden, ist den meisten Menschen außerordentlich unangenehm, denn es weckt diffuse Ängste.

Das bedeutet allerdings auch, dass Kinder im Akutfall unter Umständen niemanden haben, mit dem sie darüber reden, dem sie ihre Fragen stellen können.

Mich persönlich hat das Thema Tod fasziniert, seit meine Mutter mir, als ich zwanzig war, die Bücher der Sterbeforscherin Dr. Elisabeth Kübler-Ross zu lesen gab.

In den folgenden fünfundzwanzig Jahren habe ich alles gelesen, was ich dazu nur in die Finger bekam.

Diese Lektüre, eigene Erfahrungen, sowie Gespräche mit Betroffenen ebenso wie mit medial veranlagten Menschen haben meine Sicht der Dinge entscheidend geprägt und sind letztlich in diese Geschichte mit eingeflossen.

Es ist mir jedoch leider nicht mehr möglich, alle Quellen zu nennen. Zu viele der Bücher waren lediglich geliehen oder sind von mir weitergegeben worden, so dass ich deren Titel oder Autoren heute nicht mehr weiß.

Von der Silberschnur, die Körper und Seele verbindet, habe ich bei verschiedenen Autoren gelesen.

Von einer solchen Silberschnur auch bei Tieren las ich bei Richard Bach in „Brücke über die Zeit" (Ullstein Verlag).

Von einem Erholungsheim in der anderen Welt berichtet Helen Greaves in „Das Zeugnis des Lichts" (Anthos Verlag).

Christinas Papa ist schließlich doch wieder aus dem Koma erwacht – deshalb ist meine Geschichte nun für all die Kinder gedacht, denen ein Elternteil oder ein sonstiger naher Angehöriger gestorben ist.

Selbst wenn sie jemanden finden, der mit ihnen über den Schmerz und die Angst, aber auch vielleicht über den möglichen Sinn eines solchen Verlustes reden kann, mag es hilfreich sein, auch noch einmal in aller Ruhe etwas dazu lesen zu können.

Dabei geht es gar nicht darum, ob es nun wirklich so oder anders ist.

Ich verstehe meine Geschichte vielmehr als ein Angebot:

So, oder so ähnlich könnte es sein.

Wie es dann wirklich ist, werden wir erst wissen, wenn wir selber jene Schwelle überschritten haben.

Wirklich wichtig ist mir vor allen Dingen folgendes:

Ich möchte Kindern helfen, ein wenig von der großen Angst vor dem Tod zu verlieren und Vertrauen in ihre persönliche, geistige Führung zu gewinnen, sei sie nun geistiger Führer, Schutzengel, oder wie auch immer benannt.

Denn das Wissen um Schutz und Begleitung kann sie stark, mutig und sicher machen.

☆☆☆

Folgende Kinderbücher zu diesem Thema möchte ich besonders empfehlen:

Elisabeth Kübler-Ross: Die unsichtbaren Freunde (Oesch Verlag)

Ulla Frank: Was passiert, wenn ich sterbe? (Lier Verlag)

Gerhard Schweizer

ISLAM UND ABENDLAND

Geschichte eines Dauerkonflikts

Erweiterte und aktualisierte Neuauflage

Klett-Cotta

Für Brigitte

Klett-Cotta

Printed in Germany
Umschlag: Klett-Cotta-Design
Foto: Gerhard Schweizer
Gesetzt aus der 10 Punkt Life
von Offizin Wissenbach, Höchberg bei Würzburg
Auf säure- und holzfreiem Werkdruckpapier gedruckt
und gebunden von Clausen & Bosse, Leck
ISBN 3-608-96008-2

Zweite, erweiterte und aktualisierte Neuauflage, 2003

Bibliographische Informationen Der Deutschen Bibliothek
Die Deutsche Bibliothek verzeichnet diese Publikation in der
Deutschen Nationalbibliographie; detaillierte bibliographische
Daten sind im Internet über <http://dnb.ddb.de> abrufbar

Inhalt

Einleitung

Ein Dauerkonflikt – für weitere Jahrhunderte?

Dieses Bild ist zu einer Ikone des »Bösen« geworden: die schwarzen, geballten Rauchsäulen über den zusammenstürzenden Zwillingstürmen des World Trade Center in New York. Seit dem schrecklichen Terroranschlag vom 11. September 2001, der nahezu dreitausend Menschen das Leben kostete, läßt uns die Frage nicht mehr los: Bedeutet dieses Ereignis einen tiefgehenden negativen Einschnitt in der Beziehung zwischen islamischer und abendländischer Welt – oder nur eine beklemmende Episode?

Alles deutet vorerst darauf hin, als hätten wir es mit einer Zäsur zu tun, deren Folgen noch nicht absehbar sind. Seit jenem 11. September 2001 erörtern zahlreiche Islam-Sachbücher dieses Ereignis bereits auf den ersten Seiten ihrer Einleitung. Und seither zitieren auch die Medien das Schlagwort »Dschihad« im Sinn von »Heiliger Krieg« mit bisher nicht gekannter Häufigkeit. Immer mehr Anhänger gewinnt inzwischen auch die These, daß eine neue Art von Krieg begonnen habe, die für das 21. Jahrhundert zunehmend die Auseinandersetzung zwischen islamischer und abendländischer Welt bestimmen werde. Muslimische Organisationen, von religiösem Fanatismus angetrieben, würden während der kommenden Jahrzehnte vor allem durch gezielte Terrorakte versuchen, unsere westliche Gesellschaft zu destabilisieren. Fernsehbilder, die in der Tat erschreckend sind – aber nur selten kritisch hinterfragt werden –, illustrieren das Szenario dieser Bedrohung: vermummte Männer, die vor der Kamera ihre Bereitschaft ankündigen, Selbstmordattentäter zu werden und als »Märtyrer« im Kampf gegen den »Satan Amerika« und dessen »Lakaien« zu sterben. Dazu in weiteren Bildern Volksmassen auf den Straßen verschiedener islamischer Städte, mit hoch erhobenen Fäusten Parolen gegen den »Westen« skandierend.

In den zwei Jahren nach dem 11. September 2001 haben sich die Spannungen zwischen abendländischer und islamischer Welt noch verschärft. Westliche Truppen in Afghanistan, westliche Truppen im Irak. Hier wie dort wurde nach offizieller Verlautbarung ein Krieg geführt, der die Ausbreitung eines weiteren »islamischen Terrorismus« vorbeugend verhindern sollte. Daß hierbei die Parole vom »Kampf gegen den islamischen Terrorismus« oft mißverständlich, ja manchmal absichtsvoll zu einem »Kampf gegen den Islam« umformuliert wurde, heizte den Konflikt zusätzlich auf. Es sind aber Kriege, die – wie es inzwischen selbst dem naiven Beobachter deutlich werden kann – noch mehr Probleme schaffen, als sie zu beseitigen vorgeben. Zu komplex ist die Situation in diesen Ländern, zu komplex im gesamten islamischen Kulturraum.

Es ist auch ein Krieg der Worte, der immer weiter zu eskalieren droht. Schon Khomeini, der Führer der »Islamischen Revolution« 1979, hatte vom »Reich des Bösen« gesprochen, wenn er den »Westen« meinte, und keiner hatte häufiger als er die USA »Satan« genannt. Der religiös-politische Extremist gebrauchte religiös aufgeladene Metaphern, wie sie erst seit dem politischen Erstarken des islamischen Fundamentalismus breitenwirksam bei den Muslimen in Umlauf gekommen sind. Wir selber haben aber keinerlei Anlaß, mit bloßer Verachtung auf solche religiös-mittelalterliche »Rückständigkeit« herabzusehen, gebrauchen doch bei uns selbst einige führende Politiker, allen voran US-Präsident George W. Bush, nahezu gleiche Metaphern. Bush sprach und spricht vom »Reich des Bösen« oder der »Achse des Bösen«, wenn er feindliche und hier besonders islamische Staaten im Visier hat. Er bedient sich eines Wortschatzes, der den Traditionen eines aufgeklärten Westens schroff widerspricht – und auf einen Fundamentalismus christlicher Prägung hinweist.

Unmittelbar nach dem Terroranschlag des 11. September 2001 hatte Präsident Bush gar zum »Kreuzzug« gegen die »Mächte der Finsternis« aufgerufen und damit Schlagworte benutzt, die den Muslimen die Erinnerung an eine sehr düstere Zeit des »christlichen Glaubenskrieges gegen den Islam« weckte. Entsprechend antwortete die islamische Propaganda, man werde auch in Zukunft die »christlichen Kreuzzügler« vom »geheiligten islamischen Boden« zu vertreiben wissen. Es klingt so, als sei seit dem Zeitalter der Kreuzzüge keine Veränderung in den Gehirnen der Menschen – der Muslime wie der Christen – eingetreten. Dies scheint auf fatale Weise zu bestätigen, wie hartnäckig sich die Fronten zwischen islamischer und abendländischer Welt, allen aufklärerischen Idealen und Verständigungsbemühungen zum Trotz, erhalten haben. Und das ist eine bedrohliche Perspektive für die Zukunft.

Solche Sachverhalte gewinnen noch an Brisanz, je mehr Muslime nun auch in Europa selbst wohnen. Es sind Menschen, die ursprünglich meist nur »Gastarbeiter« waren, inzwischen aber schon in der zweiten oder dritten Generation bei uns leben. Hat es um 1950 erst rund 900 000 muslimische Zuwanderer in Europa gegeben, sie überwiegend in Frankreich und Großbritannien ansässig, so sind es zu Beginn des 21. Jahrhunderts bereits rund 17 Millionen. In Frankreich machen sie rund fünf Prozent der Bevölkerung aus, wobei die meisten aus Nordafrika stammen, in Großbritannien sind die Zahlen ähnlich, die Zuwanderer dort kommen überwiegend aus Pakistan, Bangla Desh und dem indischen Raum. In Deutschland und Österreich sind inzwischen zwei bis drei Prozent der Bevölkerung Muslime, die meisten davon Türken. Seither macht bei uns – wieder einmal – das angsteinflößende Schlagwort von der »Überfremdung« die Runde. Und um so mehr müssen wir uns mit der Frage auseinandersetzen, ob dem »Abendland« oder dem »Westen« tatsächlich Gefahr durch die fremde Kultur des Islam droht, die – wie es oft gesagt wird – nicht zu der unseren paßt. Dieser Logik entsprechend könnte es zunehmend zu Unruhen auch in Europa kommen, weil eben die Muslime nicht bereit sind, nicht bereit sein können, sich in unsere »westliche Wertegemeinschaft« zu integrieren.

Im Zusammenhang mit derartigen Entwicklungen bekommt das Schlagwort vom sogenannten Kampf der Kulturen verstärkt Aktualität. Dieses Schlagwort bezieht sich auf den Buchtitel des umstrittenen Bestsellers »Clash of Civilisations«, der in der deutschen Übersetzung »Kampf der Kulturen« lautet. Autor ist der Harvard-Professor Samuel P. Huntington, amerikanischer Politikwissenschaftler und zeitweiliger Berater des US-Außenministeriums. 1993 hatte er den Slogan erstmals in einem Essay und dann 1996 als Titel für sein Buch verwendet. Er entwickelte dort Thesen, die die (westliche) Öffentlichkeit in wachsendem Maß beschäftigen: Die Weltpolitik des 21. Jahrhunderts werde nicht mehr vorrangig von Auseinandersetzungen politischer, ideologischer und wirtschaftlicher Natur in sehr komplex gewordenen Räumen bestimmt, sondern hauptsächlich von einem stark religiös bestimmten »Clash of Civilisations«. Besonderes Gewicht mißt er hierbei dem Konflikt zwischen islamischer und abendländischer Welt bei.

Aus der Sicht Huntingtons sind vor allem die islamische wie die westliche Kultur von der Grundstruktur her darauf hin angelegt, ihre Herrschaft universalistisch über die ganze Welt ausdehnen zu wollen. Entsprechend schrieb er: »Das tiefere Problem für den Westen ist nicht der islamische Fundamentalismus. Das tiefere Problem ist der Islam, eine andere Kultur, deren Menschen von der Überlegenheit ihrer Macht besessen sind. Das Problem für den Islam sind nicht der CIA oder das US-amerikanische Verteidigungsministerium. Das Problem ist der Westen, ein anderer Kulturkreis, dessen Menschen von der Universalität ihrer Kultur überzeugt sind und glauben, daß ihre überlegene, wenngleich schwindende Macht ihnen die Verpflichtung auferlegt, diese Kultur über die ganze Erde zu verbreiten. Das sind die wesentlichen Ingredienzen, die den Konflikt zwischen dem Islam und dem Westen anheizen.«[1]

Hierzu paßt eine Äußerung, wie sie bereits 1988 der amerikanische NATO-Oberbefehlshaber John Galvin exemplarisch bei seiner Abschiedsrede in Brüssel getan hat. Damals, als sich am politischen Horizont deutlich der Zusammenbruch des Sowjetimperiums abzuzeichnen begann, hielt es der militärische Führer für angebracht, mit prophetischem Pathos schon auf den nächsten epochalen Entscheidungskampf hinzuweisen: »Den Kalten Krieg haben wir gewonnen. Nach einer siebzigjährigen Verirrung kommen wir nun zur eigentlichen Konfliktachse der letzten 1300 Jahre zurück: Das ist die große Auseinandersetzung mit dem Islam.«[2]

»Heiliger Krieg«, »Kreuzzug«, »Mächte des Bösen«, »Kräfte der Finsternis« ... Diese Schlagworte, wie sie Muslime und Christen immer wieder in gegenseitiger schroffer Abgrenzung gebrauchen, haben bekanntlich eine weit zurückreichende Tradition. Daß wir hier in der Tat von einem seit 1300 Jahren dauernden Konflikt – letztlich also von einem Dauerkonflikt – zu sprechen haben, versteht sich von selbst. Erschrecken muß uns allerdings, wie intensiv Islam und Christentum sogar in ihrer Anfälligkeit für fundamentalistische Radikalität geistig verwandt sind. Andererseits müssen wir uns klar darüber sein, daß wir, indem wir uns auf derart negative Aspekte konzentrieren, weder der christlich-abendländischen noch der islamischen Kultur auch nur in Ansätzen gerecht werden.

Europäer, Amerikaner, Christen werden dieser Einsicht sofort zustimmen, sofern es darum geht, den eigenen Kulturraum in seinen vielfältigen Erscheinungsformen zu differenzieren. Der Islam dagegen erscheint vielen von uns weiterhin als ein monolithischer Block, dessen Wesen auf wenige – überwiegend negative – Eigenschaften beschränkt bleibt. Entsprechend verbreitet ist bei uns die Meinung, keine Religion lehne derart grundsätzlich wie der Islam Andersgläubige ab und mache einen echten Dialog über Kulturgrenzen hinweg nahezu unmöglich. Kreuzzugsmentalität und Fanatismus bei Christen stufen wir gern als einen Widerspruch zur biblischen Botschaft der Nächstenliebe und damit als eine Verirrung ein. Dagegen neigen wir dazu, im Koran Intoleranz und Aufruf zum Glaubenskrieg geradezu zentral verankert zu sehen, ohne daß die meisten von uns die Bibel genauer oder den Koran mehr als nur vom bloßen Durchblättern, wenn überhaupt kennen.

Im vorliegenden Buch vergleiche ich daher grundlegende Aussagen der Bibel und des Korans. Ich gehe der Frage nach, in welchem Maß die beiden heiligen Bücher das geistige Rüstzeug für Toleranz und Intoleranz liefern. Findet sich im Koran tatsächlich die Aufforderung zu einem »Heiligen Krieg«, zur Unterdrückung oder gar gewaltsamen Bekehrung von »Ungläubigen«? Und inwieweit haben Bibel und Koran mit ihrer Ethik im Verlauf der Jahrhunderte politisches und soziales Verhalten positiv oder verhängnisvoll beeinflußt? Wie sehr werden die heiligen Bücher mißdeutet und politisch mißbraucht?

Muslime müssen sich naturgemäß mißverstanden, ja verletzt fühlen, wenn wir ihnen unterstellen, sie neigten mehrheitlich zu Intoleranz oder gar zu Radikalität und Gewalt. Noch schlimmer aber: wenn wir solch negative Tendenzen strukturell in ihrer Religion angelegt sehen, während wir ihnen missionarisch unsere eigene Religion und Kultur als grundsätzlich »friedfertig« entgegenhalten. Ich bin viel in islamischen Ländern unterwegs und erlebe jedesmal aufs neue, wie hilfsbereit und gastfreundlich viele Muslime mir, dem Nichtmuslim, begegnen. Angefeindet werden Besucher aus dem Westen nur von einer Minderheit, über deren Motive wir unvoreingenommen nachdenken sollten.

Umgekehrt müssen wir selbst uns kraß mißverstanden fühlen, sobald radikale Muslime die Menschen im »Westen« pauschal als »gottlos«, »moralisch dekadent«, »materialistisch«, »rassistisch« und

»imperialistisch« abkanzeln. Ihre Unterstellungen gipfeln oft in dem Vorwurf, der »Westen« wolle »den Islam vernichten«. Auch muslimische Verschwörungstheoretiker wissen sehr wohl, daß undifferenzierte Feindbilder dabei helfen können, die Widersprüchlichkeiten und Ungereimtheiten im eigenen Kultur- und Lebensraum zu übertünchen.

Aber so alt der Konflikt zwischen islamischer und abendländischer Welt auch ist, dürfen wir nicht übersehen, daß sich im Verlauf der Jahrhunderte die Akzente in der Auseinandersetzung entscheidend verlagert haben.

Ursprünglich entzündete sich die Rivalität an der Frage, ob die ganze Welt im Zeichen der alleinrichtigen Religion christianisiert oder islamisiert werden sollte. Kreuz oder Halbmond bedeutete in diesem Zusammenhang die schroffe Alternative. Unsere westliche Industriegesellschaft kennt jedoch längst nicht mehr das zentrale, für alle verbindliche Glaubensbekenntnis oder eine entsprechend politisch-sakral normierte Lebensform, sondern eine Vielfalt an Weltanschauungen, von religiös bis atheistisch. Daher sprechen ja viele von uns nicht mehr vom »christlichen Abendland«, sondern benutzen das Adjektiv eher als historisch zu verstehendes Zitat oder gar ironisch-provokativ. Andere Völker christlich zu missionieren ist bei uns zum Anliegen einer religiösen Minderheit geworden, denn selbst viele Christen, zumindest in Westeuropa, wünschen heute eher einen »Dialog« mit Andersgläubigen, als daß sie deren Bekehrung wichtig fänden. Inzwischen hat im »Abendland« – oder im »Westen«, wie wir entsprechend sagen – ein sehr weltlicher Missionstrieb die Oberhand gewonnen: Die ganze Welt soll im Zeichen der alleinrichtigen Zivilisation »verwestlicht« werden.

Zu Recht sprechen wir aber weiterhin vom »islamischen Orient«, In diesem kulturellen Großraum leben die Menschen nämlich noch überwiegend in einer religiös-politisch durchstrukturierten Gesellschaft. Eine Säkularisierung hat in der islamischen Welt kaum oder höchstens nur in Ansätzen stattgefunden. Und gerade dieser Unterschied – entweder die Religion als verpflichtende Mitte der Gesellschaft oder als Privatsache jedes Einzelmenschen – bedeutet für viele Muslime heute den hauptsächlichen Gegensatz zwischen Islam und Abendland. Je mehr bei uns die Kirchen an politischem Einfluß verloren haben, um so weniger sehen die Muslime vom Christentum eine Gefahr ausgehen und um so unbefangener können sie der geistesverwandten Religion begegnen. Die muslimische Abwehr richtet sich inzwischen vorrangig gegen den »Westen« mit seiner vordringenden »imperialistischen«, »säkularen« Macht. Vielen von uns dagegen erscheint weiterhin der Islam auch als Religion bedrohlich, eben weil im Orient die Verbindung zwischen Religion und Politik mehr oder weniger erhalten blieb.

»Geschichte eines Dauerkonflikts« lautet der Untertitel des vorliegenden Buches. Da viele der bereits angeführten Schlagworte eine weit zurückreichende Tradition besitzen, erscheint es mir notwendig, weit in die islamische wie in die abendländische Geschichte zurückzugehen und die Ursachen des Konflikts zu analysieren. Kritisch zu hinterfragen ist in diesem Zusammenhang der Begriff »Dauerkonflikt«. Unbestreitbar ist zwar, daß die islamische und die abendländische Welt seit 1300 Jahren miteinander in der Frage rivalisieren, ob die Menschheit »islamisiert« oder ob sie »verchristlicht« – und im modern säkularen Sinn »verwestlicht« – werden soll. Aber falsch ist es, daraus abzuleiten, daß sich Islam und Abendland über die 1300 Jahre ihrer gemeinsamen Geschichte ununterbrochen als zwei monolithische und feindliche Blöcke gegenübergestanden hätten.

Ich versuche zu zeigen, daß Muslime und Europäer viele Jahrhunderte lang über die politischen und religiösen Gegensätze hinweg oft rege geistige Kontakte pflegten und gegenseitig von der jeweils fremden und doch geistesverwandten Kultur profitierten. Ebenso werde ich eine Reihe Beispiele anführen, die belegen, daß sich die Muslime einen Großteil ihrer Geschichte stärker auf die Konflikte ihrer eigenen Religion und Kultur konzentriert haben als auf den expansiven Kampf gegen »Ungläubige«. Dasselbe bei den Europäern. Um nur ein Beispiel vorwegzunehmen: Die schrecklichsten Kriege, die wir erlebt haben, wurden keineswegs gegen eine fremde Kultur wie die islamische geführt – viel schlimmer und folgenreicher als die Kreuzzüge oder die sogenannten Türkenkriege war der Dreißigjährige Krieg, und er wurde bekanntlich als religiös-politischer Konflikt unter Christen ausgetragen. Auch weisen der Erste und Zweite Weltkrieg, die verheerendsten Kriege des 20. Jahrhunderts, zuallererst auf tiefgehende Konflikte innerhalb unseres eigenen säkularen Kulturraums hin.

Vorrangig auf unsere Gegenwart konzentriert sind meine Fragen zum Fundamentalismus: Welchen Einfluß haben fundamentalistische Bewegungen auf das gesellschaftliche Leben im islamischen Orient wie auch im Abendland? Bekanntlich ist das Phänomen strukturell gleichermaßen in den drei geistesverwandten Religionen Islam, Christentum und Judentum angelegt.

Unbestritten ist, daß der Fundamentalismus in der islamischen Welt eine viel stärkere Wirkung auf Politik und Gesellschaft ausübt als in unserem Kulturraum. Entsprechend treten in islamischen Staaten negative Tendenzen erheblich deutlicher hervor. Aber besonders wenn es um dieses Thema geht, neigen wir zu problematischen Pauschalurteilen. Viele von uns setzen den islamischen Fundamentalismus ausschließlich mit rigiden, gewaltbereiten, fanatischen, ja in jüngerer Zeit auch mit terroristischen Bewegungen gleich. Tatsächlich aber fächert sich die »Islamiya« – der »Islamismus«, wie die Muslime diese Bewegung selber nennen – in völlig unterschiedliche Strömungen auf. Einerseits sind wir mit äußerst gewaltbereiten und gewalttätigen Gruppierungen konfrontiert wie etwa der Terror-Organisation Al Qaida und ihrer Symbolfigur Osama Bin Laden. Auch sind uns eine Reihe islamistisch regierter Staaten als äußerst brutale Diktaturen in Erinnerung, allen voran das Regime der afghanischen Taliban, unverhohlen despotisch auch der iranische Gottesstaat unter Ayatollah Khomeini. Andererseits steht der iranische Staatspräsident Mohammed Khatami kaum zwei Jahrzehnte später für einen gemäßigten Islamismus, der (zumindest in gewissen Grenzen) eine kulturelle Vielfalt zuläßt und einen Dialog mit dem »Westen« sucht. Gerade das Beispiel Iran zeigt, wie schwierig es ist, den islamischen Fundamentalismus in seiner Vielfalt, seinen gegenläufigen Strömungen zu verstehen. Ausgerechnet im Gottesstaat Iran, wo sich 1979 erstmals überhaupt eine islamistische Regierung gebildet hat, ist inzwischen die Bewegung einer »Islamischen Revolution« in sehr unterschiedliche, rivalisierende Flügel gespalten. Zu einer differenzierten Betrachtung des Islamismus zwingt uns auch die aktuelle Entwicklung in der Türkei.

Ein weiteres sehr tiefgehendes Vorurteil auf westlicher Seite versuche ich im vorliegenden Buch zu widerlegen: daß die islamische Kultur schon von ihrem geistigen Ansatz her »rückständig« sei – und daß die Muslime besonders aus ihrem Gefühl einer strukturellen, unaufhebbaren Unterlegenheit heraus neidisch und aggressiv auf die Herausforderung der westlichen Moderne reagieren.

Auf den ersten Blick ist diesem Vorurteil schwer zu widersprechen. Kaum ein muslimisches Land hat es in unserem Jahrhundert geschafft, wirtschaftlich das Niveau eines sogenannten »Entwicklungslandes« zu überwinden, kaum einer dieser Staaten kennt ein weitgefächertes Bildungssystem und eine demokratische Verfassung. Aber wenn wir für diese Rückständigkeit prinzipiell den Islam als Religion und Kultur verantwortlich machen wollen, dann muß uns ein Blick in die Vergangenheit beträchtlich irritieren. Noch zu Beginn des Hochmittelalters zeigte sich der islamische Orient dem christlichen Abendland kulturell weit überlegen; in seinen Städten befanden sich überwiegend die besseren Bibliotheken und Universitäten, dachten Philosophen und Wissenschaftler fortschrittlicher, entfalteten sich Kunst und Architektur reichhaltiger, waren die Bürger im Durchschnitt gebildeter, war der Lebensstandard höher. Gegen die hochentwickelte Stadtzivilisation des Islam konnte das Europa von damals – würden wir einen Begriff von heute gebrauchen – überwiegend nur als ein riesiges »Entwicklungsland« erscheinen.

Kaufleute und Kreuzritter des christlichen Mittelalters mußten sich bei ihrer Begegnung mit dem Orient zutiefst verunsichert fühlen. Irritiert stellten sich gerade die Gebildeten die Frage, wie es Gott denn zulassen könne, daß die »Heiden« mit ihrer »falschen« Religion den Christen in vielerlei Hinsicht überlegen seien. Dieser christliche Schock von damals entspricht in etwa dem islamischen Schock von heute. Umgekehrt sehen sich nun die Muslime einer Identitätskrise ausgesetzt. Sie, die sich zwar im Besitz der »richtigen« Religion glauben, müssen sich fragen, wieso plötzlich Andersgläubige mit einer überlegenen Zivilisation triumphieren können.

Weder der Islam noch das Christentum lassen sich direkt für zivilisatorischen Fortschritt oder Rückschritt verantwortlich machen. Und wenn wir es trotzdem versuchen, entdecken wir in beiden Religionen ein nahezu gleich großes Potential an Entwicklungs- und Einflußmöglichkeiten auf das kulturelle Leben: im Guten wie im Schlechten. Auch diese Frage wird uns im vorliegenden Buch zu beschäftigen haben.

1300 Jahre Dauerkonflikt zwischen islamischer und abendländischer Welt ... Im Bewußtsein vieler Muslime wie Europäer und Amerikaner ist ein Ende dieser Rivalität nicht abzusehen, ja sie geht einem neuen Höhepunkt entgegen. Das wären düstere Perspektiven für das 21. Jahrhundert und darüber hinaus.

Ich teile diesen Zukunftspessimismus nicht. Wenn auch der vor Jahrzehnten schon begonnene Dialog auf religiöser wie politischer Ebene immer wieder durch Radikale auf beiden Seiten sabotiert wird, ist unter gewissen Voraussetzungen ein Ende des Konflikts möglich. Vorbedingung für eine Wende zum Besseren ist allerdings, daß auf beiden Seiten mehr Menschen als bisher genügend informiert sind über die religiösen und kulturellen Strukturen der jeweils fremden Welt. 1300 Jahre Dauerkonflikt bedeutet mehr als ein Jahrtausend lang gegenseitige Mißverständnisse.

1990 habe ich den Dauerkonflikt zwischen Islam und Abendland bereits in größerem Zusammenhang dargestellt und in einer erweiterten Neuauflage 2002 aktualisiert. Ich erörterte neben der islamischen Problematik auch den Bezug von Hinduismus und Buddhismus zu unserem Kulturraum. Das Buch erschien unter dem Titel *Ungläubig sind immer die anderen. Weltreligionen zwischen Toleranz und Fanatismus*. Da aber im Westen die Ressentiments gegenüber dem benachbarten islamischen Großraum eher wachsen als abnehmen, war es nötig, das Thema »Islam« in einer gesonderten Veröffentlichung anzubieten. Dies ist erstmals 1995 geschehen. 2003 folgt nun auch hier eine beträchtlich erweiterte Fassung. Einzelne Kapitel habe ich durch aktuelle Überlegungen ergänzt, neue Entwicklungen zusätzlich interpretiert. Im Rückblick auf 1300 Jahre gemeinsamer Geschichte arbeitete ich die Frage noch stärker heraus, weshalb die Kulturmacht Islam dem Abendland lange Zeit an Toleranz und Fortschrittlichkeit überlegen war und warum sich die Verhältnisse während der letzten fünf Jahrhunderte geradezu umgekehrt haben.

Vergleichen wir die wichtigsten geistigen und politischen Weichenstellungen islamischer wie abendländischer Geschichte miteinander, stellen wir fest, wie ähnlich sich die beiden rivalisierenden Großräume zumindest im Grundsätzlichen sind. Gerade die geistige Verwandtschaft hat die unerbittliche Rivalität bedingt. Erst wenn wir bereit sind, diese komplizierte Realität anstelle der gewohnten Feindbilder wahrzunehmen, können wir den Dialog beginnen.

Gegenseitige Vorurteile

Alltagsbeobachtungen im Orient-Tourismus

Die Szene steht für viele:

»He, Mohammed!« Der stämmige Gast im bunten Hawaiihemd winkte jovial dem Kellner, der eilig an ihm vorüberging und anscheinend den Ruf nicht gehört hatte. »Er will nicht hören«, sagte der Deutsche zu mir am Nachbartisch, lächelte dabei aber gutmütig, »es ist immer dasselbe.« Als der Kellner wieder in der Nähe war, rief der Deutsche, indem er sein leeres Glas hochhob: »Mohammed, noch'n Bier!« Der Kellner, ein junger Bursche mit Ringellocken und schwarzem Schnurrbart, zog die Augenbrauen zusammen und antwortete akzentfrei auf deutsch, aber in einem Ton, als hätte er es schon zehnmal gesagt: »Ich heiße Abdullah.« Der Deutsche lachte: »Für mich bist du der Mohammed. Alle Araber heißen Mohammed.« Er lachte jetzt ausdauernd und drehte sich wieder zu mir her, als der Kellner ohne ein weiteres Wort gegangen war: »Der Mohammed weiß schon, wie ich das meine.« Ich schwieg, ich war zu überrascht. Der Kellner, während er das Glas brachte und auf den Tisch stellte, lächelte – er lächelte. Ein kurzes Augenduell mit dem Deutschen, dann: »He, Fritz, dein Bier.« – »Ich ... heiße nicht Fritz.« – »Alle Deutschen heißen Fritz«, antwortete der junge Araber, verbeugte sich kurz und verschwand.

So geschehen im Speisesaal eines Touristenhotels auf der tunesischen Insel Djerba. Überwiegend Deutsche saßen beim Abendessen, Reisegruppen, für die es selbstverständlich erschien, daß das arabische Personal alle Bestellungen auf deutsch entgegennahm. Mit Trinkgeld waren sie, die Badegäste, nicht knausrig, schließlich wußten sie es zu schätzen, daß die »Mohammeds« sich anpassen konnten. Ich bewunderte den Kellner wegen seiner Schlagfertigkeit, mehr noch wegen seines Muts. Übrigens: Der Tourist im Hawaiihemd hat es seitdem vermieden, »seinen« Kellner mit Mohammed anzureden, er hat von nun an überhaupt auf jede Namensnennung verzichtet.

»Non … non … non!« Der Moscheewächter hob abwehrend die Hände und stellte sich breitbeinig vor das Portal, als er vier Touristinnen in Shorts und ärmellosen Blusen nahen sah. »Pourquoi non?« fragte die eine in holprigem Französisch, und die andere äußerte ihr Erstaunen gleich mit einem »Warum denn nicht?« Der Moscheewächter deutete auf die nackten Schenkel und schüttelte dann mißbilligend den Kopf, während die Touristinnen sich neugierig auf die Zehenspitzen stellten, um wenigstens einen Blick in den buntgefliesten Moscheehof zu erhaschen. »Non!« wiederholte der Wächter mit allem Nachdruck. »Typisch«, sagte eine der Touristinnen, »wieder mal typisch.« Dann drehten die vier sich um und gingen schmollend davon. »Typisch … was? … Typisch … wieso typisch?« rief ihnen der Moscheewächter nach, der sich nicht beruhigen konnte. Er sprach gebrochen deutsch und hatte sehr wohl die abfällige Bemerkung verstanden. Sichtlich erregt wandte er sich an mich, der ich neben dem Eingang stehengeblieben war und von dort aus das Basargewimmel betrachtete. Ob er sich denn nicht richtig verhalten habe, fragte er. Oh doch, ich könne ihm da nur zustimmen, antwortete ich. – Nicht wahr? Viele Europäer hätten keinen Respekt vor den Sitten in Tunesien, erklärte er, und es schien so, als müßte er sich einen lang angestauten Ärger von der Seele reden. Er habe zwei Jahre in Deutschland gearbeitet und wisse, daß man »halbnackt« auch keine Kirche betreten dürfe. Warum denn die Europäer so wenig Respekt vor dem Islam hätten? Er als Muslim habe Respekt vor ihrer Religion, jawohl, und die Christen seien sehr verärgert, wenn er sich in einer Kirche nicht richtig benehme. Er verstehe die Europäer nicht …

So geschehen am Portal der Ölbaummoschee in Tunis.

Zwei Momentaufnahmen aus dem Alltag eines Massentourismus im Orient. Sind es typische, überzeichnete Beispiele? Wer aufmerksam Touristen in islamischen Ländern beobachtet, wird ähnliches zu berichten wissen, ja kennt vielleicht sogar noch grellere Situationen.

Einseitigkeit in der westlichen Presse und die Folgen

Schlagzeilen der Boulevardpresse entsprechen nur gar zu oft diesem Horizont. Bleiben wir für Momente noch beim Urlauber»paradies« Tunesien, um zu sehen, wie sich politische Ereignisse dieses

Landes zeitweise in einer Zeitung mit Millionenauflage niederschlagen können.

Folgender Anlaß: Im November 1987 war der vierundachtzigjährige Staatspräsident Habib Bourguiba von seinem Ministerpräsidenten Ben Ali entmachtet worden; dies erschien als der einzige Ausweg aus der Staatskrise, nachdem es unter dem erstarrten Regime dieses Greises vermehrt zu gefährlichen Unruhen durch radikale Muslime gekommen war. Wenige Tage nach Bourguibas Entmachtung, als sich der Nachfolger Ben Ali als betont »westlich« gesinnter Politiker deklarierte, konnte man in der Wiener *Kronen Zeitung* eine merkwürdige Schlagzeile lesen: »Tunesien will mit Westkurs dem Islamsturm entkommen«.[1]

Begnügt man sich mit der Überschrift, so könnte man meinen, die Tunesier würden den Islam wie eine bedrohliche fremde Gewalt erleben (»Islamsturm« wie Sandsturm), mehr noch, sie würden keinen sehnlicheren Wunsch verspüren, als angesichts dieser unheimlichen Erscheinung politisch das Heil im »westlichen« Denken zu suchen. Erst im folgenden Text erfährt man, von woher wirklich »Sturm« drohen könnte: nicht vom Islam, sondern eben nur vom islamischen Fundamentalismus, und nicht einmal von ihm, sondern eben nur von dessen »radikalem Flügel«. Die Metapher »Sturm« ist hierbei kein Zufall. Sie wirkt vor dem Hintergrund der bei uns weit verbreiteten Furcht, daß die Zahl der Muslime um vieles rascher wächst als die der Christen. Inzwischen hat ja, wie schon erwähnt, der Islam die Milliardengrenze überschritten, während das Christentum bei 1,6 Milliarden Anhängern weitgehend stagniert.

Sind solche Schlagworte ein Sonderfall? Oder eben nur typisch für die sogenannte Boulevardpresse, die es aus Verkaufsgründen darauf anlegt, möglichst den Vorurteilen einer breiten Leserschaft entgegenzukommen?

Manchmal kann man sogar in Nachrichtenmagazinen mit differenziertem Urteilsvermögen Überraschungen erleben. Etwa im *Spiegel*, dem ich selber eine Reihe ausgezeichneter Informationen über Vorgänge in der islamischen Welt verdanke. Aber im November 1985 lautete dort eine Kapitelüberschrift, die sich auf die Krise nach dem Sturz des sudanesischen Diktators Jaafar Al Numeiri bezog: »Weg von Allah«; und im fettgedruckten Einleitungstext hieß es: »Nirgendwo ließen islamische Richter unbarmherziger amputieren, peitschen und köpfen. Jetzt müssen die Glaubenseiferer zurückstecken: Das öffentliche Leben wird entislamisiert.«[2]

Begnügt man sich wiederum mit diesen wenigen Zeilen, so könnte man meinen, ein »unbarmherziges« Strafrecht sei untrennbar mit »Allah« gekoppelt, und die Abwendung von solcher Barbarei bedeute, auf Distanz zum »Islam« zu rücken. Im Artikel liest es sich natürlich differenzierter. Um so bedenklicher muß es stimmen, daß selbst dem anspruchsvollen Journalismus Sprache zeitweilig vorurteilsgeladen entgleisen kann.

Im Nachrichtenmagazin *Profil*, dem österreichischen Pendant zum *Spiegel*, fand ich 1993 die fettgedruckte Überschrift: »Halbmond am dunklen Firmament«. Der Untertitel lautete: »Das Gespenst Islam geht um in Europa. Droht nach der roten die grüne Gefahr?«[3] Mit dem Untertitel war auf den Zusammenbruch des Kommunismus, der »roten Gefahr«, und andererseits auf Grün als die islamische Symbolfarbe angespielt. Entsprechend folgte im Artikel ein Ausspruch des damaligen Oberbefehlshabers der NATO, des Amerikaners John Galvin, aus dem Jahr 1988, auf den ich einleitend schon hingewiesen habe: »Den Kalten Krieg haben wir gewonnen. Nach einer siebzigjährigen Verirrung kommen wir nun zur eigentlichen Konfliktachse der letzten 1300 Jahre zurück: Das ist die große Auseinandersetzung mit dem Islam.« Jenseits des reißerischen Vorspanns und einiger provokanter Zitate war dann allerdings auch in diesem Fall der Artikel differenziert gehalten, dort wurden die eingangs zitierten Bedrohungsklischees selbstkritisch analysiert.

Während seriöse Zeitungen beim Thema Islam sich nur vereinzelt solcher »Aufreißer« bedienen, um das Leserinteresse zu wecken, ist dies für die Massenpresse doch fast schon die Regel. Je höher die Auflage, um so auffallender diese Tendenz. Besonders gut zu beobachten war ein solcher Vorgang, als Papst Johannes Paul II. in den achtziger Jahren verschiedene islamische Länder besuchte, etwa die Türkei, Pakistan, Marokko. Eine ganze Reihe von Boulevardblättern und Illustrierten in Deutschland wie auch in Österreich stellten angesichts dieses »epochalen« Ereignisses wiederholt polemische Vergleiche zwischen den beiden Weltreligionen an – in der Form: das Christentum missioniere »friedlich«, der Islam »aggressiv«. Ausführlich zitierten sie stets die vielen freundlichen Grußworte des Papstes, mit besonderem Akzent auf seine »Hochachtung« gegenüber der fremden Religion. Weniger ausführlich gingen sie meist auf die freundlichen Antworten seiner muslimischen Gastgeber ein, und hier folgte ab und zu in Varianten der Kommentar, eine solche »Offenheit« sei nicht typisch für alle Muslime, oder gar: eher untypisch.

Zu wundern braucht es da nicht, wenn die geistlichen Titel Imam, Ayatollah und Mullah in unserem Sprachgebrauch immer mehr zum Synonym für »reaktionär« und »fanatisch« absinken. Weil eben so mancher Geistliche des einen oder anderen islamischen Staates eine blutige Diktatur ideologisch absegnet – was uns ja aus der Geschichte des eigenen Kulturkreises ebenfalls nicht unbekannt sein dürfte –, neigen wir nur gar zu gerne dazu, einen ganzen Berufsstand, ja eine ganze Religion zu beargwöhnen und liberale Tendenzen in deren Reihen weitgehend zu ignorieren.

Daß eine derartige Voreingenommenheit nicht nur im deutschen Sprachraum ein Problem darstellt, sondern im gesamten Abendland, versteht sich von selbst. Man braucht nur an die fremdenfeindlichen Unruhen zu erinnern, wie sie sich neben Deutschland in Frankreich und Großbritannien immer wieder gegen »Gastarbeiter« – hier besonders gegen Muslime – entladen, zudem an die Panikmache europäischer wie amerikanischer Medien gegen »revolutionäre« islamische Staaten, dann wird die Brisanz des Vorurteils auf internationaler Ebene beklemmend.

Nachrichten über die islamische Welt schlagen sich in Europa wie den USA vorwiegend als Katastrophenmeldungen nieder. Man liest über Terroristen, die Flugzeuge entführen, Zeitbomben in Autos plazieren und menschenverachtend den Tod auch von Unschuldigen in Kauf nehmen, dies Untaten »im Namen Allahs«, im Kampf für eine »bessere«, eine »islamische« Gesellschaft. Man liest über Revolutionäre, die schroff allen westlichen Einfluß bekämpfen und an seiner Stelle wieder die »mittelalterlichen« Gesetze ihrer Religion durchsetzen wollen. Man liest von »rückständigen« Verhältnissen, so besonders über die Unterdrückung der Frauen, und sieht sich durch den Hinweis beunruhigt, daß die Krise sich noch zuspitze. Man liest von Politikern, die drohen, uns die Erdölzufuhr zu stoppen und weltweit das Wirtschaftsleben lahmzulegen. Aus dem Übergewicht solcher Nachrichten zu schließen, scheint uns die islamische Welt samt ihrer Religion vorrangig nur so weit zu interessieren, als von ihr Gefahr ausgeht. Konkret:

Gefahr für uns, unsere Wirtschaft, unsere abendländische Zivilisation. Mir gegenüber hat einmal ein Ägypter sehr bitter bemerkt: Wenn Europäer oder Amerikaner es für wert fänden, sich überhaupt mit den Muslimen zu beschäftigen, dann begriffen sie letzten Endes immer nur eines wirklich – Erdöl …

Informationen über den Islam besitzen wir genug – fundiert, differenziert, seriös, dies nicht nur in dickleibigen wissenschaftlichen Wälzern, sondern auch in leicht lesbaren Sachbüchern und Nachrichtenmagazinen. So gesehen wären die Barrieren gar nicht so hoch, um der fremden Kultur mit mehr Verständnis zu begegnen. Das Problem ist weniger der Mangel oder gar die Unterdrückung von Information, sondern die fehlende Bereitschaft, sich mit dem vielfältigen Angebot auseinanderzusetzen. Emotionale Sperren gegen den Islam sind in unserem Kulturraum auffallend häufig.

In meinem Bekanntenkreis finden sich eine ganze Reihe von »Exotik«-Touristen, die reges Interesse an außereuropäischen Ländern zeigen, sich beispielsweise auf indische oder chinesische Philosophie einlassen, Yoga treiben und von Tempeln im Himalaja schwärmen. Sie alle bezeichnen es als »geistig eng«, wenn man den Blick nicht über das Abendland hinausrichtet; »eurozentrisch« ist für sie ein Schimpfwort. Der Islam aber? Hier zögern sie. Freundlich aufgeschlossen gegenüber islamischer Kultur zeigen sie sich gerade so weit, als jene einen grellen Kontrast zur modernen Monotonie unserer Industriegesellschaft bildet. Und insofern mögen sie orientalische Basare als »malerisch« empfinden, Turban und Burnus lobend »exotisch« nennen, Moscheekuppeln und Minarette als »schön« deklarieren – doch gleichzeitig sehen sie gerade in dieser äußeren Fremdartigkeit einen Beleg dafür, wie zutiefst »fremd« uns diese islamische Kultur in ihrem Innersten sei. Eine wirkliche Annäherung könne es nicht geben, alle »Verwestlichung« müsse an der Oberfläche bleiben. Denn: Der Islam als Religion sei zu intolerant, zu starr …

Das überraschendste Urteil, das ich in diesem Zusammenhang gehört habe: Keine der Weltreligionen sei unserem Denken so fremd wie der Islam, selbst Hinduismus und Buddhismus hätten noch mehr geistige Gemeinsamkeiten mit uns.

Entsprechende Affekte bei den Muslimen

Viele Muslime schleppen über uns nicht weniger krasse Vorurteile herum, nehmen in ihrer Mehrzahl unsere Realität ebenfalls nur halb oder verzerrt – oder gar nicht – wahr. Dies gilt nicht nur für jene, die niemals ihr Land verlassen haben und allein auf die einheimische Nachrichteneinfärbung angewiesen sind, es gilt teilweise auch für geistig aufgeschlossene Muslime mit Auslandserfahrung. Vor allem in Nordafrika, Vorderasien oder dem Mittleren Osten – in jenen Kulturräumen, die hart mit den Großmachtinteressen westlicher Industriestaaten konfrontiert sind – kann man als Europäer immer wieder variantenreich dasselbe Ressentiment zu spüren bekommen: Man respektiert zwar unsere wirtschaftliche Potenz, unseren »materiellen Fortschritt«, ja, nicht wenige äußern sogar Neid, aber im selben Gespräch fallen dann möglicherweise Bemerkungen über unsere »geistige« und »moralische Krise«, und solche Anspielungen können sich, je nach Kenntnisstand und Affekt, aus unserer Sicht ins Groteske steigern. Die westliche Zivilisation ist dann in ihrem innersten Wesen zutiefst »unmoralisch«, »zersetzend«, »nihilistisch«, »zerstörerisch«, dies sei der Preis, den wir für unsere Abwendung von der Religion zu zahlen hätten.

Als eine Bündelung solcher Ressentiments läßt sich hier so mancher Ausspruch des Ayatollah Khomeini verstehen. Er, im Iran vom geistlichen Rechtsgelehrten zum politischen Agitator und schließlich zum Revolutionsführer eines angeblich einzig wahren »Islam« aufgestiegen – als düster charismatische Führergestalt bis zu seinem Tod am 4. Juni 1989 die bevorzugte Zielscheibe westlicher Affekte –, er antwortete auf alle Anwürfe mit um so schrofferer Gegenbeschuldigung. Und genau für diese seine Affekte hat er viel Beifall bei Muslimen gefunden, auch solchen, die seine politische Linie nicht billigen. Etwa wenn Khomeini sich in seinem berühmt gewordenen Buch *Islamische Regierung* über die wirtschaftliche Überlegenheit der westlichen Industriestaaten und auch des kommunistischen Ostblocks folgendermaßen abfällig äußert: »Aber in meinen Augen sind beide rückständig, weil sie nicht in der Lage sind, in ihrer Gesellschaft die moralischen Tugenden zu verwirklichen. Der materielle Fortschritt, den die beiden errungen haben, ging zu Lasten des seelischen Fortschritts. Sie sind immer noch unfähig, ihre sozialen Probleme zu lösen, weil die Lösung dieser

Probleme und die Beseitigung des Elends der Menschen diese moralischen Tugenden erfordert.«[4]

Der Beifall für Khomeini als moralischen Ankläger hatte zwar schon zu seinen Lebzeiten beträchtlich nachgelassen, ja war während dessen zehnjähriger Herrschaft im Iran von 1979 bis 1989 teilweise sogar unter Gefolgsleuten einer beträchtlichen Ernüchterung gewichen, als die Bilanz von Terror und Massenhinrichtungen gegen Andersdenkende immer drückender wurde. Aber: Durch die äußerst blutige und auch wirtschaftlich ruinöse Herrschaftspraxis hatte Khomeini nach Meinung vieler Muslime nur selber das Recht verloren, als der große Ankläger aufzutreten – am Inhalt seiner Kritik gegenüber der »westlichen Zivilisation« wird viel weniger gezweifelt.

Affekte können auch ihre unfreiwillig komische Seite haben. Etwa wenn in türkischen Dörfern folgende Mär Glauben findet: Weil die Christen Schweinefleisch äßen, seien sie unmoralisch und zügellos im Sexuellen, denn das Schwein sei das einzige Tier, das von Natur aus keine Eifersucht kenne.[5]

Vom Konflikt zum Dialog?

All die Beispiele, so subjektiv beeinflußt ihre Auswahl auch erscheinen mag, geben doch Ausblick auf eine wenig erfreuliche, kaum abzuleugnende Realität. Ob Orient, ob Okzident: hier wie dort haben sich Vorurteile tief bis ins Unterbewußtsein eingefressen, und gerade dadurch sind sie durch Argumente so schwierig zu entkräften.

Dies ist die Frucht einer eineinhalbjahrtausendjährigen – gemeinsamen – Vergangenheit. Die Nachbarschaft zweier großer, gleichrangiger und doch recht verschiedener Kulturräume hat unweigerlich zum Zusammenprall, zu ständigen Kriegen, mehr noch zu geistigen Machtkämpfen geführt. Eroberungszüge arabischer und türkischer »Glaubenskrieger« auf europäischem Boden, zuletzt bis vor die Tore Wiens, haben uns den Islam letztendlich als eine stets aggressive, stets ausdehnungssüchtige Macht erscheinen lassen, eine große – existenzbedrohende – Gefahr für das Abendland, politisch wie geistig. Andererseits hat sich bei den Muslimen die Kreuzzugsmentalität der Christen, mehr aber noch der Imperialismus westlicher Industriestaaten zum Trauma verfestigt, und damit haben sie das Abendland als eine nicht minder aggressiv vordringende Macht fürchten gelernt. Da weder indische noch chinesische Macht für uns jemals ernsthaft zur Bedrohung geworden ist, mußte sich während des letzten Jahrtausends vor allem zwischen Abendland und islamischem Orient ein schroffes Entweder-Oder herausbilden: ein Kampf um die absolute Vorherrschaft vor allem auf geistigem, auf religiösem Gebiet, so haben es beide Gegner selber verstanden. Zwei »Welt«religionen hatten sich zum Ziel gesetzt, den ganzen Erdkreis ihrem Missionsanspruch zu unterwerfen, so daß aus der jeweils eigenen Sicht heraus die Menschheit nur noch vor der Alternative stehen konnte: Kreuz oder Halbmond. Daß sich dann während der letzten zwei bis drei Jahrhunderte der Gegensatz auf eine andere Ebene verlagert hat, habe ich einleitend bereits erwähnt. Bei uns hat anstelle des religiösen ein sehr weltlicher, säkularer Missionstrieb die Oberhand gewonnen, und seither neigen wir dazu, die ganze Welt im Zeichen der allein richtigen Zivilisation zu »verwestlichen« anstatt zu verchristlichen. Aber dadurch hat ja, wie wir alle wissen, der Konflikt keineswegs an Schärfe verloren. Für viele Muslime ist nun zur zentralen Frage geworden, inwieweit sie eine »Verwestlichung« ihres Kulturkreises als Bereicherung oder als Bedrohung empfinden sollen.

Ausweglos ist dieser Konflikt nicht. Es gibt Zeichen der Hoffnung, eines beginnenden Dialogs, und dies nicht nur auf politischer Ebene, sondern auch zwischen den beiden Weltreligionen. Der Vatikan wie die protestantischen Kirchen haben seit den sechziger Jahren deutlich zu erkennen gegeben, daß sie eine weiterdauernde Rivalität zwischen Christentum und Islam, Abendland und Orient für unfruchtbar, ja zerstörerisch halten. Man solle sich in Zukunft statt auf das Trennende mehr auf das »Gemeinsame« besinnen und »gemeinsam« die Weltprobleme wie Hunger, Elend und Unterentwicklung zu beheben versuchen. Muslime haben darauf mit viel Interesse, teilweise mit sehr viel Wohlwollen oder sogar Freude reagiert, wie so manche öffentliche Erklärungen eindrucksvoll verraten.[6]

Ich selber habe in dieser Hinsicht in Wien eine interessante Erfahrung machen können. 1986 wurde ich von einer Künstlervereinigung eingeladen, im Anschluß an eine Ausstellungseröffnung für sakrale Kunst in einer katholischen Kirche aus einem meiner

Bücher zu lesen – das Thema: Der Islam in seiner geistigen Verwandtschaft mit dem Christentum. Mich berührte es eigentümlich, in einem Kirchenschiff unter einem Altarbild mit Kruzifix zu sitzen und Textstellen aus dem Koran zu erläutern. Die Zustimmung unter den Hörern war groß; nur manche Christen, denen ich später davon erzählte, empfanden eine derartige Lesung in einer Kirche als »unpassend«. Entscheidend bleibt aber, daß der Pfarrer diese Veranstaltung genehmigen konnte, ohne irgendwelche Schwierigkeiten mit übergeordneten Dienststellen zu bekommen, er saß unter den Zuhörern.

Eine rare Ausnahmeerscheinung vielleicht. Bis jetzt. Es könnte sich ändern, so ist zu hoffen. Die Information über die fremde Nachbarkultur *muß* wachsen. Denn Toleranz wird nur dann eine Chance haben, wenn wir in den Strukturen des Islam ganz konkret das »Gemeinsame« entdecken und so das Trennende überwinden.

Wo aber beginnen die Gemeinsamkeiten?

Von Anfang an sind Christentum, Judentum und Islam geistig miteinander verflochten gewesen, von Anfang an haben sich aus den Gemeinsamkeiten heraus aber auch die entscheidenden Gegensätze entwickelt.

Was Christen und Muslime gemeinsam haben

»Christliches« bei Mohammed?

Mohammed, der Prophet des Islam, wurde um das Jahr 570 unserer Zeitrechnung in der arabischen Handels- und Wallfahrtsstadt Mekka geboren. Die Karawanenwege dieser Stadt liefen aber nicht ins Innere Asiens, sondern in damals christliche Städte wie Alexandria, Damaskus und Jerusalem, entsprechend auch die geistigen Verbindungslinien. Mohammed, im ursprünglichen Beruf Kaufmann, hatte genug Gelegenheit, Gespräche mit durchreisenden christlichen und jüdischen Kaufleuten zu führen, erst recht hatte er Kontakt mit Arabern, die bereits zum Christentum oder Judentum übergetreten waren. Unter ihrem Einfluß lernte er, den Wallfahrtsrummel rund um die Kaaba von Mekka mit ihrer Vielgötterei als »heidnisch« abzulehnen. Seelisch und geistig zutiefst verunsichert, zog sich Mohammed in die Einsamkeit der Wüste zurück und begann über Textstellen aus der Bibel und der Thora nachzudenken, wie er sie in Bruchstücken kennengelernt hatte, und kam zu dem Schluß: Christen und Juden haben recht, es gibt nur *einen* Gott. Er nannte diese allein anbetungswürdige Autorität auf arabisch: Al Lah, *der Gott*.

In islamischer Überlieferung ist dann allerdings nicht von einem geistigen Einfluß durch Christen und Juden die Rede, sondern Mohammed habe die »Botschaft« direkt von einem Engel Gottes empfangen – und in dieser Vision sei alles enthalten, was auch in der Bibel und in der Thora an »Wahrheit« stehe. Entsprechend sind im Koran die großen Vorläufer seines Prophetentums zitiert: Ibrahim (Abraham) als der erste herausragende Verkünder des Eingottglaubens in historisch sehr früher Zeit, Musa (Moses) als der zentrale Erneuerer des Monotheismus, und in seiner Folge Jesaia und Elia als bedeutende Verkünder; am meisten hervorgehoben ist aber Isa (Jesus), denn jener habe die bisher umfassendste Botschaft von Al Lah, *dem* Gott, gepredigt.

Warum aber, so muß man sich angesichts so viel geistiger Gemeinsamkeiten fragen, ist Mohammed nicht einfach Jude oder Christ geworden?

Aus islamischer Sicht heißt es: Mohammed sei von Allah ausersehen, die Botschaft der großen Gottesverkünder – von Abraham bis Jesus – noch einmal zu verkünden, und zwar in ihrer ursprünglichen »Reinheit«. Juden wie Christen hätten ihre Überlieferung, die Thora und die Bibel, »verfälscht«, hätten dort nach eigenem Gutdünken Texte eingefügt oder entfernt; der Koran aber sei die »unverfälschte« Ur-Schrift der Botschaft Gottes, nichts Neues also, sondern das Schon-immer-Dagewesene, Ewige, durch menschliche Unvernunft nur Verschüttete. Den Juden warf Mohammed vor, Jesus als einen Propheten Gottes abzulehnen, und damit würden sie einen gewichtigen Teil der Wahrheit unterschlagen. Die Christen wiederum würden Jesus zu einem »Sohn Gottes« machen und außerdem noch den »Heiligen Geist« zu einer dritten Erscheinungsform des Göttlichen erklären. Gott aber in drei Formen, dies sei der erste Schritt zur Vielgötterei.

Muslime äußern bis heute gegenüber Christen den Verdacht, daß diese sich nicht mit letzter Konsequenz vom Polytheismus gelöst haben. Als Beweis erscheint ihnen bereits die christliche Symbolik, wie sie überall in der bildhaften Gestaltung zutage tritt. Ein Muslim braucht nur in einer illustrierten Bibel zu blättern und dort auf eine Abbildung Gottes als alter Mann mit Bart zu stoßen, und schon steht für ihn die Ähnlichkeit mit der Darstellung einer Götterstatue außer Frage. Falls er gar akademische Spezialkenntnisse in griechischer und römischer Mythologie haben sollte, wird er noch unverblümter als ein entsprechend gebildeter Europäer auf die Parallele zur Abbildung eines Zeus oder Jupiter hinweisen. Wenn ein Muslim dann noch die Gelegenheit hat, in katholischen Gegenden eine Dreifaltigkeitssäule zu betrachten – auf der Säulenspitze Gottvater mit wallendem Bart, Christus als Gottessohn, der Heilige Geist in Gestalt einer Taube –, so erscheint ihm dies vollends als Indiz, daß sich Christen in ihrer sakralen Bilderfreudigkeit nur graduell, nicht aber prinzipiell von »Götzendienern« unterscheiden. Niemals wird man in einer Moschee ein Bildnis Gottes entdecken können, stets nur den arabisch geschriebenen Namenszug »Allah«. Muslime halten sich strikt an jenes Gebot, wie es sich schon im Zweiten Buch Mose unter den Zehn Geboten findet: »Du sollst dir kein Bildnis noch irgendein Gleichnis machen, weder des, das oben im Himmel, noch des, das unten auf Erden [...] ist.«[1] Muslime werfen den Christen vor, gegen eine Anweisung ihrer eigenen heiligen Schrift zu verstoßen. In diesem Zusammenhang erscheint es ihnen naheliegend, daß Christen von dem einen Sündenfall den weiteren Schritt zur Fehldeutung des Propheten Jesus tun und aus ihm – ganz im heidnischen Sinn – einen Gott machen.

Es ist eine harte, provozierende Kritik an christlicher Metaphysik. Besonders gegenüber der Deutung Jesu, wie sie einen Großteil der Kirchengeschichte das Bewußtsein der Christen aller Konfessionen geformt hat. Handelt es sich hierbei um ein bloß islamisches Mißverständnis?

Die historisch-kritische Bibelwissenschaft neigt heute nicht mehr dazu, eine derartige Kritik von seiten Mohammeds als völlig »unchristlich« abzuweisen. Der Verkünder des Islam blieb mit seinem Denken streng der jüdischen Tradition verhaftet, in der ein Begriff wie »Sohn Gottes« nur in dem Sinn verstanden werden kann: von Gott auf besondere Weise »erwählt« zu sein. Auf diese Weise jüdisch gedacht haben – wie es heute quellenkritische Forschungen vermuten lassen – aller Wahrscheinlichkeit nach auch noch die ersten Christen, die selber Juden waren: indem sie Jesus durchaus als Menschen begriffen und ihn eben nur durch Gott über alle anderen Propheten hinausgehoben sahen. Daß Jesus als »Sohn« von Gott gezeugt und dem Körper einer »Jungfrau« zur Geburt anvertraut wurde, erinnert an Vorstellungsinhalte der griechisch-römischen Mythologie; dort gehört es ja zu den selbstverständlichen Geschehnissen, wenn Götter mit Menschen einen Sohn oder eine Tochter zeugen. In diesem Sinne könnten die ursprünglichen Bibeltexte durch griechisch und römisch gebildete Autoren an entscheidenden Stellen zumindest umgearbeitet worden sein, denn dann erst erschienen die metaphysischen Vorgänge vom Auftreten Jesu den Christen außerhalb der jüdischen Tradition vertraut genug, um widerspruchslos bejaht zu werden.

Wenn auch die Forschungen zu diesem strittigen, für die etablierten Kirchen heiklen Thema bei weitem noch nicht abgeschlossen sind, so kann immerhin ein Faktum der Kirchengeschichte von niemandem bestritten werden. Die ganzen ersten Jahrhunderte hindurch haben sich die Christen verschiedenster kultureller Herkunft erbittert über die Grundsatzfrage gestritten, ob Jesus »wesensgleich« mit dem »Vater« sei oder nicht; und erst im 5. Jahrhundert konnte sich das Dogma in der uns heute so vertrauten Form vom »Sohn Gottes« auf Konzilien verbindlich für alle durchsetzen.[2]

So gesehen ist Mohammed auf das engste nicht nur mit jüdischer, sondern eben auch mit christlicher Tradition verflochten. Was ihn aber für Juden wie Christen von Anfang an untragbar machte, ist sein Anspruch, »Erneuerer« beider Religionen zu sein. Mohammed verlängert ja die Traditionskette der »wahren« Propheten von Abraham über Moses noch über Jesus hinaus: zu sich als dem letzten, höchsten Gottesboten. Damit muß er Juden wie Christen als ein Scharlatan erscheinen, der die bereits geoffenbarte »Wahrheit« durch eine eigene (»bloß menschliche«) Botschaft »verfälscht« habe. Dies erklärt, weshalb die meisten Christen den Koran als völlig bedeutungslos abtun, denn dieses Buch kann ja für sie nicht wie das Alte Testament als vorbereitend für die eigene Religion verstanden werden. Andererseits ist es Muslimen möglich, das Neue Testament bis zu einem gewissen Grad zu bejahen, sehen sie doch dort manche Wahrheiten des Koran *vor*geformt.

Von daher muß es nicht wundern, wenn Christen im Durchschnitt weniger über Mohammed wissen als etwa Muslime über Jesus. Unsere Gedankenlosigkeit äußert sich schon in scheinbar nebensächlichen Wortwendungen, beispielsweise wenn wir von einem »Mohammedaner« anstatt von einem »Muslim« sprechen. Vorschnell bilden wir hier eine Analogie zur eigenen Religion.

Für Christen bedeutet Jesus bereits als Person die Mitte aller Offenbarung, »Christus« und »Gott« sind für sie nahezu austauschbare Begriffe geworden, und daher nennen sie sich als Anhänger dieser Religion zu Recht »Christen«. Mohammed aber, der sich als bloß menschlicher Verkünder von Gottes Wort verstand, rückte sich selber in aller »Demut« an den Rand der Betrachtung; die Mitte kommt allein »Allah« zu – deshalb kann man bei einem Anhänger dieses Glaubens, so will es der Koran, nur von einem »Muslim« sprechen, was übersetzt soviel bedeutet wie: »Der sich hingibt (an Gott)«. Sehr verbreitet ist bei uns auch »Moslem«. Hierbei handelt es sich um eine phonetisch ungenaue Wiedergabe von »Muslim«, ist aber von der Sache her ebenfalls korrekt. Abgeleitet ist diese Bezeichnung von »Islam«: »Hingabe (an Gott)«. Ich habe immer wieder erlebt, wie Muslime mit vorwurfsvollem Gesicht oder gar mit unwilligen Bemerkungen reagierten, wenn man sie »Mohammedaner« nannte. Dabei ist dies bis in die jüngste Gegenwart herein auch noch eine Angewohnheit von westlichen Religionswissenschaftlern und Orientalisten gewesen. Dies erst zeigt, wie tief in mancherlei Hinsicht noch immer die geistigen Gräben sind, wie wenig der Dialog zwischen beiden Weltreligionen gediehen ist.

Zurück zu Mohammed, dem »Verkünder«. Bei aller Abgrenzung wahrte der Prophet des Islam seinen Respekt gegenüber Christen und Juden, er räumte ihnen unter den »Ungläubigen« eine Sonderstellung ein. Da sie wie die Muslime an den »einen Gott« glauben, darf man sie nicht mit Gewalt zum Islam bekehren, ja, man hat ihre abweichenden, im Kern nicht falschen Lehren zu dulden. Sie müssen als »Völker des Buches« oder »Leute der Schrift« (»Ahl al-Kitab«) geachtet bleiben. Entsprechend lautet die koranische Anweisung an die Muslime: »Mit den Schriftbesitzern streitet nur auf die anständigste Weise, nur die Frevler unter ihnen seien ausgenommen, und sagt: ›Wir glauben an das, was uns, und an das, was euch offenbart worden ist. Allah, unser Gott und euer Gott, ist nur einer, und ihm sind wir ganz ergeben.‹«[3]

Ausdrücklich gestattet der Islam daher den Männern, sich mit Christinnen oder Jüdinnen zu verheiraten, ohne daß die Frauen unbedingt ihre Religion wechseln müßten. In den eroberten Gebieten ist es immer wieder zu solchen Ehen gekommen, selbst Sultane und Emire neigten dazu. Umgekehrt erschien für jeden Christen ein solches Verhalten bis in das Zeitalter der Aufklärung undenkbar, für viele hat sich daran bis in unsere Gegenwart nichts geändert. Allerdings ist es muslimischen Frauen bis heute verwehrt, einen Christen oder Juden zu heiraten. Daß für sie nicht die gleiche Freizügigkeit wie für einen Mann gilt, hat mit der patriarchalischen Rechtsordnung des Islam zu tun.

Jerusalem: eine heilige Stadt auch für Muslime

Wie bereits die wenigen Beispiele zeigen, ist bei Muslimen das Bewußtsein einer gemeinsamen Wurzel von Islam und Christentum stärker entwickelt als umgekehrt bei Christen. Von daher muß es auch nicht wundern, daß Europäer und Amerikaner teilweise noch immer nicht wissen, in welchem Maß Muslime Jerusalem als »heilige Stadt« verehren.

Zum Archetypus unserer christlich-jüdischen Vorstellungswelt gehört, wenn wir an Jerusalem denken, nicht der sogenannte Felsendom, der mit einer leuchtend goldenen Kuppel und blaugekachelten Fayencewänden das lehmfarbene Häusermeer der Altstadt überragt – sondern der Tempel Salomos, der sich einst an der Stelle dieser Moschee erhob. Dazu kommt die Grabeskirche, die (nach ungesicherter Quellenlage) sowohl das Grab Christi wie die Kreuzigungsstätte Golgatha überwölbt. Gehen wir aber durch die verwinkelten, auch heute noch sehr orientalisch anmutenden Gassen der arabischen Altstadt, sind wir mit islamischen Projektionen konfrontiert. Wir entdecken auf weißgetünchten Wänden oder über Haustüren sehr häufig buntgemalt eben diesen Felsendom mit seiner majestätischen Goldkuppel. Was hierbei die Darstellung besonders auffällig macht: Daneben ist stets die Kaaba von Mekka abgebildet. Spätestens dann muß uns klar werden, daß es sich bei der Hauptmoschee von Jerusalem nicht um irgendeine, nur eben besonders schöne Moschee handelt, sondern um ein zentrales Heiligtum. Die Araber nennen den dortigen Bezirk »Haram esch-Scharif« (»Vornehmes Heiligtum«), Jerusalem heißen sie »El Kuds« (»Die Heilige«).

Jerusalem ist nach Mekka und Medina die religiös bedeutendste Stadt des Islam. Ja anfangs, solange Mohammed noch glaubte, er könne die meisten Christen und Juden ohne größere Widerstände von der »reinen« Offenbarung Gottes überzeugen, hat er Jerusalem für Muslime als die heilige Stadt schlechthin gelten lassen. So war noch die erste Moschee in Medina, wo Mohammed nach seiner Flucht aus Mekka als Gesetzgeber wirkte, mit der Stirnseite ihrer Räume nach Jerusalem ausgerichtet, und beim Gebet hatten sich die Gläubigen ausschließlich in diese Richtung verneigt. Erst als die Juden in Medina (noch vor den Christen) den Islam zurückwiesen, verkündete Mohammed seinen Anhängern als neue Eingebung Gottes, daß nun Mekka mit der Heiligen Kaaba anstelle von Jerusalem das Zentrum der Gläubigen sei – um, wie es im Koran heißt, zu unterscheiden »zwischen denen, die dem Propheten folgen, und denen, die ihm den Rücken wenden« (also Juden oder Christen bleiben).[4] Trotzdem sehen sich die Muslime durch wesentliche Elemente ihrer Mythologie mit diesem Jerusalem weiterhin verknüpft. Auf jenem Felsen, wo einst der Tempel Salomos stand, soll Abraham seinen Sohn Isaak zur Opferstelle geführt haben. Hier aber soll auch – und dies ist für Muslime der eigentliche Anknüpfungspunkt ihrer Verehrung – Mohammed in einer mystischen Vision für eine Nacht zum Himmel aufgestiegen und vor Gottes Thron getreten sein.

Auch das Kidrontal, das sich außerhalb der Stadtmauern Jerusalems zwischen sanft aufsteigenden Hügeln hinzieht, besitzt eine entsprechend mythische, religiös-heilsgeschichtliche Bedeutung. Dort, in Sichtweite des Felsendoms, des Gartens Gethsemane und des Ölbergs, finden sich Tausende von Grabsteinen: Zu verschiedenen Friedhöfen gruppiert, sind sie entweder mit lateinischen, hebräischen oder arabischen Schriftzeichen versehen; Christen, Juden und Muslime liegen hier, nur jeweils wenige hundert Meter voneinander entfernt, begraben. Im Kidrontal, vor den Mauern des heiligen Jerusalem, so lautet die Legende, soll am Tag des Jüngsten Gerichts die Posaune Gottes geblasen werden, hierher werden die erweckten Toten aus aller Welt kommen müssen, um vor den Thron des Allmächtigen zu treten, und jene, die hier ihre Gräber haben, werden als erste auferstehen. Christen, Juden wie Muslime neigen gleichermaßen dazu, der üppig ausgeschmückten Legende Glauben zu schenken. Nirgends ist daher die geistige Verflochtenheit aller drei »Buch«-Religionen optisch so sinnfällig wie im Kidrontal, wo der Betrachter auf einen Blick die weitausgedehnten Gräberfelder von Gläubigen erfassen kann, die im Tod auf dasselbe Ziel hinstreben – im Leben aber möglicherweise mehr Trennendes als Gemeinsames gegenüber den anderen Religionen wahrgenommen haben.

Gleichermaßen ein Bezugspunkt für Christen, Juden und Muslime ist ein Tor in der Stadtmauer, direkt über dem islamischen Friedhof des Kidrontals gelegen, nahe der majestätisch aufragenden Kuppel des Felsendoms. Einst, als anstelle der Moschee noch der jüdische Tempel stand, hat sich dort der prächtigste Eingang Jerusalems befunden. Heute aber ist das Tor – als einziges der acht Tore in dem noch die ganze Altstadt umschließenden Mauerring – zugemauert. Keine Straße führt mehr dorthin, der Friedhof dehnt sich bis unmittelbar an den steilaufragenden, zinnenbewehrten Vorbau; eine tiefe Melancholie der Verlassenheit liegt über jenem Winkel, wo höchstens Araberjungen ihre Schafe die kargen Grasflächen zwischen den Grabsteinen abweiden lassen, so erlebte ich 1981 die Szenerie. Der Name läßt eine bedeutsame Vergangenheit ahnen: das »Goldene Tor«. Nach jüdischer Prophezeiung soll durch dieses Tor dereinst der Messias Jerusalem betreten und den Beginn des Reiches Gottes verkünden. Nach biblischem Bericht ist Jesus am sogenannten Palmsonntag durch eben dieses Tor in die Stadt eingeritten, mit dem Anspruch, der erwartete Messias zu sein.

Warum ist aber heute der Zugang vermauert?

Die Muslime haben das Tor mit dicken Quadern verschlossen, dies ist ihre Antwort auf die Legendenbildung der »verfälschten« Offenbarungsreligion. Nach islamischer Ansicht hat das Tor alle Bedeutung verloren, weil der endgültige und letzte Prophet in Mohammed erschienen ist – er aber wirkte in Mekka und Medina. So haben die Muslime, die in Jerusalem unter israelischer Herrschaft zumindest noch die unantastbare Oberhoheit über ihren Moscheebezirk mit angrenzender Stadtmauer behalten durften, auf ihre Weise ein Zeichen gesetzt: eine eindeutige Mahnung, wo bei aller Gemeinsamkeit mit Christen und Juden das Trennende liegt.

Jesus und Johannes der Täufer im islamischen Damaskus

Damaskus ist biblischer Boden. Um das Jahr 34 unserer Zeitrechnung war laut Bericht der Apostelgeschichte vor den Toren dieser Stadt dem Pharisäer Saulus in einer Vision Jesus erschienen und hatte ihn gefragt: »Saulus, Saulus, warum verfolgst du mich?« Saulus, der in Damaskus Christen hatte verhaften wollen, war nach dem Schock des visionären Erlebnisses drei Tage lang blind, dann wurde er Christ.[5] Aus Saulus ist Paulus geworden, »der Geringe«, wie sich fortan bescheiden der eigentliche Begründer und Organisator der Kirche nannte. Ein »Damaskus-Erlebnis«. Dieser Begriff ist zum festen Bestandteil unseres Sprachgebrauchs geworden, wenn wir von einem die ganze Persönlichkeit erschütternden Gesinnungswandel eines Menschen reden.

Unter christlicher Herrschaft ist Damaskus eine der blühendsten Handelsstädte des Vorderen Orients geblieben. Und daher braucht es nicht zu wundern, daß Christen dieser syrischen Metropole – die so nahe dem heiligen Jerusalem lag – weitere bedeutsame biblische Ereignisse in volkstümlicher Ausschmückung zuordneten. Auf einer Anhöhe des 1200 Meter hohen, weit sichtbar die Stadt überragenden Bergrückens Kassiun hat angeblich Kain seinen Bruder

Abel erschlagen. Und das Haupt Johannes' des Täufers soll nach Damaskus gelangt und im Stadtzentrum begraben worden sein. Die Christen errichteten einen eigenen Schrein für das angebliche Haupt des Heiligen im Innern ihrer großen Basilika. Die Kirche, die sie Johannes-Basilika nannten, hatten sie auf den Grundmauern des zerstörten Jupiter-Tempels als Triumph des »einzig wahren Glaubens« erbaut (ein Tempel, der wiederum auf den Grundmauern eines älteren aramäischen Baal-Tempels gestanden hatte).

Im Jahr 635 eroberten die Muslime Damaskus und machten die Metropole zur Hauptstadt ihres aufstrebenden Großreiches. Wieder stand die uralte Stadt vor einem epochalen Umbruch. Aus christlich-abendländischer Sicht muß es überraschen, in welchem Maß die Muslime an christliche Traditionen anknüpften und sie nur mit neuen Akzenten versahen. Nach unseren Maßstäben wäre zu erwarten gewesen, daß die Muslime als Träger einer neuen Religion und Kultur sehr rasch anstelle der Hauptkirche ihre Hauptmoschee setzten. Sie ließen sich aber mit dieser Entscheidung sieben Jahrzehnte Zeit. Bis dahin genügte es ihnen, den Ostteil der Johannes-Basilika in eine Moschee umzufunktionieren, während sie den Westteil weiterhin den Christen zum Gottesdienst überließen. Die siegreichen Muslime und die militärisch unterlegenen Christen gingen durch dasselbe Portal zu ihren unmittelbar benachbarten Gebetsstätten – eine Situation, wie sie umgekehrt für militärisch siegreiche Christen über Andersgläubige unvorstellbar erschienen wäre. Die Muslime mochten hierbei zwar auch politisch-taktisch gedacht haben (schließlich bildeten sie anfangs nur eine schmale Oberschicht in einem weitgehend christlichen Land), aber auf diese Weise handeln konnten sie trotzdem nur, weil ihnen die eigene Religion entsprechenden Spielraum bot. Indem der Koran den Respekt gegenüber allen »Völkern des Buches« vorschrieb, brauchte es einem Muslim nicht unerträglich zu erscheinen, in Sichtweite eines christlichen Sakralraums zu beten.

Diese Verhältnisse änderten sich erst grundsätzlich, als sich das islamische Großreich von Spanien bis Indien ausdehnte. Nun hatten die Kalifen der Omayaden-Dynastie ihre Macht zur Genüge gefestigt, und damit war für sie der Zeitpunkt gekommen, in ihrer Hauptstadt Damaskus eine für das Großreich repräsentative Moschee zu bauen. Mit einemmal konnte nicht länger mehr Platz für Muslime und Christen auf beengtem Raum sein, und nun handelten Muslime im Bewußtsein ihrer Überlegenheit: Die prächtigste Moschee des Islam hatte exakt an jenem Platz zu stehen, wo bis dahin die prächtigste Kirche syrischer Christen stand und zuvor der zentrale Jupiter-Tempel sich erhoben hatte. Zwar kaufte Kalif Walid I. als Bauherr den Christen das Gelände ab – und bewies auch noch mit dieser Geste Toleranz gegenüber den Andersgläubigen –, aber er demonstrierte eben doch, daß es herablassende Toleranz war: Da sich nur der Muslim im ganzen Besitz der »unverfälschten Wahrheit« sehen durfte, konnte in letzter Konsequenz allein die Moschee den zentralen Platz einnehmen.

Die Omayaden-Moschee in Damaskus, während der Jahre 705 bis 715 unter ungeheurem finanziellen Aufwand gebaut, gilt nach dem Felsendom von Jerusalem als der älteste erhaltene Kultbau des Islam. Und er zählt auch zu den interessantesten. Kaum eine Moschee von Rang zeigt derart deutlich, in welchem Ausmaß islamische und christliche Überlieferung miteinander verzahnt sind – und wie sehr Muslime diese innere Verwandtschaft auch demonstrieren. Wir sehen die Kuppel im Südosten von einem Minarett überragt, das ursprünglich ein Aussichtsturm der Basilika war und in seiner neuen Funktion als eines der ältesten Minarette überhaupt gilt (so sehr auch in späterer Zeit seine äußere Form verändert wurde). Sein Name: Jesus-Minarett. Nach muslimisch-syrischem Volksglauben soll Jesus am Tag des Jüngsten Gerichts auf diesem Turm erscheinen und das Ende der Welt verkünden. In der Gebetshalle treffen wir an zentraler Stelle auf einen Kuppelbau, der – nicht anders als einst in der Basilika – das angebliche Haupt Johannes' des Täufers aufbewahrt. Muslime verehren diesen Propheten unter dem Namen Yahia, und indem sie die Reliquie am ursprünglichen Platz gelassen haben, geben sie sich ausdrücklich als die Bewahrer der Tradition zu erkennen.

Als ich 1994 die Omayaden-Moschee besuchte, sah ich zu meiner Überraschung vor dem Reliquienschrein in der sunnitischen Kultstätte einen schiitischen Mullah im unverwechselbaren braunen Kaftan und weißen Turban sitzen, er sprach auf Farsi zu iranischen Besuchern, die ihn im Halbkreis umlagerten, und schien ihnen einiges über Yahia als einen bedeutsamen Vorläufer Mohammeds zu erzählen.

Die dreischiffige Gebetshalle mit ihren Galerien korinthischer Säulen und der Holzbalkendecke verweist deutlich auf das Vorbild jener byzantinischen Basilika, die einst an dieser Stelle gestanden hatte und von der sogar Bauelemente in die Moschee eingefügt waren. Nicht minder deutlich zeigt sich der byzantinische Einfluß an den Landschafts- und Städte-Mosaiken der Außenfassaden; auf ihnen fehlen allerdings wegen des arabisch-islamischen Bilderverbots die Menschen. Anders als später die Moscheen nordafrikanisch-maurischen und persischen Stils kann die Omayaden-Moschee in ihrer Erscheinungsform nicht verleugnen, daß Christen maßgeblich am Bau beteiligt waren. Mehr noch: daß der Kalif, dessen Vorfahren aus der Wüste kamen, auf die Sachkenntnis der alteingesessenen christlichen Bildungsschicht von Damaskus nicht verzichten konnte. Christen als Architekten standen der Grundkonzeption einer Moschee ohnehin nicht grundsätzlich entgegen, ist doch der Gebetsraum einer islamischen wie christlichen Kultstätte spirituell auf den »unsichtbaren«, »einen Gott« ausgerichtet.

Das islamisch-orientalische Damaskus hat noch eine weitere Tradition aus christlicher Vergangenheit übernommen und dem eigenen Rahmen eingefügt. Auch viele Muslime halten die legendäre Überlieferung für wahr, daß Kain Abel nahe dem heutigen Damaskus auf dem Berg Kassiun erschlug, und sie glauben, daß die Gräber der feindlichen Brüder sich exakt an der Stelle befinden, wo heute jeweils ein kleiner kuppelüberwölbter Bau zur Kennzeichnung steht.

Christliche Gesandte mußten während des 7. und 8. Jahrhunderts irritierende Nachrichten an ihre Fürstenhöfe nach Europa melden. Etwa, daß es in Damaskus nicht ungewöhnlich war, wenn Christen, das Kreuz auf der Brust, sich vor den Moscheen mit muslimischen Freunden zu Gesprächen trafen. Oder daß Hunderte hochqualifizierte Christen als Staatsbeamte wirkten, ja manche in hohe Ämter aufrückten und von Muslimen um ihre Karriere beneidet wurden. Sergius, der Vater des heiligen Johannes Damascenus, wurde gar Finanzminister des Kalifen Abd Al Malik, und Johannes selber, der letzte griechische Kirchenvater, stand an der Spitze des Rates, welcher Damaskus regierte.[6] Die Christen Syriens empfanden es keineswegs als Verrat, den Muslimen sogar als Verbündete gegen das christlich-byzantinische Kaiserreich zu dienen. Denn unter der Herrschaft der Omayaden genossen die einzelnen christlichen Sekten mehr Glaubensfreiheit als zuvor unter der Ostkirche, die unerbittlich verfolgend gegen Ketzer vorging. Auch hatten die

Bürger weniger unter Willkür zu leiden als zuvor unter den byzantinischen Statthaltern.

Syriens Christen hatten bereits durch ihren Widerstand gegen die byzantinische Tyrannei wesentlich dazu beigetragen, daß die Muslime die ohnehin zerrüttete römische Provinz erobern konnten. In der Folge aber half ihre Staatstreue, daß die islamische Herrschaft im Vorderen Orient keine Episode blieb, sondern einen epochalen Umbruch von Dauer bedeutete. Innerhalb von drei bis vier Jahrhunderten trat ein Großteil der Christen freiwillig zum Islam über, der ihnen geistig ohnehin verwandt erschien; zudem bescherte ein Übertritt – und dieses Motiv sollten wir ebenfalls nicht unterschätzen – beträchtliche Steuervorteile. Unter den gleichen Bedingungen konnten sich die muslimischen Eroberer in anderen römischen Provinzen, etwa Ägypten, auf Dauer halten, ja auch im Iran. Wir werden an anderer Stelle noch ausführlich zu erörtern haben, weshalb den Muslimen die Toleranz gegenüber Christen und Juden bald auch zu einem enormen kulturellen Vorsprung gegenüber dem Abendland verhalf.

So sehr sich aber die politischen Bedingungen im Verlauf der Jahrhunderte geändert haben und sich die Lebensmöglichkeiten für Christen zeitweilig verschlechterten, blieb doch eines gleich: Stets haben Christen ihr Wohnrecht unter islamischer Herrschaft behalten können, sofern sie sich loyal gegenüber der Regierung verhielten. Wer heute die Altstadt von Damaskus durchstreift, mag überrascht sein, daß kaum eine halbe Stunde Fußweg von der Omayaden-Moschee entfernt ein ausgedehntes Christenviertel beginnt. Die Gassen sind genauso verwinkelt, die Häuser genauso orientalisch und alt wie im islamischen Teil, aber über den Dächern ragen Kirchtürme anstatt der Minarette auf. In ganz Syrien haben sich derartige Christenviertel während aller Wechselfälle der Geschichte halten können, sie überdauern auch unbehelligt die Diktatur der Baath-Partei seit den sechziger Jahren. Von etlichen der stolzen Besitzer altarabischer und alttürkischer Kaufmannshäuser erfuhr ich, daß ihre Familien schon seit vielen Jahrhunderten hier lebten, zu Wohlstand gekommen sind und Handel sowohl mit muslimischen als auch europäischen Ländern treiben. Ja, es gehe ihnen gut, erklärten sie übereinstimmend, mit Muslimen hätten sie keine Schwierigkeiten. – Ob sie mit dem einen oder anderen Muslim befreundet seien? Auf diese Frage antworteten sie allerdings einschränkend: Der Kontakt sei rein geschäftlicher Natur.

Weshalb manche Moscheen für Andersgläubige gesperrt bleiben

Die erste Moschee, auf die ich während meiner vielen Reisen traf, durfte ich nicht betreten. Es war in der marokkanischen Stadt Tetuan, noch nahe der spanischen Grenze. Als ich im Gassenlabyrinth der Medina auf das Portal zusteuerte und den Blick bereits auf den buntverfliesten Innenhof mit seinem Springbrunnen gerichtet hatte, da trat aus einer Seitennische ein alter, bärtiger Mann hervor und versperrte mir gebieterisch den Weg. Er sprach kein Wort, aber der Blick war derart abweisend, daß ich ohne irgendwelche Fragen zurückwich. Ich wußte damals (im Herbst 1960 gerade zwanzig Jahre alt) noch wenig über den Islam, und als ich daher während der folgenden Wochen in Marokko immer wieder an den Moscheeportalen zurückgewiesen wurde, war für mich klar, daß Moscheen prinzipiell für »Ungläubige« verboten seien. Christen erschienen da weniger »intolerant«.

Zwei Jahre später war ich in Tunesien. Dort aber stellte ich zu meiner Überraschung fest, daß Moscheen durchaus für Europäer zur Besichtigung freigegeben waren; nur zu Gebetszeiten, wenn die Muslime in Reih und Glied niederknieten, hatte der Tourist das Gelände zu verlassen. Für mich war der Fall wiederum klar: Da Tunesien eine sehr »westlich« orientierte Regierung besaß, hatten sich die Sitten eben schon »liberalisiert«. Dieselben Schlußfolgerungen zog ich 1964 in Ägypten und Pakistan, als dort noch nicht Fundamentalisten aufsehenerregend im Vormarsch waren. Erst recht fühlte ich mich in einer solchen Auffassung bestärkt, als ich im selben Jahr die Türkei besuchte. Dort war es Touristen sogar erlaubt, während der Gebetszeiten und der Predigten in der Moschee zu bleiben; nur das Fotografieren wurde nicht gern gesehen. Aber die Türkei war ja seit den zwanziger Jahren ein Staat mit »westlicher« Verfassung.

Als ich in den Iran weiterreiste, sah ich mich vollends in meinen bisherigen Eindrücken bestätigt. Dort waren Moscheen für »Ungläubige« wiederum geschlossen. Das sollte ja nicht wundern in einem Land, wo kaum ein Einheimischer eine Fremdsprache beherrschte und alle Aufschriften nur in arabisch-persischen Schriftzeichen angebracht waren – wo man sich also wenig darum scherte, ob ein Ausländer und Nichtmuslim von vornherein isoliert blieb. Im Iran wurde ich sogar daran gehindert, die Wallfahrtsmoscheen von Mesched und Ghom in ihrer Gesamtansicht zu fotografieren (eine Ausnahme bildeten nur die buntglasierten, in ihrer Pracht einmaligen Moscheen von Isfahan). Der Iran also: besonders »intolerant«, auch schon lange vor der Herrschaft eines Ayatollah Khomeini ...

Als ich anschließend nach Afghanistan weiterreiste, glaubte ich von vornherein schon zu wissen, was mich erwartete. In diesem abgeschiedenen, von der Weltöffentlichkeit damals kaum beachteten Land, wo die Männer selbst noch in den Städten den Krummdolch trugen und manche noch ein Gewehr geschultert hatten, war man den Umgang mit Ausländern überhaupt nicht gewohnt; ich selbst war damals innerhalb von zwei Wochen nur drei Europäern begegnet. Kaum jemand beherrschte Englisch, geschweige denn eine andere Fremdsprache. Und dort würde ich erst recht nicht die Moscheen betreten dürfen. Doch die Überraschung: Ausgerechnet in Afghanistan verwehrte mir niemand den Eintritt in die Moscheen.

Dasselbe dann eineinhalb Jahrzehnte später im nördlichen Jemen, in den Lehmhochhausstädten Sanaa, Ibb und Jibla. In diesem äußersten Winkel der arabischen Halbinsel, 1978 noch kaum von Europäern besucht, gestattete man mir sogar, daß ich mich in den Wandelhallen der Moscheen neben den Einheimischen zum Mittagsschlaf niederlegte. Warum zeigten sich die Muslime ausgerechnet in einer derart abgelegenen Gegend »tolerant«?

1982, wieder einmal in Tunesien, kam die nächste Überraschung. An den Moscheeportalen der Insel Djerba waren Schilder in französischer, englischer und deutscher Sprache angebracht: Besichtigung durch Touristen verboten! Erklärungen brauchte ich nun hierzu keine mehr, denn was es heißt, wenn Europäer laut schwatzend herumgehen, mit Shorts bekleidet, ungeniert selbst Betende fotografierend, hatte ich inzwischen schon zur Genüge beobachten können. Von daher ist die Abwehr verständlich. Intoleranz? Ein junger Tunesier wollte mich sogar daran hindern, eine Moschee abseits der Hauptstraße von außen zu fotografieren. Er war sehr barsch, anscheinend allergisch gegen alle kamerabehängten Touristen – er aber gehörte keineswegs zu denen, die in betonter Abwehr alles westlichen Einflusses einen langen Bart und arabische Hemdbluse trugen, er war vielmehr glattrasiert, bekleidet mit europäischem Hemd und Bluejeans.

Gab es vielleicht auch im Iran und Marokko einleuchtende Erklärungen für die Abwehr?

Was Marokko betrifft, sollte ich eine präzise Antwort erhalten. 1984 in Fes unterwegs, fragte ich, neugierig geworden, verschiedene Muslime, warum Europäer die Moscheen nicht betreten durften. Zunächst mußte ich allerdings feststellen, daß kaum einer der Gefragten sich je Gedanken darüber gemacht hatte, weshalb nur architektonisch bedeutsame Koranhochschulen (Medresen) als »Museen« zur Besichtigung freigegeben waren. Selbst ein relativ gebildeter, auslandserfahrener und frommer Muslim war auf meine Frage ratlos. Er, mit einer Französin verheiratet, die aber Christin geblieben war (was ja der Koran durchaus erlaubt), bedauerte das ihm unerklärliche Verbot; ja, er gestand, daß er selber darunter zu leiden habe: sogar seine Frau dürfe die Moschee nicht betreten, da nütze es auch nichts, wenn er selber Muslim sei. Die Antwort fand ich endlich bei einem jungen Lehrer. Er erklärte, die Moscheen seien bis ins 20. Jahrhundert herein für alle offen gewesen, das habe sich erst unter dem Kolonialregime der Franzosen gewandelt. Die Franzosen hätten sich zu Beginn ihrer Herrschaft brutal über viele islamische Bräuche hinweggesetzt – so auch über das ungeschriebene Gesetz, daß Moscheen Zufluchtsorte für politisch Verfolgte seien, ja auch für Verbrecher. Keine Polizei dürfe die Schwelle überschreiten, jeder Flüchtling stehe unter dem Schutz der Geistlichkeit und brauche sich nur freiwillig der Obrigkeit zu stellen. Gegen dieses für Machthaber sehr unbequeme Gesetz habe nicht einmal der Sultan zu verstoßen gewagt. Die Franzosen aber hätten unbedenklich die Gebetshallen von Moscheen betreten, um dort nach Flüchtigen zu suchen. Und die Soldaten hätten beim Eintreten auch niemals ihre Stiefel ausgezogen, wie es Pflicht für alle Besucher sei, ja sie hätten zeitweilig sogar in den Moscheen Asylsucher niedergeschossen. Dieses instinktlose Verhalten habe das Volk zum Aufruhr getrieben, und so hätten die Kolonialbehörden schließlich von solchem Gebaren abgelassen, ja hätten dem Drängen der Marokkaner nachgegeben, zukünftig die Moscheen für Nichtmuslime zu sperren. Vielleicht sei es sinnvoll, dieses Verbot wieder einmal aufzuheben …

Solche Detailerfahrungen – Impressionen aus dem islamischen Alltag von heute – zeigen, wie leicht scheinbar eindeutige Beobachtungen zu Fehlschlüssen führen können. Was wir in einer ersten Reaktion gerne als »typischen« Fanatismus einstufen, wie er den Muslimen nun mal »im Blut liegt«, erweist sich als spätere Entwicklung. Und gerade zu dieser Entwicklung haben wir Europäer beigetragen.

Anders verhält es sich allerdings mit dem strikten Verbot für Nichtmuslime, die »heilige Stadt« Mekka zu betreten. Dieses bis heute geltende Verbot ist so alt wie der Koran selbst. In der 9. Sure lesen wir: »Oh Gläubige, wahrlich die Götzendiener sind als unrein zu betrachten, und sie dürfen daher [...] sich dem heiligen Tempel [in Mekka] nicht mehr nähern. [...] Bekämpft diejenigen der Schriftbesitzer, welche nicht an Allah und den Jüngsten Tag glauben und die das nicht verbieten, was Allah und sein Gesandter verboten haben.«[7] »Götzendiener« werden hier in enge Nachbarschaft zu andersgläubigen »Schriftbesitzern« gerückt, zu Juden wie zu Christen, denen man aus islamischer Sicht zumindest in abgeschwächter Form generell »Unglauben« vorwerfen kann. Mohammed sprach ihnen allen gegenüber sein Verbot im 9. Jahr islamischer Zeitrechnung aus.[8] Damals war schon eine Reihe von Monaten vergangen seit jenem denkwürdigen Ereignis, als er an der Spitze einer großen Pilgerschar triumphal nach Mekka zurückgekehrt war und die Götterstandbilder der Kaaba eigenhändig zerstört hatte. Und sechs Jahre lag damals jene andere Anordnung zurück, mit der Mohammed Jerusalem den Rang der heiligsten, verehrungswürdigsten Stadt abgesprochen hatte.

Auf dem Höhepunkt seiner Laufbahn verlieh der Prophet Mekka vollends den Nimbus des Exklusiven, indem er diese zentrale Pilgerstätte einzig und allein für die »Rechtgläubigen« zugänglich machte. Und damit hat er die Muslime noch einmal über die Geistesverwandten im Glauben, über die anderen, »im Irrtum verharrenden Schriftbesitzer« hinausgehoben. Spätere Generationen zogen aus diesem Beispiel Folgerungen, indem sie auch Medina, Mohammeds Wirkungsstätte, als zweite heilige Stadt für alle Andersgläubigen sperrten. Eine ähnliche Abgeschlossenheit ist dann bis ins 19. oder gar 20. Jahrhundert hinein für weitere bedeutsame Wallfahrtsorte üblich gewesen, so für Moulay Idriss in Marokko, Beni Isguen in Algerien, Kairouan in Tunesien sowie Mesched und Ghom im Iran.

Abgesehen von diesen verschiedenartigen Ausnahmesituationen haben Muslime jedoch niemals ihre Moscheen Andersgläubigen versperrt. Auch nicht zu jenen Zeiten, die wir gerne etwas herablassend als »finsteres Mittelalter« bezeichnen. Muslime haben sich vielmehr bis weit in die Neuzeit herein gegenüber einer Reihe fremder Religionen großzügiger verhalten als etwa Christen, und im Hinblick auf ihre Kultur ist das Mittelalter weniger »finster« gewesen als im Abendland. Vorbedingung für islamische Toleranz war eben nur: Die Andersgläubigen mußten in irgendeiner Form den »einen Gott« verehren. Ob Monotheist oder nicht, an diesem Punkt entscheidet sich für einen Muslim, ob er sich aufgeschlossen gegenüber einem Andersgläubigen verhalten soll.

Aber: Ist nicht schon damit der Toleranzradius in der islamischen Welt weiter gesteckt, als er für Christen über einen Großteil ihrer Geschichte üblich war?

Man würde angesichts einer solchen Frage das Problem unzulässig vereinfachen, wollte man eindeutig für die eine oder andere Religion Partei ergreifen. Sowohl Christen als auch Muslime haben im Verlauf der Jahrhunderte mehrmals ihre Einstellung zu Andersgläubigen und »Ungläubigen« geändert. Hierbei haben sich die Christen unter gewandelten kulturellen Bedingungen erneut auf die Bibel berufen und spezifische Textstellen mehr als bisher hervorgehoben, die Muslime haben den Koran in immer neuer Interpretation bemüht. Auf diese Weise hat sich die Fähigkeit zur Toleranz zeitweise eher im islamischen Kulturkreis, zeitweise eher im Abendland entfaltet. Zudem haben sich die geistigen Fronten in Fragen der Toleranz innerhalb beider Religionen mehrfach und für den Außenstehenden teilweise unübersichtlich in Liberale und Orthodoxe bis hin zu Radikal-Orthodoxen aufgespalten. Um diese Vorgänge an konkreten, exemplarisch hervorgehobenen Beispielen zu verdeutlichen, betrachten wir in der Folge Christentum und Islam in einem vergleichenden Überblick vom Mittelalter bis zur Moderne.

Doch selbst ein kurzer historischer Abriß wird für das bessere Verständnis nicht genügen. Wir haben zuvor noch bei der Frage anzusetzen, auf welche frühere Traditionen sich christliches wie islamisches Denken mit allen Tendenzen zur Fehlentwicklung gründen. Die Wurzeln reichen zurück bis ins zweite Jahrtausend vor unserer Zeitrechnung.

Zweiteilung der Menschheit in Gläubige und Ungläubige

Die Ursprünge der Zweiteilung bei Moses, Echnaton und Zarathustra

»Zerstöret alle Orte, da die Heiden, die ihr vertreiben werdet, ihren Göttern gedient haben.« So liest es sich im Fünften Buch Mose. »Reißet um ihre Altäre, und zerbrechet ihre Säulen, und verbrennet mit Feuer ihre Haine, und die Bilder ihrer Götter zerschlaget, und vertilget ihren Namen aus demselben Ort.«[1]

Nach unserer heutigen Einschätzung hat Moses als der große jüdische Gesetzgeber und maßgebliche Erneuerer des Jahwe-Glaubens im 13. Jahrhundert vor unserer Zeitrechnung gelebt. Wenn auch die überlieferten und ihm zugeschriebenen Äußerungen erst an die sechs Jahrhunderte später niedergeschrieben worden sind und nur bedingt als die originalen Worte des Propheten gelten können, müssen wir doch in dieser Art von Intoleranz eine weit zurückreichende Tradition jüdischen Denkens annehmen. Uns mutet ein solcher Text keineswegs als historisch längst erledigt an, hat er ja mit allen nur denkbaren Konsequenzen, wenn auch in spezifisch abgewandelter Form, auf das Christentum und den Islam gewirkt.

Eine bedenkliche Aktualität hat für uns auch jene Textstelle aus dem Fünften Buch Mose behalten, in der gegen Abtrünnige aus den eigenen Reihen, selbst gegen Verwandte und liebste Freunde, äußerste Härte gefordert wird: »Wenn dich dein Bruder [...] oder dein Sohn oder deine Tochter oder das Weib in deinen Armen oder dein Freund, der dir ist wie dein Herz, heimlich überreden würde und sagen: Laßt uns gehen und anderen Göttern dienen! – die du nicht kennst noch deine Väter [...] [dann sollst du] dich seiner nicht erbarmen, noch ihn verbergen, sondern sollst ihn erwürgen. Deine Hand soll die erste über ihm sein, daß man ihn töte, und darnach die Hand des ganzen Volkes. Man soll ihn zu Tode steinigen – denn er hat dich wollen verführen von dem Herrn, deinem Gott.«[2]

Solche Sätze schockieren. Christen heute neigen dazu, derartige Äußerungen aus ihrem Wissen zu verdrängen, weil diese nur schwer vereinbar erscheinen mit der tiefen Humanität, wie sie unbezweifelbar aus vielen anderen Bibelstellen spricht. Man löst das Problem allerdings nicht, indem man diese alttestamentarischen Sätze mit dem Argument abtut, sie seien durch das Neue Testament aufgehoben; denn in den Evangelien und den Apostelbriefen finden sich ähnliche harte Worte gegen »Ungläubige« und Abweichler aus den eigenen Reihen. Und die Kirchen sind später oft genug entsprechend hart gegen »Ketzer« vorgegangen, die angeblich von der »Wahrheit« abgefallen sind.

Auf den Islam bezogen gilt dasselbe. Ja, die Aktualität gerade des letzteren Textes hat sich erst in der jüngsten Gegenwart auf beklemmende Weise bewahrheitet, als Ayatollah Khomeini sein Todesurteil gegen den abtrünnigen Muslim Salman Rushdie verhängte. Man könnte meinen, der Ayatollah hätte nicht eine spezielle Auslegung des koranischen Rechts herangezogen, sondern direkt auf die Anweisungen im Fünften Buch Mose zurückgegriffen. Wir werden an anderer Stelle noch ausgiebig gerade auf diese Problematik zu sprechen kommen.

Intoleranz gegenüber Andersgläubigen in solch schroffer Form kennen wir nur bei monotheistischen Religionen – überall dort, wo es neben dem *einen* Gott nicht andere Gottheiten, sondern nur »falsche« Götter, »Götzen«, geben kann; überall dort, wo sich die Logik auf die Art verengt hat, daß neben *der* Wahrheit keine andere Form von Wahrheit denkbar ist, sondern nur »Irrlehren«, mehr oder weniger abweichend ausgebildet.

Für den orthodoxen Christen wie auch für den orthodoxen Muslim ist es selbstverständlich, den Monotheismus auf das Judentum gegründet zu sehen, weisen doch die Evangelien und der Koran auf diese Ursprünge hin. Entsprechend argumentieren heute sogar manche Kirchengegner, indem sie allein diese Überlieferungsstränge linear zurückverfolgen und die Juden zu den Begründern religiöser Intoleranz, zu den ersten Exekutoren einer äußerst schroffen Abgrenzung gegenüber Andersgläubigen machen.

Die Zweiteilung der Welt in »Gläubige« und »Ungläubige« keimte aber in den Jahrtausenden vor unserer Zeitrechnung nicht nur im Judentum, wir finden ähnliches bei den Ägyptern und Persern.

Die Ägypter, die über weite Strecken ihrer Geschichte an eine Vielzahl von Göttern glaubten, kannten zumindest ein paar Jahrzehnte lang eine uns eindrucksvoll dokumentierte monotheistische Entwicklung. Dies geschah, als Pharao Amenophis IV. im 14. vorchristlichen Jahrhundert dazu überging, Aton zu verehren. Aton, symbolisiert durch die Sonnenscheibe, war als gestaltloses Wesen aufzufassen, dem man kein Bildnis wie dem traditionellen Gott Amun und seinen vielen Untergöttern errichten konnte. »Du einziger Gott, außer dem es keinen anderen gibt«, formulierte der Pharao in seinem berühmt gewordenen Sonnenhymnus. Uns ist der Religionsstifter weniger unter seinem herkömmlichen Herrschernamen Amenophis (»Amun ist gnädig«) als unter seinem selbsterwählten Prophetentitel geläufig: Echnaton (»Dem Aton wohlgefällig«). Er gilt uns als der erste, der – historisch eindeutig nachweisbar – einen strikt monotheistischen Glauben predigte, wobei wir die vielen möglichen Vorläufer eines solchen Denkens nur vage kennen. Selbst Abraham, der von Juden, Christen und Muslimen verehrte Stammvater des Eingottglaubens, bleibt für die Geschichtswissenschaft in mythisches Dunkel getaucht.

Echnaton war der erste, von dem wir auch eindeutig wissen, daß er sämtliche Kultbilder fremder Götter aus dem Tempel verbannte und die eigene Religion als einzige Wahrheit einem Volk aufzwingen wollte. Breitenwirksamer Erfolg blieb seiner Lehre allerdings versagt, weil für eine monotheistische Massenreligion geistig die Zeit noch nicht reif gewesen war. Aber möglicherweise hat Moses, der ein Jahrhundert später in Ägypten heranwuchs, nicht nur an die Lehre seines fernen Vorfahren Abraham angeknüpft, sondern auch von dem noch untergründig nachwirkenden Aton-Glauben Impulse übernommen.

Die Perser lernten den Monotheismus durch die Lehre des Propheten Zarathustra während des 6. vorchristlichen Jahrhunderts kennen. Zarathustra, dessen Einfluß auf das Denken des Judentums, Christentums und des Islam nicht hoch genug veranschlagt werden kann, verkündet nicht nur die Existenz eines einzigen, allein existierenden Gottes (Ahura Mazda), er predigte außerdem als erster Religionsstifter der Weltgeschichte den Dualismus von Gott und Teufel, er lehrte zudem als erster den Glauben an ein Jenseits mit Himmel und Hölle. Aus dieser Haltung heraus verwarf er jeden anderen Götterglauben, empfahl er gar den Glaubenskrieg gegen die »Lügenknechte« und starb, so will es die (ungesicherte) Überlieferung, als Märtyrer in einem solchen Krieg.[3]

Allerdings haben die Perser jahrhundertelang nicht den strengen Monotheismus des Zarathustra gelebt – in ihrer frühen Tradition wurde stets von Ahura Mazda als dem größten der Götter gesprochen –, aber als sie sich schließlich im 3. Jahrhundert unserer Zeitrechnung zu konsequenten Monotheisten wandelten, gingen sie wie ihre Rivalen, die Christen des benachbarten Oströmischen Reiches, dazu über, alle Andersgläubigen als »Feinde des Guten« zu verdammen und schließlich auch zu verfolgen. Die zarathustrischen Priester setzten durch, daß Andersgläubige in Persien mit hohen Sondersteuern belegt und aus allen Staatsämtern ferngehalten wurden, und wer öffentlich Zweifel am »allein richtigen« Glauben anmeldete, mußte mit der Todesstrafe rechnen. Andersgläubige galten als am Tag des Jüngsten Gerichts ausschließlich für das Höllenfeuer bestimmt und konnten daher auch schon im irdischen Dasein mit Geringschätzung behandelt werden, so dachte man in entsprechender Konsequenz. Betroffen waren davon Christen, Juden und Buddhisten, aber auch Ketzer in den eigenen Reihen, die gegen die intolerante Verhärtung der Staatskirche protestierten und »Erneuerung« forderten. Der Druck der Staatskirche wuchs sich zu derartigem Terror aus, daß viele Perser die muslimischen Eroberer im 7. Jahrhundert als Befreier begrüßten und scharenweise zum Islam übertraten.

Die zarathustrische Religion hat sich gegenüber dem Islam nicht behaupten können, trotz der vielen Ähnlichkeiten in der geistigen Struktur – dies aber, weil die Muslime weltoffener und toleranter gegenüber geistesverwandten Monotheisten auftraten. Auch das Christentum mit einer damals ähnlich schroffen Intoleranz verlor in vielen vom Islam eroberten Gebieten einen beträchtlichen Teil seiner Anhänger an die neue Religion aus Arabien, konnte sich jedoch außerhalb des muslimischen Kulturraums, im Unterschied zur Zarathustra-Religion, stabilisieren. Im Iran von heute finden sich noch an die 40 000 Zarathustrier, nicht einmal 1 Prozent der Gesamtbevölkerung, sie sind als religiöse Minderheit von den Muslimen geduldet. In Indien leben rund 130 000 Auswanderer, die wir unter dem Namen Parsen (»Perser«) kennen; angesichts einer Milliarde Inder ist dies nur noch ein verschwindend geringer Anteil, der die einstige Bedeutung dieser monotheistischen Religion nicht mehr ahnen läßt.

Inwieweit »Heiden« toleranter sind als Christen

Was die Unterdrückung fremder Religionen betrifft, hat sich mit dem Entstehen des Monotheismus eine Tendenz durchgesetzt, die es zuvor in der Religionsgeschichte nicht gegeben hat. Die Polytheisten erscheinen viel toleranter gegenüber anderen Glaubensüberzeugungen. Und in der neueren Literatur ist es populär geworden, diese Überlegung besonders herauszustellen. Grundsätzlich ist der Versuch auch zu bejahen, die sogenannte »Vielgötterei«, das »Heidnische« – wie es viele Christen ja noch immer geringschätzig titulieren – vom Odium des Minderwertigen und Barbarischen zu befreien. Doch sollte man sich vor erneuter, nun umgekehrter Schwarzweißmalerei hüten.

Polytheisten kennen nur in einer Form eine größere Freizügigkeit als Monotheisten: Ihnen würde es niemals einfallen, die eigenen Gottheiten anderen Völkern als verpflichtenden Glauben aufzuzwingen. Ja, die Eroberer sind im antiken Europa und in Vorderasien teilweise sogar so weit gegangen, daß sie den Gottheiten besiegter Völker ihren Respekt bezeugten und vor deren Altären demonstrativ Opfergaben niederlegten. Aus der Sicht eines Polytheisten war das nur folgerichtig, erkannte er doch auch ihm unbekannte Gottheiten als real existierend an, nur daß er sie im Rang niedriger als die eigenen einstufte. Falls sich Eroberer in verletzendem Hochmut von den Unterworfenen abgrenzten, dann eher im Kulturverständnis; Ägypter wie Griechen und Römer neigten dazu, fremde Lebensart als Unkultur, als das Barbarische zu verachten.

Wenn nun die »Heiden« von damals religiös um vieles duldsamer waren als die monotheistischen Juden, Zarathustrier, Christen und Muslime, sollte man ihnen deshalb nicht schon ein Toleranzverständnis in unserem modernen Sinn unterstellen. Sie ließen zwar Andersgläubige nicht um ihrer Religion willen verfolgen, dagegen unterdrückten sie Andersdenkende oft genug wegen ihrer politisch konträren Überzeugung, und in dieser Hinsicht haben die Polytheisten aller Völker und aller Epochen von blutigem Terror ausgiebig Gebrauch gemacht.

So nur ist das brutale Vorgehen der »heidnischen« Römer gegen die Christen zu verstehen. Sie ließen die Christen nicht deshalb zu Tausenden einkerkern oder hinrichten, weil diese einen fremden

Gott verehrten, ihnen galten Christen vielmehr deshalb als Gefahr, weil sie der Obrigkeit das rituell vorgeschriebene Tempelopfer als Zeichen ihres bedingungslosen Gehorsams verweigerten. Aus demselben Grund waren Polytheisten auch gegenüber Philosophen mißtrauisch, die etwa atheistisch dachten. An keine Götter zu glauben mußte als Frevel gelten, weil ein Atheist folgerichtig die Herrschaft von Priestern als überflüssig ansah – und eine solche Negation rüttelte ebenfalls an den Grundpfeilern der staatlichen Ordnung.

Die Juden kannten ursprünglich auch nur eine rein politisch begründete und nicht dogmatisch motivierte Abwehr gegenüber fremden Religionen. Denn sie hingen keineswegs seit der Frühzeit ihrer Geschichte, seit den legendären Anfängen unter dem Stammvater Abraham, streng monotheistisch dem Glauben an einen einzigen Gott an, wie das die spätere Textfassung des Alten Testaments vermuten lassen könnte. Wenn die Israeliten in Jahwe ihren Gott anbeteten, so schlossen sie über Jahrhunderte hinweg die Existenz von Göttern bei anderen Völkern nicht aus, darin sind sich heute die Religionswissenschaftler weitgehend einig.[4] Es finden sich sogar im Alten Testament noch Textreste dieser Art, etwa im Fünften Buch Mose, wo es heißt, »Sonne«, »Mond« und »Sterne« seien von dem »Herrn, deinem Gott« den anderen Völkern zur Verehrung »verordnet«.[5] Dies ist eine Textstelle aus genau jenem Buch, wo sich andererseits die schroffe Abgrenzung gegen »Götzendiener« findet. So gesehen ging es den Juden ursprünglich nur darum, die eigene Gefolgschaft gegen die drohenden Nachbarvölker mit ihren andersartigen Kulturen enger zusammenzuschließen.

Erst unter den Propheten Jesaia, Jeremia und Deuterojesaia hatte sich immer mehr der Glaube durchgesetzt, Jahwe sei nicht nur der mächtigste, sondern der *eine*, der *einzige* Gott der Menschheit. Dies geschah acht bis fünf Jahrhunderte vor unserer Zeitrechnung. Damit war der erste Schritt getan, den Blick auf die ganze Menschheit hin zu öffnen. Aber die Juden blieben darauf konzentriert, ihre neue Einsicht innerhalb des eigenen Volkes zu festigen, und hier unterschieden sie sich im Prinzip nicht vom Monotheismus eines Echnaton oder Zarathustra. Gar zu sehr hatten die Juden mit Abweichlern aus den eigenen Reihen zu kämpfen, gar zu sehr – und nicht zu Unrecht – dominierte bei ihnen die Angst, daß sich labile Gläubige im Kontakt mit fremden Völkern auch deren Göttern zuwandten.

An dieser Befangenheit hat sich erst etwas geändert, als Jesus auftrat und dem jüdischen Denken – ja darüber hinaus vielen anderen Kulturen – eine neue Dimension eröffnete.

Das revolutionär Neue an Jesus

Der orthodoxe Jude fühlte sich von seiner Tradition her nicht dazu aufgerufen, mit Andersdenkenden oder gar »Heiden« tiefergehende Gespräche über Religion zu führen, um sie letztendlich zur eigenen Ansicht zu bekehren. Aber genau darauf zielten die Christen ab. Der entscheidende Unterschied läßt sich an einem Grundsatzgebot beider Religionen deutlich machen: es betrifft die Nächstenliebe.

In der Auslegung der Zehn Gebote, die im Dritten Buch Mose erfolgt, findet sich der Satz »Du sollst deinen Nächsten lieben wie dich selbst«. Aber mit dem »Nächsten« ist dort noch nicht der Mensch unabhängig von Volk und Rasse gemeint, denn bezeichnenderweise geht diesem Gebot folgende Einschränkung voraus: »Du sollst nicht rachgierig sein, noch Zorn halten gegen die Kinder deines Volkes.«[6] Die Betonung liegt auf: deines Volkes. Menschen jenseits des eigenen Kulturraumes interessierten den orthodoxen Juden nicht, sie konnten höchstens als Bedrohung, als mögliche Eroberer des jüdischen Staates empfunden werden. Im Neuen Testament betont Jesus dagegen, daß die Nächstenliebe das wichtigste Gebot überhaupt sei – und zwar für alle Menschen –, damit bricht er die bisher engen Schranken radikal auf.

Im Evangelium des Lukas ist ein Gleichnis Jesu enthalten, das den entscheidenden Umbruch besonders deutlich anzeigt: das Gleichnis vom barmherzigen Samariter.[7]

Der aufregende Text beginnt damit, daß ein Schriftgelehrter zu Jesus kommt und ihn fragt: »Meister, was muß ich tun, daß ich das ewige Leben erwerbe?« Jesus antwortet ihm mit dem Kerngebot christlicher Moral, er solle nicht nur Gott, sondern auch seinen Nächsten lieben wie sich selbst. Hierauf fragt der Schriftgelehrte: »Wer ist denn mein Nächster?« Jesus setzt seine Erklärung mit besagtem Gleichnis fort: Ein Jude geht von Jerusalem nach Jericho, wird unterwegs von Räubern überfallen, ausgeraubt und halb totgeschlagen. Verletzt bleibt er am Wegrand liegen. Wenig später kommt ein jüdischer Priester vorbei, erschrickt zwar über den Anblick des furchtbar Zugerichteten, eilt aber weiter, vielleicht aus Angst, vielleicht auch aus der Trägheit heraus, sich ja nicht in eine unangenehme Sache hineinziehen zu lassen. Dem Leser bleibt überlassen, über die Motive dieses Priesters nachzudenken, der in der sozialen Hierarchie orthodoxer Juden ganz oben steht. Daraufhin kommt ein Levit vorbei, auch er im Tempeldienst beschäftigt und daher im Volk hoch angesehen, und auch er geht an dem Verletzten vorüber, ohne auch nur daran zu denken, wenigstens im nächsten Dorf Hilfe zu holen. Dann naht ein Samariter, Angehöriger eines Volksstammes, der von den übrigen Juden nicht geachtet ist, ja, von den orthodox Gläubigen mit äußerster Geringschätzung behandelt wird. Der Samariter aber verbindet dem Schwerverletzten seine Wunden, lädt ihn auf sein Reittier, bringt ihn zu einer Herberge und gibt dem Wirt Geld, damit er ihn vollends gesund pflegt. Jesus schließt sein Gleichnis mit der Frage an den Schriftgelehrten ab: Wer von den dreien – der Priester, der Tempelangestellte oder der Samariter – sei dem Schwerverletzten »der Nächste« gewesen? Widerstrebend muß der Schriftgelehrte, obwohl er naturgemäß auf seiten der orthodoxen Juden und deren Priester steht, antworten: der Samariter.

Dieses Gleichnis ist in vieler Hinsicht revolutionär. Zum einen setzt es eine Tendenz anderer symbolkräftiger Erzählungen Jesu fort, soziale Randgruppen vom Status der Verachteten zu befreien und ihnen moralische Würde zu geben, mehr noch, sie gegenüber Etablierten, Mächtigen, Gebildeten und vor allem gegenüber orthodoxen Tugendwächtern ins Recht zu setzen. Bekannt ist ja die eindrucksvolle Gegenüberstellung vom Pharisäer und dem Zöllner im Tempel. Jesus verurteilt den »frommen« Priester, der sich selbstgerecht erhaben fühlt über den »sündigen«, aber reuigen Mann neben ihm; Jesus kehrt die traditionelle Werthierarchie mit der Bemerkung um: »Denn wer sich selbst erhöht, der wird erniedrigt werden; und wer sich selbst erniedrigt, der wird erhöht werden.«[8] Zur Genüge bekannt ist auch jene provozierende Szene, in der Jesus eine Ehebrecherin vor der Steinigung schützt, indem er der »moralisch« empörten Volksmenge zuruft: »Wer unter euch ohne Sünde ist, der werfe den ersten Stein auf sie« (worauf sich die Versammelten, »von ihrem Gewissen überführt«, verlegen entfernen).[9] Wir alle kennen auch jenen Satz aus der Bergpredigt, in dem der »Heuchler« darauf hingewiesen wird, daß er nur den »Splitter« im Auge des Bruders sehe, nicht aber den »Balken« im eigenen Auge.[10]

Dies alles sind Sätze, die geeignet sind, Verständnis zu wecken für den scheinbar moralisch Unterlegenen, Brücken zu schlagen zu fremden, beargwöhnten Menschen und sozialen Gruppen – eine wesentliche Voraussetzung für größere Toleranz. Das Gleichnis vom barmherzigen Samariter geht aber noch über solche Schilderungen hinaus, in ihm kommt etwas weiteres, völlig Neues hinzu: Samariter waren zur damaligen Zeit nicht nur sozial verachtet, sie galten auch nicht im orthodoxen Sinn als »Juden«, ja, sie wurden von den »Rechtgläubigen« als fremdes, nicht mehr im eigentlichen Sinn »gläubiges« Volk eingestuft. Denn die Samariter hatten sich geweigert, im Tempel von Jerusalem das religiöse Zentrum der Juden anzuerkennen, sie hatten sich im Norden Judäas auf dem Berg Gazirim ein eigenes Heiligtum gebaut, hatten dort einen besonderen Kult ausgebildet und wichen schließlich auch in manchen Dogmen vom allgemein anerkannten Kodex ab. Sie waren also, um es mit einem heutigen Wort zu sagen, »Ketzer«. Da sie nicht mehr voll und ganz auf dem Boden des »rechten Glaubens« standen, traute man ihnen auch nicht viel Aufrichtigkeit, Güte und Barmherzigkeit zu.

Erst wenn man sich diesen historischen Hintergrund vor Augen führt, begreift man, welch kühnen Schritt Jesus mit seinem Gleichnis wagte: Er verkehrte die scheinbar unauflöslichen Fronten, er ließ die »Rechtgläubigen« aus dem eigenen Volk unmoralisch handeln, aber die »Ketzer« aus dem fremdgewordenen Volksstamm moralisch. Damit riß er die Schranken kleinlichen Dogmenstreits nieder, setzte sich über die Vorbehalte der Orthodoxen hinweg und öffnete den Blick für das Fremde, Beargwöhnte. Vorurteilsloses Schauen ist die Aufforderung.

Bekanntlich reagierten die Orthodoxen unter den Juden auf dieses neue Denken äußerst ablehnend. Besonders in Frage gestellt fühlten sich von einer derartigen Lehre die Pharisäer (»die durch Frömmigkeit Abgesonderten«), eine machtvolle religiöse Gruppierung, die mehr als andere auf der Tradition beharrte und religiöse Neuerungen zu unterdrücken versuchte. Gerade den Pharisäern mußte Jesus als ein gefährlicher Saboteur herkömmlicher Glaubensformen erscheinen, und so ist es nur folgerichtig, daß sie alles daransetzten, die Volksmeinung gegen den »Ketzer« aufzuwiegeln. Diese einflußreiche religiöse Partei, nicht die Mehrheit des Volkes, war intensiv an einer Hinrichtung Jesu interessiert; die Volksmassen haben sich von den intoleranten Fanatikern nur manipulieren lassen.[11]

In den Evangelien finden sich weitere Anhaltspunkte, daß Jesus keine Unterschiede macht zwischen dem eigenen Volk und den Samaritern, wenn es darum geht, Hörer für seine Predigten, die »Wahrheit«, zu finden.[12] Von dort ist es dann nur noch ein kleiner Schritt, sich vollends den »Heiden« zu öffnen und auch sie für würdig zu halten, die »Wahrheit« zu hören. Ein Ereignis der Apostelgeschichte dokumentiert eindrucksvoll diesen Übergang:

Petrus hatte während des Betens eine Vision. Der Himmel über ihm öffnete sich, und ein tuchverhülltes Essensgefäß senkte sich zu ihm herab. Petrus, hungrig, beugte sich über das zurückgeschlagene Tuch und prallte zurück vor dem, was er sah: »allerlei vierfüßige Tiere der Erde und wilde Tiere und Gewürm ...« Die Stimme Gottes ertönte und befahl: »Petrus, schlachte und iß.« Der Angeredete aber weigerte sich angewidert, er habe noch nie etwas »Gemeines oder Unreines« gegessen. Die himmlische Stimme antwortete: »Was Gott gereinigt hat, das mache du nicht gemein.« Kaum hatte Petrus diese Vision empfangen, trafen Boten eines römischen Hauptmanns aus Caesarea ein und baten ihn, in dessen Haus zu kommen, weil dieser das »Wort Gottes« zu hören wünsche. Unter dem Eindruck der himmlischen Stimme überwand Petrus seine Scheu, als Jude, Angehöriger des »auserwählten Volkes«, das Haus eines Nichtjuden, eines »Unreinen«, zu betreten. Dort zeigte er sich überwältigt von der frommen Bereitschaft des »Heiden« und mußte erschüttert bekennen: »Nun erfahre ich in der Wahrheit, daß Gott die Person nicht ansieht, sondern allerlei Volk, wer ihn fürchtet und recht tut, der ist ihm angenehm.«[13] Zurück in Jerusalem, mußte er sich vor den erregten Aposteln rechtfertigen, daß er mit einem »Heiden« über Gott gesprochen habe, anstatt sich mit der »Wahrheit« an das verblendete eigene Volk zu wenden. Petrus wies alle Vorwürfe zurück.[14] Endgültig war damit der Schritt vom jüdisch-ethnozentrischen Denken zur Weltmission getan.

»Selig sind die Sanftmütigen, denn sie werden das Erdreich besitzen. Selig sind, die da hungert und dürstet nach Gerechtigkeit, denn sie sollen satt werden. Selig sind die Barmherzigen, denn sie werden Barmherzigkeit erlangen.«[15] Das ist der sanfte Jesus, der Jesus der Bergpredigt.

»Wer da glaubt und sich taufen läßt, der wird selig werden, wer aber nicht glaubt, der wird verdammt werden.«[16] Das ist der strenge Jesus, der Jesus des Gerichts.

Kann beides ein und derselbe Religionsstifter gesagt haben?

Auch wenn wir den letzteren Satz nicht in der hier vorgeführten lutherischen Übertragung lesen, sondern in einer neueren Übersetzung, wo die Schroffheit gemildert ist, bleibt die klare Absage an sämtliche Nichtchristen. Dann heißt es beispielsweise: »Wer zum Glauben kommt und sich taufen läßt, wird gerettet. Wer nicht glaubt, den wird Gott verurteilen.«[17] Je entschiedener wir uns zur Toleranz gegenüber fremden Religionen und Weltanschauungen bekennen, um so schwerer tun wir uns mit solchen Aussagen, auch wenn sie moderater gefaßt sind.

Der Evangelist Markus hat Jesus die oben erwähnte »Verdammung« (»Verurteilung«) aussprechen lassen, nachdem der Auferstandene seinen Jüngern erschienen war und ihnen befohlen hatte: »Gehet hin in alle Welt und predigt das Evangelium aller Kreatur.« Die gleiche Szene mit sinngemäß derselben Aufforderung findet sich bei Matthäus, jenem Evangelisten, der die Bergpredigt besonders ausführlich zur Darstellung gebracht hat – bei ihm aber fehlt der schroffe Nachsatz gegenüber den Nichtchristen.[18] Wie das? Hat etwa der eine Evangelist ein Christus-Wort weggelassen, das dem anderen als besonders wichtig erschien? Oder hat gar ein späterer Autor in den Markus-Text ein Wort eingefügt, das so von Jesus niemals gesagt worden ist? Fragen wie diese muten, gemessen am orthodoxen Bibelverständnis, schon ketzerisch an. Aber die Ergebnisse einer quellenkritischen Bibelwissenschaft können die Vermutung bestärken. So hatten Bibelwissenschaftler zahlreiche Abschriften des Markus-Evangeliums aus den ersten fünf Jahrhunderten miteinander verglichen und festgestellt, daß in den ältesten und wichtigsten Texten auch bei Markus der Nachsatz von der »Verdammung« fehlt.[19]

Probleme dieser Art tauchen bei allen Evangelienberichten auf. Nicht nur, daß Jesus selber kein einziges geschriebenes Wort hinterlassen hat. Nicht nur, daß seine mutmaßlichen Aussagen durch vier verschiedene Autoren wiedergegeben sind (wovon allein Matthäus und Johannes den Propheten Jesus persönlich gekannt haben könnten, keinesfalls aber Markus und Lukas). Die vier nicht aufeinander abgestimmten Evangelien bereiten darüber hinaus Deutungsschwierigkeiten. Keiner der Texte ist als Urschrift in aramäischer Sprache (der Sprache Jesu) auf uns gekommen, vielmehr als Übersetzung ins Griechische und Lateinische, und wenn sie gar von vornherein in Griechisch abgefaßt sein mochten (wie etwa das Evangelium des Lukas oder Johannes), so sind sie uns nur als Abschriften von Abschriften aus späteren Jahrhunderten erhalten. Diese Texte wimmeln, wie ein quellenkritischer Vergleich ergibt, von Abschreibfehlern, Wortverdrehungen und Satzentstellungen. Ja, teilweise finden sich sogar bewußte Abänderungen und Zusätze, weil so mancher spätere Autor seine eigene Interpretation vom Wort Gottes zum Ausdruck bringen wollte und hierbei durchaus auf den Fanatismus alttestamentarischer Propheten zurückgriff.

Erst nach Jahrhunderten haben Theologen einer institutionell gefestigten Kirche die schillernde Vielfalt der Handschriftenvarianten gesichtet und in einer Endredaktion jenen Text erstellt, den die meisten Christen heute als unumstößlich und über allen Zweifel erhaben ansehen. Die Schwierigkeiten, eine »reine« Überlieferung herauszuarbeiten, sind demnach größer als beim Koran; denn das heilige Buch der Muslime ging ja bereits zwei Jahrzehnte nach dem Tod Mohammeds unter der Leitung des Kalifen Othman in die Endredaktion.

Der liebende und der schroff verurteilende Jesus ... Ein heikles Problem für die Theologie. Die Kirchen von heute haben die quellenkritische Problematik längst akzeptiert. Kein ernstzunehmender Theologe würde noch bestreiten wollen, daß erst Jahrhunderte nach der Niederschrift der Evangelien eine kirchliche Endredaktion »wahre« und »unwahre« Textfassungen voneinander geschieden hat. Was aber – und hier wird es erst wirklich heikel – sind in diesem Fall für kirchliche Instanzen die Kriterien, um über Wahrheit und Irrtum zu befinden?

Man könnte zu der Ansicht gelangen, letztlich sei nicht in allen Punkten Gewißheit über die »ursprüngliche« Lehre Jesu zu gewinnen, weil eben zu viele Menschen an der Niederschrift der Offenbarung mitgewirkt hätten. Andererseits lassen sich solche Einwände beiseite schieben, wenn man davon ausgeht, daß die Theologen bei der endgültigen Kanonisierung der Bibeltexte vom »Heiligen Geist« geleitet gewesen seien und damit in keinem Punkt geirrt haben könnten. Gott würde es niemals zulassen, daß seine christliche Botschaft die Menschheit verfälscht erreiche. So argumentieren bis heute maßgebliche Vertreter der Kirche. Hier beginnt wirklich der Glaube.

Orthodoxe Gläubige halten sich kaum mit solchen Fragen auf. Sie nehmen die Evangelien in der uns heute vertrauten Form Wort für Wort als »Gottes Offenbarung« und wehren jeden Einwand als »Unglauben« ab.

Wo islamische Toleranz ihre Grenzen findet

Mohammed hat innerhalb der geschlossenen Welt Arabiens die gleiche neue Perspektive eröffnet wie Jesus und die Evangelisten innerhalb des Judentums. Mohammed wandte sich mit seiner Botschaft nicht nur an die Araber. Vor Allah seien alle Menschen gleich, verkündete er, entscheidend sei weder der soziale Rang noch das Volk noch die Rasse, sondern allein die Aufrichtigkeit des Herzens, die Frömmigkeit, der Gehorsam gegenüber Gottes Gebot, dessen höchstes laute: gerecht und mildtätig zu sein. Dieser Botschaft entsprechend zeigten sich die Folgen schon in den Entstehungsjahren des Islam: Der erste »Muslim«, der die Gläubigen mit dem bis heute üblichen Gebetsruf in die Moschee rief, war ein Negersklave, sein Name ist mit Bilal überliefert und wird bis heute von den Muslimen in aller Welt an vorderster Stelle unter den Pionieren des neuen Glaubens genannt. Die Haltung selber ist jedoch nicht neu. Mohammed verleugnete auch nicht, daß er nur die Grundsätze eines anderen Propheten noch einmal verkündete – die Gebote Jesu –, nun aber, im Zeichen des »Islam«, in »gereinigter«, ein für allemal unverrückbarer Form.

Christen und Muslime sind sich demnach einig in ihrem Drang zur weltweiten Mission über Volks- und Rassenschranken hinweg. Einerseits ein enormer Fortschritt. Denn so schufen sie die Chance, bisher hartnäckig bestehende ethnozentrische Barrieren niederzureißen: die zwischen dem eigenen Kulturraum als der angeblichen »Mitte« der Welt und den unkultivierten, »barbarischen« Völkern am »Rand« der Welt. Aber eine derart umfassende Menschenliebe als bahnbrechend neues Ideal beschwor eine neue Gefahr herauf: Wenn *alle* Menschen würdig sind, von dem *einen* und *einzigen* Gott angenommen zu werden, so kann es folgerichtig auch nur eine *einzige richtige* Offenbarung dieses Gottes geben. Christentum und Islam müssen sich demnach nahezu zwangsläufig den Anspruch streitig machen, im Besitz dieser endgültigen, »ewigen Wahrheit« zu sein; sie missionierten in deutlicher Rivalität. Für beide stellt sich damit die Frage: Wie soll man mit denen umgehen, die auf ihrem »Heidentum« beharren oder sich gar zur Konkurrenzreligion bekehren lassen?

Hier zeigen beide großen Weltreligionen, die ihren Glauben an den *einen* Gott für die ganze Menschheit für verbindlich halten, ein Janusgesicht. Allumfassende, weltumspannende Liebe entfalten sie gegenüber »Heiden«, sofern sie sich der neuen Lehre öffnen. Diese Toleranz kann aber rasch in Intoleranz umschlagen, sobald die »Ungläubigen« den Missionaren nicht das gewünschte Verständnis entgegenbringen.

Ausgiebigen Kontakt zu »Götzendienern« oder »Heiden« darf der Gläubige guten Gewissens nur pflegen, solange er sich als Missionar versteht und die Absicht hat, den Andersgläubigen das leuchtende Beispiel der eigenen Religion vorzuleben – hierin sind sich orthodox denkende Christen und Muslime einig. So hatten schon die Apostel ihren Umgang mit »heidnischen« Syrern, Arabern, Griechen und Römern gerechtfertigt. Ähnlich wie die Bibel lehnt auch der Koran jeglichen Bekehrungszwang ab. Der Koran sagt klar: »Und wenn einer von den Götzendienern Schutz bei dir sucht, so mußt du ihm Schutz gewähren, damit er Allahs Wort höre; und dann mußt du ihn an den Ort seiner Sicherheit gelangen lassen (auch wenn er sich nicht vom Islam überzeugen lassen kann). Dies mußt du deshalb tun, weil sie ja Leute sind, denen die Wahrheit nicht offenbart wurde.«[20]

Muslime haben sich an dieses Gebot nur teilweise gehalten, wie ein Blick in die Geschichte lehrt, sie verstießen in diesem Fall gegen den Koran ähnlich häufig wie die Christen gegen die Bibel: Beide behandelten Andersgläubige immer wieder mit äußerster Intoleranz, und nichts konnte ihren Bekehrungseifer mehr anstacheln, ja zu bloßer Brutalität steigern, als wenn die »Unwissenden« nach allen Missionsbemühungen weiterhin ihrem »irrigen« Glauben treu blieben. Und doch gibt es hier Unterschiede zwischen den Bekennern der beiden Weltreligionen. Christen haben intolerante Härte Jahrhunderte hindurch sämtlichen Andersgläubigen gegenüber spüren lassen. Muslime neigten dagegen zu Exzessen fast nur bei jenen Völkern, die an Naturgottheiten glaubten, außerdem gegenüber Hindus und Buddhisten, weil diese nicht den *einen* Gott verehren. Solange muslimische Eroberer die Macht dazu besaßen, zerstörten sie hinduistische wie buddhistische Tempel, zerschlugen die Standbilder und verboten die Kulte.

Zwangsbekehrungen großen Stils konnten die Muslime nur dort durchführen, wo sie auf militärisch und politisch weit unterlegene Völker trafen. Dies ist am häufigsten in Schwarzafrika geschehen, teilweise auch in Zentralasien. Ein letztes Beispiel einer derartigen Barbarei boten die Muslime 1895. Damals drangen die Truppen des Emirs von Afghanistan in den Hindukusch ein, wo die Bergstämme noch einer Naturreligion huldigten, zerstörten sämtliche Heiligtümer und stellten die rund 70 000 Besiegten vor die Wahl, entweder zum Islam überzutreten oder niedergemetzelt zu werden. Die Besiegten beugten sich der überlegenen Macht, und seitdem heißt ihr Landstrich, der zuvor von den Muslimen verächtlich »Kafiristan« (Land der Ungläubigen) genannt wurde, »Nuristan« (Land des Lichts); gemeint ist natürlich das »islamische Licht«. Ähnlich brutal und selbstherrlich hatten einst die Christen in Lateinamerika Religion und Kultur indianischer Stämme ausgelöscht.

Indem aber Muslime andersgläubige Monotheisten durchweg toleranter behandelten, als dies die Christen während des Mittelalters bis in die Neuzeit hinein taten, waren sie gegenüber ihren Rivalen im Abendland entscheidend im Vorteil. Die größere Toleranz bescherte den Muslimen größere Weltoffenheit – und damit konnten sie jahrhundertelang die Christen mit kultureller Leistung übertrumpfen. Diese weite Spanne geistigen Höhenflugs zwischen dem 8. und 13. Jahrhundert bezeichnen heute nicht nur die Muslime, sondern auch die westlichen Historiker als das Goldene Zeitalter des Islam.

Als der Islam über das Christentum triumphierte

Die weltoffenen Muslime des Mittelalters: Saladin als Symbol

Nichtmuslime, die den *einen* Gott verehren, galten in islamischen Staaten als »Dhimmi«, »Schutzbefohlene«. Dieser Begriff hat bis ins 20. Jahrhundert hinein seine praktische Bedeutung mit allen rechtlichen und sozialen Konsequenzen gehabt, bevor sich die Politiker teilweise an modernen westlichen Staatsmodellen zu orientieren begannen. Getreu den Korangeboten verpflichteten sich Kalifen, Sultane, Emire und Paschas, »Schutzbefohlene« gegen alle Übergriffe, gegen alle Anfeindung zu schützen und ihre Religion zu respektieren. Als Gegenleistung erwarteten die Muslime nur, daß diese andersgläubigen Minderheiten der Christen und Juden loyal zur islamischen Oberhoheit standen. In diesem Sinne genossen auch die Zarathustrier als Monotheisten die vom Koran vorgeschriebene Toleranz.

»Schutzbefohlene« haben in der Vergangenheit zwar erheblich mehr Steuern als Muslime gezahlt, aber sie mußten nicht Soldaten stellen. Muslime gestatteten den »Schriftbesitzern« eine eigene Rechtsprechung in Fragen des Personenstandsrechts sowie des Erbrechts, auch versperrten sie ihnen kaum einmal den Zugang zu irgendeinem Beruf. Im Gegenteil: Kalifen, Sultane und Emire holten gelehrte Christen und Juden als Ratgeber an ihre Höfe, und so stieg mancher »Schutzbefohlene« gar in den Rang eines Wesirs, eines Ministers auf; andere konnten an Akademien und Universitäten Lehrstühle einnehmen. Gerade während der klassischen Epoche des Islam – vom 8. bis zum 13. Jahrhundert – sind Christen wie Juden in Damaskus, Bagdad, Kairo und Cordoba zu großen Ehren in Regierungsdiensten oder als Wissenschaftler gekommen, auch stellten sie zeitweise den Großteil an Ärzten. Das Osmanische Reich kannte Christen in hohen Verwaltungsstellen bis ins 18. Jahrhundert.

Muslime brauchten von ihrer Religion her keine Scheu davor zu haben, mit »Schriftbesitzern« über wissenschaftliche und philosophische Probleme zu diskutieren, ja selbst theologische Fragen zu erörtern. Der Koran ermahnte sie nur, bei solchen Gesprächen wachsam gegenüber »Irrtümern« in Glaubensfragen zu bleiben. Und so bedeutete es für Muslime grundsätzlich nichts Anstößiges, wenn der eine oder andere geistig aufgeschlossene Fürst an seinen Hof Gelehrte der verschiedensten Glaubensrichtungen zu Diskussionen lud. Manche dieser Herrscher sind sogar in diesem Sinn zu überragendem Ruhm gekommen. So besonders Kalif Abdullah Al Mamun (813–833), Sohn des legendären Kalifen Harun Al Raschid von Bagdad, ein Zeitgenosse Karls des Großen. Er pflegte regelmäßig jede Woche einen mehrstündigen Disput mit Wissenschaftlern, Philosophen und Theologen verschiedenster Religionszugehörigkeit; in dieser erlauchten Runde saßen neben Muslimen auch Christen, Juden und Zarathustrier.

Welch ein Kontrast zum christlichen Abendland. Bis ins 18. Jahrhundert wäre es an europäischen Universitäten unmöglich gewesen, Nichtchristen überhaupt als Zuhörer einer Vorlesung zu dulden, geschweige denn ihnen Lehrstühle zuzubilligen. Ebensowenig hätte es ein Fürst gewagt, Andersgläubige als geistreiche Gesprächspartner zu wählen.

Die historische Tatsache, daß Muslime über viele Jahrhunderte hinweg um vieles toleranter und weltoffener waren als Christen, ist aber bei uns im Westen lange nur einer schmalen Bildungsschicht geläufig gewesen. Kaum eine bedeutende Persönlichkeit der islamischen Geschichte hat in diesem Zusammenhang bei uns breitenwirksam Nachruhm ernten können – mit einer Ausnahme: Nahezu alle wissen wir mehr oder weniger einige Fakten über Sultan Saladin. Im deutschen Sprachraum hat sich der Bekanntheitsgrad dieses muslimischen Herrschers endgültig gefestigt, nachdem Lessing ihn 1779 in seinem Ideendrama »Nathan der Weise« als einen Menschen vorführte, der mit seiner religiösen Toleranz die christlichen Kreuzritter zutiefst beschämte. An der Person dieses Sultans Saladin läßt sich in der Tat viel von jener Weltoffenheit ablesen, auf die sich Muslime gerne im Rückblick auf ihre glanzvolle Vergangenheit berufen. Andererseits zeigt aber gerade das Beispiel Saladin, inwieweit sich die spezifisch islamische Toleranz sogar in ihrer idealsten Ausprägung erheblich vom Toleranzverständnis der westlichen Moderne unterscheidet. Daher lohnt es sich, auf diese historische Persönlichkeit näher einzugehen.

Salah Ad Din, »Ehre der Religion«, so lautete der arabische Beiname des Herrschers, der eigentlich Yusuf Ibn Ayyub hieß (was in der Übersetzung sehr biblisch klingt: Josef, Sohn des Hiob). Saladin, wie wir ihn verballhornt nennen, regierte von 1171 bis 1193 ein Reich, das sich von Ägypten über Palästina bis Syrien erstreckte. Intensiver als viele muslimische Regenten seiner Zeit förderte er Wissenschaftler und Künstler unterschiedlicher Religionszugehörigkeit – neben Muslimen gleichermaßen Christen und Juden – und schuf so in seinem Herrschaftsbereich besonders gute Voraussetzungen für einen intellektuellen Dialog über religiöse Grenzen hinweg. In Kairo wie Damaskus, wo Saladin wechselweise residierte, gab es damals Universitäten, die in vielen Wissensgebieten, besonders der Medizin, weltweit führend waren. Einer der bedeutendsten Mediziner des Mittelalters, der Jude Maimonides, lebte in Kairo und war der Leibarzt Saladins.

Anders als die Christen zur gleichen Zeit bejahten die Muslime wissenschaftliche Neugier. Mohammed selber soll gesagt haben: »Beim Jüngsten Gericht werden die Tinte der Gelehrten und das Blut der Glaubenskämpfer gewogen – und die Tinte der Gelehrten wird mehr wiegen als das Blut der Glaubenskämpfer.«[1] Diese Aussage finden wir zwar nicht im Koran, aber nachdrücklich im Hadith, den mündlichen Überlieferungen des Propheten. Für die islamische Kultur hatte diese Grundhaltung einschneidende Folgen. Überall in den muslimischen Metropolen waren schon während des 9. Jahrhunderts öffentliche Schulen entstanden, wo auch Kinder aus ärmeren Schichten unterrichtet wurden, dazu eine Vielzahl an öffentlichen Bibliotheken und Akademien. Dagegen blieben im christlichen Abendland noch während des 12. Jahrhunderts rund 95 Prozent der Bevölkerung Analphabeten. Und so braucht es nicht zu wundern, daß die Kreuzritter einen Kulturschock erlebten, als sie gegen muslimische Fürsten und schließlich gegen Sultan Saladin als ihren gefährlichsten Gegner kämpften. Sie, die geglaubt hatten, gegen »Barbaren« Krieg zu führen, mußten erschrocken und beschämt zugleich die kulturelle Überlegenheit der »Ungläubigen«, der »Heiden«, anerkennen.

Am nachhaltigsten aber beschämte Sultan Saladin die unduldsamen Christen bekanntlich mit seiner religiösen Toleranz. Als Saladin 1187 die Kreuzritter in der Schlacht von Hattin (nahe dem See Genezareth) besiegte und wenig später auch Jerusalem zurückeroberte, ließ er die meisten Christen nach Bezahlung eines geringen Lösegelds aus der Stadt abziehen. Welch ein Kontrast zum Verhalten der christlichen »Glaubenskämpfer« im Jahr 1099: Damals hatten die Kreuzritter bei der Eroberung Jerusalems gnadenlos alle Muslime und Juden niedergemetzelt, sogar Frauen, Kinder, Greise, denn nur »Christen« sollten in der Stadt Jesu leben, nur »Christen« hatten ihrer Ansicht nach überhaupt Daseinsberechtigung im »Heiligen Land«. Saladin hingegen ließ lediglich etliche prominente Kreuzritter köpfen, weil diese mit ihm geschlossene Verträge gebrochen hatten. Eine derartige Milde gegen Andersgläubige erschien den besiegten Christen so ungewöhnlich, daß sie rückblickend ihren »heidnischen« Gegner zu verklären begannen. Schon zu Beginn des 13. Jahrhunderts fingen etliche christliche Troubadoure an, in ihren Liedern vom »edlen Saladin« zu berichten.

Saladin hatte sich aber nur in besonderer Treue an das Toleranzgebot des Koran gegenüber Christen und Juden gehalten. Mit seinem Verhalten demonstrierte er, daß ein »gerechter« Muslim nicht Krieg gegen das Christentum führte und die Religion ausrotten wollte, sondern Krieg gegen christliche Politiker, besonders gegen Kreuzritter mit ihren aggressiven Herrschaftsansprüchen auf islamisches Gebiet. Entsprechend konnten Christen auch nach der Niederlage der Kreuzritter weiterhin im »Heiligen Land« leben, sofern sie sich nur als Dhimmi, »Schutzbefohlene«, bereitwillig der Regierung des Sultans Saladin und anderer muslimischer Fürsten unterordneten. Daher gehört es bis heute zum selbstverständlichen Erscheinungsbild in Staaten des Nahen Ostens, daß Kirchen und Synagogen in Sichtweite von Moscheen stehen – dies sogar in jenen Kernländern, wo der Kreuzzugsfanatismus mit der Zerstörung von Moscheen besonders gewütet hatte: in Syrien, dem Libanon und Palästina. Rund 12 Prozent der Syrer sind bis heute Christen, ja sogar rund 40 Prozent der Libanesen, ebenso rund 15 Prozent der Palästinenser (die weit zerstreut in den Nahoststaaten leben).

Muslime weisen gerne auf das historische Beispiel des Sultans Saladin hin, um westlichen Beobachtern deutlich zu machen, auf welchen besonderen Grundlagen heutzutage die antiwestliche Haltung vieler ihrer Glaubensbrüder beruht. Es gehe darum, die »westlichen Imperialisten« aus islamischen Ländern zu vertreiben – so wie einst Sultan Saladin die Kreuzritter zurückgedrängt habe. Die heutige Feindschaft von Muslimen richte sich gegen die »modernen Kreuzritter«, nicht gegen den anderen Glauben der Christen. Und wenn die Muslime gegen Israel kämpften, dann weil ihnen Israel als der aggressivste Vorposten dieses »Kreuzrittertums« erscheine; Muslime kämpften aber nicht gegen die Juden als Andersgläubige. Sobald Jerusalem und Palästina wieder unter islamischer Oberhoheit stünden, könnten dort Christen und Juden so unbehelligt leben wie einst unter Saladin. Nur müßten Christen und Juden endlich aufhören, sich in die inneren Angelegenheiten arabischer und anderer islamischer Staaten einzumischen oder sie gar beherrschen zu wollen. Saladin sei historisch so bedeutsam, weil er den politischen Einfluß der Christen im Nahen Osten gebrochen habe, ohne die religiöse Würde des Christentums und seiner Anhänger anzutasten. Politische Abwehr und religiöse Toleranz seien zwei grundverschiedene Dinge.

Muslime sind auf Saladin stolz nicht nur, weil er als erster die Kreuzritter entscheidend besiegen konnte, sondern eben auch, weil er mit seiner Großzügigkeit gegenüber Gegnern beispielgebend war. Trotzdem dürfen wir Saladins Verständnis von Toleranz nicht mit jener Haltung gleichsetzen, wie sie Lessing in seinem Drama »Nathan der Weise« an der Gestalt dieses Herrschers vorführte (ich komme in einem eigenen Kapitel noch ausführlich darauf zurück). Was der historische Saladin tatsächlich an religiöser Weitherzigkeit praktizierte, war und konnte nicht modern im Sinne der Aufklärung sein. Wie alle Muslime seiner Zeit war Saladin voll und ganz von der Überlegenheit des Islam über sämtliche andere Religionen und Kulturen überzeugt, auch für ihn blieb es selbstverständlich, daß letzten Endes einmal die Menschheit insgesamt sich zum Islam bekennen werde. Deshalb konnte auch er sich – unterwegs zu dieser unausweichlichen Endphase – nur einen »islamischen Staat« vorstellen, in dem die Christen und Juden als Minderheiten herablassend toleriert wurden. Das bedeutete zwar einen erheblichen Fortschritt gegenüber der Unduldsamkeit christlicher Staaten, aber völlig unvorstellbar wäre es Saladin erschienen, religiösen Minderheiten etwa im Sinn einer modernen pluralistischen Staatsverfassung völlige Gleichbehandlung zuzubilligen.

Saladin konnte sich sogar äußerst intolerant und politisch brutal verhalten, falls Andersgläubige den Vorrang des Islam und seiner hierarchisch übergeordneten Herrschaft in Frage stellten. Er, ein orthodoxer Sunnit, grenzte sich schroff von den Schiiten ab. Die Schiiten unterdrückte er, ja, ließ eine Reihe von ihnen hinrichten, weil sie die Oberhoheit eines sunnitischen Sultans nur widerwillig ertrugen oder gar offen ablehnten. Damit hatten es politisch unbequeme, erst recht rebellische Muslime unter der »toleranten« Herrschaft des Sultans Saladin schwer – im Gegensatz zu loyalen Christen und Juden.

Was den kulturellen Vorsprung des Islam bedingte

Der kulturelle Vorsprung des Islam im Mittelalter wäre aber nur halb so bedeutsam geworden, hätten die Muslime ihre Toleranz nicht schon während des 8. Jahrhunderts auch noch auf andere fremde Kulturen als die der Christen, Juden und Zarathustrier ausgeweitet. Am folgenreichsten: die Beschäftigung mit der griechischen Antike.

Die Muslime argumentierten nämlich, in der Philosophie eines Platon und Aristoteles wie auch in den Naturwissenschaften eines Archimedes, Pythagoras, Hippokrates und Euklid sei nichts mehr vom Glauben an viele Götter zu spüren, vielmehr verehrten die griechischen Philosophen und Wissenschaftler im Logos, der »höchsten Vernunft«, den einen und einzigen Gott – und daher sei es jedem Gläubigen erlaubt, sich unbeschränkt mit ihrem Denken auseinanderzusetzen. Welche Perspektive eröffnete sich hier den Muslimen! Sie gingen daran, in den eroberten Ländern systematisch die Bibliotheken nach eben jenen Büchern zu durchforsten, die Werke sorgfältig zu sammeln, sie ins Arabische zu übersetzen und an den Akademien zum allgemeinen Studium freizugeben. Mit weitreichenden Folgen. Denn die Muslime bewiesen nicht nur ihre Fähigkeit, sich rasch und flexibel der griechisch-antiken Kultur zu öffnen – sie haben vielmehr das klassische Erbe in all seinen vielfältigen Möglichkeiten schöpferisch weiterentwickelt.

Ganz im Gegensatz zu den Griechen und Römern. Seit jene sich überwiegend zum Christentum bekannten, hatten sie alle Brücken zur vorchristlichen Philosophie abgebrochen und auch zu der damit verbundenen Wissenschaft, sofern jene über den unmittelbar ersichtlichen Alltagsnutzen hinausging. Kaiser Theodosius setzte im Jahr 391 das Signal zu rabiater Intoleranz, als er unter den damals schon zahlreichen christlichen Glaubensrichtungen das Christentum mit katholischer Dogmatik zur alleinseligmachenden Staatsreligion erhob. Aber er war nicht nur der erste christliche Kaiser, der systematisch andere Christen wegen ihres abweichenden Glaubens mit allen Machtmitteln des Staates verfolgen ließ (darüber an anderer Stelle mehr). Er war auch der erste Kaiser – und dies sollte für spätere Jahrhunderte nicht minder verhängnisvolle Signalwirkung haben –, der systematisch die »Heiden« und die »heidnische« Kultur wegen ihrer »Gottlosigkeit« unterdrückte. Theodosius selber ermutigte durch seine demonstrativ zur Schau getragene Unduldsamkeit die christlichen Untertanen, vorchristliche Literatur in Philosophie, Wissenschaft und Dichtung zu ignorieren, sie bei schlechter Lagerung in den Bibliotheken verkommen zu lassen oder, schlimmer noch, sie vorsätzlich zu vernichten. Er sah nicht nur tatenlos zu, sondern gestattete sogar ausdrücklich, daß in eben jenem Jahr 391 christliche Fanatiker das Serapeion in Alexandria stürmten und einen Großteil unersetzlicher Werke der bedeutendsten Bibliothek der griechisch-römischen Antike verbrannten. Dies war aber erst der Anfang einer großangelegten Vernichtungsaktion. Zum Abschluß kam sie im Jahr 600, nahezu zwei Jahrhunderte nach Theodosius. Damals zündeten die Christen die letzte der herausragenden Bibliotheken, die Palatina von Rom, an. Und damit hatten sie endgültig den kulturellen Kahlschlag im Namen des alleinseligmachenden Gottes vollzogen – mit unabsehbaren Folgen: Denn ihr Fanatismus leitete eine geistige Ausdörrung ein, an der das Abendland bis ins späte Mittelalter zu leiden hatte. Unfreiwillig schufen sie gerade so die entscheidende Voraussetzung für den kulturellen Vorsprung des Islam.

Die Entwicklung hätte nicht zwangsläufig so verlaufen müssen. Selbst damals wäre der christlichen Theologie durchaus offengestanden, flexibel auf das geistige Angebot der »heidnischen« Antike zu reagieren. Ein eindrucksvolles Beispiel hierfür liefert der Kirchenvater Justinus, der um die Mitte des 2. Jahrhunderts lebte. Er schrieb, lange bevor es islamische Denker so formuliert haben konnten: »Die Heiden, die mit dem Logos gelebt haben, sind Christen, wie Sokrates und Heraklit.«[2] Solche Mahnungen haben sich aber nicht gegen die zunehmende Abwehrfront, gegen die immer heftiger anschwellende Polemik anderer Kirchenväter durchsetzen können.

Selbst noch in einer der bedeutsamsten Dichtungen des europäischen Mittelalters, in Dantes *Göttlicher Komödie*, sehen wir nahezu alle »heidnischen« Geistesgrößen als »Unerlöste« abgewertet. Dante Alighieri, ein Mann des 14. Jahrhunderts, der die Höllenkreise des Infernos mit sich steigernden Qualen für die Verdammten bis ins Zentrum zur Wohnung des Teufels beschreibt, siedelt im äußersten Kreis der Hölle neben Homer unter anderen Sokrates, Platon und Aristoteles an. Zwar hält er diese »Heiden« für »gerecht« und stellt sie nicht auf eine Stufe mit den für große Höllenstrafen bestimmten Sündern, ja, er bezeichnet sie im 4. Gesang des Inferno gar als »hohe Meister« (und in dieser Einschätzung kündigt sich schon die Renaissance mit ihrer Umwertung griechischer und römischer Klassik an). Aber, so erklärt er mit der dogmatischen Logik des Mittelalters, trotz ihrer großen Verdienste hätten sie nicht die »Erlösung« durch Christus kennengelernt, und deshalb sei es ihnen bestimmt, im ersten Kreis der Hölle »Schmerzen ohne Marter« zu leiden, von Schwermut geplagt zu sein.

Es gehört zu den Paradoxien der Weltgeschichte, daß griechische Philosophie und Naturwissenschaft nicht etwa, wie es zu erwarten gewesen wäre, durch die Griechen selber oder die Römer für die Nachwelt gerettet wurden – Muslime hatten die geistige Brücke geschlagen, dank ihrer besser entwickelten Toleranz. Die abendländischen Gelehrten sollten erst dann für einen derartigen Dialog mit fremden Kulturen gerüstet sein, wenn sie nicht mehr schroff jedes nichtchristliche Denken als »heidnisch« verdammten. Der Wandel ist, wie wir alle wissen, lang und schmerzlich, vor allem voller Widersprüche gewesen. So mußten Christen während des späten Mittelalters die Entdeckung verarbeiten, daß die »heidnischen Mohammedaner« ihnen kulturell weit überlegen waren, und einen derartigen Schock kaschierten sie mit einer bezeichnenden Heuchelei: Sie stellten zwar nach und nach islamische Werke zur griechischen Wissenschaft samt den Kommentaren in ihre Bibliotheken, leugneten aber nach außen hin weiter die Bedeutung der islamischen Kultur.[3]

Die größere Weltoffenheit zeigten Muslime auch im Wohnverhalten. Sie sonderten »Schutzbefohlene« nicht in Ghettos ab, wie dies Christen bis in die Neuzeit mit Juden taten. Wenn unter islamischer Herrschaft Christen und Juden eben doch teilweise gesonderte Stadtteile bewohnten, dann freiwillig, weil ihre Sippenverbände zusammenhängende Wohnviertel bevorzugten, manchmal auch der gemeinsamen Sprache wegen, die nicht Arabisch, Persisch oder Türkisch war. Prinzipiell aber stand den Muslimen nichts entgegen, Glaubensfremde ins Haus und zum Essen zu laden oder gemeinsam mit ihnen zu arbeiten. Ein solches Zusammenleben konnte nur dann ernsthaft getrübt werden, wenn christliche Eroberer den muslimischen Staat bedrohten; hier aber spaltete dann in erster Linie der politische und nicht der religiöse Gegensatz.

Verstärkte Abgrenzung gegenüber den Christen

Ohne Zweifel bot im Mittelalter und bis weit in die Neuzeit hinein ein islamisches Staatswesen mehr Toleranz und einen besseren Rechtsschutz für religiöse Minderheiten als nur irgendein Staat des christlichen Abendlandes. Trotzdem sollte man die islamische Freizügigkeit nicht überschätzen: Sie unterscheidet sich eben doch erheblich vom Toleranzideal der Moderne, wie ich am exemplarischen Fall des Sultans Saladin schon erläuterte. Undenkbar erscheint den meisten Muslimen bis heute ein weltanschaulich neutraler Staat, der die verschiedensten Religionen und Ideologien unter seiner Oberhoheit gleichberechtigt existieren läßt. Muslime fordern in überwiegender Mehrheit noch immer den »islamischen« Staat, da ja der Überlegenheitsanspruch des Islam unmißverständlich im Koran mit den Worten festgeschrieben ist: »Er [Allah] ist es, der seinen Gesandten [Mohammed] mit der […] wahren Religion [zu den Menschen] geschickt hat, damit er dieselbe über alle Religionen erhebe.«[4]

Also müssen andersdenkende Minderheiten hierarchisch dem Islam untergeordnet bleiben, sind eben nur »toleriert«. Dementsprechend dürfen Christen und Juden zwar in der Wissenschaft oder im Wirtschaftsleben Karriere machen, aber in der Hierarchie von Staatsbeamten sind ihnen deutliche Grenzen gesetzt – eben weil nach islamischem Selbstverständnis nicht die Situation entstehen darf, daß ein Andersgläubiger Muslime innerhalb ihres eigenen Herrschaftsbereichs politisch bevormundet. Unmißverständlich heißt es auch im Koran gegenüber den »Schutzbefohlenen«, sie hätten »in Demut« ihren Tribut zu entrichten.[5]

Dieses herkömmliche Verständnis hat muslimische Herrscher immer wieder bewogen, die Abstufung von »Rechtgläubigen« und »Schutzbefohlenen« auch in Äußerlichkeiten auffällig zu machen, ja zu vertiefen. Besonders in Krisenzeiten – vor allem wenn islamische Staaten durch andersgläubige Feinde von außen bedroht oder durch Machtkämpfe im Innern erschüttert waren – sind mehrere diskriminierende Gesetze erlassen worden. Sie wurden dann in einer späteren Phase meist wieder gemildert oder von Korangelehrten gar als »unislamisch« kritisiert und daher von den Herrschern wieder aufgehoben. So war es nur zeitweise üblich, daß Andersgläubige sich lediglich in ganz bestimmten Farben kleiden durften; daß sie ihre Häuser nicht höher als die der Muslime bauen durften; daß ihnen als Reittiere Pferde verwehrt und nur Maulesel erlaubt waren; daß sie, die Christen, öffentlich keine Glocke läuten, keine Kreuze tragen und keinen Wein trinken durften.[6]

Die Grenzen islamischer Toleranz zeigen sich auch in der Tatsache, daß Muslime im Verlauf des Spätmittelalters anfingen, Christen als »Ungläubige« zu beschimpfen; auf arabisch »Kafir«, auf türkisch »Giaur« (oder »Gavur«). Solch schroff abwertende Begriffe wandten Araber und Türken schließlich auf »Schriftbesitzer« an, obwohl die Betroffenen doch aus islamischer Sicht bei all ihren »Irrtümern« den *einen* Gott verehrten und damit bis zu einem gewissen Grad am »richtigen Glauben« teilhatten. Muslime sind unter der Herrschaft von Osmanen-Sultanen so weit gegangen, daß sie zwischen Juden und Christen strikt trennten: Nur noch die Juden nannten sie anerkennend »Schriftbesitzer«, bei den Christen zogen sie überwiegend das Schimpfwort »Giaur« vor. »Ungläubige« – diese Kennzeichnung für Christen fand Eingang in zahlreiche osmanische Urkunden und sogar in den diplomatischen Schriftverkehr mit europäischen Staaten bis ins 19. Jahrhundert hinein; im Sprachgebrauch des einfachen Volkes hat sie sich bis in unsere Gegenwart erhalten.[7]

Einen Großteil des Mittelalters hindurch konnten sich die Muslime unangefochten in dem Gefühl sonnen, Gott belohne sie, die sie im Besitz der umfassendsten Offenbarungsreligion waren, auch mit der höchstentwickelten Kultur. Damals ist es ihnen relativ leicht gefallen, der Konkurrenzreligion herablassend tolerant zu begegnen. Damals neigten Muslime aber zu der verhängnisvollen Fehleinschätzung, die Christen als »irrende Schriftbesitzer« würden gegenüber den »Rechtgläubigen« niemals einen durchschlagenden Erfolg erzielen können, weder militärisch noch politisch noch kulturell. Groß war dann der Schock, als sie feststellen mußten, daß die Hauptgegner aus dem Abendland keineswegs auf die Dauer an Kraft eingebüßt hatten, sondern nach einer anfänglichen Ermattungsphase ihrerseits mit aggressivem Bekehrungsdrang den Weltmissionseifer der »Mohammedaner« beantworteten. Je erfolgreicher christliche Heere in islamische Gebiete vordrangen, um so irritierter reagierten die Muslime. Dies zeigte sich nicht nur im Osmanenreich, ebenso im maurischen Spanien, in Vorderasien. Überall dort, wo Muslime die Gefahr drohen sahen, vielleicht unter christlicher Herrschaft leben zu müssen, war ihr Selbstverständnis vom unaufhaltsamen Siegeszug des Islam derart gestört, daß sie dazu übergingen, nun in jedem Christen einen zumindest potentiellen Feind zu sehen. Und die auf solche Art Verunsicherten neigten mehr und mehr zu der Logik: Wer Jahrhunderte nach dem Auftreten Mohammeds noch immer die höchste Wahrheit zurückwies, obwohl sie doch unüberhörbar allen Menschen verkündet worden war, konnte nur ein böswillig Verstockter, ein vorsätzlich »Ungläubiger« sein. Allerdings stand auch bei ihnen die politische, nicht die religiöse Ablehnung im Vordergrund.

Den Juden gegenüber blieben Muslime gemäßigter. Selten kam es vor, daß sie diese in derselben Weise herabstuften, denn Juden haben niemals aggressiven Missionseifer demonstriert, auch sind sie bis ins 20. Jahrhundert hinein den Muslimen nicht zur politischen Gefahr geworden. Erst nach der Gründung des Staates Israel 1948 haben Muslime gegenüber Juden ihre Einstellung gewandelt, aber selbst dann erhielt die politische Gegnerschaft Vorrang.[8]

Der »Kaffer« und der »Heide«: Aufschlußreiche Wortwurzeln

Kreuz oder Halbmond! Christentum und Islam verstanden sich schon in einem sehr frühen Stadium ihrer Auseinandersetzung als die beiden großen Religionen, die darum stritten, ob die Welt christianisiert oder islamisiert werden sollte. Dies bedingte die aggressive Schärfe ihrer Rivalität. Dies förderte auch das Ressentiment bei jenen Gläubigen, die sich im Entscheidungskampf in die Defensive gedrängt sahen. Da aber die Muslime durch den Koran daran gehindert sind, Christen und Juden als Gläubige des »einen Gottes« total abzuwerten, konnte es auf ihrer Seite nicht zu denselben haßerfüllten Ausfälligkeiten gegen die fremde Lehre kommen. Und doch: Wie verächtlich der arabische Begriff »Kafir« gemeint ist, zeigt seine Wirkung im europäischen Sprachgebrauch; im Deutschen und Jiddischen ist das Wort verballhornt als »Kaffer«, Dummkopf, primitiver Mensch, übernommen worden, und schließlich, mit den Buren nach Südafrika getragen, wurde es zum Schimpfwort für die Eingeborenen dort. Auch sprechen wir selber gedankenlos von »Kaff«, wenn wir eine Ortschaft als abgelegen, provinziell und unbedeutend einstufen.

Umgekehrt hatten die Christen schon viel früher ein Schimpfwort gefunden, durch das Nichtchristen schroff auf den Stand der Primitivität und Barbarei herabgedrückt sein sollten. Im deutschen Sprachraum wurde »der Heide« zum Synonym für jeden Andersgläubigen (die Juden ausgenommen). Das Wort kommt aus dem Gotischen und leitet sich dort von »haiths«, der Landbewohner, ab. Im Althochdeutschen sprach man von »heidan« und meinte damit geringschätzig den unzivilisierten Bauern, der weitab von Klöstern, Burgen und städtischen Siedlungen noch immer nicht von der Kultur – und das hieß vor allem: der richtigen Religion – erfaßt war. Der Gleichklang zu einem anderen Wort in unserer Sprache ist nicht zufällig: *die* Heide; gemeint ist ursprünglich ein unkultiviertes, völlig wildes Gelände (bevor man »die Heide« während des 19. Jahrhunderts im Zeichen der Romantik schwärmerisch als unberührte »Natur« zu verklären begann). Im Englischen finden wir die Entsprechung: »Heathen« ist *der* Heide, »heath« dagegen *die* Heide.

Aber der letztlich gemeinsame Ursprung einer derartigen Geisteshaltung ist bei den Römern zu suchen. Als das Christentum im Römischen Reich Staatsreligion wurde und vor allem die Städter sich scharenweise zu dem neuen Glauben bekannten, ging man dazu über, jeden Nichtchristen verächtlich »paganus« (Landbewohner) zu nennen, und damit setzte man den Betroffenen mit dem Bauern gleich, der unberührt von städtischer Kultur an »barbarischen« Bräuchen festhält. Dieser Begriff hat sich bis heute in den romanischen Sprachen gehalten: »pagano« nennt man den »Heiden« auf italienisch und spanisch, »païen« auf französisch; als »pagan« ist das Wort auch ins Englische gekommen.

Wenn aber die Christen des Mittelalters nicht nur »ungläubige« Dörfler und »Wilde« am Rand der zivilisierten Welt als »Heiden« bezeichneten, sondern ebenso die Muslime, erwiesen sie sich hier in höchstem Maß als realitätsfremd. Um so tiefer mußte der Schock sein, als die Christen während der Kreuzzüge erstmals in größerer Zahl den islamischen Orient zu sehen bekamen und feststellen mußten, daß die »mohammedanischen Heiden« um das Jahr 1200 eine viel höhere Kultur besaßen als sie selber. Trotzdem haben sich die Begriffe »Heide«, »heathen«, »pagano«, »païen« und »pagan« hartnäckig bis ins 20. Jahrhundert halten können, und erst in unserer Gegenwart werden sie mehr und mehr als total verfehlt, als veraltet empfunden.

Daß wir unsere Arroganz gegenüber den »Heiden« in Frage stellen, verdanken wir einem geistigen Umbruch, der Ende des 17. Jahrhunderts schrittweise das Abendland in seinen Grundvoraussetzungen zu verändern begann – es ist die Aufklärung.

Die moderne Toleranz und ihre Vorläufer

Die Ringparabel in Lessings »Nathan der Weise«

»Nathan, Nathan! Ihr seid ein Christ! Bei Gott, Ihr seid ein Christ! Ein beßrer Christ war nie!« Dieses Lob kommt von einem Mönch, als er entdecken muß, wie sehr der Jude Nathan mit seiner Güte dem Ideal christlicher Nächstenliebe entspricht. Nathan aber antwortet: »Wohl uns! Denn was mich Euch zum Christen macht, das macht Euch mir zum Juden.«[1] Eine bezeichnende Szene aus Lessings »Nathan der Weise«.

Ein anderer Auftritt. Nathan antwortet dem Tempelherrn, als dieser auf das Freundschaftsangebot des Juden eher zögernd, ja mißtrauisch reagiert: »Verachtet mein Volk, so sehr Ihr wollt. Wir haben beide uns unser Volk nicht auserlesen. Sind wir unser Volk? Was heißt denn Volk? Sind Christ und Jude eher Christ und Jude als Mensch? Ah! wenn ich einen mehr in Euch gefunden hätte, dem es genügt, ein Mensch zu heißen!«[2]

Welch eine Provokation für jeden, der nur die eigene Religion, nur das eigene Volk gelten lassen will. Eine Provokation aber auch für jene, die bloß herablassend andere Kulturen dulden. Güte und Einfühlungsgabe entscheiden über den Wert eines Menschen, nicht die Zugehörigkeit zu einer bestimmten Religion, einem bestimmten Volk.

Gotthold Ephraim Lessing, einer der großen Dichter und Philosophen der Aufklärung, hat diese Aussage künstlerisch überdauernd in seinem 1779 erschienenen Ideendrama formuliert. Die vielschichtige Handlung entfaltet er nicht nur am Gegensatz von Christentum und Judentum, sondern bezieht auch den Islam als die dritte der geistig verwandten Weltreligionen in das Geschehen ein. Lessing läßt sein Drama sinnigerweise zur Zeit der Kreuzzüge spielen, Schauplatz ist Jerusalem, wo Sultan Saladin nach seinem Sieg über die Kreuzritter regiert. Es ist eben jene Stadt, die allen drei Weltreligionen gleichermaßen als »heilig« gilt. Die Kreuzzüge hatten einst die untergründig schlummernde Rivalität der drei Glaubensbekenntnisse gefährlich verschärft, und Kreuzzugsmentalität ist seitdem ein Stichwort für aggressivste Intoleranz geworden – zu Lessings Zeiten so beklemmend aktuell wie auch heute noch.

Viele Szenen bestechen durch ihre brillante Konfrontation von toleranten und intoleranten Charakteren, alle Auftritte münden aber ideell letztlich in der Ringparabel, der wohl berühmtesten und meistzitierten Passage.

Sultan Saladin läßt den reichen jüdischen Kaufmann Nathan in seinen Palast kommen, offiziell, weil er von ihm Geld leihen möchte; tatsächlich aber reizt es den Muslim Saladin, mit einem Andersgläubigen über die Frage der letztlich gültigen »Wahrheit« zu diskutieren. Welche der drei Religionen denn nun die richtige sei, lautet die heikle Frage des Sultans, es könne doch nur eine der Glaubenslehren die Offenbarung Gottes wirklich korrekt wiedergeben.

Nathan antwortet mit der Parabel von den drei Ringen:

Vor langer Zeit lebte ein Mann »im Osten«, der einen Ring von unschätzbarem Wert besaß, einen Ring, der die geheime Kraft hatte, »vor Gott und Menschen angenehm zu machen«. Kurz vor seinem Tod setzte der alte Mann fest, daß der Ring an seinen Lieblingssohn vererbt werden solle, und dieser wiederum habe die kostbare Gabe an dessen Lieblingssohn weiterzugeben. So ging es über Generationen hin. Einmal aber hatte ein Vater seine drei Söhne gleich ins Herz geschlossen, so daß er sich nicht entscheiden konnte, wem er denn nun den Ring vererben solle. Also ließ er von einem äußerst geschickten Goldschmied heimlich zwei weitere Ringe anfertigen, die dem ursprünglichen so ähnlich sahen, daß es selbst für den besten Kenner nicht möglich war, den echten zu erkennen. Auf dem Sterbebett gab er jedem seiner Söhne, ohne daß die anderen davon wußten, einen dieser Ringe. Dann starb er. Die Söhne aber begannen untereinander zu streiten, als sie einen gleich aussehenden Ring auch an der Hand der anderen blitzen sahen, und da niemand die echte Gabe erkennen konnte, brachten sie ihren Zwist vor den Richter. Dieser aber sagte, weil auch er ratlos war: Ein jeder möge seinen Ring für den echten halten, und wenn die drei Ringe in tausend Jahren von Generation zu Generation gewandert seien, dann möge ein weiserer Mann als er selbst darüber entscheiden, welcher Ring der echte sei – nämlich jener, der am meisten Segen gespendet habe.[3]

Diese Art von Toleranz überschreitet alle bisherige Duldsamkeit. Sie bedeutet nicht nur eine Absage an dogmatisch enges Christentum und Judentum, die schroff alle anderen Religionen als »Irrlehren« abkanzeln. Sie hebt sich auch von jener herablassenden Großzügigkeit ab, mit der viele Christen und Juden dem einen oder anderen Glaubensbekenntnis wenigstens eine gewisse Wahrheit zubilligen. Auch übersteigt sie die Grenzen jener Toleranz, wie sie Muslime – herablassend – den »Völkern des Buches« gewähren.

Und doch ist die Ringparabel nicht erst von Lessing erfunden. Sie hatte bereits damals eine jahrhundertealte Tradition, und gerade dies zeigt, wie lange es zuweilen braucht, bis neue Ideen endlich in die Breite zu wirken beginnen.

Ursprünge der Ringparabel im jüdischen und islamischen Mittelalter

»Wisse, daß [...] nach der Gesinnung des Herzens die Dinge zu beurteilen sind, und deshalb sagen die Weisen der Wahrheit, unsere Lehrer: Die Frommen unter den Völkern haben Anteil an der jenseitigen Welt, wenn sie erkennen, was von der Gotteserkenntnis zu erkennen angemessen ist, und den Tugenden entsprechend leben.«[4]

Ähnlich religiös übergreifend könnte auch Lessing während der zweiten Hälfte des 18. Jahrhunderts geschrieben haben. Aber der, von dem diese Zeilen stammen, wirkte bereits sechs Jahrhunderte früher – im tiefen Mittelalter, jedoch kaum, wie die bisherigen Beispiele ahnen lassen, im christlichen Abendland. Es handelt sich um den großen jüdischen Philosophen und Arzt Mose Ben Maimon, den wir unter dem griechisch umgeformten Namen Maimonides kennen. Er wurde im Jahr 1135 in Córdoba, der Hauptstadt des maurischen Spanien, geboren, deren Kalife und Emire über Jahrhunderte berühmt für ihre Toleranz gegenüber Juden und Christen waren. Aber bereits als junger Mann verließ er die Heimat, weil eine Berber-Dynastie aus Marokko Andalusien erobert hatte und sich bei weitem nicht mehr so großzügig gegenüber Andersgläubigen zeigte. Nach unruhigen Wanderjahren erreichte Maimonides Kairo, wo er Arzt am Hof des Sultans Saladin wurde, eben jenes bedeutenden Herrschers, dem Lessing in seinem *Nathan* ein Denkmal gesetzt hat.

Maimonides sah in keiner der drei großen Offenbarungsreligionen Judentum, Islam und Christentum die »Wahrheit« endgültig und alleingültig formuliert. Alle Propheten hätten »Falsches« gelehrt, so argumentierte er, aber ihr Irrtum habe nicht darin bestanden, bestimmte Glaubensinhalte und Dogmen zu vermitteln – sondern abzulehnen sei, daß sie jeweils die Aussagen ihrer Religion als absolut begriffen. Wer dagegen in das »neue Sein« eintrete, der scheide nicht mehr schroff zwischen »Wahrheit« und »Irrtum«, sondern stufe sorgfältig zwischen verschiedenen Annäherungen an die Wahrheit ab und spreche von der »Einigkeit der Vielen«.

So formuliert während der achtziger Jahre des 12. Jahrhunderts! Die heutige Forschung gesteht Maimonides und seinen Schülern einen wesentlichen Anteil an der Ausformung der sogenannten Ringparabel zu.[5] Aber die Wurzeln dieser Parabel weisen noch um Jahrhunderte weiter zurück, ins Bagdad des 9. Jahrhunderts und ins maurische Spanien des 11. Jahrhunderts. Nachweislich hat sich Lessing intensiv Maimonides beschäftigt, den er als den maßgebenden »Aufklärer« des Mittelalters einstufte, und er hat sich von ihm entscheidende Anregungen zum *Nathan* geholt.

»Aufklärung« im Mittelalter? Vielen von uns mag diese Bezeichnung als überzogen erscheinen, weil wir von den damaligen Verhältnissen des christlichen Abendlandes ausgehen und den dort üblichen Dogmatismus grundsätzlich mit »Mittelalter« gleichsetzen. Ein Philosoph wie Maimonides war jedoch damals im Orient nicht der einzige freie Geist, der schon viel von den Tendenzen einer europäischen Aufklärung vorweggenommen hat. Es hat auch unter den muslimischen Philosophen eine ganze Reihe solch kühner Denker gegeben. Auf diese »Freidenker« im Islam werden wir im nächsten Kapitel ausführlicher zu sprechen kommen und uns hierbei mit der Frage zu beschäftigen haben, weshalb damals eine »Aufklärung« im Orient nicht jene Früchte trug, wie sie 600 Jahre später das Abendland hervorgebracht hat.

Intoleranz bei Christen im Mittelalter – und die großen Ausnahmen

Einen gewaltigen Sprung vorwärts bedeutete die Ringparabel für die Entwicklung der Toleranz – auch schon in der Form, wie sie Maimonides während des 12. Jahrhunderts prägte. Es ist aufschlußreich, im Kontrast dazu die herausragende Literatur des christlichen Mittelalters zu betrachten. Dort sehen wir nur sehr wenige Ansätze zu einer Toleranz über die weltanschaulichen und religiösen Gräben hinweg, weder gegenüber dem Judentum (wovon in einem eigenen Kapitel ausführlich zu berichten sein wird) noch gegenüber dem Islam.

Selbst bedeutende christliche Theologen begriffen damals den Gegensatz von Christentum und Islam als den Entscheidungskampf zwischen »Gottesreich« und »Teufelsreich« – für Korangelehrte umgekehrt kaum denkbar. Und diese radikale Ablehnung ist richtungweisend geworden für Kirchenfürsten wie für Politiker. Und für die meisten Dichter. In fast jeder Heldensage, ja auch in bedeutenden Epen, sofern sie den Kampf mit den »Heiden« zum Thema haben, erscheint der muslimische Glaube als ein Symbol für »Finsternis« oder Vorahnung der »Hölle«. Allen voran im *Rolandslied*, das während des 11. Jahrhunderts in Frankreich – aus der aggressiven Aufbruchstimmung der Kreuzzüge heraus – entstand und zu einem der größten Publikumserfolge des Mittelalters geworden ist. In dieser wie in ähnlichen Dichtungen bleibt dem Menschen nur die Alternative, entweder auf seiten der Christen als Glaubenskämpfer zu den Erwählten oder auf seiten der Muslime zu den Verlorenen zu gehören; und selbstverständlich zieht der Kreuzritter in einen »gerechten Krieg«, wenn es gilt, »Heiden« zu erschlagen.

In dieses Denken reiht sich auch eine der größten und für das Weltbild des christlichen Mittelalters repräsentativsten Dichtungen: die *Göttliche Komödie* von Dante Alighieri (1265–1321). Dabei durchbricht das Epos in wesentlichen Teilen gängige Vorurteile. In seiner grandiosen Beschreibung der drei christlichen Jenseitsreiche Inferno (Hölle), Purgatorio (Fegefeuer) und Paradiso schreckt Dante nicht davor zurück, Päpste und Bischöfe seiner unmittelbaren Gegenwart wie auch vergangener Jahrhunderte in der Hölle als Verdammte anzusiedeln, weil er ihnen religiöse Heuchelei, Ämterkauf und Machtmißbrauch vorwirft, ebenso berühmte Könige und Handelsherren, die nur den Anschein des christlich redlichen Menschen erwecken. Wie Dante die Gewichte von Moral und Unmoral verteilt und damit ein umfassendes Sittenbild seiner Epoche vermittelt, dies macht eine der großen Qualitäten dieser Dichtung aus. Andererseits kann er sich nicht von den verhängnisvollen Vorurteilen seiner Zeit lösen. Gerade was den Islam betrifft. Er ist mit den starren Dogmatikern innerhalb der Kirche einig, daß Mohammed mit jenem »falschen Propheten« gleichzusetzen sei, der in der Offenbarung des Johannes als der große Gegenspieler Gottes angekündigt ist, als einer, der die Menschheit dazu verführen will, das »Tier« anzubeten.[6]

Entsprechend dieser Einschätzung läßt Dante den Verkünder des Islam besondere Höllenqualen leiden: Ein Teufel, so wird im 28. Gesang des Inferno drastisch geschildert, spaltet Mohammed vom Kopf bis zum Bauch, daß die Eingeweide herausquellen; aber der Gepeinigte stirbt nicht an dem Schwerthieb, sondern schleppt sich weiter, bis die gräßliche Wunde beinah verheilt ist, um dann erneut vom Schwert des Teufels aufgerissen zu werden. Diese »Spaltung« sei, so gibt Mohammed klagend zu erkennen, die Strafe für alle, die versucht hätten, durch eine falsche, ketzerische Lehre die Menschen vom rechten Glauben abzubringen und sie zu Kriegen im Namen der Religion anzustiften. Nun büße er am eigenen Leib mit ständiger Spaltung und Zerfleischung.

Milder geht der Dichter nur mit jenen muslimischen Geistesgrößen um, die damals von christlichen Gelehrten bereits als Vermittler der griechischen Philosophie und vor allem Naturwissenschaft geschätzt wurden, so besonders Averroes und Avicenna als die großen Interpreten des Aristoteles, Avicenna außerdem noch als Verfasser eines auch für Christen wegweisenden Handbuchs für Medizin. Muslime von solcher Bedeutung läßt Dante neben Platon, Sokrates und Aristoteles im ersten Kreis der Hölle existieren; dort leiden auch sie, wie es im 4. Gesang heißt, »Schmerzen ohne Marter«, dort dämmern auch sie in Schwermut dahin, weil sie nicht die »Erlösung durch Christus« kennengelernt haben. Ebenfalls im Kreis jener edlen »Unerlösten« siedelt Dante den Sultan Saladin an, hat doch dieser Herrscher schon während des Mittelalters bei den Christen allgemein hohes Ansehen genossen, weil er den Feinden gegenüber stets Fairneß walten ließ.

Unter den großen Dichtern des christlichen Mittelalters hat es nur einen gegeben, der in seinen Werken der militanten, haßerfüllten Polemik gegenüber dem Islam widersprach: Wolfram von Eschenbach (1170–1220).

Besonders aufschlußreich ist in diesem Zusammenhang eine Szene in seinem monumentalen Epos *Parzival.* Im 15. Buch der

Dichtung begegnet Parzival auf dem Weg zur Gralsburg einem Ritter, dessen dunklere Hautfarbe schon den Muslim verrät. Es kommt zwischen beiden zum erbitterten Zweikampf, in dessen Verlauf Parzival das Schwert zerspringt und er seinem Gegner auf Gedeih und Verderb ausgeliefert ist. Der »Heide« aber wirft sein Schwert von sich und schont den Feind, der Muslim erweist sich hier dem Christen nicht nur moralisch ebenbürtig, sondern sogar überlegen. Im folgenden geht der Dichter noch um einen Schritt weiter: Parzival muß nach längerem Gespräch in dem edlen Heiden seinen verschollenen Halbbruder Feirefiz erkennen, den sein Vater während eines Kreuzzugs mit einer Mohrenkönigin gezeugt hat; Feirefiz ist über die unerwartete Begegnung zu Tränen gerührt – dies aber faßt Wolfram in eine Metapher, die um das Jahr 1200 ketzerisch anmuten muß: »Aus seinem heidnischen Auge floß Wasser, gerade so, wie es zu Ehren der Taufe geschieht.« Ähnlich kühn zeigt sich Wolfram in seiner unvollendet gebliebenen Dichtung *Willehalm.* Dort läßt er eine Christin die Christen mahnen: Man dürfe die Heiden »nicht wie Vieh abschlachten«, man müsse sie »ritterlich« behandeln, denn auch sie seien von Gott geschaffen und in den »Heilsplan« einbezogen.[7]

Ein solches Denken geht weit über das Durchschnittsbewußtsein im christlich-mittelalterlichen Abendland hinaus. Und mit dieser Haltung mußte Wolfram eine Ausnahme bleiben in einer Gesellschaft, für die das Laterankonzil von 1215 endgültig festlegte: Außerhalb der katholischen Kirche sei Erlösung unmöglich (nicht einmal Christen anderer Konfession können am »Heil« teilhaben). Kein Zufall konnte es sein, daß damals das kreuzzugsfanatische *Rolandslied* bei weitem mehr Verbreitung gefunden hat als der von uns heute so geschätzte *Parzival.*

Wolfram mutet in seinem für damals revolutionären Bekenntnis zur Toleranz fast schon wie ein Vorläufer der Aufklärer an. Und doch wäre diese Einstufung ein Mißverständnis. Der Dichter des *Parzival* sieht noch nicht – wie ein halbes Jahrtausend später Lessing in *Nathan der Weise* – Christen und Muslime auf derselben Ranghöhe. Wolfram fordert Toleranz gegenüber den Heiden in der Gewißheit, daß er als Christ allein im Besitz der ganzen Wahrheit sei; folgerichtig läßt er am Ende des *Parzival* den Muslim Feirefiz zum Christentum übertreten, denn nur auf diese Weise kann der edle Charakter zu seiner letzten Vervollkommnung gelangen.

Trotzdem: Hätten die Christen des 12. und 13. Jahrhunderts wenigstens eine derartige Haltung respektiert, anstatt selbst diese abzuwehren, dann wäre dem Abendland während der folgenden Jahrhunderte manches Blutvergießen »im Namen Gottes« erspart geblieben.

Neben Wolfram von Eschenbach gibt es nur einen herausragenden Zeitgenossen, der ähnlich kühn über herkömmliche Horizonte hinausging: Friedrich II. von Hohenstaufen (1212–1250). Er, der Kaiser des Heiligen Römischen Reiches, wirkte naturgemäß stärker politisch, aber kraft seiner intellektuellen Fähigkeiten eben auch geistig.

Der Staufer Friedrich II. verbrachte die letzten zwanzig Regierungsjahre überwiegend in seinem süditalienischen und sizilianischen Machtbereich, wo er, ungehindert durch deutsche Fürsten, schalten und walten konnte. Dort versammelte er nicht nur christliche, sondern auch jüdische, vor allem aber muslimische Wissenschaftler und Philosophen um sich. Diese Freizügigkeit Friedrichs II. läßt sich nur aus der Besonderheit Siziliens erklären. Nahezu drei Jahrhunderte hatten die Araber über die Insel geherrscht, bevor die Normannen das Fürstentum wieder dem christlichen Abendland zurückeroberten, nun aber blieben die unterworfenen Muslime für die kulturell unterlegenen Eroberer das Vorbild, noch eineinhalb Jahrhunderte lang. Friedrich II. war maßgeblich durch arabische Erzieher geprägt, er sprach zeitlebens arabisch besser als deutsch. Naturgemäß waren ihm, dem geistig Hochbegabten, »arabische« Bücher von Jugend an selbstverständlich, ebenso der Umgang mit muslimischen Gelehrten. Er übernahm an seinem Hof jene Traditionen, wie sie für einen Kalifen Mamun in Bagdad gegolten hatten – weil er nun umgekehrt im Islam die geistig verwandte Religion begriff. Von den Muslimen lernte er auch, mit den Juden toleranter umzugehen, als dies damals Christen zu tun pflegten. Welch eine Provokation für die Kirche. Zwei aufeinanderfolgende Päpste, Gregor IX. und Innozenz IV., verhängten über Friedrich II. den Kirchenbann und verdammten ihn als »Antichrist«, als »Sohn Satans«, der vom »heidnischen Denken« auf gefährliche Weise infiziert sei. Ja, selbst Dante hat ihn schroff abgelehnt, wie eine Szene im 10. Gesang des Inferno seiner *Göttlichen Komödie* bezeugt: Er hat den Stauferkaiser als »Verdammten« im sechsten Kreis der Hölle angesiedelt.

Politisch ist dieser Kaiser an seinen intoleranten Gegnern gescheitert, kulturell ist seine überragende Bedeutung erst Jahrhunderte später von der Nachwelt allgemein erkannt worden. Er war ein Einsamer, von der Mehrheit seiner christlichen Zeitgenossen durch Epochen getrennt – eben weil er von islamischer Weltoffenheit geprägt war.

Nahezu zwei Jahrhunderte mußten nach der Regierungszeit Friedrichs II. vergehen, bis sich im christlich-abendländischen Bereich wieder eine herausragende Persönlichkeit fand, die entschieden Toleranz gegenüber dem Islam einforderte: Nikolaus von Kues (1401–1464) mit dem latinisierten Namen Nicolaus Cusanus. Er befürwortete einerseits die Verständigung zwischen der katholischen und der orthodoxen Kirche und richtete andererseits den Blick über den abendländischen Kulturkreis hinaus. Indem er sich intensiv mit muslimischen Philosophen beschäftigte, die das Gedankengut eines Platon und Aristoteles an die Christen vermittelt hatten, war gerade ihm die geistige Verwandtschaft der eigenen Religion mit dem Islam deutlich geworden. Diese Einsicht ließ ihn einen entscheidenden Schritt weiter gehen, als ihn bisher selbst weltoffene Christen des Mittelalters getan hatten.

Nikolaus von Kues, ein Mann der Kirche, der es bis zum Kardinal brachte, gilt uns heute als der größte Philosoph und Theologe am Schnittpunkt des zu Ende gehenden Mittelalters und der beginnenden Neuzeit. Der Höhepunkt seiner Schaffenszeit ist überschattet von jenem für die Christen traumatischen Ereignis, daß die Türken Konstantinopel eroberten und die Hagia Sophia, die »Kaiserin« der Kirchen, in eine Moschee umwandelten. Doch ausgerechnet in jenem Jahr 1453 verfaßte er seine Schrift über die »Einheit des Glaubens«, über das Bewußtsein von den gemeinsamen Grundlagen innerhalb der großen Religionen und damit folgerichtig: der notwendigen Versöhnung von Christentum und Islam. In dieser Schrift findet sich ein Gebet an den Gott der monotheistischen Religionen mit folgenden Worten: »Du also, der du der Spender des Seins und des Lebens bist, du bist es, der in den verschiedenen Religionen auf verschiedene Weise gesucht und mit verschiedenen Namen genannt wird, weil du bleibst, wie du bist, allen unerkannt und unaussprechlich. [...] So verbirg dich nicht länger, oh Herr! Sei gnädig und zeige dein Antlitz. [...] Wenn du gnädig so tun wirst, dann werden aufhören das Schwert und der neidvolle

Haß und alle Übel, und alle werden erkennen, wie nur *eine* Religion ist in der Mannigfaltigkeit der religiösen Bräuche.«[8]

Nikolaus von Kues war als Kardinal zu einflußreich, um wegen seines kühnen Vorstoßes geächtet zu werden, aber nicht einflußreich genug, als daß er mit seinem Aufruf ranghohe Kirchenpolitiker und gleich gar den Papst hätte beeinflussen können. Die Angesprochenen isolierten ihn. Seine Lehre blieb vorerst folgenlos – zumindest mit jenem entscheidenden Aspekt einer kulturüberschreitenden Toleranz.

Die Abwehrfront gegen den Islam weicht auf

1530 ließ Papst Clemens VII. den Koran öffentlich verbrennen zum Zeichen seines Abscheus, den jeder Christenmensch vor diesem »schändlichen Buch« haben sollte. Nicht zufällig geschah dies ein Jahr nach jener überaus bedrohlichen Belagerung Wiens durch die Türken – ein Ereignis, das den Christen vor Augen führte, wie sehr sie noch immer mit einer dynamischen, gleichrangigen Fremdkultur zu ringen hatten. Aus demselben Anlaß ließ sich Martin Luther, sonst ein erbitterter Gegner des Papstes, zu einem nahezu gleichlautenden Kommentar hinreißen: Der Koran sei ein »verfluchtes, schändliches Buch [...] voll von Lügen, Fabeln und allerlei Greueln«.[9]

Auch das 16. Jahrhundert brachte nicht den längst überfälligen Wandel in der Beziehung von Christentum und Islam. Dabei hat gerade dieses Jahrhundert mit der vollen Entfaltung der Renaissance und den Umbrüchen der Reformation endgültig die geistigen Weichen zu unserer Moderne gestellt.

Und doch trügt der Eindruck, daß sich das christliche Abendland und der islamische Orient zu jener Zeit noch starr in feindlichen Blöcken gegenübergestanden hätten. Je mehr christliche Kaufleute den Orient als Lieferanten kostbarer Waren schätzen lernten, um so mehr begannen auch Politiker aus dem florierenden Handel Konsequenzen zu ziehen: Sie machten teilweise den »Heiden« Konzessionen und brachten ihren kulturellen Errungenschaften mehr Interesse entgegen, als dies den Theologen lieb sein konnte. Kein Zufall war es, daß hier die Kaufmannsrepubliken Venedig und Genua als erste aus der christlichen Einheitsfront ausscherten. Mit wachsender Toleranz hat dieser Wandel allerdings nichts zu tun, eher mit wachsendem Zynismus. Besonders Venedig hat sich den ehrenrührigen Beinamen »Hure der Türken« eingehandelt, als ihre Politiker 1452 rechtzeitig dem Osmanen-Sultan Mehmed II. italienische Geschützgießer sandten, um ihm bei der geplanten Belagerung von Konstantinopel zu helfen. Der Grund: Die Venezianer waren »Realisten«, sie sahen den Sieg der Türken über die Christen voraus und wollten auch unter den neuen Herren ihr Handelsmonopol im östlichen Mittelmeer ungeschmälert wissen. Umgekehrt wußte Sultan Mehmed die wertvolle technische Hilfe zu schätzen, auch er war »Realist« und erfüllte die Wünsche der Venezianer.[10]

Was aber in diesem Fall noch möglichst versteckt, mit den Mitteln verschwiegener Diplomatie gehandhabt wurde, vollzog dann 1525 Frankreichs König Franz I., ein Renaissancefürst ohne besondere Bindung an die Religion, ganz offen: Er schloß mit dem Osmanen-Sultan Suleiman I. ein Bündnis gegen die Habsburger; und dieses Abkommen ermutigte die Türken, 1529 bis vor die Tore Wiens vorzurücken. Das Motiv des französischen Königs: Er wollte seinen Rivalen, den habsburgischen Kaiser, um jeden Preis geschwächt sehen. Endgültig war damit das religiöse Selbstverständnis des »christlichen« Abendlandes zerbrochen, einen geschlossenen Block gegen die »Heiden« zu bilden. Aber allein machtpolitische Erwägungen hatten diesen Wandel zustande gebracht, keinesfalls hatte bei den Christen ein tieferes Verständnis für die fremde Kultur und Religion den Ausschlag gegeben.

Wie die moderne Toleranz erst möglich wurde

Je mehr kirchliche Machtpolitik den dogmatisch engen Konfessionenstreit während des 16. und 17. Jahrhunderts anheizte und je krasser die überaus grausam geführten »Glaubens«kriege das Absurde solcher Zwiste vor Augen führten, um so mehr wurde den Gläubigen schmerzhaft und unumkehrbar bewußt, daß es selbst innerhalb des Christentums keine allgemeinverbindliche absolute Wahrheit geben konnte – und um so stärker wuchs die Sehnsucht nach einer Wahrheit jenseits aller verhärteten Religionsfronten. In Europa ist auf diese Weise der bisher historisch einmalige Fall eingetreten, daß die Kirchen durch unaufhörliche kriegerische Rivalitäten entscheidend geschwächt wurden und so ein geistig rebellisches Bürgertum nicht mehr in Schranken halten konnten. Bürgerliche Philosophen und Wissenschaftler begannen sich als »Rationalisten« und schließlich als »Aufklärer« zu verstehen, und als solche ließen sie nur noch gelten, was den kritischen Maßstäben der »Vernunft« standhielt. Religiöse Dogmen erkannten sie insoweit an, als jene nicht »unvernünftig« erscheinen; von daher bezogen sie Front gegen unreflektiert geglaubte »absolute« Wahrheiten.

Besondere Durchschlagskraft erreichte hier jene Aufforderung von Immanuel Kant (1724–1804), der Mensch »solle sich seines Verstandes ohne Leitung eines andern bedienen«, er müsse sich »aus seiner selbstverschuldeten Unmündigkeit befreien« (so formuliert in seinem berühmten Aufsatz »Was ist Aufklärung?«). Philosophen wie Kant wurden aber nicht Atheisten, sondern traten mit dem Anspruch auf, in den Religionen das »Menschliche«, den eigentlich moralischen Kern wiederzuentdecken. Indem sie einen »Humanismus« verkündeten, beriefen sich einige sogar ausdrücklich auf den Religionsstifter Jesus Christus, der mit seiner »Menschlichkeit« ein großer Humanist gewesen sei. Gerade das Gleichnis vom barmherzigen Samariter, auf das wir an anderer Stelle schon eingegangen sind, mußte die Aufklärer besonders faszinieren. Aber: Eindeutig wünschten sie sich nun einen Staat, in dem jeder Bürger, unabhängig von seiner Weltanschauung und Religion, gleiches Lebensrecht beanspruchen konnte, und damit sprengten sie endgültig das bisherige Selbstverständnis. Das Ideal des »säkularen« Staates war geboren. Die Machthaber eines solchen Staates sollten nicht mehr für eine bestimmte Religion oder Philosophie Partei ergreifen, sondern hatten nur noch darüber zu wachen, daß unter ihrer Herrschaft unbehelligt alle Weltanschauungen nebeneinander existieren konnten.

Von dieser mächtig aufkeimenden Bewegung war Lessing erfaßt worden. Er, Sohn eines protestantischen Pfarrers, hat sich stets als Christ verstanden, indem er seine Kritik nicht gegen die Religion als solche, sondern nur gegen die zu starre und enge Auslegung durch Theologen richtete. In dieser Absicht fühlte er sich, nach eigenen Worten, durchaus mit Martin Luther verbunden, an dessen Ziel er im Geist der Aufklärung anzuknüpfen trachtete: »Du [Luther] hast uns vom Joche der Tradition erlöst: wer erlöset uns von dem unerträglichen Joche des Buchstabens! Wer bringt uns endlich ein Christentum, wie du es jetzt lehren würdest; wie es Christus selbst lehren würde!«[11] Lessing wollte, so interpretierte ein halbes Jahrhundert später Heinrich Heine in polemisch aufklärerischer Absicht eben diese Aussage, »den Luther fortsetzen«, denn der Reformer von einst habe nur den ersten Schritt getan, um das Christentum vom Ballast eines kirchlich-traditionellen Lehrkorsetts zu befreien, Luther habe aber nicht grundsätzlich den starren Dogmatismus beseitigen können. Dieser Dogmatismus sei »die letzte Hülle des Christentums«, und erst nach der Vernichtung dieser Hülle trete der »Geist« hervor.[12]

Wo die Widerstände gegen Lessings »Nathan« bis heute liegen

Lessing hat es keineswegs leicht gehabt, die Botschaft seines *Nathan* zu verkünden. Ihm, der schon zuvor eine Reihe Schriften gegen kirchliche Intoleranz evangelischer wie katholischer Variante verfaßt hatte, ist es versagt geblieben, sein Ideendrama aufgeführt zu sehen. Wenn er auch längst ein gefeierter Autor war, hatte beim Erscheinen des Stücks kein Theater gewagt, *Nathan* auf die Bühne zu bringen. Erst 1783, zwei Jahre nach Lessings Tod, erlebte das Ideendrama seine Uraufführung und wurde – zumindest beim bürgerlich-liberalen Publikum – ein großer Erfolg. Für die nachfolgende Dichtergeneration, allen voran Goethe und Schiller, bedeutete das Werk eine Offenbarung. Und Goethe ist es ja auch gewesen, der auf seine Weise im *West-östlichen Divan* (erschienen 1819) die Öffnung zur orientalisch-islamischen Geistigkeit weiter vorangetrieben hat. In diesem Werk finden sich Verse wie: »Gottes ist der Orient! / Gottes ist der Okzident! / Nord- und südliches Gelände / Ruht im Frieden seiner Hände.«[13] Und: »Sinnig zwischen beiden Welten / Sich zu wiegen, laß ich gelten; / Also zwischen Ost und Westen / Sich zu bewegen, sei zum Besten.«[14]

Die so bildkräftig wie publikumswirksam gestaltete Ringparabel des *Nathan* sollte bis in unsere Gegenwart Leitbild für die wahre Toleranz werden. Daß Lessing nur Christentum, Judentum und Islam in seine Darstellung einbezog, liegt am damaligen Zeithorizont: Allein diese Religionen standen zur Debatte, allein sie wurden konkret in ihren gegenseitigen Anfeindungen erlebt; das neue Toleranzmodell umfaßte aber, unausgesprochen, sämtliche Religionen und Weltanschauungen.

Nathan der Weise ist bis heute ein gefeiertes Werk geblieben. Und doch: Beifall hat das Werk stets nur bei einem Teil der Bürger finden können. Der Blick in die Geschichte zeigt, daß noch einmal eineinhalb Jahrhunderte vergehen mußten, bis sich ein bürgerlich-liberaler, weltanschaulich neutraler Staat politisch hat durchsetzen lassen. Verzögerungen und Rückschläge hat es auf diesem Weg viele gegeben. Welche Ernüchterung mußte es für alle fortschrittsgläubigen Liberalen bedeuten, wenn während des 19. Jahrhunderts der Antisemitismus bedrohlich zunahm, nun nicht mehr vorrangig religiös gefärbt, sondern in der ganz neuen Umformung eines rassistischen Biologismus. Und wieviel Enttäuschung mußte sich bei weltanschaulich aufgeschlossenen Christen breitmachen, als sie bemerkten, daß weder die katholische noch die evangelische Kirche bereit war, von starrer dogmatischer Abgrenzung abzulassen. *Nathan der Weise*, von einem Pfarrerssohn geschrieben und als säkulare Kanzelpredigt verstanden, ist lange Zeit gerade von kirchlichen Autoritäten mit viel Skepsis betrachtet, ja teils schlichtweg als »unchristlich« verdammt worden.

Die weitgefaßte Toleranz eines *Nathan* hat aber auch bei den Juden selber unterschiedliche Aufnahme gefunden. Nur ein Teil von ihnen begrüßte lebhaft den »neuen Geist«, der die Dichtung durchwehte. Liberale Juden betrachteten den *Nathan* geradezu als Gottesgeschenk, da seine Titelgestalt als das wandelnde Symbol der Menschlichkeit viel dazu beitrug, die Juden als die ewig Verfolgten nun voll in eine »moderne«, »tolerante« Gesellschaft zu integrieren. Ein anderer Teil aber argwöhnte, daß die Juden mit einer solchen Integration ihre kulturelle Eigenart aufzugeben hätten – was für viele hieß: Abschied nehmen vom vertrauten Rahmen einer starr nach den Regeln des Talmud ausgelegten Religion. Wortführer der Liberalen war Moses Mendelssohn (1729–1786), Lessings bester Freund. Dessen großzügige Toleranz und Güte sollen den Dichter erst auf die Idee gebracht haben, den *Nathan* zu schreiben. Aber derselbe Mendelssohn ist wegen eben dieser Eigenschaften von Glaubensgenossen angefeindet worden, er stand nicht minder als Lessing in schroffem Gegensatz zur engstirnigen Orthodoxie.

Der Aufklärer Moses Mendelssohn ist allerdings jenem Schicksal entgangen, wie es noch ein Jahrhundert zuvor einen anderen liberalen Juden fast vernichtet hätte: den Philosophen Baruch Spinoza (1632–1677). Orthodoxe Juden hatten Spinoza »Ketzerei«

und »Unglauben« vorgeworfen, weil er, der religiöse Denker, eine rationalistische Bibelkritik und mehr Toleranz gegenüber Andersgläubigen gefordert hatte. Spinoza (dessen Schrifttum eine tiefgreifende Wirkung auf Lessing wie auf Goethe ausüben sollte) wurde aus der jüdischen Glaubensgemeinschaft seiner Heimatstadt Amsterdam ausgestoßen, mehr noch, er mußte Hals über Kopf fliehen und sich längere Zeit sorgsam verbergen, nachdem Fanatiker aus den eigenen Reihen einen Mordanschlag auf ihn verübt hatten.

Gegen die Moderne: »Unfehlbarkeit« des Papstes

Im 19. Jahrhundert, das so sehr von der Aufbruchstimmung bürgerlich-liberaler Fortschrittsgläubigkeit erfaßt war, hat sich die Kluft zwischen Liberalen und kirchentreuen Christen entscheidend vertieft.

Dies geschah vor allem dann, als nach der gescheiterten bürgerlichen Revolution von 1848 die Vorkämpfer einer Spätaufklärung im deutschen Sprachraum endgültig ihr Bemühen aufgaben, die Spannungen zwischen den Kirchen und der »Welt« abzubauen. Erst recht verzichteten nun viele der kirchlichen Würdenträger auf einen konstruktiven Meinungsaustausch mit Andersdenkenden. So vor allem auf seiten der katholischen Kirche. Anstatt daß sich Päpste und Bischöfe mit dem modernen Umbruch vorbehaltlos auseinandersetzten, haben sie großenteils alte Positionen – die oft nur Machtpositionen waren – zu halten versucht. Darüber hinaus fehlte vielen kirchlichen Machthabern die Phantasie, sich eine Welt vorzustellen, in der nicht mehr die eigene Religion, besser: die eigene Kirche, die alles überragende Mitte darstellte. Folgerichtig konnten sie auch nur mäßiges Verständnis dafür aufbringen, daß die verschiedensten Religionen und Ideologien gleichberechtigt miteinander in Dialog treten sollten.

Und so hat es den Großkirchen nicht genügt, sich schroff gegen atheistische Denker abzugrenzen, naturgemäß besonders gegen den Sozialrevolutionär Karl Marx, der die Religion als »Opium des Volkes« bezeichnete. Es genügte ihnen auch nicht, sich mehr oder weniger deutlich von unterschiedlichsten modernen Sozialbewegungen zu distanzieren. Sie blieben auch untereinander in Fehde und sahen jeweils die anderen Konfessionen in schwerwiegende Irrtümer verstrickt. Anstatt sich auf das Gemeinsame aller Glaubensrichtungen zu besinnen, betonten sie weiterhin zuallererst das Trennende. Und gerade dies mußte die Zahl jener Zweifler noch um vieles vermehren, die sich nicht nur über die Kirchenpolitik entsetzten, sondern auch eine »zu enge« Theologie kritisierten. Unfreiwillig förderten die Kirchen den Atheismus.

Aufsehen erregte vor allem die Haltung des Vatikans. »Außerhalb der Kirche kein Heil«, so hieß es im sogenannten Syllabus von 1864, einer päpstlichen Streitschrift gegen »die hauptsächlichen Irrtümer unserer Zeit«. Diese Streitschrift verurteilte nicht nur scharf Kommunismus, Sozialismus und Liberalismus, sondern auch klerikal-liberales Denken, Protestantismus und Bibelgesellschaften. Die Anklage war so rigoros, daß eine ganze Reihe aufgeschlossener katholischer Theologen zu dem Urteil kam, hier erteile die Kirche jeglicher modernen Kultur eine Absage.

Jener Papst, der für diese Streitschrift verantwortlich zeichnete, Pius IX., hat dann die Konfrontation mit liberalem Denken noch einmal verschärft, als er im Juli 1870 während des Ersten Vatikanischen Konzils das Dogma von der Unfehlbarkeit des Papstes in Glaubensfragen durchsetzte. Ein solch radikalisierter Absolutheitsanspruch ist nur vor dem Hintergrund der damals epochalen Umwälzungen zu verstehen. Was das Oberhaupt der katholischen Kirche bei fortschreitender Säkularisierung an politischem Einfluß verlor, sollte durch einen Zuwachs an geistlicher Autorität wettgemacht werden. Aber welche Provokation dieser Schritt während des Konzils selbst für eine Reihe Katholiken bedeutete, zeigte sich am Widerstand einer starken Minorität von Bischöfen und Theologen. Ihnen versuchte Pius IX. mit taktischen Manövern, ja mit dem Druck aller ihm gebotenen Disziplinierungsmittel beizukommen, bis hin zur Androhung der Exkommunikation.[15] Aus Protest hat sich unter Führung namhafter Theologen die Bewegung der Altkatholiken von der Kirche abgespalten, eine Bewegung, die jedoch auf eine schmale bürgerlich-liberale Schicht beschränkt blieb. Gesiegt hat der Papst – und mit ihm das Bedürfnis einer großen Zahl von Gläubigen, die hierarchisch klar garantierte »Ordnung« über das »Chaos« der »Diskussion« zu stellen. Die meisten Katholiken, bis hin zu liberal Denkenden (unter ihnen auch so mancher Bischof, der zur »Öffnung« tendierte), zogen dann doch »Gehorsam« einem offenen Konflikt vor. Denn allzu heftige Kritik an der Kurie gefährde, wie man gerne argumentierte, die »Einheit der Kirche«.

In einer Enzyklika von 1897, unter Papst Leo XIII., wurde als eindeutige Ursache allen modernen »Niedergangs« gar die Reformation eines Martin Luther bezeichnet. Luther habe, indem er jedem Laien das Recht zur Auslegung der Bibel zubilligte, den Keim gelegt für alle späteren Krisen, für Verweltlichung und Entkirchlichung; dies seien Fehlentwicklungen, die in die Epoche der Aufklärung und schließlich in Sozialismus, Kommunismus und Nihilismus mündeten. Letztendlich: Die »lutherische Rebellion« sei verantwortlich für den allgemeinen Ruin der Sitten.[16]

Aber noch mitten im 20. Jahrhundert konnte Papst Pius XII. ebenso beharrlich und unverblümt das Existenzrecht aller andersdenkenden Gruppierungen außerhalb der katholischen Kirche mit einem Satz wie diesem einschränken: »Was nicht der Wahrheit und den Sittengesetzen entspricht, hat objektiv kein Recht auf Dasein, Propaganda und Betätigung.«[17] Derselbe Papst grenzte sich nicht nur schroff gegen andere Konfessionen, erst recht gegen andere Religionen ab, er zog sogar eine scharfe Scheidelinie gegenüber Theologen in den eigenen Reihen, sofern jene versuchten, kritisch und unabhängig zu denken. »Den Glaubensschatz hat der göttliche Erlöser [...] nicht den Theologen, sondern ausschließlich dem kirchlichen Lehramt zur authentischen Erklärung anvertraut.«[18] Damit bekräftigte Pius XII., was vier Jahrhunderte vorher 1546 auf dem Konzil von Trient im konfessionell verhärteten Klima der Gegenreformation verkündet worden war: »Der Heiligen Mutter Kirche allein steht das Urteil über den wahren Sinn und die Erklärung der Heiligen Schriften zu.«[19]

Religionsfreiheit wurde nicht von den Kirchen begründet

Wäre es nach dem Willen der Kirchen gegangen, so würden Andersgläubige, vor allem »Sektierer«, auch noch heute Bürger zweiter Klasse sein, mehr oder weniger herablassend geduldet und in Einzelfällen gar verfolgt; Atheisten könnten überhaupt kein Daseinsrecht beanspruchen. Gerade am Widerstand der Großkirchen, der katholischen noch mehr als der protestantischen, ist lange

Zeit der Versuch gescheitert, anderen Religionen und Weltanschauungen freie Entfaltung zu gestatten.

Es liegt zwar nahe zu glauben, die Tendenz zur Gedankenfreiheit würde zwangsläufig aus der christlichen Lehre selber hervorgehen. Schließlich gebietet ja die Nächstenliebe, daß Christen über rassische, soziale und weltanschauliche Schranken hinweg *alle* Mitmenschen achten – aber der faktische Verlauf der Geschichte hat dies widerlegt. Glaubensfreiheit ist, wie Ernst-Wolfgang Böckenförde, Richter am Bundesverfassungsgericht, treffend schreibt, »in ihrer Entstehung nicht den Kirchen, nicht den Theologen und auch nicht dem christlichen Naturrecht zu verdanken, sondern in ihrer theoretischen Vorbereitung den christlichen Humanisten und später den Denkern der Aufklärung, in ihrer praktischen Verwirklichung dem modernen Staat, den Juristen und deren weltlichem rationalen Recht.«[20] Lessings *Nathan* bietet hierfür einen der vielen Belege.

Religionsfreiheit außerhalb der etablierten Großkirchen hat erst Mitte unseres Jahrhunderts mit allen Konsequenzen Eingang in die Gesetzgebung liberaler Demokratien Europas gefunden, so 1949 in die Verfassung der Bundesrepublik Deutschland. Den christlichen Sekten ist es seitdem ausdrücklich gestattet, daß sie öffentlich Mitglieder für ihre Glaubensgemeinschaft werben – die den Großkirchen verlorengehen –, dieselbe Freiheit haben auch Muslime, Hindus und Buddhisten in der Bundesrepublik, ebenso die sogenannten »neuen Religionen« oder »Jugendsekten« wie etwa die Hare-Krishna-Bewegung, die Bhagwan-Bewegung und andere. Der Staat stellt sie alle unter seinen Schutz und schreitet nur dann ein, falls irgendeine der Glaubensbewegungen selber überaus intolerant auftritt und die Freiheit anderer einzuschränken versucht. Hier haben wir es mit dem klassischen Prinzip eines pluralistischen Staates zu tun, eines Staates, der sich mit keiner der herrschenden Großkirchen, aber auch mit keiner der politischen Großparteien identifiziert – eines Staates, der sich als wertneutral betrachtet, als Garant dafür, daß gegensätzliche Weltanschauungen unter seinem Dach ungestört existieren können.

Dies ist eine total neue Form der Staatsordnung, wie es sie bisher in keiner Hochkultur gegeben hat. Und erst angesichts dieser Entwicklungsstufe können Europäer und Amerikaner mit gutem Recht behaupten, ihre Vorstellung von säkularem Staat übertreffe das

Toleranzmodell der Muslime. Ein orthodoxer Muslim vermag zwar einem geistesverwandten Andersgläubigen mit Verständnis und Sympathie zu begegnen, aber niemals im Bewußtsein von Gleichrangigkeit. Insofern kann es für ihn nur den »islamischen Staat«, kann es nur den Islam als hierarchisch übergeordnete »Staatsreligion« geben. Andere Religionen kann der Muslim nur »dulden«, und damit ist er »tolerant« im ursprünglichen Sinn jenes Wortes, das die Europäer während des 17. Jahrhunderts – bereits im Zeichen der beginnenden Aufklärung – eingeführt haben. Das Verb »tolerieren« ist abgeleitet vom lateinischen »tolus« (»Last«) und bedeutet demnach eigentlich: fähig sein, eine körperliche, geistige oder seelische Last zu »ertragen«. Zwar haben auch etliche muslimische Intellektuelle im 20. Jahrhundert den Schritt gewagt, eine Toleranz nach dem Muster des säkularen, pluralistischen Staates zu formulieren – aber in die politische Praxis sind solche Gedanken bisher noch kaum irgendwo umgesetzt.

Allerdings funktioniert die politische Praxis eines säkularen Systems auch bei uns nicht immer reibungslos. Es gibt zwar in Deutschland heute kaum noch einen Politiker, der sich einseitig kämpferisch für den Katholizismus oder Protestantismus stark machen würde – selbst der Streit um Konfessionsschulen ist deutlich abgeflaut –, um so mehr aber lassen konservative, kirchengebundene Ideologen mit der Vokabel »christlich« von sich hören, nun diese kämpferisch gebraucht. Mit »christlich« zielen sie nicht allein gegen »atheistische« Ideologien, sondern darüber hinaus gegen religiöse Minderheiten, sogenannte »Sekten« – besonders wenn jene nicht aus dem Christentum, vielmehr aus »asiatischen« Religionen hervorgegangen sind. Um nur ein Beispiel zu nennen: Zeitweise werden Jugendliche, die in safrangelben Hindumönchsgewändern auf der Straße Werbematerial verteilen und hierbei musizieren, durch die eine oder andere Stadtverwaltung an solchen Aktionen gehindert. Häufiger noch wird solchen »Jugendsekten« eine Saalmiete verweigert – mit dem meist fadenscheinigen Argument, die »Fanatiker« würden »die Jugend gefährden«. An derartigen Verboten wirken nicht nur konservative Pfarrer und Bischöfe mit, sondern auch Politiker und Juristen.

Pluralistische Toleranz? Zwar ist unbestritten, daß die Praktiken mancher Sekten fragwürdig sind, immer wieder liest man von finanzieller Ausbeutung der Mitglieder und auch von totalem

Anpassungsdruck an Gruppennormen. Aber zu denken geben muß, daß Großkirchen und Politiker versuchen, solche »Sekten« auch dann als »gefährlich« anzuprangern, wenn keinerlei juristische Bedenken gegen sie vorliegen; hier genügt dann häufig das Argument, deren Glaubenslehren seien »abwegig« und geeignet, »christliche Moral« zu untergraben. Im letzteren Fall haben sich betroffene Sekten stets mit Erfolg zur Wehr setzen können, indem sie bei Gericht wegen »unrichtiger Darstellung« und »Diffamierung« klagten – und spätestens in letzter Instanz Recht bekamen: Nachweislich falsche Behauptungen über ihre Lehre mußten von Vertretern der Kirche, Politikern, Juristen und Journalisten öffentlich zurückgenommen werden, Versammlungsverbote von (kirchlich beeinflußten) Stadtverwaltungen wiederaufgehoben werden.[21]

Der verfassungsrechtlich verankerte, religiös wertneutrale Toleranzgrundsatz bleibt vielen Konservativen ein Ärgernis, obwohl das so offen von den Betreffenden meist nicht angesprochen wird. Besonders dann nicht, wenn sie politisch einflußreiche Stellungen innehaben. Aber mit ihrem Handeln demonstrieren etliche von ihnen um so eindeutiger Gesinnung. In dieser Hinsicht muß zu denken geben, daß etwa das bayerische Kultusministerium das tägliche Gebet in den Volksschulen des Bundeslandes als eine lobenswerte Einrichtung begrüßt und dafür sorgt, daß die Gepflogenheit sich erhält. Konservativ »frommen« Ministerialbeamten kommt in diesem Fall eine ohnehin konservative Religiosität gerade in ländlichen Gebieten Bayerns entgegen. Nach Expertenschätzung müssen die Schüler in 90 Prozent aller bayerischen Volksschulen vor Schulbeginn noch immer – auch ohne zwingende Rechtsvorschrift – unter Anleitung des Lehrers gemeinsam ein Gebet sprechen[22], so als ob es nach wie vor selbstverständlich wäre, daß sich alle Anwesenden zum Christentum bekennen.

Im Sommer 1989 wagte Baden-Württembergs Kultusminister einen Vorstoß in dieselbe Richtung, indem er die Lehrer seines Bundeslandes dazu ermunterte, in den Schulen das tägliche Gebet vor Unterrichtsbeginn wieder einzuführen. Der christdemokratische Minister konnte mit seinem Vorschlag bei der katholischen Kirche »wohlwollendes Verständnis« finden, während die evangelische Kirche davor warnte, ein Schulgebet »von oben her zu verordnen«.[23]

So schwer sich die Großkirchen heute teilweise noch immer tun, einen konsequenten Pluralismus zu akzeptieren, versuchen führende Vertreter doch andererseits diesen Wandel zu verstehen – und neuerdings zu bejahen. Es fehlt während der letzten drei Jahrzehnte nicht an eindrucksvollen Äußerungen dieser Art. Doch davon mehr im Kapitel: Der Wille zum Dialog – und die Barrieren.

Fortschritt und Rückschritt im Islam

Überraschendes Gespräch mit einem muslimischen Theologen

Gespräche mit einem Muslim bringen immer dann Überraschungen, wenn man als Europäer bereits glaubt, ein bißchen von der fremden Religion und Kultur verstanden zu haben. So erging es mir, als ich 1982 in der südtunesischen Oase Nefta einen jungen Tunesier kennenlernte. Er war auf einem Ferientrip mit dem eigenen Auto unterwegs, in der Absicht, verschiedene Freunde zu besuchen. Seine Kleidung wirkte leger und sportlich, er trug T-Shirt und Bluejeans, und die randlose, modische Brille schien irgendwo in Westeuropa erstanden. Vielleicht lag es daran, daß mir sein schwarzer Vollbart weniger als Demonstration eines strenggläubigen Muslim vorkam, sondern mich eher an einen europäischen Studenten erinnerte. Der Beruf bedeutete für mich die erste Überraschung: Er war Assistent an der theologischen Fakultät in Tunis, beschäftigte sich nebenberuflich als Schriftsteller und hatte bereits, obwohl kaum über dreißig Jahre alt, ein Buch über islamische Mystik veröffentlicht.

Ihm sei es wichtig, erklärte er mir beim Abendessen im palmenbestandenen Hof eines Hotels, den Muslimen wieder den Weg für die eigentlich großen Dimensionen des Islam zu öffnen. Er sehe im traditionell festgefahrenen Glaubensleben ein schwerwiegendes Problem, gerade in der Orthodoxie. Er wolle gleich gar nicht von jenem unislamischen Aberglauben reden, wie er sich vielleicht bei einfachen Muslimen in ländlichen Gebieten eingenistet habe, dies sei ein ganz eigenes Problem, und hiergegen würden ja auch die Orthodoxen wettern. Er meine, die Orthodoxen heutzutage seien selber ein Problem. Ihr gewohnheitsmäßiger Glaube, den sie so gerne mit dem »rechten Glauben« verwechselten, bedeute gegenwärtig für den Islam die größte Gefahr. Zwar seien die Moscheen zu den Hauptgebetszeiten meist brechend voll – und dies sei anders als in Europas Kirchen –, aber wenn man beobachte, mit wieviel Routine oft gebetet werde und Koranverse nur noch geleiert würden, ohne daß der angeblich so Andächtige über den Inhalt nachdenke, dann erscheine die Gefahr wohl klarer.

Intellektuelle, so erklärte er, verhielten sich in ihrer Mehrheit auch nicht nachdenklicher, was den Islam betreffe. Sie würden die meiste Energie dafür aufwenden, sich in westliche Bücher zu vertiefen, und verhielten sich gegenüber der eigenen Tradition eher oberflächlich, ja teils gedankenlos. Nicht daß sie Atheisten seien; dieses Problem stelle sich in der islamischen Welt bisher viel weniger als im Westen. Aber sie würden meist, wie die einfachen Gläubigen auch, in die Moschee gehen, weil es sich eben so gehöre, und würden kaum einen echten Gedanken an die zitierten Koranverse verschwenden. Ein gebildeter Muslim von heute sei daher im allgemeinen geistig nicht darauf vorbereitet, mit einem Andersgläubigen sinnvoll zu diskutieren, denn er würde dann viel zu unreflektiert, viel zu starr argumentieren.

Aber dies sei bei vielen Christen auch nicht anders, warf ich ein. Das wisse er, antwortete er, aber in Europa werde trotz allem mehr diskutiert, werde nicht alles nur als selbstverständlich und unumstößlich hingenommen; dies sei zumindest sein Eindruck, er habe ein paar Semester in Paris studiert. Muslime hätten viel weniger Sinn für die eigene Kultur als Europäer für die ihre, und um so weniger würden sie sich auch mit fremden Kulturen beschäftigen. Das sei vor ein paar Jahrhunderten noch ganz anders gewesen. Es sei deprimierend: Wenn er selber möglichst unvoreingenommen und aus unterschiedlichsten Perspektiven über islamische Philosophie diskutieren wolle, dann könne er das viel besser mit europäischen Orientalisten als mit einem Großteil der arabischen Intellektuellen. Und wenn er kritische, wissenschaftlich ernstzunehmende Kommentare über islamische Geschichte lesen wolle, dann finde er sie eher bei europäischen als bei arabischen Autoren. Die Orthodoxie verhindere alle tiefergehenden Diskussionen.

Wenn dies so deprimierend sei, gab ich zu bedenken, wie müsse er da erst die islamischen Radikalen, die Fundamentalisten, einschätzen. Die Muslimbruderschaft in Ägypten und Syrien, die Ayatollahs in der Gefolgschaft Khomeinis, die radikal Orthodoxen in Pakistan, sie alle würden doch noch viel mehr als die traditionell Orthodoxen jede Diskussion über fremde Ideen unterdrücken.

Zu meinem Erstaunen verzog der junge Theologe spöttisch die Lippen, dann sagte er: In Europa und den USA entdecke man an den islamischen Radikalen überwiegend nur das Negative, er aber meine, ihre Bewegung sei ein wichtiger geistiger Anstoß. Viele dieser Radikalen seien vielleicht ungebildet und wüßten über den Koran bei weitem nicht so gut Bescheid wie ein traditioneller Theologe, aber etliche seien eben doch selber Theologen und könnten sehr wohl mit Koran und Hadith umgehen, etwa Khomeini, und auch so manch anderer. Oh nein, er wolle solche Theologen nicht als Ideal hinstellen, er wisse, sie seien fanatisch und intolerant, sie ließen nur ihre eigene Koranauslegung gelten – und doch würden gerade sie etwas Entscheidendes zuwege bringen: Sie rüttelten die Masse der Muslime aus ihrer Gleichgültigkeit auf, sie zwängen sie, über Religion wieder einmal grundsätzlich nachzudenken und herkömmliche Denktraditionen nicht einfach nur hinzunehmen. Seit es radikal-islamische Theologie mit all ihrer Einseitigkeit gebe, werde unter den Gläubigen endlich wieder darüber diskutiert, was denn nun »wahre« Religion sei. Das bedeute einen Aufbruch zu neuen Ufern! Er verurteile zwar strikt alle Intoleranz, aber wenn einmal die Diskussion wirklich begonnen habe, dann würden die Muslime bald ein höheres Niveau erreichen. Das alles brauche nur Zeit. Am Ende werde es wieder eine islamische Gesellschaft geben, die so lebendig und dynamisch sei wie vor einigen hundert Jahren. Daran glaube er fest.

Die Muslime, so sagte er nach einigem Nachdenken, bräuchten einen neuen Dschelaleddin Rumi, einen neuen Ibn Al Arabi, einen neuen Ibn Sina, einen neuen Omar Chaijam – dies alles seien Männer gewesen, die zu ihrer Zeit an weitreichendem Blick alle Philosophen und Wissenschaftler Europas übertroffen hätten. Diese Männer hätten in einer Gesellschaft gelebt, in der eine Diskussion über weltanschauliche Grenzen und Religionen hinweg möglich gewesen sei. Welch ein Niedergang in der Kultur. Heute wüßten nur noch wenige Muslime mehr über sie als die bloßen Namen. Ein Skandal sei das. Er wiederhole es noch einmal: Der Islam leide heute zuallererst an seiner Erstarrung in Orthodoxie. Die Orthodoxen hätten einst auch alle fortschrittliche Philosophie unterdrückt …

Er wolle mir noch kurz eine alte Geschichte erzählen, erklärte er mir beim Abschied, als wir das Restaurant schon verlassen hatten. Diese Geschichte stamme aus dem Erzählschatz der Sufis und Derwische, von Mystikern, aus deren Reihen ja viele höchst bedeutsame Philosophen gekommen seien. Mohammed, der Prophet, so heißt es in der Sufi-Legende, stellte einen Topf vor sich auf den Boden und erklärte im Kreis seiner getreuesten Gefolgsleute: Dies sei ein Honigtopf. Er fragte den ersten der im Umkreis Sitzenden, was der Topf enthalte. Der Betreffende antwortete: »Honig, du hast es ja gesagt, mein Prophet.« Mohammed fragte den nächsten, und auch dieser antwortete: »Honig, du hast es doch gesagt, mein Prophet.« Mohammed fragte den dritten, und dieser antwortete wie die anderen: »Honig, hast du es nicht selber gesagt, oh Prophet?« Mohammed fragte den vierten. Dieser aber tauchte den Finger in den Topf, leckte ihn prüfend ab und antwortete dann: »Honig.«

Soweit die Ausführungen des jungen Theologen. Man trifft in der islamischen Welt vereinzelt immer wieder auf solche Gesprächspartner, und typisch ist für die meisten unter ihnen: Sie fühlen sich inmitten ihrer Landsleute als eine verschwindend kleine Minderheit. Mit dem kritischen Wissen, das sie sich an westlichen Universitäten erworben haben, fühlen sie sich sensibilisiert für das kritische Potential in ihrer eigenen Tradition. Sie sehen aber einen weiten Weg vor sich, bis in ihrer Heimat das nötige liberale Diskussionsklima für eine allgemeine Neubesinnung geschaffen ist.

Dann auch noch einen tiefergehenden Dialog mit dem Abendland in Gang zu bringen, halten sie für vollends schwierig. Schließlich ist der »Geist« eben dieses Abendlandes heute nicht mehr schlicht und einfach mit dem Christentum gleichzusetzen. Hinzu kommt ein vielfältiges Glaubensspektrum von teils außerchristlichen Sekten und – was gravierender ist – von atheistischen Weltanschauungen; besonders das letztere stellt für die meisten Gläubigen der islamischen Welt eine Barriere dar.

Orthodoxe Muslime von heute haben, wie gerade das Gespräch mit dem jungen Theologen deutlich gemacht hat, ein zutiefst gespaltenes Verhältnis zu ihrer eigenen Tradition. Nur noch die wenigsten verbinden mit so bedeutsamen Namen wie Dschelaleddin Rumi, Ibn Al Arabi, Ibn Sina und Omar Chaijam eine klare Anschauung. Warum dies so ist, werden wir leichter verstehen, wenn wir uns nur einige wenige Aussagen dieser Philosophen über die endgültige »Wahrheit« von Religionen und ihre Forderungen nach mehr Toleranz ansehen.

Der bedeutende Mystiker Muhieddin Ibn Al Arabi schrieb im 13. Jahrhundert: »Mein Herz umfaßt sämtliche Formen: das Mönchskloster, den Tempel der Idole, die Weide der Gazellen und die Kaaba des Gläubigen, die Tafeln der Thora und den Koran. Die Liebe ist, wozu ich mich bekenne: Wohin meine Kamele sich auch wenden mögen, die Liebe ist und bleibt mir Glaube und Gesetz.«[1] Und noch kühner vom selben Autor: »Wer den Blitz im Osten aufleuchten sieht, dürstet nach dem Osten; wenn dieses Licht für einen anderen im Westen scheint, so möge er nach dem Westen dürsten. Ich begehre das Funkeln des Blitzes und nicht die Orte, die er streift.«[2]

Ähnliches liest man von Dschelaleddin Rumi, dem Begründer des Melevi-Derwischordens, ebenfalls im 13. Jahrhundert verfaßt: »Das Kreuz und die Christen nahm ich von allen Seiten in Augenschein. Er war nicht am Kreuz. Ich ging zum Hindu-Tempel, zu der alten Pagode. An beiden Orten fand ich keine Spur von ihm. [...] Ich ging zur Kaaba und traf ihn dort nicht. [...] Ich schaute in mein eigenes Herz. An diesem Orte sah ich ihn. Er ist an keinem anderen Ort.«[3]

In Dschelaleddin Rumis Hauptwerk *Mathnawi* findet sich folgende Geschichte: Vier Inder, die nie zuvor einen Elefanten gesehen hatten, betraten nacheinander einen dunklen Raum, in dem sich ein derartiges Tier befand. Der erste bekam im Dunkeln den Rüssel zu fassen, verließ den Raum und erzählte draußen, der Elefant müsse wie die Spitze eines Bootes beschaffen sein. Der zweite Inder, der die großen Schlappohren anfaßte, meinte, es müßten Fächer sein, und draußen erzählte er, der Elefant habe eine Gestalt wie ein Fächer. Der dritte Inder aber kam mit der Kunde heraus, Elefanten müßten wie eine Säule sein, denn er hatte im Dunkeln nur einen Fuß zu fassen bekommen. Der vierte, der den Rücken des Tieres abtastete, hatte schließlich die Einsicht, ein Elefant sei wie ein Thron beschaffen. Dann aber kam ein Weiser, der die vier Inder beobachtet hatte. Er gab jedem von ihnen eine Lampe und schickte sie nacheinander hinein. Und nun beschrieb jeder den Elefanten in der gleichen Gestalt.[4]

Dies sind erstaunliche Texte, sie alle sprengen das herkömmliche Selbstverständnis des Islam. Und nicht nur des Islam: Auch ein orthodoxer Christ oder Jude müßte solche Aussagen entschieden als »Ketzerei« einstufen. Denn eindeutig stellen diese Philosophen fest: Keine Religion kann den Anspruch erheben, die alleinige und ausschließliche Wahrheit zu verkörpern, keine kann daher Andersgläubige leichtfertig schon als »Unwissende« oder gar »Ungläubige« zurückstoßen. Das Gleichnis vom Elefanten im Dunkeln sagt es wohl am deutlichsten: Alle Suchenden vermögen nur einen Teil des Ganzen zu ertasten. Allerdings kommt dann ein »Weiser«, und er, indem er den im Dunkeln Tappenden eine Lampe, die »Erleuchtung«, bringt, kann den »ganzen« Elefanten sichtbar machen. Aber was für eine Religion steht für das »Ganze«? Der moderne Mystiker Idries Shah deutet dieses Gleichnis nach einer alten Auslegung der Sufis und Derwische: »Dies ist nicht eine Religion, dies *ist* Religion.«[5] Oder wie es Ibn Al Arabi formuliert hat: Das »Funkeln« des Blitzes sei das wichtigste, nicht die »Orte«, die er streift.

Solche Deutungen kommen der Aufforderung gleich, nach dem Gemeinsamen innerhalb aller Religionen zu suchen. Auf dieser Basis verschwinden dann alle Spitzfindigkeiten einer theologischen Scholastik, alle Unterscheidungen, wie sie die Orthodoxen aufgrund ihrer starren Dogmen als Schranken zwischen die Religionen setzen. »Liebe« zum Menschen bringt es zuwege, auch in der Auffassung Andersdenkender »Wahrheit« zu entdecken, selbst wenn diese der eigenen Wahrheit auf den ersten Blick völlig entgegengesetzt erscheint. »Wer das Glück hat, erleuchtet zu sein, weiß, daß Spitzfindigkeit vom Teufel, die Liebe aber von Adam kommt«, heißt es in den *Mathnawi* von Dschelaleddin Rumi.[6]

Solche Texte können nach den Maßstäben unserer abendländischen Geistesgeschichte frühestens im Zeitalter der Aufklärung geschrieben sein. Ihrer Tendenz nach erinnern sie alle mehr oder weniger an die Ringparabel Lessings. Ein Zufall? Wie schon erwähnt, hat ja die Ringparabel nicht etwa im christlichen Abendland, nicht im Geist einer vorbereitenden Aufklärung ihre entscheidende Ausprägung erhalten, sondern in Ägypten am Hof des Sultans Saladin um das Jahr 1180. Sechs bis acht Jahrzehnte später hat Ibn Al Arabi im maurischen Spanien und in Syrien gewirkt. Dschelaleddin Rumi, der aus Afghanistan nahe der indischen Grenze kam und im osttürkischen Konya heimisch wurde, war ein Zeitgenosse. Männer wie sie haben also schon während des Mittelalters ihre kühnen Ideen einer allumfassenden, sämtliche Dogmen übersteigenden »Wahrheit« entworfen – dies in einem Jahrhundert, als im christlichen Abendland solche Denker unweigerlich vom Kirchenbann bedroht gewesen wären. Wenn sie nicht gar den Scheiterhaufen zu fürchten gehabt hätten.

Mußten aber nicht auch im Islam universale Denker in schweren Konflikt mit der Orthodoxie geraten? Es ist von westlichen Islamwissenschaftlern viel darüber nachgedacht worden, ob die orthodoxen Korangelehrten nicht wirklich Grund hatten, in der Freidenkerei der Mystiker etwas »Unislamisches« zu sehen. »Offen für *alle* Formen …«! Das hieße auch, »offen« für Religionen wie Hinduismus und Buddhismus, Glaubensformen, die in ihrer Struktur kaum mehr etwas gemeinsam haben mit dem Monotheismus von Islam, Christentum und Judentum. Im Text von Ibn Al Arabi deutet ja eine Metapher wie »Tempel der Idole« auf die Göttervielfalt fremder Kulte hin. Und Dschelaleddin Rumi spricht unumwunden von »Hindu-Tempel« und der »alten Pagode« (das letztere ein Symbol für Buddhismus); zwar findet er den Kern aller Wahrheit nicht dort, findet ihn aber auch nicht bei der Kaaba.

Woher könnte ein solches Denken seinen entscheidenden, tiefsten Anstoß nehmen, wenn nicht aus islamischen oder geistesverwandten christlichen und jüdischen Wurzeln? Möglicherweise könnte der Skeptizismus griechisch-antiker Philosophie zur weisen Skepsis islamischer Mystiker beigetragen haben; kein intellektueller Muslim konnte sich ja einige Jahrhunderte lang diesem Einfluß entziehen. Stutzig macht aber, daß im Gleichnis vom Elefanten weder Griechen noch Araber, Perser oder Türken das Tier im Dunkeln betasten, sondern Inder. Nur Zufall? Oder haben etwa gerade einige der bedeutendsten islamischen Philosophen absichtlich auf Indien hingewiesen, um die Quelle ihrer Inspiration deutlich zu machen? Haben sie sich also vom mythischen und philosophischen Erzählschatz der Hindus und Buddhisten anregen lassen?

In der Tat: Dasselbe Gleichnis vom Elefanten findet sich, nur unwesentlich variiert, im Pali-Kanon, der klassischen Schriftensammlung des älteren Buddhismus, unter dem Titel *Von den Blindgeborenen.* Nach Auskunft dieser Schrift hat Buddha das Gleichnis seinen Schülern erzählt, um sie davon zu überzeugen, daß kein Gläubiger die Wahrheit der eigenen Religion schon als »ganze Wahrheit« ansehen dürfe. Buddhisten wie Hindus haben auf der Grundlage solcher Perspektiven eine wesentlich größere Toleranz gegenüber anderen Glaubensvorstellungen entwickelt als im Durchschnitt Muslime oder Christen.[7]

Wie aber konnte Dschelaleddin Rumi, ein in Anatolien lebender Muslim, buddhistische Literatur kennenlernen? Afghanistan, wo der große Mystiker im Jahr 1207 geboren wurde, war bis zur Eroberung durch Muslime buddhistisch gewesen. Rumis Heimatstadt Balch hat gar als ein geistiges Zentrum des Buddhismus gegolten. So radikal die Eroberer buddhistische Tempel zerstörten, weil sie jene als »heidnisch« strikt ablehnten, haben sie andererseits Bibliotheken geschont, mehr noch: deren Schätze zur Sichtung in islamische Wissenschaftszentren transportiert. Vieles ist erhalten geblieben, von Muslimen gelesen und teils auch ins Arabische wie Persische übersetzt worden. Mit beträchtlichen Folgen. Besonders das Gleichnis *Von den Blindgeborenen* belegt, daß sich islamische Mystiker verschiedene Anregungen aus »östlichem« Gedankengut geholt haben: gerade was die Skepsis gegenüber dogmatisch starr fixierter Wahrheit anbelangt. Aber solche Tendenzen sind im Islam Randerscheinungen geblieben, mußten es bleiben, weil sie schwerlich zum Absolutheitsanspruch der mehrheitlich Orthodoxen passen konnten.

Auch die Christen mußten von ihrem Absolutheitsanspruch her ein derartiges Gleichnis bis weit in die Neuzeit ablehnen. Erst seit der Aufklärung – seit ein Ideendrama wie *Nathan der Weise* mit seiner Parabel von den drei Ringen ein neuartiges Toleranzdenken signalisierte – ist in unserem Kulturkreis das Verständnis für Gleichnisse nach Art des »Erleuchteten«, des Buddha, langsam gewachsen.

»Aufklärung« kannten die Muslime lange vor den Christen

Orthodoxe Muslime waren gerade in der höchsten Blütezeit ihrer Kultur, im sogenannten »Goldenen Zeitalter des Islam« vom 8. bis zum 14. Jahrhundert, mehr mit Freidenkern konfrontiert, als heute allgemein bekannt ist. Damals prägte ja vor allem die Auseinandersetzung mit der griechisch-antiken Philosophie die Szene. So hatte sich um das Jahr 820 an der theologischen Hochschule von Bagdad ein Disput entwickelt, wie er ähnlich in Europa erst im 18. Jahrhundert möglich gewesen wäre. Theologen begannen die Ansicht zu vertreten: Nicht Gott habe den Koran verfaßt und durch Mohammed unveränderbar an die Menschheit weitergegeben, vielmehr sei Mohammed von Gottes Geist erfüllt gewesen und habe mit seinem eigenen Fassungsvermögen die Botschaft in Worte gekleidet. Da aber menschliches Denken nicht unfehlbar sei, habe es nicht ausbleiben können, daß selbst der Prophet manches widersprüchlich formuliert habe. Spätere Generationen seien aufgerufen, mit Hilfe ihrer eigenen Vernunft solche Widersprüche zu klären, das heißt: den Koran nicht mit blinder, sondern kritischer Ehrfurcht zu interpretieren. Diese Theologen – von orthodoxen Gegnern haßerfüllt »Mutaziliten« (»Abtrünnige«) genannt – erklärten nach griechischem Vorbild die Vernunft zum Maß aller Dinge.

Ebenso rationalistisch und aufklärerisch mutet die Philosophie des persischen Universalgenies Ibn Sina an, den wir unter dem lateinischen Namen Avicenna kennen. Er, der von 980 bis 1037 lebte, glaubte an keine leibliche Auferstehung am Tag des Jüngsten Gerichts, auch nicht an die sinnlich ausgemalten Freuden eines jenseitigen Paradieses, auch nicht an ein Höllenfeuer. Dies seien Symbole, so erklärte er unter dem Einfluß griechischer Philosophie. Mohammed, der Prophet, sei von der »Weltvernunft« dazu ausersehen worden, in solch bildhafter Sprache »Wahrheit« mitzuteilen, denn allein so verstehe die Masse des Volkes die Botschaft. Dem Gelehrten und Philosophen aber offenbare sich die »Weltvernunft« auf einer anderen Stufe, sie enthülle sich ihm nicht in Form von Bildern, sondern von Begriffen. Auferstehung stehe so für Unsterblichkeit des Geistes, Paradies für die Vollkommenheit der reinen Idee, Hölle für die irdischen Daseinsängste. Beide Ausdrucksformen, die bildhafte wie die abstrakt begriffliche, präsentieren aber nur verschiedene Seiten ein und derselben Wahrheit. Avicenna konnte sich bei einer solchen Deutung mit so manch anderem herausragenden Kopf seiner Epoche einig wissen, etwa mit Omar Chaijam.

Der große persische Mathematiker, Philosoph und Dichter Omar Chaijam, der von 1045 bis 1122 lebte, hat uns sehr modern anmutende vierzeilige Gedichte, sogenannte »Rubaijat«, hinterlassen. Ein strenggläubiger Muslim mußte mit gemischten Gefühlen Verse lesen wie folgende: »Ich war ein Falke, den sein kühner Flug / hinauf zum Reich der ewigen Rätsel trug. / Dort fand ich keinen, der sie mir enthüllt, / und kehrt' zur Erde wieder bald genug.« Oder: »Ich sandte aus die Seel' durchs Unsichtbare, / auf daß sich ihr das Jenseits offenbare. / Nach langen Jahren kehrte sie zurück, / und sprach: In dir sind Höll' und Himmel, Schmerz und Glück.«[8]

Auch diese Gedanken aus dem 11. und 12. Jahrhundert erinnern verblüffend an Denkpositionen der Aufklärung. Europäer haben in dieser Art erst ein halbes Jahrtausend später gedacht. Angesichts solcher Parallelen drängt sich unweigerlich die Frage auf: Weshalb hat sich unter solchen Umständen die islamische Gesellschaft nicht ähnlich der unseren weiterentwickelt? Und warum nicht sogar viel früher? Dies müßte ja um so logischer erscheinen, da doch die islamische Philosophie des Hochmittelalters um so vieles freigeistiger war als die abendländische derselben Zeit.

Avicenna und Omar Chaijam, herausragende Figuren einer beginnenden islamischen »Aufklärung«, wurden von den meisten Muslimen ihrer Zeit nur als Wissenschaftler verehrt, ihre Erkenntnisse wurden geschätzt, soweit sie sich im Alltag verwerten ließen. Orthodoxe Gläubige aber begegneten ihrer Philosophie nur mit kühlem Respekt oder schmähten sie, weil sie ihnen zu provokativ erschien, ja teilweise »rechtgläubigen« Positionen zuwiderlief.

Schon zu Lebzeiten hatte der Philosoph Avicenna in der islamischen Welt auch als größte wissenschaftliche Autorität auf dem Gebiet der Medizin gegolten. Mehr noch: Seine medizinische Enzyklopädie war sogar von den Ärzten des christlichen Abendlandes bis ins 17. Jahrhundert als maßgebliches Standardwerk benutzt worden. Aber führende Korangelehrte hatten sich bereits zu seinen Lebzeiten und erst recht Jahrhunderte später sehr gehässig geäußert. Seine Medizin habe nicht den eigenen Körper retten können, so spielten sie auf seine anfällige Gesundheit an, und: Seine Theologie habe nicht die eigene Seele retten können. Solche Kommentare sagen viel über die enormen geistigen Spannungen in der damaligen islamischen Gesellschaft aus.

Ähnlich erging es Omar Chaijam. Bis in unsere Gegenwart wird er von Muslimen als einer der größten Mathematiker und Naturwissenschaftler verehrt, der in vielerlei Hinsicht europäischen Wissenschaftlern seiner Zeit überlegen war. Aber seine kritische Philosophie, wie sie besonders griffig in den Vierzeilern zum Ausdruck kommt, hat keine große Breitenwirkung erreicht. Nach seinem Tod im Jahr 1122 verschwanden die Verse bald völlig aus dem öffentlichen Bewußtsein. Als dann während des 19. Jahrhunderts europäische Orientalisten die Verse in ihrem Wert erkannten und sie in Europa berühmt machten, kehrten die »Rubaijat« als englische Übersetzung in den islamischen Orient zurück, wurden dort von einer schmalen Bildungsschicht geschätzt und wieder im Original gelesen – bis die Verse dann im Zeichen eines vordringenden Fundamentalismus erneut geächtet wurden.

Muhieddin Ibn Al Arabi und Dschelaleddin Rumi als große Mystiker haben innerhalb der islamischen Welt auch nicht jenen Nachruhm geerntet, der ihnen von der kühnen Substanz ihres Denkens her zusteht. Zwar ist in Damaskus ein ganzes Stadtviertel nach Ibn Al Arabi unter dem Namen »Sheik Muhieddin« benannt, dort, wo sein Grabmal innerhalb einer Moschee zu finden ist, und stets trifft man Betende an seinem Schrein; doch die Andächtigen, unter ihnen viele Frauen, die um Kindersegen beten, sehen in ihm kaum den kritischen religiösen Philosophen von einmaliger Größe, sondern den erbaulichen Mystiker und Heiligen. Nicht anders bei Dschelaleddin Rumi. Zu seinem Grabmal, einem Prunkbau inmitten der Kuppeldächer und Höfe eines Derwischklosters im Zentrum von Konya, strömen heute noch tagaus, tagein Pilgerscharen. Die meisten schätzen nur seine dichterisch vollendeten Verse, soweit diese nicht über den Absolutheitsanspruch des Islam hinausstreben, vor allem aber sind sie fasziniert von seiner Anleitung, durch Ekstasetechnik des Rezitierens und des Derwischtanzes »Gott« näherzukommen. Die Lehre des großen Derwischscheichs wird damit – paradoxerweise – zu einem Zufluchtsort besonders für konservative Muslime, die sowohl dem Fortschrittsdenken von Modernisten ratlos gegenüberstehen als auch der dogmatischen Härte von Fundamentalisten.

Gerade diese Zustände sind es, die den jungen Theologen, den ich in Tunesien kennenlernte, so resignativ stimmen. Er selber hat ja eine umfangreiche Arbeit über islamische Mystik geschrieben.

Der Westen wird moderner als der Orient

In islamischen Ländern hat durchweg die Orthodoxie gesiegt. Während im Spätmittelalter die Europäer von den Arabern und Persern zunehmend das Erbe griechischer Philosophie und Wissenschaft übernahmen, auf diese Weise ihr eigenes Weltbild revolutionierten und Freidenkern immer größere Entfaltung zubilligten, begannen im Orient konservative Theologen weltoffenes Denken von den Schulen und Universitäten zu verdrängen. Wissenschaft hielten sie nur noch für wünschenswert, sofern diese nicht in Konflikt mit der Koranauslegung geistlicher Rechtsgelehrter geriet. Ähnlich hatte einst Thomas von Aquin, der größte Theologe des katholischen Mittelalters, die Richtlinie gegeben: Die Wissenschaft habe eine »Magd« der Theologie zu sein. Eine seltsame Umkehrung. Während im christlichen Abendland die Philosophen der Aufklärung vollends das Mittelalter überwanden, erstickten im islamischen Orient traditionsgeleitete Korangelehrte alle aufkeimenden Impulse einer möglichen Aufklärung und führten ihre Gläubigen mehrheitlich ins Mittelalter zurück. Damit haben sich zwischen der abendländischen und der islamischen Welt jene Unterschiede herausgebildet, wie wir sie heute kennen.

Diese Umkehrung sollte weitreichende Folgen haben. Denn indem nun das Abendland seine Wissenschaften frei entfalten konnte, fand es zu einer Dynamik, an deren Schwelle die islamische Zivilisation bereits einmal angelangt war. Die Westeuropäer strebten aber darüber hinaus, weil die Kirchen nicht mehr die Macht zur Bevormundung besaßen, und sie schufen eine pluralistische Industriezivilisation. Dies war eine säkulare Gesellschaft, in der die politisch-gesellschaftliche Sphäre strikt von der religiösen getrennt wurde – eine Gesellschaft, in der die Aufklärung sich durchgesetzt hat und das soziale Zusammenleben jenseits religiöser Dogmen organisiert ist. Um 1750 war in England die erste säkulare Industriegesellschaft der Welt entstanden, und bis Mitte des 19. Jahrhunderts hatten sich viele der westeuropäischen Kernländer grundlegend durch eine industrielle Revolution verändert. Hinzu kam, daß sich bereits gegen Ende des 18. Jahrhunderts in England, den USA und Frankreich die ersten modernen Demokratien entwickelt hatten. Dieser epochale Wandel gab den wirtschaftlich wie militärisch stark gewordenen Industriestaaten des Abendlandes die Stoßkraft, ihren Einfluß auf fremde, selbst weit entfernte Völker auszudehnen – und sie taten dies rücksichtslos, sie kamen als Eroberer.

Die islamische Welt bekam die rapid gewachsene Macht des Abendlandes schon während des 18. Jahrhunderts deutlich zu spüren. Zuerst wurde den Muslimen die Krise im Osmanischen Reich massiv bewußt. Das war kein Zufall. Denn das Großreich der Türken, das sich seit dem 16. Jahrhundert als die stärkste Bedrohung des christlichen Abendlandes erwiesen hatte, sah sich nun umgekehrt plötzlich durch Europa stark bedroht. 1683 hatten die Osmanen noch bis vor die Tore Wiens rücken können, aber bereits Jahrzehnte später hatten europäische Großmächte begonnen, eine Osmanenprovinz nach der andern zu erobern. Nun mußten sich die muslimischen Führungsschichten betroffen fragen, weshalb sie mit einemmal hoffnungslos unterlegen waren. Und damit fingen Angehörige der osmanischen Bildungsschicht als erste Muslime an, beeindruckt von der militärischen wie wirtschaftlichen Übermacht europäischer Industriestaaten, die eigene Zivilisation ganz mit den Augen des »Westens« zu sehen, das heißt: als »rückständig« einzustufen. Um so intensiver versuchten osmanische Politiker, die eigene Gesellschaft nach »westlichem« Vorbild zu verändern.

Der Osmanen-Sultan Selim III. war der erste muslimische Herrscher überhaupt, der sich zu Reformen nach europäischem Vorbild entschloß. Das geschah bereits 1793 – nach einem Jahrhundert immer schwererer Niederlagen gegen die auf dem Balkan vordringenden Habsburger. Aber bezeichnenderweise versuchte er vorwiegend das Militär zu reformieren, in der Hoffnung, daß dies schon ausreiche, um einen weiteren Niedergang aufzuhalten. Einer seiner Nachfolger, Sultan Mahmud II., begriff allerdings schon während der ersten Hälfte des 19. Jahrhunderts, daß das eben nicht genügte, und so trieb er nicht nur die Reformen im Militär- und Verwaltungswesen voran, sondern führte, nach westlichem Vorbild, die rechtliche Gleichstellung sämtlicher Untertanen ein. Dies kam nach islamischem Verständnis einer staatlich verordneten Revolution gleich: Denn nun durften die Muslime Christen nicht mehr als »Schutzbefohlene« betrachten, nun hatte die Kopfsteuer für Nichtmuslime zu entfallen. Dies bedeutete eine Beschwichtigung gegenüber den christlichen Untertanen, die ja in Versuchung kamen, mit den vordringenden Großmächten Europas zu sympathisieren. Einen Zuwachs an Demokratie mußten aber solche Reformen noch lange nicht mit sich bringen, denn weiterhin verstand sich das Sultanat als strikter Obrigkeitsstaat, dem gegenüber nun eben alle Untertanen gleich viel – oder gleich wenig – Rechte besaßen.

Mahmud II. ließ aber noch weitere Reformen folgen. Er ging dazu über, Schulen nach westlichem Vorbild einzurichten und Studenten an französische, englische und deutsche Universitäten zu schicken. Damit setzte er allerdings eine geistige und soziale Lawine in Bewegung, deren Folgen er schwerlich abschätzen konnte. Denn die jungen Auslandsstudenten der türkischen Oberschicht brachten seit Mitte des 19. Jahrhunderts aus dem Westen mehr mit als nur Kenntnisse einer überlegenen Technik und Naturwissenschaft. Sie zeigten sich – intensiver, als dies den Machthabern des Osmanenreiches lieb war – fasziniert von westlichen Sozialideen. Ihnen konnte es nicht verborgen bleiben, um wieviel mehr Wohlstand und Freiheit doch selbst der einfachste Westeuropäer im Vergleich zum durchschnittlichen Türken und Araber besaß. Und so nahmen die heimkehrenden Studenten Armut und Unterdrückung zuhause nicht mehr als unabänderlich hin; sie waren infiziert vom Bazillus nicht nur des technischen, sondern auch des politischen und sozialen Fortschritts. Mißtrauisch beäugten sie nun Korangelehrte und Theologen, die ihnen die Verhältnisse als »gottgewollt« darstellten. Und schließlich begannen sie nach dem Vorbild westlicher Liberaler und Sozialisten zu fragen, ob nicht gar die Religion oder zumindest viele der religiösen Würdenträger für die Rückständigkeit der Volksmassen mitverantwortlich seien.

Die Osmanen-Sultane versuchten verstärkt seit Mitte des 19. Jahrhunderts dem Druck dieser wachsenden, westlich beeinflußten Bildungsschicht mit weiteren Reformen zu begegnen. So kam es von 1868 bis 1876 zu ersten Ansätzen, um den universalen Geltungsanspruch der Scharia einzuschränken. Ein Strafgesetzbuch und ein Bürgerliches Gesetzbuch wurden ausgearbeitet, die sich am Vorbild des französischen Rechts orientierten. Wenn auch solche Neugestaltungen vorerst noch in Ansätzen steckenblieben, so bekam doch der Begriff »westliche Moderne« bei den Osmanen einen immer besseren Klang – dies in bemerkenswertem Kontrast zur politischen Rivalität, ja Feindschaft mit vielen westlichen Staaten.

In die erstarrte Welt des Islam war damit ein geistiger Erreger gedrungen, der sich nicht mehr tilgen, nicht mehr eindämmen ließ. Je mehr westliche Industriestaaten während des 19. und beginnenden 20. Jahrhunderts siegreich in den Orient vordrangen, je energischer sie fast ganz Nordafrika und Vorderasien unter ihre Abhängigkeit zwangen und dort ihre überlegene Technik und politische Organisation demonstrierten, um so mehr Neugierde erregte ihr Denken, um so anziehender wurden ihre Errungenschaften für die einheimische Oberschicht.

Bahnbrechend für weitere Reformen wurde nicht zufällig jener Staat, der sich 1923 nach dem Ende des Osmanenreiches im türkischen Kerngebiet herausgebildet hatte: die Republik Türkei. Damit wurde aber auch dort der Keim gelegt für jene Spannungen, die während des 20. Jahrhunderts schließlich in der gesamten islamischen Welt zu immer größeren politischen und kulturellen Erschütterungen führen sollten.

Erste Probleme mit einer säkularen Moderne: Atatürk und seine Reformen

Mustafa Kemal Pascha … Überall in der Türkei finden wir sein Standbild auf öffentlichen Plätzen sowie vor Regierungsgebäuden und Schulen, sein Porträt in Behörden, Banken, Restaurants, Teestuben und Basaren, sogar in Wohnungen. Daran hat sich selbst zu Beginn des 21. Jahrhunderts nichts geändert. Kein Politiker wird in der Türkei so oft zitiert wie er, keiner ist so nachhaltig zur Leitfigur für »modernes« politisches Handeln geworden. Mustafa Kemal Pascha, der Begründer der Republik Türkei, ist aber bei uns im Westen mehr mit seinem ehrenden Beinamen bekannt geworden, den er seit 1934 offiziell geführt hat: Atatürk, »Vater der Türken«.

Atatürk, 1881 im damals noch türkischen Thessaloniki geboren, regierte von 1923, dem Gründungsjahr der Republik, bis zu seinem Tod 1938. Diese fünfzehn Jahre bildeten die entscheidende Zäsur, mit der die türkische Moderne begann. Atatürk setzte jene sozialreligiöse Ordnung völlig außer Kraft, die mehr als sechshundert Jahre lang das Osmanische Reich bestimmt hatte und ähnlich nahezu überall im islamischen Orient fest verankert war: der Islam als Staatsreligion, die Scharia als die bestimmende Norm im politischen und sozialen Leben. Auf Atatürk als Vorbild haben sich im Verlauf des 20. Jahrhunderts viele Reformer in arabischen Staaten, ja auch die Schah-Dynastie Pahlevi im Iran berufen, allerdings hat keiner dieser Politiker derart konsequent Gesetze einer säkularen Moderne durchgesetzt wie er. Aber gerade weil Atatürks Reformpolitik eine Vielzahl religiöser, kultureller und politischer Spannungen auslöste, ist der Begründer der modernen Türkei zu einer sehr umstrittenen Persönlichkeit geworden. In der Türkei selbst gilt Atatürk unbestritten als großer Führer, denn er hatte 1918 nach dem Zusammenbruch des Osmanenreiches das türkische Kernland vor dem politischen Zerfall bewahrt und die junge Republik durch eine energische Reformpolitik stabilisiert. Viele Muslime betonen jedoch auch, daß Atatürk bei zahlreichen Gläubigen ein Gefühl tiefer kultureller Verunsicherung erzeugt habe.

Alarmiert mußten sich orthodoxe Muslime bereits 1924 fühlen, als Atatürk sämtliche Koranschulen schließen ließ und an ihrer Stelle staatlichen Schulen das Ausbildungsmonopol einräumte. Indem seine Beamten nun Lehrpläne nach westlichem Vorbild ausarbeiteten, war die traditionelle islamische Erziehung erheblich eingeschränkt. 1925 schaffte Atatürk zudem die islamische Zeitrechnung ab, die mit der Hedschra, der Flucht Mohammeds von Mekka nach Medina, beginnt, und führte aus Europa die Zählung nach dem Gregorianischen Kalender ein. Im selben Jahr 1925 ersetzte er den Freitag als den traditionellen Ruhetag der Muslime durch den christlich-abendländischen Sonntag. Beides tat er mit der Begründung, die Türkei müsse sich internationalen Normen anpassen, nur so könne sie sich in das moderne Wirtschaftsleben integrieren. Einen weiteren Anpassungsschritt in diese Richtung setzte er 1928, indem er anstelle der arabischen die lateinische Schrift einführte (die er allerdings als »türkisches« Alphabet dem Volk präsentierte). 1929 ersetzte er an höheren Schulen den Pflichtunterricht für Arabisch, die Sprache des Koran, und Persisch, die Sprache bedeutender klassischer Islam-Literatur, durch Unterricht für Französisch, Englisch und Deutsch als zukunftsweisende Fremdsprachen.

Den eigentlich wunden Punkt im Selbstverständnis orthodoxer Muslime aber hatte Atatürk berührt, als er darangegangen war, 1924 die geistlichen Gerichte abzuschaffen, und eine Rechtsprechung nach westlichem Muster ausarbeiten ließ. 1926 führte er ein Zivilrecht ein, das unter anderem freie Religionswahl vorsah. Im Zuge dieser Reform durfte zukünftig kein Bürger mehr wie bisher ins Gefängnis geworfen oder gar hingerichtet werden, falls er zum Christentum oder Judentum übertrat. Muslime der schmalen Bildungsschicht konnten für solche Neuerungen noch am ehesten Verständnis aufbringen. Auch konnten allein sie als »modern« tolerieren, daß eine muslimische Frau einen Christen heiraten durfte; bisher war es nur umgekehrt möglich gewesen. Der Kern der Reform konnte allerdings auch viele gebildete Muslime irritieren: Zukünftig durfte kein geistlicher Richter mehr durch sein »Olmaz!« (»Es darf nicht sein!«) ein Gesetzesvorhaben blockieren, weil es seiner Meinung nach nicht mit den Grundsätzen des Koran übereinstimmte. Religiöse und staatliche Institutionen hatten von nun an strikt getrennt zu sein. Religion war zur »Privatsache« geworden – ganz nach dem Muster westeuropäischer Verfassungen. 1928 proklamierte Atatürk die Türkei als säkularen Staat und ließ alle religiösen Formeln aus der Verfassung tilgen.

Dieses Jahr 1928 bedeutete eine tiefe Zäsur in der Geschichte der islamischen Welt. Erstmals hatte ein Politiker mit aller Entschiedenheit das bisher Undenkbare gewagt: die Einheit von Religion und Politik aufzulösen – und dies mit dem Argument, das religiös begründete Staatswesen sei verantwortlich für die »Rückständigkeit« gegenüber den westlichen Industriestaaten. Atatürks säkulares Reformwerk löste stürmische Diskussionen von Nordafrika bis Ostasien aus, erntete Zustimmung nur bei einer schmalen, verwestlichten Bildungsschicht, provozierte sonst aber heftige Abwehr.

Bezeichnend ist, daß im selben Jahr 1928 die erste moderne fundamentalistische Bewegung des Islam entstand. In Kairo begründete der Volksschullehrer Hassan Al Banna jene Muslim-Bruderschaft, die bis heute, in vielerlei Fraktionen aufgespalten, Ägypten in Atem hält. Ausdrücklich betonte er: Jedes Reformwerk nach dem Vorbild Atatürks liefere einen muslimischen Staat dem »Westen« aus, und diese Einsicht habe ihn zur Gründung der Muslim-Bruderschaft bewogen. Alles müsse getan werden, um ähnliche Reformen in Ägypten zu verhindern, wo die Regierenden ebenfalls schon »westlich dekadent« seien. »Nur Gott weiß«, so ließ er später verlauten, »wie viele Nächte wir die Situation unseres Landes diskutierten, das Siechtum analysierten und mögliche Heilmittel überlegten. Wir waren so verstört, daß wir zu weinen begannen.«[9] Einer seiner grundsätzlichen Aufrufe lautete: »Jede Neuerung, die sich nicht auf Religion stützt, führt vom rechten Weg ab; ihr muß mit allen Mitteln Widerstand geleistet werden, sie ist mit allen Mitteln auszumerzen.«[10] (Über die genaueren Zusammenhänge, die zum Entstehen des islamischen Fundamentalismus führten, später mehr.)

Die Verstörung, ja auch der Fanatismus in der Abwehr ist verständlich, wenn wir uns vergegenwärtigen, in welchem Ausmaß sich Atatürk über die Mentalität einer überwiegend noch zutiefst traditionell orientierten Gesellschaft hinwegsetzte. Atatürk trat mit der Rücksichtslosigkeit eines Revolutionärs auf und ging teilweise sogar weiter, als dies ein Reformer in westlichen Industriestaaten gutheißen könnte. So verbot er den Religionsunterricht an staatlichen Schulen – bei gleichzeitigem Verbot der Koranschulen – und führte an seiner Stelle ein Fach mit der Bezeichnung »Moral« ein. Nicht genug damit. Er untersagte, daß der Muezzin die Gläubigen vom Minarett aus zum Gebet ruft, denn dieser Brauch, so argumentierte er, bedeute eine zu auffällige Propaganda für eine »private Weltanschauung«.

Daß Atatürk 1928 anstelle der arabischen die lateinische Schrift einführte, löste gar verhängnisvolle Komplikationen bei den vielen religiösen Muslimen aus. Plötzlich konnten die in arabischer Schrift gedruckten Koranexemplare nicht mehr von der heranwachsenden Jugend gelesen werden. Andererseits dauerte es aber viele Jahre, bis der Koran in neuer Schriftfassung vorlag. Einer ganzen Generation ist so das heilige Buch zur Mangelware geworden. Die Regierung unternahm nur wenig, dieser Situation abzuhelfen, sondern förderte die Indoktrination in Nationalismus und Modernismus. Für viele Muslime bedeutete es einen Schock, daß Jugendliche über zwei Jahrzehnte lang überwiegend ohne nähere Kenntnis des Islam aufwuchsen, weil ihnen ja auch der Zugang zum Religionsunterricht wesentlich erschwert worden ist. Ich selber habe in Gesprächen mit älteren Türken immer wieder erfahren, welches Befremden gerade diese Politik in breiten Volksschichten ausgelöst hat, und eine solche Auskunft geben teilweise auch Leute, die grundsätzlich viele soziale Reformen Atatürks befürworten.

War Atatürk demnach Atheist und gar ausdrücklich ein »Feind des Islam«? Islamische Fundamentalisten behaupten derartiges ja gerne bis heute.

Es sind eine Reihe Kommentare Atatürks überliefert, die zumindest einen solchen Verdacht nahelegen. So etwa: »Seit mehr als 500 Jahren haben die Regeln und Theorien eines alten Araberscheichs [damit meinte er den Propheten Mohammed] und die abstrusen Auslegungen von Generationen von schmutzigen und unwissenden Pfaffen in der Türkei sämtliche Zivil- und Strafgesetze festgelegt. Sie haben die Form der Verfassung, die geringsten Handlungen und Gesten eines Bürgers festgesetzt, seine Nahrung, die Stunden für Wachen und für Schlafen, den Schnitt der Kleider, den Lehrstoff in der Schule, Sitten und Gewohnheiten und selbst die intimsten Gedanken. Der Islam, diese absurde Gotteslehre eines unmoralischen Beduinen, ist ein verwesender Kadaver, der unser Leben vergiftet.« Und: »Der Politiker, der zur Regierung die Hilfe der Religion braucht, ist nichts als ein Schwachkopf.«[11]

Solche Kommentare rücken Atatürk geistig in die Nähe all jener Europäer und Amerikaner, die den Islam insgesamt als eine »mittelalterliche und rückständige Religion« ansehen und entsprechend verachten. Atatürk hat sich zwar nominell stets als Muslim bezeichnet und sich nie zum Atheismus bekannt, aber er hat seit 1924 Religion nicht mehr praktiziert.[12] Desto mehr bekundete er Interesse für die europäische Philosophie der Aufklärung, mehr aber noch für Europas positivistische Philosophie des 19. Jahrhunderts. Seine Vorliebe galt dem französischen Philosophen Auguste Comte, der jede Form von Metaphysik radikal ablehnte und eine Befreiung des menschlichen Geistes von unrealistischem Ballast und Aberglauben forderte.[13]

Es gibt aber auch Kommentare von Atatürk, die einen geradezu entgegengesetzten Eindruck vermitteln. So etwa: »Wir sind der Meinung, daß Religion, die seit langem in der Politik als Werkzeug ausgenutzt wurde, von der Politik befreit und erhöht werden muß. Wir dürfen nicht unseren heiligen und hohen Glauben als ein Werkzeug der Politik mißbrauchen. Nur so wird unsere Nation in dieser und jener Welt zum Glück gelangen.«[14]

Solche Äußerungen beweisen allerdings nicht, daß Atatürk mehr als nur ein nomineller Muslim war. Der Verdacht liegt vielmehr nahe, daß er sich aus rein taktischen Gründen hin und wieder zu einer derartigen Proklamation durchgerungen hatte, um die vielen orthodoxen Muslime in ihrem Unwillen zu beschwichtigen und letztlich doch für die Idee eines säkularen Staates zu gewinnen. Aber da er keine Gelegenheit versäumte, Distanz zu religiösen Traditionen schroff zu demonstrieren, rückte er für viele orthodoxe Muslime zumindest in die Nähe der »Gottlosigkeit«. Er stellte am Islam jene Entartungserscheinungen, die sich tatsächlich lähmend auf die soziale und kulturelle Entwicklung ausgewirkt haben, derart in den Mittelpunkt seiner Agitation, daß er die religiöse Kernbotschaft eher beiläufig erscheinen ließ.

Eine Reihe seiner Gesetze war geeignet, als »anti-islamisch« verstanden zu werden, und konnte deshalb in der Türkei keinen Bestand haben. Bereits Anfang der fünfziger Jahre gab die Regierung Adnan Menderes dem Bedürfnis breiter Bevölkerungskreise nach und ließ die bis dahin in Illegalität dahindämmernden Koranschulen staatlich fördern, auch erlaubte sie dem Muezzin wieder den Gebetsruf vom Minarett, jetzt sogar über Lautsprecher. Und in den achtziger Jahren führte die Regierung Turgut Özal den Religionsunterricht an staatlichen Schulen ein und gestattete außerdem den Bau von Moscheen in Kasernen.

Atatürk hatte erhebliche Schwierigkeiten gehabt, seine Vorstellung von »Laizismus«, die strikte Trennung von Religion und Politik, formal in der Verfassung als unumstößlichen Grundsatz zu verankern. Die erste Verfassung, die er 1924 verabschieden ließ, bezeichnete im Artikel 2 den Islam noch ausdrücklich als »die Religion des türkischen Staates«, was also noch die Interpretation gestattete, den Islam als »Staatsreligion« zu verstehen. 1928 hatte Atatürk diesen Artikel in der zweiten Verfassung gestrichen, was, wie ich schon berichtete, bei vielen Muslimen quer durch die islamische Welt Bestürzung und Empörung auslöste. Er wartete dann drei Jahre, bis er 1931 beim dritten Kongreß seiner »Republikanischen Volkspartei« das Prinzip des Laizismus in das Parteiprogramm aufnehmen ließ. Und erst 1937, ein Jahr vor Atatürks Tod, wurde der Laizismus dann endgültig in der Verfassung verankert. Ein immer wieder aufflammender Widerstand im türkischen Volk, ebenso die Reaktion vieler Muslime in anderen Staaten hatten Atatürk zeitweise zögern lassen – allerdings aus taktischen Gründen, nicht aus Zweifel am Ziel.

Atatürk erwies sich in der Tat als ein sehr »westlich« denkender Politiker, indem er traditionsbewußte Muslime mit folgenden Worten abkanzelte: »Es gibt verschiedene Länder, aber nur eine Zivilisation. Voraussetzung für den Fortschritt der Nation ist, an dieser einen Zivilisation teilzuhaben.«[15] Atatürk ließ keinen Zweifel daran, daß er mit dieser »einen Zivilisation« die »westliche« meinte. Hierzu paßt auch der Kommentar: »Auf der Welt sind für alles, für das Materielle und Ideelle, für das Leben und den Erfolg die Wissenschaft und Technik die wahrsten geistigen und moralischen Führer. Einen solchen Führer außerhalb der Wissenschaft und Technik zu suchen ist gleichbedeutend mit Gedankenlosigkeit, Unwissenheit und Irrtum.«[16]

Ein Pathos wie dieses konnte ebenso in den Fortschrittsbekenntnissen vieler westeuropäischer Zeitgenossen zum Ausdruck kommen. Auch Kommunisten aus Ostblockstaaten konnten so sprechen, glaubten sie doch genauso – bei allen politischen Gegensätzen zu unserer Demokratie –, die Welt strebe einer einheitlichen Zivilisation zu, und die Anhänger dieser Zivilisation könnten ausschließlich nur wissenschaftsgläubig sein. Was sich nicht in einen derartigen Rahmen einer angeblich sehr weltoffenen Zukunftsvision einfügt, wird als »primitiv« oder »mittelalterlich« abgetan – eben auch der Islam mit weiten Teilen seiner Geschichte.

Atatürk hatte gelernt, seine eigene Kultur aus einer verengt »westlichen« Perspektive wahrzunehmen, und bald taten es ihm Politiker anderer islamischer Staaten nach. Es sind Politiker, denen später gläubige Muslime, erst recht aber Islamisten vorwerfen sollten, sie würden in der islamischen Welt das »kulturelle Zerstörungswerk« westlicher Eroberer und Kolonialherren fortsetzen. Atatürk hat auf diese Weise ganz gegen seinen Willen dazu beigetragen, daß es sich heute kein muslimischer Reformer mehr leisten kann, eine konsequente Trennung von Religion und Politik zu befürworten, erst recht nicht, in irgendeiner Form Distanz zum Islam zu demonstrieren.

Westlich inspirierte Ideale der Aufklärung haben es – besonders nach der wenig einfühlsamen Radikalität eines Atatürk – bei einer Mehrheit der Muslime schwer. Viele Gläubige sehen weniger die positiven Auswirkungen, wie etwa die Befreiung aus den Fesseln verkrusteter Tradition; viel stärker ins Blickfeld rücken ihnen die Krisensymptome einer allgemeinen Verunsicherung.

Atatürk hat einen Staat geschaffen, der wie kein anderer in der islamischen Welt einen Bruch mit der Tradition vollzogen hat. Aber solch ein kompromißlos säkular und laizistisch konzipierter Staat muß nicht schon logisch zwingend von vornherein ein demokratischer Staat sein. Selbst dann nicht, wenn sich seine Verfechter ausdrücklich zu einer westlich geprägten Moderne bekennen. Gerade das zeigt auch das Beispiel Türkei. Gegründet wurde die Republik Türkei 1923 als ein Einparteienstaat, in dem allein die von Atatürk installierte »Republikanische Volkspartei« politisch die Richtung vorgab. Mit folgendem Argument begründete Atatürk diese Einparteienherrschaft und seine Stellung als unumschränkter Diktator: Ein unwissendes Volk in einem unterentwickelten Land wie der

Türkei besitze mehrheitlich noch nicht das Bewußtsein für notwendige Reformen, daher brauche das Volk eine revolutionäre Partei, die die Unwissenden führe. Sobald das Volk aber durch kluge Leitung aus seiner Unwissenheit befreit und eine entsprechende Bildung erlangt habe, sei es reif, an politischen Entscheidungsprozessen teilzunehmen – sei es reif für Demokratie. In der Parlamentsrede vom 8. August 1926, in der er die Hinrichtung etlicher politischer Gegner rechtfertigte, sprach er dies vor den eingeschüchterten Abgeordneten deutlich aus: »Ich werde mein Volk an der Hand führen, bis seine Schritte sicher sind und bis es seinen Weg kennt. Dann wird es seinen Führer frei wählen und sich selbst regieren können. Dann wird mein Volk vollendet sein und ich werde mich zurückziehen können. Aber vorher nicht!«[17]

Atatürk ließ sich bei dieser Logik ebenfalls von Einflüssen außerhalb der islamischen Welt leiten. Er orientierte sich hier – für westliche Beobachter zunächst überraschend – am Herrschaftsmodell des kommunistischen Revolutionärs Lenin. Allerdings übernahm Atatürk nicht die marxistische Ideologie. An Lenin beeindruckte ihn, daß jener von der Notwendigkeit einer Erziehungsdiktatur gesprochen hatte, die bestehen müsse, solange das Volk nicht reif für Demokratie sei. Demokratie als Fernziel hielt auch Lenin für wünschenswert, ja sah die Entwicklung dorthin nahezu als zwangsläufig, als einen weiteren Schritt zur endgültigen Emanzipation des Menschen an (wobei er die »bürgerliche« Demokratie westeuropäischer Staaten als »Scheindemokratie« abtat). Aber in der Nachfolge Lenins sind die Politiker kommunistischer Staaten bisher immer bei der ersten Phase, bei der Erziehungsdiktatur und ihrem Einparteiensystem, stehengeblieben, weil sie anscheinend das Volk nie reif für Demokratie gehalten haben. Dagegen ist in der Türkei tatsächlich ein Wandlungsprozeß in Richtung Demokratie eingetreten, nachdem eine Bürgerschicht wirtschaftliche Macht errungen hatte und nun auch politische Teilhabe verlangte. 1945, sieben Jahre nach Atatürks Tod, gab Atatürks politischer Weggefährte und Nachfolger Ismet Inönü dem Druck eines wachsenden Bürgertums nach, ließ die Gründung von Oppositionsparteien zu und leitete damit die Entwicklung zu einem Mehrparteiensystem ein.

Die nun entstehende türkische Demokratie entspricht allerdings bis heute nur in Ansätzen dem Modell westlicher Demokratien. Denn weiterhin besteht ein militärisches, über den Parteien thronendes Führungsgremium, und deren Generäle greifen nach wie vor im Namen Atatürks als »Wächter der Revolution« immer wieder in politische Entscheidungsprozesse ein. Ja, die Generäle setzen sogar Regierungen ab, sobald diese nicht ihren Vorstellungen entsprechen (Näheres darüber im Kapitel »Modellfall Türkei«). Aber trotz solcher Einschränkungen hat sich in der Türkei ein demokratischer Modernisierungsschub vollzogen, wie es ihn bisher noch in keinem anderen Staat der islamischen Welt gegeben hat.

Dabei hatten sich Mitte des 20. Jahrhunderts in Syrien, im Irak, in Ägypten Reformbewegungen herausgebildet, die sich ausdrücklich an der Ideologie Atatürks orientierten. Sie, die Baath-Sozialisten und die Nasseristen, blieben jedoch wesentlich hinter ihrem Vorbild zurück.

»Arabischer Sozialismus« und Islam: Die zwiespältige Moderne der Baath-Sozialisten

Seit den zwanziger und dreißiger Jahren des 20. Jahrhunderts waren in der islamischen Welt sozialistische Wertvorstellungen heimisch geworden. Allerdings hat die aus Europa importierte Ideologie viele Wandlungen durchgemacht. »Sozialismus« ist nicht nur verschieden interpretiert worden, sondern hat auch zu unterschiedlichen Parteigründungen und Massenbewegungen geführt. »Sozialistische« Reformer wollten ihre von islamischen Traditionen geprägten Länder energisch aus der Rückständigkeit herausführen wie Atatürk, wenngleich sie sich in entscheidenden Punkten vom türkischen Vorbild abgrenzten. Andere soziale Gegebenheiten, andere kulturelle Überlieferungen provozierten neue Wege.

»Sozialisten« traten in jenen Ländern gehäuft auf, die über engere Kontakte zu Europa verfügten. Dies waren außer der Türkei die Kolonien und Treuhandgebiete Frankreichs – so Syrien, Libanon, Algerien, Tunesien – und die britisch besetzten Staaten Ägypten und Irak sowie das britische Mandatsgebiet Palästina. Dort hatten einheimische Schüler und Studenten mit den Augen des Westens sehen gelernt – durchaus im Sinn der Kolonialherren, denn gebildete Araber sollten der eigenen »rückständigen« Kultur entfremdet werden und um so mehr an die »fortschrittliche« Kultur der Besatzungsmacht gebunden sein.

Allerdings führte die Absicht der Kolonialherren nur kurzfristig zum Ziel. Zwar begannen Einheimische tatsächlich »westlich« zu denken, aber gerade durch diesen neuen Horizont offenbarten sich ihnen auch Widersprüche der fremden Zivilisation. Denn nun mußten die Araber entdecken, daß eine breite Kluft zwischen den gepriesenen Idealen und der Wirklichkeit klaffte: Humanismus, Demokratie, Sozialismus blieben leere Worte, und wenn diese Ideen Wirkung zeigten, dann in Europa selbst, keineswegs in den Kolonien und Treuhandgebieten.

»Fortschritt« nach westlichem Muster war nicht für die Masse des Volkes in den unterworfenen Ländern bestimmt, allenfalls für eine schmale dort ansässige Oberschicht. Die Kolonialherren verbündeten sich oft genug mit einheimischen Fürsten und Großgrundbesitzern, die nach offizieller Lesart als »rückständig« zu gelten hatten, und beuteten mit ihnen gemeinsam das Volk aus; und die Kolonialherren selber wurden teilweise zu unerbittlichen Großgrundbesitzern mit feudalistischen Allüren.

Für arabische Bewunderer westlicher Zivilisation mußte diese Erkenntnis einen Schock bedeuten, und gerade die kritischen Geister unter ihnen wandten sich nun scharf gegen die Doppelmoral – aber bezeichnenderweise griffen sie mit ihrer Kritik auf westliche Maßstäbe zurück. Sie maßen die Kolonialherren an ihren gepredigten Idealen und forderten für die unterworfenen Völker ebenfalls soziale Gerechtigkeit. Unter dem Etikett »Sozialismus« kamen so gegensätzliche Regierungen wie die in Algerien, Ägypten, Syrien und dem Irak zur Macht. Auch Mitglieder der Palästinensischen Befreiungsbewegung bekannten sich bis weit in die siebziger, ja achtziger Jahre herein zu einer Form von säkularem Sozialismus, unter anderem Yassir Arafat.

Mißtrauisch reagierten allerdings viele orthodoxe und traditionell orientierte Muslime auf das Entstehen einer sozialistischen Ideologie in der islamischen Welt. »Sozialismus« begriffen sie ebenso wie das Prinzip des »Säkularismus« als einen Import aus Europa, nicht integrierbar in die islamische Kultur. Die Kritiker hatten unrecht, sofern sie die von den Sozialisten verkündeten Gleichheitsideale als unvereinbar mit dem Koran ansahen. Aber ihr Argwohn war geweckt, weil diejenigen, die als erste im arabischen Herrschaftsbereich den »Sozialismus« propagierten, überwiegend keine Muslime waren, sondern arabische Christen. Es waren Angehörige christlicher Minderheiten, die sich von ihrer Religion her naturgemäß besonders für Einflüsse aus dem wirtschaftlich und politisch expandierenden Europa aufgeschlossen zeigten. Sie verwendeten als erste den arabischen Begriff »Ishtirakiya« (»Gemeinsamkeit«) als Umschreibung für »Sozialismus«, und dieser Begriff wurde seither beibehalten.

Ein syrischer Christ, Michel Aflak, war der Begründer der Baath-Partei, der ersten ausdrücklich »sozialistischen« Partei der islamischen Welt. Sie entstand 1943 in Damaskus, war aber von Anfang an darauf angelegt, im gesamten arabischen Raum politisch wirksam zu werden. Auffällig in unser westliches Bewußtsein gedrungen ist diese Partei allerdings erst nach 1970 durch zwei ihrer Führer: durch Hafis Al Assad in Syrien und durch Saddam Hussein im Irak. Davon später mehr. Zunächst die Ursprünge und der Werdegang.

Michel Aflak, 1910 als Sproß einer reichen syrisch-christlichen Familie in Damaskus geboren, hatte in Paris Geschichte und Soziologie studiert. In Paris hatte er sich auch intensiv mit nationalistischen und sozialistischen Ideologien Frankreichs und anderer europäischer Länder auseinandergesetzt, was ihn zur Ideologie eines arabischen Nationalismus und Sozialismus inspirierte. Der Christ Aflak definierte den Islam sehr säkular: weniger als göttliche Offenbarung, mehr als wertvolles »arabisches Kulturerbe«. In diesem Sinn strebte seine Partei ein Wiedererstarken verschütteter »arabischer« Kräfte an, worauf auch der Name der Partei hinweist: Das arabische Wort »Baath« bedeutet »Wiedergeburt«, »Erweckung«.

Sozialismus, »Ishtirakiya«, hieß für diese Partei, die bisherigen Feudalstrukturen zu beseitigen und vor allem eine Landreform zugunsten der sozial unterdrückten Kleinbauern durchzuführen. Es gelte eine Gesellschaft zu schaffen, in der die krassen Unterschiede von reich und arm, gebildet und ungebildet überwunden seien. »Sozialismus« als Programm blieb hierbei allerdings vage. Der Chefideologe Aflak hatte sich zwar in Paris auch intensiv mit den Analysen und Theorien von Karl Marx auseinandergesetzt, aber er äußerte sich nicht dezidiert zu einer wirtschaftlichen Neuordnung. Er wie seine ideologischen Nachfolger ließen offen, ob eine Baath-Regierung eine Planwirtschaft nach dem Vorbild kommunistischer Ostblockstaaten schaffen oder mehr einer Privatwirtschaft Entfaltung zubilligen sollte.

Entsprechend widersprüchlich sah dann später die Praxis aus. Die politischen Strategen unterwarfen das Wirtschaftsleben sowie das Bildungswesen einer mehr oder weniger rigiden staatsbürokratischen Aufsicht, andererseits ließen sie den Geschäftsleuten genug Spielraum, um ihren Privatbesitz zu wahren und zu mehren. Die Baath-Sozialisten hüteten sich, die Rechte des Besitzbürgertums allzusehr einzuschränken, weil neben ranghohen Militärs auch viele Ingenieure, Ärzte, Rechtsanwälte, Verwaltungsbeamte und Lehrer zu ihren Anhängern gehörten. Aber Aflak und spätere Partei-Ideologen waren »sozialistisch« genug, um sich gegen Regierungen mit traditionell feudalistischer Ideologie und konservativ religiöser Prägung scharf abzugrenzen. Ihre Politik richtete sich besonders gegen die Monarchie in Saudi-Arabien und die Scheichtümer am Golf, aber auch gegen die Monarchien in Jordanien und Marokko sowie gegen das (bis 1958 bestehende) Königshaus im Irak.

Die Distanz der Baath-Sozialisten zum traditionellen Islam war besonders in den ersten Jahrzehnten schroff. Dem Christen Aflak lag an einer säkularen Gesellschaftsordnung vor allem, weil er hoffte, daß in einem solchen Staat endgültig der Gegensatz zwischen Muslimen und Christen abgebaut werden könne – religiöse Minderheiten also völlig gleichberechtigt mit der religiösen Mehrheit zusammenleben würden. Entscheidend ist für einen Baath-Sozialisten nicht, Muslim oder Christ zu sein, sondern »Araber«. Bemerkenswert ist, daß die vielen muslimischen Mitglieder der Partei hier der Doktrin ihres christlichen Chefideologen folgten. Wenn auch die Parteiführer und später die Regierenden stets Muslime waren, so spielten doch arabische Christen innerhalb der Partei eine wichtige Rolle. Das ist, wie wir noch sehen werden, in Syrien so, wo rund 12 Prozent der Bevölkerung Christen sind, und war nicht anders im Irak mit seinen rund drei Prozent Christen.

Ziel der Baath-Sozialisten war es, in allen arabischen Staaten an die Macht zu kommen und von Marokko bis in den Irak eine »neue arabische Gesellschaft« zu schaffen, schließlich verstanden sie sich als Vorkämpfer einer »panarabischen« Bewegung. Aber von Anfang an hatten sie Schwierigkeiten, außerhalb ihres Ursprungslandes Syrien nachhaltig Machtpositionen zu erobern. Ein wesentlicher Grund dafür war, daß sich in anderen Ländern Parteien mit ähnlichen ideologischen Inhalten entwickelten und zur Konkurrenz wurden (davon später mehr). Aber immerhin erreichten sie in zwei

Staaten ihr Ziel. 1963 kamen sie durch einen Militärputsch in Syrien an die Regierung. Zur gleichen Zeit konnten sie im Nachbarstaat Irak ihre Basis entscheidend verbreitern und regierten zunächst in Koalition mit anderen Parteien arabischer Nationalisten, bis sie 1968 ebenfalls durch einen Militärputsch die ganze Macht gewannen. Hier wie dort regierten sie dann allerdings unangefochten bis in die ersten Jahre des 21. Jahrhunderts. Aber die »Bruderparteien« der syrischen und arabischen Baath-Sozialisten waren schon 1966 in zwei rivalisierende und schließlich ideologisch verfeindete Parteien gespalten. Das konnte als ein weiteres Indiz dafür gelten, daß der Traum von einer Herrschaft über eine geeinte arabische Welt Illusion bleiben mußte.

Der Weltöffentlichkeit eingeprägt haben sich die Baath-Parteien, wie ebenfalls schon angedeutet, vor allem durch zwei Diktatoren: Der eine, Hafis Al Assad, regierte in Damaskus von 1970 bis zu seinem Tod im Juni 2000, worauf die Macht an seinen Sohn Baschar Al Assad überging. Der andere, Saddam Hussein, war in Bagdad nach dem Militärputsch von 1968 Vizepräsident und damit der zweitwichtigste Mann des Regierungsapparates geworden. 1979 hatte er die ganze Macht an sich gerissen und regierte, bis er im April 2003 durch den Einmarsch amerikanischer und britischer Truppen nach 24jähriger Gewaltherrschaft gestürzt wurde. Damit ging die Herrschaft der irakischen Baath-Partei zu Ende.

Eine solche Entwicklung zeigt, daß von den hehren Idealen eines »Baath-Sozialismus« in der Praxis nicht mehr viel geblieben ist. Aber in den ersten zwei Jahrzehnten ihrer Macht haben die syrischen wie die irakischen Baath-Sozialisten beachtliche Fortschritte in der Bildungspolitik, der Alphabetisierung sowie in der Frauenemanzipation erzielt. Auch konnten unter ihrer Herrschaft religiöse Minderheiten, besonders Christen, mehr Freiheiten, ja politische Privilegien genießen als in vielen anderen islamischen Staaten. So war etwa der irakische Christ Tarik Aziz zum Außenminister in der Regierung Saddam Husseins aufgestiegen und wurde schließlich dessen Stellvertreter. Und Michel Aflak, der christliche Chefideologe, der nach politischen Streitigkeiten 1968 von Syrien in den Irak zur rivalisierenden Schwesterpartei übersiedelte, konnte auch in Bagdad ein privilegiertes Leben führen. Bei seinem Tod 1989 wurde er gar von Saddam Hussein durch ein Staatsbegräbnis geehrt.

Daß die Baath-Sozialisten eine Demokratie nach westlichem Vorbild ablehnten und statt dessen von Anfang an eine Erziehungsdiktatur befürworteten, begründeten sie mit folgendem Argument: Das arabische Volk sei noch nicht reif für Demokratie, es stecke noch zu tief im Stadium der Unterentwicklung. Bis das Volk die nötige Bildung erworben habe, brauche es eine alleinregierende Partei, deren Führung aus einer »Avantgarde der Wissenden« bestehe. Theoretisch bedeutete das, daß durchaus Demokratie möglich – ja erstrebenswert – sei, aber es könne noch Jahrzehnte des Übergangs dauern, bis entsprechende Voraussetzungen geschaffen seien. Die Baath-Sozialisten beriefen sich mit dieser Ideologie sowohl auf Atatürk als auch auf Lenin und argumentierten, daß beide ja auch nur mit einer Erziehungsdiktatur den Fortschritt gegenüber einem »unwissenden« Volk hätten durchsetzen können. Und wie Atatürk übernahmen die Baath-Sozialisten von Lenin nur das Herrschaftsmodell, nicht die kommunistische Ideologie und den Atheismus.

Aber im Unterschied zu den Nachfolgern Atatürks in der Türkei blieben die Baath-Sozialisten unverändert bei ihrer Überzeugung, das Volk sei noch lange nicht reif für Demokratie und benötige weiterhin eine »wissende Führung« mit starker Hand. Während in der Türkei, wie bereits erwähnt, 1945 ein Mehrparteiensystem zugelassen wurde, hat sich weder im Irak noch in Syrien eine ähnliche Entwicklung auch nur im Ansatz angebahnt. Ja, im Irak ist bekanntlich die »wissende Führung« unter dem Regime des politischen Abenteurers Saddam Hussein zu einer besonders schlimmen Gewaltherrschaft entartet, ohne noch ein weitreichendes sozialpolitisches Konzept erkennen zu lassen – es dominierte das Prinzip des brutalen Machterhalts um jeden Preis. In dieser Hinsicht unterschied sich die Tyrannei im Irak allerdings von dem ebenfalls harten Regime in Syrien. Der strategisch viel geschicktere Machtpolitiker Hafis Al Assad hatte zwar nicht gezögert, politische Gegner ebenfalls rücksichtslos zu beseitigen, aber er erwies sich letztlich als ein rational kühler Pragmatiker, dem es während der drei Jahrzehnte seiner Herrschaft immerhin gelang, das religiös und sozial aufgesplitterte Syrien zu stabilisieren. Auch verstand er es, außenpolitisch sich stets wendig neuen Gegebenheiten anzupassen, was hieß, bei Bedarf auch mit dem Erzfeind Israel und den USA Verhandlungen aufzunehmen.[18]

Gleichermaßen Schwierigkeiten hatten aber die irakischen wie die syrischen Baath-Sozialisten mit der religiösen Orthodoxie. »Rechtgläubige« Muslime verhielten sich von Anfang an mißtrauisch gegenüber den arabischen Nationalisten, zum einen, weil diese die »arabische Kultur« wichtiger nahmen als den Islam, zum andern, weil der Begründer der Baath-Partei ein Christ war und sich etliche der Baathisten ganz unverhohlen mit ihrem Ideal einer Erziehungsdiktatur auf Lenin beriefen. Die politischen Anleihen beim System des Leninismus bestärkten orthodoxe Muslime in dem Verdacht, mit der »sozialistischen Diktatur« käme der Atheismus auf zunächst kaum erkennbaren Schleichwegen in die islamische Welt. Daher richteten sie ihre Opposition sehr früh schon gegen die Baath-Parteien, und daran hat sich bis heute nichts geändert.

Mit wachsendem Widerstand orthodoxer Muslime hatten sich seit den siebziger Jahren die Baath-Führer Hafis Al Assad in Syrien und Saddam Hussein im Irak auseinanderzusetzen, und zeitweise war es auch zu Unruhen gekommen, besonders unter Fundamentalisten. Aber so wenig zimperlich die Baath-Führer gegenüber muslimischen Eiferern waren und sind, wenn es um die Erhaltung ihrer Macht ging (sie haben jede Unruhe mit brutaler Militärgewalt unterdrückt), suchten sie doch die Verständigung mit religiösen Kräften. Um diese Haltung schon in Äußerlichkeiten zu dokumentieren, ließen sie ihre Manifeste stets mit der traditionellen Anrufung Gottes beginnen: »Im Namen Allahs…« Tatsächlich ist weder in Syrien noch im Irak der Einfluß geistlicher Rechtsgelehrter aus der Politik völlig verdrängt worden, zudem hat sich der Religionsunterricht – anders als unter Atatürk – zentral im Erziehungswesen halten können.

Die »sozialistische« Konkurrenz der Nasseristen

Ich habe es schon erwähnt: Die Baath-Sozialisten konnten in vielen anderen arabischen Ländern ideologisch und machtpolitisch nicht größeren Einfluß gewinnen, weil sich eine Reihe Parteien mit ähnlichen ideologischen Inhalten entwickelt hatten und zur Konkurrenz wurden. Eine dieser Bewegungen »arabischer Sozialisten«, die über Jahrzehnte eine herausragende Rolle spielte, möchte ich ausführlicher darstellen: die der sogenannten Nasseristen in Ägypten. Der Name der Bewegung geht auf ihre Leitfigur zurück: den Revolutionsführer Gamal Abd Al Nasser, der zeitweilig als Verbündeter, dann als mächtigster Rivale der Baath-Sozialisten auftrat.

Abd Al Nasser hatte sich 1952 nach einem Militärputsch gegen das korrupte Regime des ägyptischen Königs Faruk schrittweise die absolute Macht erobert und war 1954 endgültig zur Leitfigur der »Revolution« geworden. Nassers Ziele unterschieden sich nur wenig von denen der richtungsweisenden Ideologen in Syrien. Auch Nasser forderte den Zusammenschluß aller Araber zu einer großen »anti-imperialistischen«, politisch schlagkräftigen »arabischen Nation«. Auch Nasser bezog scharf Front gegen traditionalistisch orientierte Monarchien wie die in Saudi-Arabien und anderswo. Aber auch er hütete sich, die Rechte des Besitzbürgertums maßgeblich einzuschränken, weil er ebenso auf die Kenntnisse und die Mitarbeit großbürgerlicher Verwaltungsfachleute, Ingenieure, Ärzte und Lehrer angewiesen war. »Sozialismus« verwirklichte Nasser nur mit einer einzigen Maßnahme: indem er Fabriken und Plantagen ausländischer Konzerne verstaatlichte. Eine Landreform zugunsten der notleidenden Kleinbauern führte er dagegen nur sehr zögernd durch, weil er den Machtkampf mit den besitzenden Schichten grundsätzlich scheute. Nassers Programm und Politik stimmten demnach selbst in den Widersprüchen mit Ideologie und Praxis der Baath-Sozialisten überein. Eine bloße Nachahmung also? Manches spricht dafür. Trotzdem erscheint es logisch, wenn heute Historiker Nassers politische Bewegung in Abgrenzung zur Baath-Ideologie als einen eigenständigen »Nasserismus« bezeichnen. Denn die Persönlichkeit des ägyptischen Revolutionsführers war so stark, seine Fähigkeit, die Volksmassen in mitreißenden Reden mit seinen Visionen zu begeistern, so auffallend, daß hinter seiner Erscheinung alle Schwächen und Widersprüchlichkeiten des Programms zurücktraten – Nasser war das Programm.

Nasser hatte es wie kein anderer verstanden, den »Sozialismus« als »arabisches« Ideal anzupreisen. Wortreich konnte er den Massen klarmachen, daß die Grundidee sozialer Gerechtigkeit in der arabischen Tradition – genauer: im Islam selbst – angelegt sei. Man brauche daher keine Anleihe bei fremden Kulturen zu nehmen, schon gar nicht bei den Kolonialherren von einst. Mohammed habe bereits die Gleichheit aller Menschen gepredigt und die Reichen wie die Mächtigen verflucht, die die Armen Not leiden ließen. Die arabische Kultur enthalte sämtliche Werte einer moralisch hochstehenden Gesellschaft und sei besonders geeignet, soziale Gerechtigkeit herzustellen. Es müsse nur endlich wieder, wie in weit zurückliegenden Zeiten, mit solchen Werten ernst gemacht werden. Dies waren Argumente, wie sie den einfachen Mann von der Straße sowie den Intellektuellen, den gläubigen Muslim sowie den unorthodoxen Skeptiker beeindrucken konnten. In der Tendenz unterschied sich Nasser auch hier nicht von den Baath-Ideologen, aber anschaulicher als sie konnte er dem »Sozialismus« die nötige arabisch-islamische Einkleidung geben.

In der Tat liegt dem Islam ein zutiefst egalitäres Ideal zugrunde. Zwar hat Mohammed nie eine politische Ordnung gefordert, in der es zwischen Reich und Arm keine wesentlichen Unterschiede mehr gebe. Aber Mohammed wollte die Unterschiede gemildert wissen und hat die Gleichheit aller Menschen zumindest als eine Zukunftsvision des Paradieses verheißen. Und diese Zukunftsvision findet bereits in religiösen Riten ihren symbolhaften Ausdruck. Am deutlichsten zeigt sich die Verheißung der »Gleichheit« im Pilgerzeremoniell von Mekka: Alle Gläubigen, ob reich oder arm, mächtig oder sozial unterdrückt, haben sich während der Wallfahrt in gleich aussehende einfache weiße Tücher zu kleiden – ein paar Tage verwirklicht sich so wenigstens nach außen hin jener harmonische Zustand, wie er im Paradies ewig währen soll. Es hat in der islamischen Geschichte immer wieder Reformer gegeben, die aus diesen utopisch verheißenen Gleichheitsidealen Regeln für den Staat abgeleitet haben. »Sozialismus« also? Da der Islam nicht anders als das Christentum Nächstenliebe über alle gesellschaftlichen Schranken und Rassen hinweg fordert, brauchen Muslime den »Sozialismus« nicht als etwas völlig Fremdes abzuwehren, selbst wenn viele sozialistische Thesen aus Europa übernommen wurden. Das Ideal eines »arabischen Sozialismus« hätte sonst zu keiner Zeit die Volksmassen begeistern können.

Die Nasseristen demonstrierten allerdings wie die Baath-Sozialisten Distanz zum traditionellen Islam. Sie strebten ja die »Einheit der Araber« und nicht die »Einheit der Muslime« an. Sie bekämpften zwar den »Kolonialismus« und »Imperialismus« westlicher Großmächte, aber ihnen ging es nur darum, sich aus der politischen und wirtschaftlichen Abhängigkeit des Westens zu lösen. Dagegen hielten sie an geistigen Vorbildern des Westens fest: an der weitgehenden Trennung von religiöser und politischer Sphäre, an der nationalistisch statt der religiös definierten Gemeinschaft. Und so braucht es nicht zu wundern, daß die Nasseristen sehr bald in Konflikt mit Gruppierungen orthodoxer Muslime gerieten, besonders mit der 1928 in Kairo entstandenen Muslim-Bruderschaft. Nachdem Nasser 1954 nur knapp einem Mordanschlag von Muslim-Brüdern entgangen war, ließ er Tausende ägyptischer Fundamentalisten einkerkern und etliche ihrer führenden Mitglieder hinrichten.

Trotz schwerwiegender Konflikte mit orthodoxen und radikal-orthodoxen Muslimen war aber der Nasserismus bis weit in die sechziger Jahre herein in Ägypten außerordentlich populär geblieben, ja konnte sich als die führende nationalistisch-sozialistische Bewegung der arabischen Welt behaupten. Erst nachdem Nasser 1967 im sogenannten Sechstagekrieg gegen Israel eine demütigende Niederlage erlitten hatte und bei vielen Arabern Zweifel an den Fähigkeiten bisheriger Führungseliten aufkamen, ließ die Ausstrahlungskraft des panarabischen Führers und seiner Bewegung nach und verblaßte allmählich nach Nassers Tod 1970. Nun erst rückte deutlicher ins Bewußtsein, daß viele der anfangs energisch betriebenen sozialen Reformen an widersprüchlichen Konzepten und am alten Übel der Korruption längst gescheitert waren oder zumindest stark an Elan verloren hatten.

Diese schleichend um sich greifende Enttäuschung erleichterte es dem Nachfolger, dem bisherigen Vizepräsidenten Anwar As Sadat, etliche der einflußreichsten Anhänger Nassers aus den Schlüsselpositionen der Partei zu verdrängen und durch eigene Gefolgsleute zu ersetzen. Sadat leitete eine, wie er selber betonte, pragmatische Politik ein. Das hieß, Sadat öffnete Ägypten 1973 dem »Westen«, den er nicht mehr wie die Nasseristen als »imperialistisch« anprangerte. Vielmehr wollte er mit westlicher Wirtschaftshilfe die von der nasseristischen Staatsbürokratie eingeschnürte Industrie aus ihrer schweren Krise herausführen. Dies bedeutete die endgültige Abkehr vom Nasserismus. Daß dann allerdings auch Sadats Politik der »Öffnung« in Korruption und eine erneute Wirtschaftskrise mündete, werden wir später sehen.

In der »sozialistischen« Republik Irak vollzog der Diktator Saddam Hussein 1990 demonstrativ einen schrittweisen ideologischen Wandel. Er, den die Iraker bisher kaum in einer Moschee gesehen hatten, ließ sich beim Gebet unter Gläubigen filmen und sprach im Staatsfernsehen vom »Heiligen Krieg« gegen den »ungläubigen Westen«. Das war ein ungewöhnliches Verhalten für einen Baath-Sozialisten, der bis in die achtziger Jahre herein in seinen Schriften entschieden die Trennung von Religion und Politik propagiert hatte. Saddam Hussein gab sich nun zunehmend als ein »religiöser« Politiker, nachdem er am 2. August dieses Jahres seine Truppen in Kuwait hatte einmarschieren lassen und das Golfscheichtum annektierte. Weil die Westmächte unter Führung der USA dem Diktator nun mit Krieg drohten, antwortete Saddam Hussein im kriegerischen Tonfall. Warum aber benützte er hierbei ausgerechnet das religiös-politische Vokabular von Islamisten? Er unterdrückte doch Islamisten im eigenen Herrschaftsbereich mit Härte. Die Antwort ist einfach: In dieser äußerst kritischen Situation sah sich Saddam Hussein mehr als bisher auf breite Unterstützung orthodoxer Muslime, ja auch von Islamisten der ganzen islamischen Welt angewiesen.

Aber schon unmittelbar bevor Saddam Hussein seine Truppen in Kuwait einmarschieren ließ, hatte er vorbeugend erste Signale einer auffallenden »Islamisierung« gesetzt. Im Juli 1990 praktizierte er bereits eine paradoxe ideologische Verrenkung, um den »Gläubigen« zu demonstrieren, daß die Baath-Partei und sein Regime letzten Endes als »islamisch« anzusehen seien. Er tat etwas, das sich im offiziellen Bericht des irakischen Informationsministeriums, in der devoten Sprache von Hofberichterstattern, folgendermaßen liest: »Seine Exzellenz ergriff die Flagge des Irak, seine Augen leuchteten [...], und er zeigte mit seiner vornehmen Hand, daß die Worte Allahu Akbar auf die Flagge des Irak eingestickt werden sollen.«[19] Den Ausruf »Allahu Akbar«, »Gott ist am größten«, auf einer Staatsflagge anbringen zu lassen, ist bisher kaum einmal während des 20. Jahrhunderts in der arabischen Welt geschehen – mit Ausnahme im fundamentalistisch regierten Königreich Saudi-Arabien, einem der ideologischen Hauptgegner des sozialistisch-säkularen Irak. Saddam Hussein tat noch ein übriges, um die irakische Baath-

Partei zu »islamisieren«: Er ließ das Gerücht verbreiten, der christliche Begründer der Baath-Partei, Michel Aflak, habe sich 1989 auf dem Sterbebett zum Islam bekehrt. Es ist ein Gerücht, für dessen Wahrheitsgehalt es keinerlei stichhaltige Bestätigung außerhalb der Reihen regimetreuer Vasallen gibt.

Aber der Irak ist für derartige Tendenzen nur ein besonders eklatantes Beispiel. Nahezu alle Republiken, die sich mehr oder weniger zur Idee eines säkularen Staates bekennen – ob nun Syrien, Ägypten, Algerien, Tunesien, Somalia –, sahen sich genötigt, auf wachsenden konservativen Widerstand in der Bevölkerung zu reagieren und das Bekenntnis zum Islam demonstrativ zu bekräftigen. Sie taten dies mit öffentlichen Erklärungen, medienwirksam inszenierten Moscheebesuchen führender Politiker, und – was noch viel wichtiger war – sie verzichteten darauf, konsequent die Trennung von religiöser und politischer Sphäre durchzuführen. In nahezu all diesen Staaten ist der Einfluß geistlicher Rechtsgelehrter auf die Politik und die Erziehung mehr oder weniger erhalten geblieben, vor allem auf die sozial-religiöse Gesetzgebung im Bereich Familie und Frauen. Daher kann keine dieser Republiken nach unseren westlichen Maßstäben als »säkularisiert« betrachtet werden.[20]

Das gilt gerade auch für Ägypten, obwohl sich dessen Führungsschicht neben der türkischen am frühesten westlichen Einflüssen geöffnet hat. Exemplarisch für eine sehr ambivalente »säkulare« Politik ist besonders Nassers Nachfolger Anwar As Sadat, der uns lange Zeit als ein vorwiegend liberaler, sehr pragmatisch denkender und westlichen Strömungen aufgeschlossener Politiker erschienen ist. Sadat sah zwar wie Nasser die fundamentalistische Muslim-Bruderschaft als eine Bedrohung für den Staat an, aber er bekämpfte sie nicht entschieden. Nicht nur, daß Sadat im Gegensatz zu Nasser zunehmend darauf verzichtete, Muslim-Brüder einzukerkern oder gar hinzurichten. Sadat versuchte vielmehr, die Islamisten durch eine Reihe politischer Zugeständnisse in das Staatsgefüge einzubinden, in der Hoffnung, so am ehesten die Gefahr bürgerkriegsähnlicher Unruhen bannen zu können. Daher öffnete er für viele Muslim-Brüder die Gefängnistore und ließ etlichen sogar Haftentschädigung oder Pension auszahlen. Auch duldete er, daß die Muslim-Brüder immer mehr Einfluß an den Universitäten gewannen, dort Emanzipationserfolge ägyptischer Studentinnen rückgängig machten und eine strenge Trennung nach Geschlechtern einführten. Das entscheidendste Zugeständnis aber machte Sadat, als er schon 1971 erste Anordnungen gab, wichtige Bestandteile aus der mittelalterlichen Gesetzgebung des Islam, der Scharia, in die ägyptische Verfassung einzubauen. Führende Muslim-Brüder durften dann seit 1980 gar im Beratungsausschuß des juristischen Gremiums mitwirken. Und diese Verfassungsänderungen haben auch unter Sadats Nachfolger Hosni Mubarak Bestand.

Für Nasser wären solche Zugeständnisse undenkbar gewesen. Sie wären ihm als Verrat an der Idee eines säkularen Nationalismus und Sozialismus erschienen. Nasser hätte sich auch nie derart demonstrativ zum Islam bekannt, wie dies der zweifellos religiöse Sadat getan hat. Zur traurigen Ironie der Geschichte gehört allerdings, daß diese Beschwichtigungsversuche gegenüber den Islamisten Sadat nichts genutzt haben. Er starb am 6. Oktober 1981 durch ein Attentat der Organisation »Dschihad«, »Heiliger Krieg«, einer besonders radikalen Zweiggruppe der Muslim-Bruderschaft. Die Islamisten insgesamt hatten es Sadat ohnehin nicht verziehen, daß er im März 1979 einen Seperatfrieden mit dem »Satan« Israel geschlossen hatte.

In der islamischen Welt gibt es bisher nur ein einziges Land, das unserer westlichen Vorstellung eines »säkularisierten« Staates einigermaßen entspricht. Das ist die Türkei, in der ja Atatürk die Trennung zwischen religiöser und politischer Sphäre entschieden hat durchsetzen können. Aber selbst dort bleiben, wie wir noch sehen werden, beträchtliche Spannungen zwischen den Verfechtern einer säkularen Moderne und einer »islamisch« geprägten Gesellschaft bestehen.

Krieg der Konfessionen

Sunniten und Schiiten

Die Schiiten? Der Gefragte zog unwillig die Stirn in Falten. Die Schiiten, sagte er, seien keine richtigen Muslime, das seien bestenfalls halbe Muslime.

Die Antwort machte mich stutzig. Sie kam von einem Türken in Kayseri, östliches Anatolien. Er war einige Jahre als Gastarbeiter in Deutschland tätig gewesen, sprach relativ gut deutsch und schien sich zu freuen, mit mir in einem Teehaus nahe der Zitadelle zu plaudern. Andererseits strahlte er eine gewisse Reserviertheit aus, die ich mir nicht sofort erklären konnte. Das Gespräch ergab sehr bald, daß er sich als streng orthodoxer Sunnit begriff. Gerade in der Fremde, inmitten völlig anderer Sitten, sei sein Glaube stark geworden, versicherte er, und fuhr fort: Deutschland sei ein schönes Land, die Deutschen seien freundliche Leute … Mich ließen solche Worte verlegen werden angesichts der Ressentiments, die ja viele Deutsche den »Gastarbeitern« entgegenbringen. Der Islam werde allerdings in Deutschland nicht genügend respektiert, schränkte er sein Lob wieder ein. Da mußte ich ihm zustimmen. Aber ausgerechnet er, der sunnitische Muslim, äußerte sich einem Deutschen gegenüber abwertend über die Schiiten.

Aus der Distanz erscheint mir diese Haltung keineswegs überraschend. Auch in unserem Kulturkreis können wir ja zur Genüge beobachten, daß sich Strenggläubige oft besonders strikt gegen »Ketzer« innerhalb der eigenen Religion abgrenzen. Schon eine Äußerung wie diese vermag daher eine Ahnung zu vermitteln, wie sehr auch im Islam das Bewußtsein einer Religionsspaltung bis auf den heutigen Tag schmerzlich lebendig geblieben ist. Und wie diese Spannung sich immer wieder in Ressentiments entladen kann.

Die Tendenz zur Spaltung ist bei Muslimen unmittelbar nach dem Tod ihres Propheten offenkundig geworden. Aber sie entzündete sich in erster Linie an politischen, nicht an theologisch-begrifflichen Erörterungen. Die Muslime hatten Schwierigkeiten, sich auf einen Nachfolger im Amt Mohammeds zu einigen. Die einen meinten, zur Nachfolge als »Kalif« (»Stellvertreter«) sei jeder ein guter Kandidat, sofern er nur Araber und ein vorbildlicher Muslim sei. Sie, die Sunniten, sollten später die Mehrheit von fast 90 Prozent aller Gläubigen bilden. Ihr Name leitet sich von »Sunna« ab; der Begriff läßt sich am besten mit »gewohnte Handlungsweise«, »herkömmlicher Weg«, »Tradition« übersetzen. Andere verkündeten, jeder Muslim, unabhängig von Volk und sozialem Stand, könne Kandidat sein. Sie, die Kharidschiten, sollten später wegen ihrer kompromißlosen Glaubenshaltung zahlenmäßig zur unbedeutenden Minderheit, zu einer »Sekte« herabsinken und nur noch im südlichen Arabien und Algerien kleine Rückzugsgebiete haben. Ihr Name bedeutet »die Abgesonderten«. Wieder andere meinten, nur ein Blutsverwandter des Propheten könne Nachfolger werden, und da Mohammed lediglich eine Tochter mit dem Namen Fatima hatte, entschieden sie sich für deren Gatten Ali Ibn Abi Talib und dessen Geschlechterfolge. Sie, die Schiiten, sollten später rund 10 Prozent der Muslime ausmachen. Ihr Name geht auf den arabischen Begriff »Schia«, »Partei«, zurück. Gemeint ist die Partei des Ali, des Schwiegersohns des Propheten Mohammed.

Es hat wegen dieses Nachfolgestreits blutige Kämpfe zwischen den Parteien gegeben, Machtkämpfe. Und doch war es nicht ein bloßer Kampf um Herrschaft, sondern auch um Prinzipien, denn sonst hätten sich die Gruppierungen nicht in Konfessionen spalten müssen. Die Sunniten neigten in Zukunft dazu, den Koran und Mohammeds mündlich überlieferte Aussagen als alleinige Glaubensquelle anzuerkennen, die Schiiten dagegen erweiterten das Spektrum noch durch die Korandeutungen ihrer »rechtmäßigen« Prophetennachfolger, des Kalifen Ali sowie dessen Sohn, des Prophetenenkels Hussein Ibn Ali. Und da Sunniten wie Schiiten allein ihre eigene Auffassung für »wahr« hielten, ist es zwischen ihnen – ähnlich wie zwischen christlichen Konfessionen – zu gegenseitigen Verdammungsurteilen aus Glaubensgründen gekommen.

Die Trennung äußert sich selbst im Ruf zum Gebet, wie er fünfmal jeden Tag aus den Lautsprechern der Minarette über Straßen und Häuser schallt. Allen Muslimen von Marokko bis Indonesien, von der Türkei bis Westafrika ist jener gedehnt auf Arabisch gesungene Text vertraut: »Gott ist am größten. Ich bezeuge, daß es keinen Gott gibt, außer Gott! Ich bezeuge, daß Mohammed der

Gesandte Gottes ist!« Aber in schiitischen Moscheen setzt der Muezzin dem Glaubensbekenntnis einen weiteren Satz hinzu: »Ich bezeuge, daß Ali der Freund Gottes ist!« Für Sunniten eine Blasphemie: Wenn auch in ihrer Überlieferung Kalif Ali eine bedeutende Rolle spielt, erscheint ihnen eine besondere Hervorhebung im täglichen Gebetsruf wie eine Heiligenverehrung, sie aber gilt als »unislamisch«. Erst recht ist ihnen die Neigung der Schiiten suspekt, die zwölf Imame – direkte Nachkommen Mohammeds aus der Geschlechterreihe des Kalifen Ali und der Prophetentochter Fatima – als besondere Autorität in Glaubensfragen zu verehren. Umgekehrt lehnen die Schiiten viele Korandeutungen der sunnitischen Geistlichkeit ab, eben weil jene sich über unverbrüchlich »wahre« Interpretationen ihrer zwölf Imame hinwegsetzt.

Aus solchen Gegensätzen heraus ist es im Verlauf der Jahrhunderte immer wieder zu äußerst blutigen Machtkämpfen und »Glaubens«kriegen zwischen beiden Konfessionen gekommen. Sunniten wie Schiiten strebten gleichermaßen einen Staat an, in dem allein ihre geistlichen Rechtsgelehrten die Richtlinien für eine »wahrhaft islamische« Sozialordnung bestimmten. Aber die ersten zwei bis drei Jahrhunderte hatten die Sunniten eine derart erdrückende politische Übermacht gebildet, daß die Schiiten als weit verstreute Minderheit bestenfalls nur geduldet, oft unterdrückt, verfolgt oder gar getötet wurden, also ihren Glauben nur im verborgenen leben konnten. Es gehört zum tragischen Schicksal der Schiiten, daß viele ihrer frühen Führer ermordet wurden – allen voran die Ahnväter ihrer Bewegung, Kalif Ali und sein zweitältester Sohn Hussein, sowie die nachfolgenden Imame. Nach dem gewaltsamen Tod des zwölften Imam im Jahr 874 unserer Zeitrechnung war schließlich die direkte Nachkommenschaft aus der Familie des Propheten Mohammed und des Kalifen Ali erloschen. Aus dieser Situation heraus haben die Schiiten früh die Neigung entwickelt, Märtyrer ihrer Konfession besonders zu verehren – allen voran Hussein, Alis Sohn und Enkel des Propheten, der im Jahr 680 unserer Zeitrechnung in der Schlacht von Kerbela (Irak) gegen das Heer des sunnitischen Kalifen Yesid gefallen war. Und letztendlich hielten die Schiiten es sogar für eine »gottgewollte« Tugend, dem Vorbild solcher Märtyrer nachzueifern und unbeugsam wie sie bis zum »Opfertod« gegen eine »ungerechte« Herrschaft von »Ketzern« und »ungläubigen« Muslimen zu kämpfen. Es ist auch kein Zufall, daß viele Sklaven- und Bauernaufstände im islamischen Mittelalter und der frühen Neuzeit von sozial unterdrückten Schiiten gegen sunnitische Feudalherren geführt wurden.

Allerdings sind die konfessionellen Fronten innerhalb des Islam nicht so holzschnittartig einfach geblieben, wie sie hier um der besseren Übersicht willen dargestellt sind. Sunniten und Schiiten bilden nur die Hauptgruppen, aus denen sich verschiedenste Untergruppen und Sekten abspalteten, die sich wiederum untereinander kritisierten und bekriegten – eine Entwicklung, wie wir sie ähnlich auch in der Kirchengeschichte beobachten können. Besonders die Schiiten haben sich in immer neue Richtungen aufgesplittert, weil sie sich nicht über die Frage einigen konnten, wie viele Imame in der Prophetennachfolge als höchste Autorität anerkannt werden sollten. So formte sich etwa die Bewegung der Siebener-Schiiten, weil sie nur sieben Imame in ihrer Traditionskette zulassen, oder die der Zwölfer-Schiiten. Bei der gebotenen Kürze muß es genügen, die Hauptströmungen im Auge zu behalten, die auch heute noch maßgeblich das Gesicht der islamischen Welt prägen.

Entscheidend verschärft hatten sich die Gegensätze, als es den sogenannten Zwölfer-Schiiten zu Beginn des 16. Jahrhunderts gelungen war, im Iran einen eigenen Staat mit beträchtlichem Großmachtehrgeiz zu begründen. Dieser Staat prallte mit den Interessen eines ähnlich rücksichtslos aufstrebenden Großreichs zusammen: dem Sultanat der Osmanen; und damit entbrannte zwischen schiitischen Persern und sunnitischen Türken ein äußerst blutiger, verlustreicher Kampf um Einfluß auf die übrigen islamischen Gebiete, besonders den arabischen Raum. Diese heftig geführten Kriege während des 16. und 17. Jahrhunderts haben die konfessionellen Affekte bis heute wesentlich geprägt. Wie haßerfüllt Schiiten und Sunniten damals übereinander urteilten, erinnert lebhaft an die vergiftende Polemik zwischen Katholiken und Protestanten zur selben Zeit. Europa litt damals unter den unsäglichen Spannungen von Reformation und Gegenreformation. Hier wie dort haben sich Politik und Religion gefährlich vermischt.

Durch den Bericht des zeitgenössischen Forschungsreisenden Engelbert Kaempfer ist uns ein lebhafter Eindruck dieses gegenseitigen Fanatismus zwischen Sunniten und Schiiten überliefert; er schrieb 1684 nach einem Besuch als Gesandter der schwedischen Regierung am Hof von Isfahan: »So unerheblich uns der Unterschied zwischen Sunna und Schia erscheinen mag, so grimmig und unversöhnlich ist der Haß, mit dem sich die Anhänger der beiden Richtungen verfolgen. Die Perser [...] sind überzeugt, daß der Glaube der Türken so verkehrt sei, daß deren Seelen nach dem Tode sofort in bleierner Schwere in die im Mittelpunkt der Erde gedachte Hölle hinabstürzen, während die Seelen der anderen Ungläubigen erst am Jüngsten Tag gerichtet werden und bis dahin in der Geisterwelt verweilen dürfen. Scherzweise wird erzählt, daß, wenn eines Persers Fleisch mit dem eines Türken im gleichen Topf gesotten würde, die Brühe alsbald erstarre, wobei sich die beiden Bestandteile soweit als möglich abstießen.«[1]

Die Schiiten des Iran haben allerdings mit den Sunniten der arabischsprechenden Welt lange Zeit keine ähnlich explosiven Konflikte auszutragen gehabt wie mit den Türken. Es fehlte der politische Zündstoff. Aber als sich schließlich auch gegen die Araber aggressive Fronten herausbildeten, spielte das religiöse Argument eine größere Rolle. Der Streit entzündete sich in Mekka, dem Pilgerziel aller Muslime.

Probleme hatte es in Mekka keine gegeben, solange gemäßigte Sunniten die Oberhoheit über die Wallfahrtsstätte ausübten. Diesen Gläubigen war es selbstverständlich gewesen, daß man auch Muslimen mit anderer Konfession den Zutritt zur Kaaba ohne Schikanen gestatten sollte. Dies änderte sich, nachdem in Arabien die Dynastie der Saudi die Macht eroberte und in ihrem Gefolge eine fanatische Sekte geistig wie politisch den Ton angab: die Wahhabiten, deren Bewegung Mitte des 18. Jahrhunderts durch Abd Al Wahhab gegründet worden war. Diese Eiferer im Namen Allahs (über die ich an anderer Stelle noch ausführlicher berichten werde[2]) bekämpften nicht nur erfolgreich den überall florierenden Aberglauben, wie er während der letzten Jahrhunderte vor allem die volkstümliche Religiosität überwuchert hatte. Sie verwarfen großteils auch die liberale Theologie innerhalb des Hochislam, die ihrer Meinung nach den Koran zu freizügig und daher »unislamisch« auslegte. Die Wahhabiten versuchten derart rigoros den Islam von allen »Verfälschungen« zu »reinigen«, daß man sie aus unserer heutigen Sicht als die ersten Fundamentalisten ihrer Religion bezeichnen kann. Mit den Schiiten aber prallten sie zusammen, weil sie deren Wallfahrtskult an den Grabstätten ihrer Imame schroff ablehnten – eine Verehrung von »Heiligen« sei vom Koran aus nicht gestattet und grenze an »Götzendienerei«, so argumentierten sie. Dem Tadel ließen sie Taten folgen. 1802 verwüsteten die Wahhabiten im südlichen Irak die Gedenkstätte von Kerbela, wo die Schiiten am Grab des Prophetenenkels Hussein zu beten pflegten. 1806 zerstörten sie in Medina den Friedhof Al Baqui, wo die Prophetentochter Fatima und vier der zwölf schiitischen Imame beerdigt sind.

Dies mußte als eine unversöhnliche Kampfansage an die schiitischen »Ketzer« verstanden werden, und dies geschah in einem Fanatismus, wie er von einem Großteil der Sunniten abgelehnt wurde. Zwar verloren die Wahhabiten und mit ihnen die Saudi rasch wieder ihre Macht in Arabien, worauf die Nachfolger gestatteten, daß die Schiiten die verehrten Gräber wieder restaurierten. Als aber zu Beginn des 20. Jahrhunderts die Saudi zum zweiten Mal weite Teile Arabiens an sich rissen (seitdem sprechen wir von »Saudi-Arabien«) und damit wieder die Wahhabiten schroff puritanisch den Ton angaben, flammten die Affekte erneut auf. Noch einmal zerstörten die Wahhabiten die Gräber. Erst 1929 schlossen die Saudi – unter dem Druck gemäßigter sunnitischer Staaten – mit dem Iran einen Vertrag, wonach den Schiiten in Mekka endlich gleiche Behandlung wie den Sunniten garantiert wurde.[3]

Moderne Konfessionsstreitigkeiten im Islam

Sunniten wie Schiiten fällt es teilweise bis zum heutigen Tag schwer, gegenseitig zu völliger Toleranz zu finden. Aufschlußreich ist in dieser Hinsicht das theologische Gutachten, das der Rektor der Al-Azhar-Universität in Kairo, dem geistigen Zentrum des sunnitischen Islam, 1959 verkündete: Der Glaube der Schiiten sei als ein legitimer »muslimischer Ritus« anzusehen. Offenbar bedurfte es dieses Aufrufs von seiten der hochangesehenen Universität, um hartnäckig weiterbestehende Ressentiments abzubauen.

Aber seit im Iran 1979 eine sogenannte »islamische Revolution« radikale Schiiten an die Macht brachte, hat das mühsam ausbalancierte Gleichgewicht neuen Schaden genommen. Nun stehen den Wahhabiten in Saudi-Arabien Fanatiker mit ähnlichem Ausschließlichkeitsdenken im Iran gegenüber. Khomeini und seine Anhänger erklärten folgerichtig die Bewegung der Wahhabiten für ketzerisch und sprachen ihnen jegliches Recht ab, die heiligen Stätten in

Mekka zu verwalten. Was dann geschah, ist nur eine »revolutionäre« Konsequenz. Khomeini proklamierte die Wallfahrt schiitischer Pilger nach Mekka als »politischen Ritus«, es gelte gerade an der Kaaba mutig für den »wahren Glauben« zu demonstrieren. Im Sommer 1987 kam es schließlich in Mekka zu einem Gemetzel zwischen fanatisierten Schiiten und saudischen Sicherheitskräften, mehr als 400 Tote hat das Blutbad nahe der Großen Moschee hinterlassen – ein Schock, der aller Welt signalisierte, daß die Muslime nicht nur politisch, sondern weiterhin auch religiös gespalten sind.

Der radikale Schiit Khomeini ist für die Sunniten ein Stein des Anstoßes geblieben. So hat selbst das Todesurteil, das Khomeini 1989 über Salman Rushdie verhängte, dazu beigetragen, den Konfessionsstreit neu anzufachen. Weil sich die Rechtsgelehrten gerade der Al-Azhar-Universität von dem Todesurteil distanzierten, haben radikale Schiiten verstärkt gegen den Sunnismus polemisiert. Darauf hat wiederum ein angesehener sunnitischer Koraninterpret, der Ägypter Scheich Abd Al Munim Al Nimr, massive Vorwürfe gegen den iranischen Schiitenführer erhoben, und dies nun gezielt konfessionell: Khomeini ziehe mit verschiedenen Äußerungen einige der besten Freunde Mohammeds wie Kalif Abu Bekr und Kalif Omar »in den Schmutz«, nur weil diese – nach schiitischer Auslegung – gegen den Prophetenschwiegersohn Ali, das erste Oberhaupt der Schiiten, intrigiert hätten. In einem Artikel der Kairoer Tageszeitung *Al Ahram* zitierte der Religionsgelehrte entsprechende Belegstellen aus Khomeinis Büchern und klagte den Verfasser an, er habe die Muslime dazu aufgestachelt, besonders die Prophetengattin Aischa »mit Ausdrücken zu belegen, deren Niedertracht und Obszönität dem gleichkommt, was der verdammte und verhaßte Lügner [Salman Rushdie] behauptet hat.«[4] Aischa wird von den Sunniten sehr verehrt, wogegen die Schiiten sie distanziert betrachten oder gar ablehnen, eben weil auch sie den Prophetenschwiegersohn Ali bekämpfte.

Politische und soziale Spannungen überlagern den Konfessionskonflikt

Eine Zeitlang waren westliche Beobachter versucht, sogar jenen von 1980 bis 1988 tobenden Krieg zwischen Iran und Irak als einen Krieg der Konfessionen aufzufassen. Als schlüssiger Beweis erschien ihnen die Propaganda, die Khomeini und seine Anhänger in die mörderischen Zermürbungsschlachten eingebracht haben: Die Iraner würden nicht nur gegen »irrende Muslime« für den »wahren Glauben« kämpfen, sondern hätten auch noch die Schiiten im arabischen Raum von ihren sunnitischen »Unterdrückern« zu befreien.

Eine derartige Propaganda zielte auf die besondere Situation im Irak, wo ungefähr 60 Prozent der Araber sich zur schiitischen Konfession bekennen und von Sunniten regiert werden. Aber trotz aller Werbung iranischer Ayatollahs um die »Brüder« im Irak war dort die erwartete »schiitische Revolution« ausgeblieben. Mehr noch: Die irakischen Schiiten hatten es im ersten Golfkrieg überwiegend vorgezogen, Seite an Seite mit Sunniten gegen die schiitischen »Befreier« aus dem Iran zu kämpfen.

Dafür gab es zwei Gründe. Zum einen wogen die tief eingewurzelten historischen Gegensätze zwischen Arabern und Iranern schwerer als alle konfessionellen Bedenken. Zum andern lehnte aber die Mehrheit der irakischen Schiiten einen Gottesstaat nach dem Vorbild des Iran ab und hegte Sympathie für einen säkularnationalistischen Staat mit einer weitgehenden Trennung zwischen religiöser und politischer Sphäre. Wenn auch das Regime der irakischen Baath-Partei durch Sunniten dominiert war und damals schon Saddam Hussein brutal alle Opposition ausschaltete, so hatte doch die halbwegs säkulare Regierung des Irak – anders als der Gottesstaat Iran – beachtliche Erfolge in der Wirtschaftspolitik aufzuweisen. Zu Beginn des ersten Golfkriegs 1980 zählte der Irak noch zu den fortschrittlichsten und wohlhabendsten Ländern der gesamten islamischen Welt. Bevor also Saddam Hussein durch die von ihm entfachten Kriege den Irak in den Ruin trieb, konnte der Diktator noch mit der Loyalität eines Großteils seiner schiitischen Untertanen rechnen.

Erst die verheerenden Kriege, der wirtschaftliche Niedergang und die noch wachsende Tyrannei stachelten die Schiiten 1991 zum Aufstand gegen Saddam Hussein an, denn sie hatten unter den Kriegsfolgen noch stärker zu leiden als die politisch bevorzugten Sunniten. Aber konfessionelle Gegensätze spielten für die meisten Schiiten selbst dann noch keine bedeutsame Rolle. Auch fehlten zur damaligen Zeit die Voraussetzungen, daß unter den Schiiten sich in größerer Zahl islamistische Gruppierungen hätten entwickeln können.

Nach dem Sturz Saddam Husseins im April 2003 trat allerdings eine völlig neue Situation ein. Erstmals konnten nun die Schiiten wieder die Wallfahrt zu ihren bedeutsamen Pilgerzentren Kerbela und Nedschef durchführen und hier all jene Rituale zu Ehren ihrer bedeutendsten Imame, des Kalifen Ali und des Prophetenenkels Hussein, sowie vieler anderer schiitischer Märtyrer veranstalten. Es war ein religiöses Brauchtum, das die sunnitisch dominierte Baath-Partei stets mißtrauisch beobachtet und schließlich schrittweise verboten hatte. Das geschah, nachdem zunehmend radikal-schiitische Ideologen die Zeremonien zum Anlaß genommen hatten, die Gläubigen zum Widerstand gegen das säkulare Regime aufzustacheln. Bei der nun im April 2003 einsetzenden großen Wallfahrt nach Kerbela, zu der mehr als eine Million Pilger kamen, traten wieder islamistische Prediger auf. Manche von ihnen forderten nun sogar völlig unverblümt den schiitischen Gottesstaat. Aber zu einem einheitlich geschlossenen konfessionellen Block kam es trotzdem nicht.

Wenn auch die irakischen Schiiten mit ihrer Bevölkerungsmehrheit darauf drängten, nach dem Ende des vorwiegend sunnitischen Baath-Regimes nun endlich einmal selber regieren zu können, blieben sie doch in politisch sehr unterschiedliche Fraktionen gespalten. Nur kleinere Gruppierungen wünschten einen radikal-islamisch strukturierten Staat mit strikter Abgrenzung gegen die Sunniten. Und diese Minderheit von Befürwortern eines schiitischen Gottesstaates teilte sich auch noch in solche, die den Iran zum Vorbild nehmen wollten, und solche, die jeden politischen Einfluß aus dem Iran ablehnten. Dagegen überwogen Gruppierungen, die zwar eine schiitisch dominierte Regierung wünschten, aber auch die Sunniten an der Macht beteiligen wollten. Ihrer Ansicht nach ließ sich nur mit entsprechender machtpolitischer Ausgewogenheit ein religiös derart aufgespaltener Staat wie der Irak stabil erhalten.

Die Folge dieses Richtungsstreits war, daß bei den irakischen Schiiten die religiös-politischen Gegensätze innerhalb der eigenen Konfession ähnlich stark in Erscheinung traten wie die Unterschiede zu den Sunniten. So zumindest erschien die Situation im April und Mai 2003, als im Irak der politische Umbruch mit seiner Vielfalt an aufbrechenden Gegensätzen noch keine klare Beurteilung der Lage zuließ.

Das Beispiel Irak lehrt immerhin, daß es falsch wäre, den konfessionellen Gegensatz zwischen Sunniten und Schiiten als *das* bestimmende Element in der Politik anzusehen. Allerdings zeigt ein Blick auf etliche andere Länder des Vorderen Orients, daß man die Spannungen zwischen beiden Konfessionen auch nicht unterschätzen darf. Zu denken geben müssen jene Unruhen, wie sie vermehrt in verschiedenen arabischen Ländern aufflammen, wo schiitische Minderheiten leben. So im Libanon, so in etlichen Golfstaaten, so auch in Saudi-Arabien. Überall dort treten Fanatiker mit religiösen Kampfparolen auf, formieren sich Geheimorganisationen im Namen der Schia, um der »Gerechtigkeit« zum Sieg zu verhelfen. Welcher Gerechtigkeit? Religiöse Parolen vermischen sich auffallend häufig mit sozialrevolutionären. Hier kommt ein neuer Aspekt ins Spiel, der aber, betrachtet man die gesamte islamische Geschichte, so neu nicht ist: Schiiten werden von Sunniten sozial unterdrückt.

Gegen soziale Unterdrückung rebelliert haben Schiiten, seit sie eine Konfession bilden, denn einen Großteil ihrer Vergangenheit haben sie in verschiedenen Ländern verstreut als Minderheiten unter sunnitischer Herkunft gelebt, stets beargwöhnt, mehr oder weniger ausgebeutet und verfolgt. Die meisten Sklavenaufstände, die es in der islamischen Welt gegeben hat, wurden ja, wie schon erwähnt, von Schiiten angeführt – gegen Sunniten. Sklaven, Tagelöhner und sozial Entwurzelte sind in arabischen Ländern ebenso wie in der Türkei und dem Iran immer wieder dem Aufruf schiitischer Volksführer gefolgt, gegen die »unislamische« Zwangsherrschaft sunnitischer Kalifen, Sultane, Emire und Paschas zu kämpfen. Dies geschah schon im frühen Mittelalter, dem sogenannten Goldenen Zeitalter des Islam, ebenso wie in den späteren Epochen allmählichen Niedergangs. Bis heute hat sich in etlichen arabischen Staaten an diesen Unrechtsverhältnissen nichts grundsätzlich geändert, noch immer werden hier und dort schiitische Minderheiten vom sozialen Aufstieg ausgeschlossen, ungeachtet der Gefahr, welcher Sprengstoff sich damit ansammelt.

Der Libanon bietet in diesem Fall das augenfälligste Beispiel. Dort haben sich die sunnitischen Araber wie später auch die sunnitischen Türken gegenüber Christen weit duldsamer gezeigt als gegenüber Schiiten; Angehörige einer fremden Religion erschienen ihnen demnach weniger provokant und auch weniger gefährlich als Abweichler innerhalb des eigenen Glaubens. Ein Verhalten, wie wir es ja zur Genüge vom christlichen Abendland kennen: Auch bei uns kämpften kirchliche wie weltliche Machthaber oft erbitterter gegen »Ketzer« in den eigenen Reihen als gegen die »Heiden«, weil sie sich von den ersteren unmittelbarer, vor allem politisch bedroht fühlten. Für die heutige Lage im Libanon ist es bezeichnend, daß zwar in einer ganzen Reihe von Dörfern Muslime und Christen Nachbarn sind (in »Koexistenz«, wie sie beiderseits betonen), aber in keinem einzigen Dorf Sunniten und Schiiten beieinander wohnen[5], so sehr haben sich die beiden Konfessionen auseinandergelebt. Und in größeren Städten tobt längst schon der Krieg zwischen Sunniten und Schiiten, nicht nur zwischen Christen und Muslimen.

Schiiten bilden den Bodensatz der libanesischen Gesellschaft, sie werden von der christlichen Oberschicht ebensohart ausgebeutet wie von den bessergestellten Sunniten. Christen und Muslime sind so gleichermaßen dafür verantwortlich, wenn die weitaus größte Zahl von Analphabeten, Hilfsarbeitern, Tagelöhnern und Arbeitslosen sich noch immer aus Schiiten rekrutiert. Und so muß es nicht wundern, daß Schiiten in revolutionärer Aufbruchstimmung nicht nur gegen die Privilegienherrschaft der libanesischen Christen Krieg führten, sondern inzwischen ebensoheftig die Ausbeutung durch Sunniten bekämpften.

Sozialer Konflikt und Konfessionsgegensatz kommen hier verhängnisvoll zur Deckung. Und solange sich an dieser fatalen Konstellation im Nahen Osten nichts ändert (der Libanon bietet ja nur das herausragende Beispiel), wird der Konfessionsstreit im Islam weiterhin eine offene Wunde bleiben.

Spaltungen im frühen Christentum

Gnostiker, Arianer, Donatisten, Monophysiten, Montanisten, Monotheleten, Maroniten, Paulikianer… Wer kennt sie heute noch, wer außer Fachgelehrten könnte in unserer Gegenwart noch exakt mit ihren Namen eine bestimmte Lehre verbinden? Und doch haben die teils sehr gegensätzlichen Glaubensgruppen lange genug entscheidend die Gemüter der Christen bewegt, haben sie vor die quälende Gewissensfrage gestellt, was denn nun »Wahrheit« sei. Die ersten Aufspaltungen in Konfessionen hatten sich bereits während der ersten Jahrhunderte angebahnt, als die Christen verfolgt wurden und sich oft nur an geheimen Plätzen zum Gedankenaustausch und Gottesdienst treffen konnten. Damals lebten die einzelnen Gemeinden noch ohne intensive Kontakte in weit voneinander entfernten Städten und Ländern. Aber gerade dies begünstigte die teils sehr unabhängige und eigenwillige Auslegung der Evangelien und Apostelgeschichten, die bis ins 4. Jahrhundert hinein in recht unterschiedlichen Abschriften vorlagen, mit Auslassungen, Umstellungen, Wortverdrehungen. Die Kulturvielfalt der »heidnischen« Welt tat ein übriges. Griechische und römische Philosophie, griechische und vorderasiatische Mysterienkulte, dies alles läßt sich als Einflüsse in christlichen Gemeinden nachweisen. In manchen Städten griffen griechisch gebildete Theologen auf Sprachbilder von Platonikern, Stoikern und Pythagoreern zurück, um die Wahrheit der Lehre Christi zu belegen, mehr noch, sie übernahmen teilweise auch deren Denkmethodik.

Auf Jahrhunderte hinaus ist so das Christentum eine sehr pluralistische Religion gewesen. Aber dies war kein freiwilliger Pluralismus, sondern durch soziale und politische Verhältnisse erzwungen. Die Autoren der Bibel, des Alten und des Neuen Testaments, drängten im Grunde alle auf klare Polarisierung: Angesichts von unterschiedlichen Aussagen über das Wesen Gottes erklärten sie nur die eigene Deutung für richtig, alle anderen aber für mehr oder weniger falsch; dagegen blieb ihnen der Gedanke weitgehend fremd, daß sich das Göttliche auf verschiedenen Erfahrungsebenen recht unterschiedlich definieren ließ.

»Gehet ein durch die enge Pforte«, heißt es entsprechend bildhaft im Matthäus-Evangelium, »denn die Pforte ist weit, und der Weg ist breit, der zur Verdammnis abführet; und ihrer sind viele, die darauf wandeln. Und die Pforte ist eng, und der Weg ist schmal, der zum Leben führet; und wenige sind ihrer, die ihn finden. Sehet euch vor vor den falschen Propheten, die in Schafskleidern zu euch kommen, inwendig aber sind sie reißende Wölfe.«[6]

Die Angst vor »falschen Propheten« aus den eigenen Reihen ist ein Trauma schon des ersten Jahrhunderts gewesen, als die Evangelien entstanden. Verschiedene Mahnungen des Apostels Paulus machen besonders deutlich, wie sehr bereits die frühchristlichen Gemeinden durch Streit um die richtige Auslegung des Glaubens gespalten waren. An die Gemeindeältesten von Ephesus richtete er folgende Worte: »So habt nun acht auf euch selbst und auf die ganze Herde, unter welche euch der Heilige Geist gesetzt hat zu Bischöfen, zu weiden die Gemeinde Gottes. […] Denn das weiß ich, daß nach meinem Abschied werden unter euch kommen greuliche Wölfe, die der Herde nicht verschonen werden. Auch aus euch selbst werden aufstehen Männer, die da verkehrte Lehren reden, die Jünger an sich zu ziehen.«[7] Und an den Christen Titus schrieb Paulus: »Denn es sind viel freche und unnütze Schwätzer und Verführer, […] welchen man muß das Maul stopfen, die da ganze Häuser verkehren und lehren, was nicht taugt. […] Um der Sache willen strafe sie scharf, auf daß sie gesund seien im Glauben.«[8]

Gerade daß Paulus so dachte, ist von enormer Bedeutung. Denn er war es, der innerhalb des Christentums den Ausgangspunkt für alle spätere Theologie geschaffen hat. Er hat wie kein anderer Apostel die geistige Brücke von der jüdischen und griechisch-römischen Kultur geschlagen und die Sprache gefunden, mit der sich die Botschaft Jesu und seiner Nächstenliebe den Nichtjuden, den »Heiden«, vermitteln ließ. Er hat den Christen auch das Fundament kirchlicher Organisationsformen gegeben. Nur auf den ersten Blick mag es verblüffen, daß eben dieser Paulus zuvor ein fanatischer Feind des Christentums gewesen war. Als er noch den jüdischen Namen Saulus trug, diente er der Religionspartei der Pharisäer, die die Hinrichtung Jesu zu verantworten hatte, und in deren Auftrag verfolgte er die Anhänger Christi mit äußerster Härte – bis zu dem geistesgeschichtlich höchst folgenreichen Bekehrungserlebnis vor den Toren von Damaskus (vermutlich im Jahr 34). Doch eben dieser Saulus, der sich zum Paulus wandelte, hat eine entscheidende Eigenschaft aus seinem früheren Leben in die neue Existenz hereingenommen: den Fanatismus. So wie er einst als Pharisäer alle Abweichler vom orthodox jüdischen Glauben strikt bekämpfte, sah er nun seine Aufgabe darin, nicht minder energisch gegen alle Abweichler von der »reinen« christlichen Lehre vorzugehen. In diesem Sinn hat er wesentlich dazu beigetragen, daß eine pharisäische Tendenz im Christentum heimisch wurde und weiter wirkte. Natürlich konnte dies nur geschehen, weil er Rückhalt bei vielen ähnlich denkenden Christen fand.

Wir alle wissen, zu welchen Auseinandersetzungen dann die Glaubenszwiste geführt haben, als die Christen im Abendland die Macht errungen hatten. An die Stelle des Streits mit Worten trat die Ketzerverfolgung und schließlich der Glaubenskrieg. Aber das

Bedürfnis nach uniformer geistiger Einheit, das rigide Einschwören auf *die* Kirche mit unantastbarer, unkritisierbarer Lehrgewalt hat letztlich genau das Gegenteil bewirkt: die Aufspaltung in verschiedene Kirchen und darüber hinaus in zahlreiche Sekten. Sobald die Machthaber nicht stark genug waren, Andersdenkende zu unterdrücken, haben sich um so hartnäckiger Gegenkirchen herausgebildet – auch sie mit der Meinung, die Lehre Christi allein »richtig«, »vom Heiligen Geist inspiriert«, zu deuten und zu leben.

Die erste religiös wie politisch folgenreiche Kirchenspaltung hatte sich bereits während des 4. Jahrhunderts herausgebildet. Es geschah zur Regierungszeit des Kaisers Konstantin I., jenes Herrschers, der im Jahr 313 mit dem Toleranzedikt von Mailand den bisher verfolgten Christen völlige Glaubensfreiheit zugestanden und damit erst ihren politischen Sieg im Römischen Reich eingeleitet hatte. Konstantin war ja bekanntlich auch der erste römische Kaiser, der sich zum Christentum bekehren ließ.

Während der Regentschaft dieses Kaisers sammelten sich viele der Christen in zwei nahezu gleich großen religiösen Strömungen. Die eine Bewegung wurde von Athanasius, dem Bischof von Alexandria, angeführt, der das Dogma verkündete, Christus sei als der »Sohn Gottes« wesensgleich mit Gottvater. Seine Anhänger sollten später jene Form von Kirche repräsentieren, die sich als »katholisch« (griechisch: »allgemein«, »universal«, »die Welt umfassend«) bezeichnete. Die andere damals ähnlich starke Bewegung wurde durch Arius, einen Priester aus Alexandria und den späteren Bischof von Konstantinopel, angeführt. Arius sah Christus nicht als wesensgleich mit Gott an, sondern nur als gottähnlich, Gott sehr nahestehend. Wenn Arius auch die Göttlichkeit Christi nicht grundsätzlich in Frage stellte, so spielte bei ihm doch der Gedanke eine Rolle, daß Christus von Gott erst als Geschöpf erschaffen wurde und sich somit logischerweise vom Schöpfer unterscheiden müsse. Das Menschen-Ähnliche hatte hier größeres Gewicht.

Aus heutiger Sicht muten derartige Auseinandersetzungen über das Wesen Christi eher als dogmatische Spitzfindigkeiten an. Sie haben aber im 4. Jahrhundert zu einer Spaltung der Christenheit in zwei Großkirchen geführt – die der Katholiken und die der Arianer. Es war eine Spaltung, die es den einzelnen Kaisern und Bischöfen noch schwerer machte, die vielen kleinen Glaubensgruppen an einer religiös-dogmatischen Eigenständigkeit zu hindern.

In unserer historischen Erinnerung weitgehend getilgt ist hierbei, welche herausragende Rolle die Arianer anfangs spielten. Relativ bekannt ist zwar, daß im Jahr 325 auf dem Ersten Allgemeinen Konzil in Nikäa (Kleinasien) der Glaube der Arianer als »Ketzerei« verworfen wurde. Aber weniger in unserem Bewußtsein eingebürgert hat sich die Tatsache, daß sich Kaiser Konstantin als der erste politische Schutzherr der Christenheit erst auf dem Sterbebett im Jahr 337 taufen ließ – durch einen arianischen Bischof, nicht durch einen katholischen. Sein Sohn und Nachfolger Konstantius erklärte gar das arianische Christentum zur Staatsreligion und schickte den (katholischen) Bischof Athanasius in die Verbannung. Unter der Regentschaft des Konstantius begannen arianische Priester schließlich ausgiebig Mission bei den germanischen Völkern zu betreiben, besonders bei gotischen Stämmen. Und dies hatte zur Folge, daß sich später die siegreich in Westeuropa vordringenden Goten weitgehend zum arianischen Christentum bekannten (unter anderem auch der legendäre, in Ravenna residierende Gotenkönig Theoderich).

Eine drastische Wende zugunsten der Katholiken vollzog sich unter dem römischen Kaiser Theodosius, der von 379 bis 395 regierte. Er erhob, wie ich an anderer Stelle schon erwähnte, das Christentum mit katholischer Dogmatik zur Staatsreligion. Um vieles härter als andere christliche Kaiser vor ihm ging er nicht nur gegen die »heidnischen« Untertanen mit ihrem »Götzenglauben« vor, sondern auch gegen Christen mit anderer Dogmatik. Systematisch ließ er vor allem die für ihn besonders gefährlichen Arianer unterdrücken. Die ersten großangelegten Ketzerverfolgungen der Kirchengeschichte begannen. Nun konnte die katholische Kirche im Römischen Reich ihren Einfluß ständig ausweiten, wenngleich das arianische Christentum noch zwei weitere Jahrhunderte viele Anhänger, besonders unter den Germanen, fand.

Aber zu einer »Einheit« des Glaubens kam es auch dann nicht, als die Arianer durch politischen Druck völlig an Bedeutung eingebüßt hatten. Denn immer stärker begannen nun die beiden führenden Bischöfe der Christenheit, der Papst von Rom und der Patriarch von Konstantinopel, um die geistige Vorherrschaft zu rivalisieren. Und schon während des 8. und 9. Jahrhunderts zeichnete sich eine weitere, noch folgenschwerere Kirchenspaltung ab: in eine Kirche im Westen mit Rom als dem religiösen Zentrum und eine Kirche im

Osten mit Konstantinopel als der spirituellen Hauptstadt. Hierbei blieb der bisher übliche Name »katholisch« (»universal«) bei der Kirche im Westen, und ein neuer Name, »orthodox« (»rechtgläubig«), bildete sich für die Kirche im Osten. 1054 wurde die Spaltung endgültig, als sich der Papst von Rom und der Patriarch von Konstantinopel gegenseitig mit dem Kirchenbann belegten – der bis ins 20. Jahrhundert aufrecht blieb und erst 1965 zum Abschluß des Zweiten Vatikanischen Konzils gegenseitig widerrufen wurde.

In unser westeuropäisches Bewußtsein ist aber eine andere Kirchenspaltung viel tiefer gedrungen, denn sie hat die Geschichte Westeuropas – besonders die des deutschen Sprachraums – nachhaltig geprägt. Es ist die Spaltung in Katholiken und Protestanten, die damit begann, daß der Augustinermönch und Theologieprofessor Martin Luther am 31. Oktober 1517 in der thüringischen Universitätsstadt Wittenberg seine 95 Thesen zur Reformierung der Kirche verkündete und damit europaweit die Bewegung der Reformation auslöste.

Katholizismus und Protestantismus

Der Argwohn gegenüber »Irrlehren« hat die Christenheit bis weit in unsere Gegenwart gespalten. Keineswegs brachte die Reformation einen entscheidenden Wandel. Im Gegenteil. Die Fronten verhärteten sich hierbei nicht nur zwischen Katholiken und Protestanten, sondern bald spalteten sich noch die Protestanten untereinander im Streit über Glaubensfragen in verschiedene Gruppierungen.

Exemplarisch für diese Tatsache steht der gescheiterte Versuch der Reformatoren Martin Luther und Ulrich Zwingli, ihre Kirchen zu vereinen. Als sie sich im Oktober 1529 in der Universitätsstadt Marburg zu diesbezüglichen Gesprächen trafen, konnten sie in einem einzigen, für beide sehr wesentlichen Punkt keine Übereinstimmung erzielen: inwieweit beim Abendmahl der »Leib Christi« in geistiger Form tatsächlich in der Hostie enthalten sei (Luther) oder ob die Hostie nur die Zuwendung Christi zur Gemeinde symbolisiere (Zwingli). Solch ein Gegensatz genügte damals schon, einen scharfen Trennungsstrich selbst zwischen evangelischen Konfessionen zu ziehen. Wenn auch die protestantischen Neuerer den revolutionären Schritt wagten, daß sie den einzelnen Gläubigen – ohne

Vermittlung eines Priesters – in der Bibel nach der »Wahrheit« forschen ließen, konnten sie sich andererseits keine Glaubensgemeinschaft vorstellen, in der verschiedene Auslegungen desselben Bibeltextes existierten. »Wahrheit« konnte ihrer Meinung nach nicht unterschiedliche Perspektiven haben, durfte nicht vom subjektiven Blickwinkel des Denkenden abhängig sein. Hier blieben sie, wie die katholische Kirche, doch noch dem mittelalterlichen Absolutheitsdenken verhaftet. Luther erwies sich in seiner Enttäuschung über Zwingli ganz als Traditionalist, indem er öffentlich äußerte: »Ich bekenne, daß ich den Zwingel für einen Unchristen halte mit all seiner Lehre.«[9]

Aus unserer heutigen Sicht ist es schwer nachvollziehbar, daß bereits ein solcher »Glaubens«disput eine weitere Spaltung bewirkte. Den beiden Reformatoren mußte schließlich klar sein, wie sehr sie mit ihrer dogmatischen Unnachgiebigkeit die politische Abwehrkraft gegenüber der katholischen Kirche schwächten, gegen die sie sich aus dem Gefühl gemeinsamer Bedrohung hatten zusammenschließen wollen. Aber weder Luther noch Zwingli dachten in erster Linie politisch und praktisch, sie dachten theologisch, und dem ordneten sie alle äußeren Realitäten unter. Auch zahlreiche katholische Würdenträger ließen sich von einer solchen Haltung leiten.

Aus eher politischen Motiven handelten dagegen viele Mitläufer wie auch Gegner der Reformation, und sie trugen das Ihre dazu bei, Kräfte zu entfesseln, die während des 16. Jahrhunderts die geistige Einheit des christlichen Abendlandes vollends zerbrechen ließen. Die Protestanten hätten kaum eine derartige Stoßkraft ihrer Bewegung entwickeln können, wenn nicht das aufstrebende Bürgertum sich aus der Bevormundung des Feudaladels sowie einer entsprechend feudalistisch strukturierten Kirche hätte befreien wollen – und in der Reformation das geeignete Vehikel zur Durchsetzung dieses Ziels sah. Auch half es den Lutheranern, daß etliche einflußreiche Fürsten sich auf ihre Seite schlugen, weil diese die Chance erkannten, im Namen der religiösen Erneuerung kirchlichen Besitz und damit mehr Macht an sich zu reißen. Umgekehrt demonstrierten die betroffenen katholischen Kirchenfürsten einen zähen Behauptungswillen, weil es nicht nur um die vielbeschworene »Einheit des Glaubens« ging, sondern auch darum, fette Pfründen und Privilegien zu verteidigen. Die Reform des religiösen Lebens bedeutete zwangsläufig eben auch eine Umverteilung von Macht, und diese doppelte

Perspektive gab der Auseinandersetzung zwischen den Neuerern und den Traditionalisten die eigentliche Härte – bis hin zum sogenannten »Glaubens«krieg.

Wir sollten aber innerhalb dieser starken Verfilzung von Religion und Macht den religiösen Antrieb nicht unterschätzen. Zwar brachte das Zeitalter der Renaissance bereits eine starke Verweltlichung: Wissenschaft, Kunst und Politik rückten immer mehr den Menschen als Maßstab in den Mittelpunkt allen Denkens und lösten damit schrittweise das theozentrische Weltbild des Mittelalters ab. Die Reformation jedoch kann als der Versuch gelten, diese Verweltlichung in mancher Hinsicht aufzuhalten. Zum einen richtete sich der Protest der Reformatoren gegen die Entartungserscheinungen des Renaissance-Papsttums, zum andern aber auch gegen die Tendenz, Religion nur noch als gedankenloses Ritual zu praktizieren. Wenn die Reformatoren den Menschen mit seiner subjektiven Form des Erlebens stärker als bisher betonten – ein Einfluß der Renaissance –, ging es ihnen doch vornehmlich um ein religiös verinnerlichtes Erleben. Der Erfolg gab ihnen recht, sie vermochten in den Volksmassen gewaltige religiöse Energien zu entfesseln. Um so traumatischer mußte für viele Christen die Erfahrung sein: So sehr das Glaubensleben gestärkt wurde, stand am Ende doch nicht die *eine* gestärkte Kirche, sondern gab es mehrere Kirchen, die sich den Anspruch auf »Wahrheit« streitig machten. Der Pluralismus des Denkens, von der *einen* Kirche stets bekämpft, war nun – von allen ungewollt, auch von den Reformatoren – in einer sehr verzerrten, krisenhaften Form zur unumstößlichen Tatsache geworden. Ein solcher Schock nur läßt den Fanatismus folgerichtig erscheinen, durch den die »Gläubigen« »Glaubens«kriege entfachten, um, wenn es nicht anders ging, mit Zwang und Terror die »Einheit« wiederherzustellen. Die Angst vor dem Abgleiten in die totale Orientierungslosigkeit hat mehr zur Eskalation der Gewalt beigetragen als alles machtpolitische Nützlichkeitsdenken.

Aus einer solchen Angst heraus ist auch ein Großteil der »Ketzer« ermordet worden. Nicht zufällig stieg gerade in den geistig unruhigen Zeiten der Reformation und Gegenreformation, wo »Wahrheit« endgültig nicht mehr selbstverständlich vorgegeben erschien, die Zahl der »Ketzer«-Hinrichtungen bedrohlich an. Dies innerhalb der katholischen Kirche wie bei den Protestanten. Wenn auch das Bürgertum protestantisch regierter Städte damals in Ansätzen schon eine demokratische Verfassung entwickelte – dies in deutlicher Gegenbewegung zum Absolutismus der Fürstentümer –, so hat es selbst in sozial fortschrittlichen Stadtstaaten lange Zeit keine Demokratie in Glaubensfragen gegeben.

Ein herausragendes Beispiel einer derart protestantischen Ordnung lieferte der Reformator Jean (Johannes) Calvin im damals bürgerlich-progressiven Genf. In fanatischer Rechthaberei ließ er sich dazu hinreißen, den prominenten Religionsphilosophen und Humanisten Miguel Serveto 1553 wegen abweichender religiöser Meinung vor ein Gericht zu bringen. Serveto, der eben erst vor der katholischen Inquisition aus Lyon geflohen war und bei dem Katholikengegner Calvin Schutz gesucht hatte, mußte sich dem gestrengen Verhör einer protestantischen Inquisition aussetzen, und nicht anders als die Katholiken verurteilten nun die Calvinisten den »Ketzer« zum Tod auf dem Scheiterhaufen. Calvin antwortete auf die Frage, woher er die Gewißheit habe, daß seine Auslegung der Bibel richtiger sei als die der Katholiken und »Ketzer«: »Wir haben das Gefühl von der Wahrheit der Heiligen Schrift nicht weniger deutlich als von der weißen und schwarzen Farbe, dem süßen oder bitteren Geschmack.«[10]

Undenkbar blieb bei so viel Überzeugungsfanatismus aller Kirchen, daß zwei oder gar mehr Glaubensbekenntnisse in einem einzigen Staat nebeneinander existieren konnten. Dies galt für das gesamte »christliche« Abendland. Zu einer besonders grotesken Lösung ist es aber im Deutschen Reich gekommen, das sich in viele Fürstentümer aufgliederte. Dort wurde nach der ersten Erschöpfung der kriegführenden Parteien im sogenannten Augsburger Religionsfrieden von 1555 entschieden: Die Untertanen hatten die Religion des Landesherrn anzunehmen, andernfalls waren sie zur Auswanderung gezwungen; nur in den freien Reichsstädten blieb es Katholiken wie Protestanten erlaubt, unbehelligt in Nachbarschaft zu leben. Was für eine Logik: Wenn demnach ein Fürst plötzlich zum evangelischen Glauben übertrat, sein Nachfolger aber wieder katholisch wurde, so hatte die Masse der Untertanen jeweils den Überzeugungswechsel ihres Regenten nachzuvollziehen – für die einen bedeutete dies einen Gewissenskonflikt mit oft tragischen Konsequenzen, bei anderen provozierte es geradezu die Bereitschaft zu oberflächlicher oder gar zynischer Anpassung. Bis zum Ende des Dreißigjährigen Krieges 1648 konnte sich dieses unmenschliche Gesetz halten, das auf die Dauer die Autorität der Kirchen eher untergrub als stärkte.

In keinem anderen Kulturkreis außer dem christlich-abendländischen hat die Glaubensspaltung zu derart aberwitzigen Folgen geführt: nicht in der islamischen Welt, obwohl gerade sie auch in ihren Fehlentwicklungen Parallelen zu unserer Kirchengeschichte aufweist, und gleich gar nicht im Hinduismus, Buddhismus, Daoismus, Shintoismus und Konfuzianismus, jenen ganz anders gearteten »östlichen« Geisteshaltungen.

Religiöse Randgruppen, sogenannte »Sekten«, wurden von katholischen wie protestantischen Landesherren gleichermaßen scharf bekämpft, sie hatten unter der extremen Intoleranz der Großkirchen jedes Daseinsrecht verwirkt. Um nicht zwischen den Machtblöcken zerrieben zu werden, sind bekanntlich viele dieser diskriminierten Sekten nach Amerika ausgewandert. Dort, auf jungfräulichem Boden, im Land der sogenannten »unbegrenzten Möglichkeiten«, glaubten sie sich der Chance näher, endlich frei ihre Überzeugung leben zu können. Das Dilemma aber war, daß auch sie nicht davon lassen konnten, das Krebsübel christlich-abendländischen Absolutheitsdenkens in die »Neue Welt« einzuschleppen. So sprachen sie zwar alle lautstark von Glaubensfreiheit, die meisten meinten damit aber nur die eigene Freiheit, nicht die der anderen. Immer wieder mußten Prediger wegen abweichender Meinung die Gemeinde verlassen – mit der Folge, daß diese »Ketzer« wiederum eine eigene »Sekte« gründeten und sich dann ebenso unnachgiebig gegen Andersdenkende abgrenzten. Besonders berüchtigt sind die Puritaner von Boston geworden, die während des 17. Jahrhunderts ganz im Stil der katholischen Kirche Ketzerprozesse und Hexenverbrennungen durchführen ließen. Eine paradoxe Situation: In der »Neuen Welt« formte sich 1776 erstmals in der christlich-abendländischen Geschichte eine Staatsverfassung, die allen Bürgern gleich welcher Konfession Glaubensfreiheit gewährte – aber die verschiedenen christlichen Gemeinschaften haben diese Art von Demokratie in ihren eigenen Reihen meist nicht gelten lassen. Es hat bis zum 20. Jahrhundert gedauert, daß für die US-Bürger die verfassungsrechtlich verankerte Glaubens- und Gewissensfreiheit breitenwirksam und überregional selbstverständlich geworden ist.

Zur höchsten Steigerung konfessioneller Streitigkeiten und Rivalitäten ist es in Europa durch den Dreißigjährigen Krieg gekommen.

Keinen Religionskrieg haben Christen ausdauernder, fanatischer und grausamer geführt als diesen »Entscheidungskampf« zwischen Katholiken und Protestanten. Und doch: Gerade der Dreißigjährige Krieg demonstrierte auch wieder, wie sich religiöse Intoleranz und machtpolitisches Denken gegenseitig durchdrangen. Dieser Krieg begann ja als ein Konflikt zwischen dem (katholischen) Kaiser aus dem Haus Habsburg und den (evangelischen) Ständen Böhmens, die sich gegen die Ausdehnung kaiserlicher Regierungsgewalt wehrten. Derselbe Krieg erreichte aber langfristig genau das Gegenteil von dem, was er seinen offiziellen Proklamationen nach wollte: Er ist zum letzten »Glaubens«krieg geworden; denn noch mitten im erbitterten Kampf wurde die »Einheit der Religion« als oberstes Ziel aller Politik aufgegeben. Das erste wegweisende Signal in dieser Richtung setzten die katholischen Franzosen, als sie 1635 in den Krieg eintraten – sie verbündeten sich mit den evangelischen Schweden; gemeinsam zogen sie gegen die katholischen Habsburger. Den Franzosen war es wichtig, die Habsburger in ihrer politischen Vormachtstellung zu schwächen, »Staatsräson« hatte Vorrang vor Glaubenskrieg. Jener Politiker, der diese zynisch-modern anmutende Entscheidung fällte und damit jedem orthodoxen Katholiken ein Dorn im Auge sein mußte, war Kardinal Richelieu. Ausgerechnet ein Mann der Kirche (zumindest dem offiziellen Titel nach) hatte hier wie kein anderer maßgebend die Weichen gestellt.

Zu einer weiteren paradoxen Frontenverkehrung kam es fünf Jahrzehnte später, als die Türken 1683 Wien belagerten. Seite an Seite mit Muslimen kämpften Soldaten des protestantischen ungarischen Adels gegen Wien. Auch hier die unselige Verquickung von Religion und Machtpolitik. Ungarns Protestanten, damals noch zahlreich, wollten ihre Heimat und den Osten Österreichs lieber durch einen Pascha des Osmanen-Sultans regiert sehen als durch die Habsburger. Denn unter dem islamischen Halbmond konnte jede christliche Konfession als »Buch«-Religion ihren Glauben leben, dagegen waren nichtkatholische Christen unter den Habsburgern noch Jahrzehnte nach dem Dreißigjährigen Krieg unverändert als »Ketzer« abgestempelt und wurden hart verfolgt (erst unter Joseph II., dem Sohn Maria Theresias, ist es 1781 zum Toleranzedikt gekommen). Unter osmanischer Herrschaft konnten Ungarns Adlige außerdem mehr politische Eigenständigkeit bewahren als unter den Habsburgern, auch dies war damals ein Grund, die türkische einer österreichischen Regierung vorzuziehen.

Kuruzzen – »Kreuzritter« – nannten sich jene ungarischen Protestanten, die mit Hilfe von Muslimen gegen Katholiken kämpften; und dieser Name hat sich unter den Österreichern speziell abgewandelt bis zum heutigen Tag, wenn auch in seiner ursprünglichen Bedeutung kaum mehr bewußt, als Fluch erhalten: »Kruzitürken« (»Kreuztürken«).

Der Nordirland-Konflikt und andere späte Ausläufer des christlichen Konfessionshaders

Erst die Aufklärung brachte in Europa die verfassungsrechtlich garantierte Gleichberechtigung der verschiedenen christlichen Religionsbekenntnisse. Und doch hat der Konfessionshader in etlichen Ländern alle geschriebene Verfassung, alle Entwicklung zum säkularen Gesellschaftssystem überdauert. Dies vor allem dann, wenn sich der konfessionelle Gegensatz mit sozialen und nationalen Barrieren deckt.

Am auffälligsten können wir – bis heute – einen solchen Sachverhalt in Nordirland beobachten, wo der britische Kolonialismus ein unseliges Erbe hinterlassen hat. Jahrhundertelang lebte das gesamte Irland unter englischer Herrschaft, und der Konfessionskonflikt hat seine besondere Schärfe und auch Dauer bekommen, indem die englische Oberschicht protestantisch war, die Iren aber katholisch blieben. Ja, die Iren konnten ihren Widerstand gegen die landesfremde Herrschaft gerade in der Weise besonders signalisieren, indem sie sich fast durchweg der Religion der Besatzer verweigerten. Der Gegensatz wurde um so explosiver, je mehr die Engländer Anfang des 17. Jahrhunderts in die nordirische Provinz Ulster protestantische Siedler einwandern ließen. Das Ziel war eindeutig: Die Katholiken sollten in Nordirland zur Minderheit gemacht werden. Von Liberalisierung der konfessionellen Gegensätze konnte bis ins 20. Jahrhundert keine Rede sein, weil die Protestanten die Katholiken von allen Schlüsselstellungen in Politik und Wirtschaft fernhielten und ihnen jede Emanzipation versagten. Als sich Irland 1921 seine Unabhängigkeit erkämpfte, wurde die nordirische Provinz Ulster auf Druck der dortigen Protestanten an Großbritannien angegliedert. Und so haben sich dort die alten Gegensätze erhalten: Politisch und sozial privilegiert bleibt der Protestant, der »britisch« empfindet, kraß benachteiligt der Katholik, der sich nach wie vor als »Ire« versteht. 1968 schließlich sind in Nordirland bürgerkriegsähnliche Unruhen zwischen der zahlenstarken katholischen Minderheit und der knappen protestantischen Mehrheit ausgebrochen. Sie dauerten nahezu drei Jahrzehnte und waren zeitweilig so feindselig, daß man den Krisenherd Nordirland bald als den »Libanon Europas« bezeichnete. Die Parallelen zum Libanon sind, bei allen Abweichungen im Detail, nicht zu leugnen. Nordirland ist heute der letzte europäische Winkel, in dem es noch lebensgefährlich sein kann, zur »falschen« Konfession zu gehören. Nach 25 Jahren blutigem Bürgerkrieg gab es erst im Sommer 1994 erste Anzeichen zu einer friedlichen Beilegung des Konflikts.

Es braucht nicht zu wundern, daß auch in Deutschland, zumindest bis Mitte des 20. Jahrhunderts, der konfessionelle Affekt hartnäckig überdauert hat. Denn hier haben Religionskriege und politischer Terror nicht – wie in vielen anderen Ländern Europas – eine eindeutige Mehrheit für eine der beiden großen Glaubensgemeinschaften schaffen können. Und so haben sich zwischen den nur oberflächlich befriedeten Konfessionen zahlreiche Reibungsflächen erhalten, vor allem dann, wenn der eine oder andere Machthaber innerhalb seines Bezirks entweder die Katholiken oder die Protestanten kraß bevorzugte. Aber auch jenseits aller politischen Fronten blieb der deutsche Alltag noch zu Beginn des 20. Jahrhunderts tief vom Gegensatz der Konfessionen geprägt. Wo Katholiken und Protestanten in benachbarten Dörfern oder gar Straßenzügen lebten, haben sich Jugendliche beider Glaubensbekenntnisse teils handfeste Straßenschlachten geliefert, die weit über die bloße Rauferei hinausgingen, haben Pfarrer zum Kaufboykott bei Andersgläubigen aufgerufen, hat der Kampf um Konfessionsschulen oder die Frage der Mischehe ganze Sippen und Dörfer in tiefverfeindete Cliquen aufspalten können.[11]

Aber selbst noch in den fünfziger Jahren haben sich hartnäckig stereotype Vorurteile gegenüber der »anderen Seite« halten können; so bei den Protestanten, die Katholischen seien »falsch« und »fanatisch«; so umgekehrt bei den Katholiken, die Evangelischen seien »zu lau«, »zu wenig religiös«. Parallel dazu haben sich noch immer manche Firmen erlaubt, nur Mitarbeiter einzustellen, die der gleichen Konfession wie der Firmeninhaber angehörten – in deutlicher Mißachtung des Grundgesetzes von 1949, wo es heißt, niemand dürfe wegen seines Glaubens benachteiligt werden.

Solche Tatbestände mögen heute der jüngeren Generation, die derartiges nicht mehr aus eigener Anschauung kennt, sehr exotisch und unwahrscheinlich vorkommen. Denn innerhalb von nur zwei Jahrzehnten hat sich in dieser Hinsicht die Situation grundlegend geändert. Es begann, als Anfang der sechziger Jahre sowohl die katholische als auch die protestantischen Kirchen sich zur »Ökumene«, zur »Gesamtheit« der Christen, bekannten und dazu aufriefen, das »Gemeinsame« über das »Trennende« zu stellen. Die Auswirkungen auf das Verhalten der Gläubigen waren tiefgreifend, so als ob es nur noch der offiziellen Absegnung bedurft hätte, um der angestauten Bereitschaft zum Ausgleich der Konfessionsgegensätze endlich freie Bahn zu geben. »Ökumene« ist zum Schlagwort geworden – trotz aller Neigung konservativer Kräfte, den Wandlungsprozeß in seinem Tempo wieder zu bremsen. Schon Mitte der siebziger Jahre gehörte es für Bürgermeister selbst in stadtferneren Dörfern mit konfessionell gemischter Bevölkerung zum Prestige, auf die ökumenischen Fortschritte in ihrer Gemeinde zu verweisen und zu betonen, wie gut »die Zusammenarbeit zwischen Katholiken und Protestanten« auf allen Verwaltungsebenen sowie im privaten Bereich funktioniere.[12] Auch sind inzwischen an den Sonntagvormittagen im Rundfunk sowohl der Bundesrepublik als auch Österreichs die ökumenischen Morgenfeiern Selbstverständlichkeit, wo sich Geistliche aus verschiedenen christlichen Konfessionen – zusätzlich manchmal auch ein Rabbiner – zu einem gemeinsamen religiösen Thema äußern.

Aus meiner eigenen Erfahrung als Großstadtbewohner kann ich ergänzen: Nur bei weiterhin traditionalistisch gesinnten Christen hört man hier und da noch die gängigen Vorurteile über die andere Konfession, am ehesten bei älteren Leuten, die ein solches Denken ein ganzes Leben begleitet hat. Im allgemeinen aber steht, falls religiöse Themen zur Sprache kommen, der Konfessionengegensatz kaum noch zur Debatte; im Gegenteil, ein liberaler Protestant mag in einer Diskussion mehr Gemeinsames bei einem liberalen Katholiken entdecken als bei einem konservativen oder gar »reaktionären« Protestanten (und umgekehrt). Hier ist der Gegensatz protestantisch-katholisch überlagert durch den Gegensatz modern-traditionalistisch.

Die konfessionellen Spannungen im »christlichen« Abendland haben allerdings auch noch aus einem völlig anderen Grund ihre Schärfe verloren – und in dieser Hinsicht sogar viel nachhaltiger: Je mehr Bürger sich von den Kirchen distanzieren, ja überhaupt religiös gleichgültig werden, um so weniger messen sie den Unterschieden von Konfessionen noch Bedeutung bei.

»Abtrünnige« und »Ketzer« im Islam

Wenn Muslime zu einem anderen Glauben übertreten

»Die aber, welche unsere Zeichen des Betrugs beschuldigen und sich übermütig davon abwenden, die sollen des Höllenfeuers Gefährten sein und ewig darin bleiben.«[1]

So steht es in der 7. Sure des Korans. Das Verdammungsurteil richtet sich gegen all jene, die im islamischen Glauben erzogen wurden, dann aber die Segnung der höchsten und letztlich »einzigen« vollkommenen Wahrheit zurückwiesen. Wenn auch der Koran vorschreibt, Nachsicht zu üben mit »Götzendienern, [...] denen die Wahrheit nicht offenbar wurde«[2], und wenn der Muslim nach der Maßgabe des Heiligen Buches erst recht mit Christen und Juden tolerant umzugehen hat – die Milde macht vor »Abtrünnigen« halt. Zwar enthält der Koran keine Anweisung, die Betreffenden hinzurichten, aber geistliche Rechtsgelehrte haben schon im 8. Jahrhundert derartiges aus der koranischen Drohung des Höllenfeuers abgeleitet. Hinrichtung drohte schließlich sogar einem Muslim, wenn er zu den tolerierten »Buch«-Religionen Christentum und Judentum übertrat, denn auch dann begab er sich ja mutwillig von der höchsten Stufe der Wahrheit auf eine mindere herab. Zur Abschreckung war der Vollzug oft sehr grausam. So spießte man unter osmanischer Herrschaft den Verurteilten mit einem Pfahl auf, aber so »kunstvoll«, daß der Betroffene noch stundenlang unter Qualen lebte und zur Schau öffentlich ausgestellt werden konnte.

Welch barbarischer Fanatismus, so mag schaudernd der Christ unserer Tage denken, wenn er von solchen Torturen um des Glaubens willen liest. Aber er braucht historische Quellen nur etwas eingehender zu studieren, um zu entdecken, daß Christen für Abtrünnige ebensowenig Verständnis aufbrachten. Ein Christ, der zum Islam übertrat und dann von seinen Glaubensbrüdern gefaßt wurde, mußte im Osteuropa des 17. Jahrhunderts während der Türkenkriege ebenfalls damit rechnen, gepfählt zu werden.[3] Rückhalt für eine solche Praxis konnten Christen genauso in ihrer Heiligen Schrift finden; die Richter brauchten nur die mosaischen Anweisungen des Alten Testaments für die christliche Gegenwart als aktuell zu betrachten. Es ist in diesem Zusammenhang an jene bereits erörterte Textstelle im fünften Buch Mose zu erinnern, wo der Gläubige aufgefordert wird, selbst die eigene Familie oder den besten Freund zu töten, falls diese von dem *einen* Gott abfallen sollten.[4] Zudem heißt es im dritten Buch Mose: »Welcher des Herrn Namen lästert, soll des Todes sterben.«[5] Und was konnte als größere Gotteslästerung angesehen werden, als daß man sich von Ihm, dem einzigen wahren Herrn, abwandte und eine »falsche« Gottheit zu verehren vorzog.

Im »christlichen« Abendland hat der barbarische Brauch, Glaubens»verräter« grausam zu töten, endgültig unter dem politischen Druck der Aufklärung ein Ende gefunden. In der islamischen Welt jedoch, wo die Ideale der Aufklärung unserem pluralistischen Verständnis gemäß nur punktuell Fuß gefaßt haben, hat sich ein derartiger Wandel erst abgeschwächt durchsetzen können. Man hört zwar heute selbst aus Ländern mit einer starr orthodoxen Ausrichtung kaum mehr von Hinrichtungen »Abtrünniger«, die sich zum Christentum haben bekehren lassen, aber Gefängnisstrafen können dort den Betreffenden schon noch drohen. Allerdings fordern Islamisten hier und da wieder – gegen den Widerstand liberaler Muslime – die Einführung der Todesstrafe für alle Konvertiten. Und in Afghanistan war unter dem Regime der Taliban aus dieser Forderung Gesetz geworden. Aber es blieb (vorerst?) bei diesem einen Beispiel. Stärkere Konflikte über eine derartige Frage sind in islamischen Ländern bisher ausgeblieben, weil es kaum einmal vorkommt, daß Muslime zum Christentum oder Judentum übertreten.

Ein viel größeres Problem stellen dagegen Religionsgemeinschaften dar, die innerhalb des Islam abweichende unorthodoxe Glaubensformen entwickelten. Etliche von ihnen sind dem Verdacht schwerer Ketzerei ausgesetzt: so die Alawiten und Aleviten, so die Drusen (um nur jene zu nennen, die auch bei uns im Westen bekannt geworden sind). Viele Gläubige werfen den Alawiten und Aleviten vor, sie seien nur »halbe Muslime«, den Drusen gar, sie würden dem Islam in ganz entscheidenden Glaubensfragen fernstehen. Entsprechend steigert sich die Ablehnung und geht gelegentlich in massive Verfolgung über.

Eine Religionsgemeinschaft aber hat nach Ansicht aller Muslime dem Islam völlig den Rücken zugekehrt: die der Bahai. Im Unterschied zu den Alawiten, Aleviten und Drusen sind die Bahai durchweg als Nicht-Muslime definiert. Auf sie konzentriert sich der stärkste Affekt.

Betrachten wir im folgenden die Glaubensinhalte, durch die ein Muslim zum »Ketzer« oder darüber hinaus zum »Abtrünnigen« werden kann.

Die »Ketzerei« der Alawiten und Aleviten

»Alawi« im Arabischen, »Alevi« im Türkischen: beide Bezeichnungen bedeuten »Gefolgsleute des Ali«. Gemeint ist Ali Ibn Abi Talib, der Ahnherr aller schiitischen Bewegungen, der vierte Kalif des Islam, der Vetter und Schwiegersohn des Propheten Mohammed. Damit geben sich die Alawiten und Aleviten – trotz aller Distanz zu den orthodoxen Schiiten – als Anhänger schiitischer Bewegungen zu erkennen.

Entstanden ist diese Glaubensgemeinschaft während des 9. Jahrhunderts in Syrien und hat sich von dort über weite Teile Anatoliens ausgebreitet. Sie hat sich gespalten in eine arabische Bewegung, die der Alawiten, und eine türkische, die der Aleviten. In Syrien bilden die Alawiten heute eine Minderheit von 11 Prozent der Bevölkerung (gegenüber 70 Prozent Sunniten, 4 Prozent orthodoxen Schiiten, 3 Prozent Drusen, 12 Prozent Christen). In der Türkei ist der Anteil der Aleviten um vieles höher: 20 bis 25 Prozent der Bevölkerung (neben 75 bis 80 Prozent Sunniten); die Schätzungen schwanken. Von den in Deutschland wohnenden 2,5 Millionen Türken bekennen sich rund 700 000 zum Glauben der Aleviten.

Ihre Bewegungen haben im Vorderen Orient schon seit Jahrhunderten eine wichtige Rolle gespielt, aber ins westliche Medienbewußtsein sind sie erst während der letzten drei Jahrzehnte gerückt.

Den Anfang machten die syrischen Alawiten. 1970 konnte es ihnen gelingen, im Bündnis mit anderen religiösen Minderheiten, den Drusen und Christen, durch einen Militärputsch an die Macht zu gelangen. Ihr politischer Führer Hafis Al Assad regierte von 1970 bis zu seinem Tod am 10. Juni 2000 unangefochten. Ausgerechnet der Führer einer Minderheit konnte also im politisch stark aufgefächerten und labilen Syrien eine festgefügte Ordnung herstellen. Assad verstand es wie kein anderer, zwischen den widerstreitenden religiösen Interessengruppen geschickt zu vermitteln und sie taktisch gegeneinander auszuspielen. Aber nachdem dieser meisterhafte Taktiker gestorben ist, muß es offenbleiben, ob sein Sohn und Nachfolger Baschar Al Assad mit ähnlichem Geschick die prekäre Vormachtstellung der Alawiten noch auf längere Zeit halten kann. Die sunnitische Mehrheit wartet auf die Chance, um (möglicherweise mit Gewalt) an die Macht zurückzukehren.

1993 sind die türkischen Aleviten erstmals in die Schlagzeilen der Weltpresse geraten. Der Anlaß war tragisch. In jenem Jahr zündeten sunnitische Extremisten während eines Kulturfestivals in der osttürkischen Stadt Sivas ein Hotel an. 37 alevitische Künstler und Intellektuelle verbrannten oder erstickten. Daraufhin erschütterten schwere Unruhen die Türkei. 1995 brachen noch stärkere Unruhen landesweit aus, nachdem radikale Sunniten in Istanbul ein Attentat auf Aleviten verübt hatten. Solche Explosionen sind aber nur die auffälligsten Anzeichen eines untergründigen, über Jahrhunderte schwelenden Dauerkonflikts zwischen Sunniten und Aleviten.

Ich habe etliche Alawiten und Aleviten über die Unterschiede zwischen ihrer Glaubensrichtung und der sunnitischen befragt. Sowohl von Alawiten als auch von Aleviten bekam ich zu hören: Sie seien viel freier in ihrem Ritus als die Sunniten; sie fänden es unnötig, fünfmal täglich zu beten, die Fastengebote des Ramadan zu halten und eine Wallfahrt nach Mekka zu unternehmen; und ihre Frauen würden viel größere Freiheiten genießen als die der Sunniten.

Es sind seltsam vage Antworten. Können die hier angeführten Antworten schon genügen, im Glauben der Alawiten und Aleviten etwas »Halbislamisches« oder gar »Unislamisches« zu entdecken? Dann müßte ein solcher Vorwurf auch schon manche Sunniten treffen, die es mit den traditionell vorgeschriebenen Verhaltensformen nicht so genau nehmen. Gerade in den modernen Ballungsräumen der Türkei wird beispielsweise der Fastenmonat Ramadan auch von vielen sunnitischen Muslimen nicht eingehalten, ebensowenig erscheint ihnen die Wallfahrt nach Mekka wichtig.

Kommen wir zu tiefergehenden Unterschieden.

Alawiten und Aleviten feiern aus besonderer Verehrung für Jesus Weihnachten und Ostern, auch halten sie zeitweilig eine Art Gedächtnismahl ab, das an das heilige Abendmahl erinnert. Nicht genug damit. Sie verehren in besonderem Maß die Jungfrau Maria, ja sie betreiben in mancher Hinsicht einen Marienkult wie Katholiken. Ich lernte einen in Wien wohnenden Aleviten kennen, der zum niederösterreichischen Marienwallfahrtsort Maria Schutz reiste, um dort heiliges Wasser in eine Flasche abzufüllen, das angeblich Krankheiten heilt – und dieses Marienwasser brachte er seiner Mutter in die Türkei. Ist aber das schon »unislamisches« Verhalten?

In Syrien etwa pilgern sunnitische Muslime zu einem Kloster im christlichen Wallfahrtsort Sednaya nahe Damaskus, um dort neben syrischen Christen vor dem Marienbild um Hilfe bei Augenleiden und Unfruchtbarkeit zu beten. Wenn jedoch diese Art von Volksislam im Gegensatz zum orthodoxen Glauben steht, dann sind die Widersprüche nicht größer, als wenn in Lateinamerika katholische Indios zur Jungfrau Maria als einem gnadenspendenden Fruchtbarkeitsidol beten. Alle Muslime verehren Jesus als großen Propheten, darüber hinaus hat die Jungfrau Maria in der islamischen Tradition ihren Platz (wenn auch nicht als Gottesmutter). Daher sind solche Formen von Heiligenverehrung aus der Sicht der Orthodoxie zwar nicht wirklich anerkannt, aber doch geduldet.

Der eigentliche Konfliktpunkt zwischen Sunniten und Alawiten wie Aleviten liegt woanders. Und auf dieses heikle Problem kommen die »Ketzer« nicht gerne zu sprechen. Ich konnte die Erfahrung machen, daß Alawiten wie Aleviten tiefergehenden Fragen immer wieder ausweichen. Dieses Ausweichen hat eine lang zurückreichende Tradition, denn klare Auskunft über ihren Glauben hat früher in sunnitischer Umgebung stets für Zündstoff gesorgt. Was ist dieser eine Punkt?

Die Aleviten stellen Kalif Ali, den Ahnherrn aller Schiiten, in ihrer Verehrung höher als den Propheten Mohammed. Ali sei eine menschgewordene Erscheinung Gottes. So wie Gott einst in Jesus erschienen sei, so habe Gott sich auch in Ali offenbart, erklärte mir ein Alevit. – Wie aber stehe es dann mit Mohammed, fragte ich. – Mohammed habe den Koran als Offenbarung von Gott empfangen, antwortete der Alevit. In Ali jedoch wohne der reine Geist Gottes. Ali habe den mündlich offenbarten Koran schriftlich fixiert, und diese schriftliche Fassung sei die einzige reine, unfehlbare Fassung. Den Koran des Ali hätten die Gegner vernichtet, deshalb existiere nur noch die verfälschte Koranfassung, wie sie die Sunniten unter

Kalif Othman veröffentlicht hätten. Aber weiterhin existiere bei den Aleviten das geheime Wissen einiger weiser Männer über die einstige reine Fassung des Koran.

In solcher Auskunft liegt Sprengstoff: Ali als der Ahnherr der Schiiten sei göttlich und in seiner Interpretation des Koran unfehlbar. Ali sei der eigentliche Vollender des Islam, nicht Mohammed. Diese Aussagen richten sich nicht nur gegen den Glauben der Sunniten, sondern auch der Schiiten. Zwar verehren die Schiiten Ali als ihren Ahnherrn, aber er bleibt in der Hierarchie eindeutig Mohammed untergeordnet, Ali gilt ihnen nur als der würdigste Nachfolger im Amt des Kalifen. Eine schwere Ketzerei bedeutet es Sunniten wie Schiiten, Ali als eine göttliche Erscheinung zu verehren – dies gilt ihnen als eine Parallele zu dem, was die Christen aus Jesus gemacht haben: einen Sohn Gottes.

Solche Gegensätze machen erst deutlich, weshalb viele Sunniten wie Schiiten den Aleviten das Recht absprechen, sich in vollwertigem Sinn als Muslime zu bezeichnen. Oft zeigen sich Sunniten wie Schiiten gegenüber Christen und Juden toleranter als gegenüber Aleviten, denn schließlich gelten das Christentum und das Judentum als Vorläufer-Religionen des Islam. Dagegen werden Aleviten mit ihrem Glauben mehr oder weniger schon als Abtrünnige von der höchsten Glaubensform, dem Islam, eingestuft.

Ihre Außenseiterrolle hat die »Ketzer« im Verlauf der Jahrhunderte immer wieder politisch aktiv werden lassen. Besonders gilt dies für die Aleviten. In den östlichen Regionen Anatoliens waren es überwiegend sie, die sich – weil selber sozial an den Rand gedrängt – zu Anwälten der sozial Unterdrückten machten. Aleviten führten meist die großen Aufstände notleidender Bauern und Landarbeiter gegen die sunnitischen Feudalherren an. Das geschah hauptsächlich vom 14. bis zum 16. Jahrhundert. Aber die Aleviten blieben bis zum Zusammenbruch des Osmanenreiches eine latente Bedrohung für die Sultane, denn sie zeigten sich bereit, jede Schwächung sunnitischer Herrschaftsideologie zu fördern, schließlich hofften sie, auf diese Weise ihren eigenen Freiheitsraum zu erweitern.

Kein Zufall konnte es sein, daß besonders Aleviten sich engagiert der Reformbewegung von Atatürk anschlossen. Ihre Führungskräfte traten wesentlich entschiedener als die meisten sunnitischen Reformer für eine Trennung von Politik und Religion, für das Ideal eines säkularen und laizistischen Staates ein. Atatürk hätte seine

Reform kaum derart erfolgreich durchführen können, würden ihm nicht die Aleviten, gerade alevitische Bauern, die Massenbasis geliefert haben.

Aleviten sind es auch, die heute in der Türkei am entschiedensten die Ideale eines säkularen und laizistischen Staates verteidigen. Wie keine andere religiöse Gruppierung beziehen die Aleviten Front gegen jede religiöse Partei, die den Islam als »Staatsreligion« wie zur Zeit der Osmanen installieren möchte. Denn eine solche Rückwendung zur Vergangenheit würde für die »säkularen« Aleviten eine erneute Unterdrückung durch die sunnitische Orthodoxie bedeuten. Und so ist es nur folgerichtig, daß sunnitische Fundamentalisten besonders die Aleviten heftig bekämpfen.

Gemäßigte Sunniten grenzen sich nicht demonstrativ gegenüber Aleviten ab – vor allem dann nicht, wenn sie überzeugte Anhänger der säkularen und laizistischen Staatsidee sind. Aber das ändert nichts an der Tatsache, daß Aleviten in der Türkei nach wie vor diskriminiert werden. Besonders seit sunnitische Fundamentalisten auf dem Vormarsch sind, hüten sich zunehmend auch liberale Politiker, allzu engagiert für die Gleichberechtigung der Aleviten einzutreten. Dabei ist die Religionsfreiheit und die rechtliche Gleichstellung aller Bürger unabhängig von ihrer Religion in der Verfassung festgeschrieben. Aber seit sogar liberalere Politiker um eine erstarkende religiös konservative Wählerschicht werben, treten liberale Grundsätze in den Hintergrund. Aleviten haben in jenen Städten am schlimmsten unter Schikanen zu leiden, wo es den Fundamentalisten gelungen ist, nach erfolgreichen Parlamentswahlen die Bürgermeister zu stellen. Seit den achtziger Jahren ist der Religionsunterricht an türkischen Schulen wieder Pflichtfach, dieser Unterricht ist jedoch streng sunnitisch – die Aleviten dürfen keinen eigenen Unterricht beanspruchen, sie müssen sich im ganzen Land sunnitisch indoktrinieren lassen.

Der Vergleich mit der Situation in Syrien ist aufschlußreich. In Syrien sind die Alawiten viele Jahrhunderte ebenfalls stark unterdrückt worden und durften ihren Glauben nicht öffentlich bekennen (in auffallendem Gegensatz zu den Christen und Juden). Auch die syrischen Alawiten zeigten großes Interesse, die drückende sunnitische Vormachtstellung zu schwächen. Daher nahmen auch sie begierig die Reformideen eines säkularen und laizistischen Staates auf. Aber als dann die Alawiten 1970 an die Macht kamen, gelang es ihrem sonst so erfolgreichen politischen Führer Hafis Al Assad nicht, eine konsequent säkulare, laizistische Staatsverfassung durchzusetzen. Anders als sein Vorbild Atatürk konnte es Assad nicht wagen, die traditionellen Rechtsgrundsätze der Scharia in ihrem Kern anzutasten. Denn der Widerstand und die Macht der sunnitischen Orthodoxie ist in Syrien bis heute zu groß.[6]

Das »Unislamische« an den Drusen

»Die Drusen sind keine Muslime!« Diese Antwort erhielt ich in der syrischen Stadt Bosra, als ich dort, nahe dem hauptsächlichen Wohngebiet der religiösen Minderheit, einige Auskünfte haben wollte. Der Gefragte, ein Sunnit, schüttelte heftig den Kopf.

Aber die Drusen gehörten doch als Glaubensgruppe zu den Schiiten, sagte ich. – Oh nein, oh nein, widersprach der Sunnit heftig, man dürfe Schiiten und Drusen nicht in einem Atemzug nennen. Die Schiiten seien Muslime, sie besäßen wie die Sunniten den Koran, die Drusen aber würden weder ein heiliges Buch noch eine Moschee kennen, noch würden sie sich zum Gebet versammeln. – Was er von den Christen halte, wollte ich zum Vergleich wissen. – Die Christen besäßen ein heiliges Buch und beteten, die Christen seien religiöse Menschen, erklärte er.

In Syrien lernte ich noch andere Sunniten kennen, die sich über die Drusen ereiferten. Vorbehalte hörte ich sogar von Alawiten, die doch selbst einer beargwöhnten Minderheit angehören. Eine solche Skepsis aus sehr unterschiedlichen Richtungen gibt eine erste Ahnung vom angefeindeten Glauben der Drusen.

Die Gemeinschaft der Drusen war zu Beginn des 11. Jahrhunderts in Ägypten entstanden. Ihr Begründer, der persische Wanderprediger Mohammed Ibn Ismail Ad Darazi, war Schiit. Aus seinem Namen leitet sich die Bezeichnung »Duruz« – oder europäisch »Druse« – ab. Vom orthodoxen Glauben der Schiiten entfernte Darazi sich radikal, als er den damals regierenden Kalifen Hakim aus der schiitischen Dynastie der Fatimiden zu einer menschgewordenen Erscheinungsform Gottes erklärte. Als Kalif Hakim 1021 starb, wurde Darazi von Sunniten getötet, seine Anhänger mußten aus Ägypten fliehen und ließen sich in damals unwegsamen Bergregionen des Libanon und Syriens nieder.

Die Drusen lehnen wie die Alawiten und Aleviten den Fastenmonat Ramadan ab und halten eine Wallfahrt nach Mekka für unnötig. Auch besitzen sie eine ebenso über den Koran hinausreichende, erst später verfaßte Heilige Schrift, und wie bei den Alawiten und Aleviten gibt es nur wenige »Wissende«, die den Inhalt der Lehre in ihrer Gesamtheit kennen und zu deuten vermögen. Aber die Lehre der Drusen entfernt sich viel weiter vom orthodoxen Islam als jeder andere Glaube einer schiitischen Sekte – mit Ausnahme der Bahai, wie wir noch sehen werden.

Skandalös erscheint orthodoxen Muslimen die Tatsache, daß die Drusen einen Menschen als eine fleischgewordene Erscheinung Gottes verehren – dieses Attribut darf ja nicht einmal ansatzweise dem Propheten Mohammed zugeschrieben werden. Nicht minder unerträglich ist für Sunniten wie Schiiten, daß ebendieser »göttliche« Kalif Hakim am Ende aller Zeiten den Gläubigen auch noch als »Erlöser« erscheinen soll. Dabei ist doch ausgerechnet dieser Herrscher von muslimischen wie westlichen Historikern als ein exzentrischer Fanatiker beurteilt worden.

Noch deutlicher vom Islam entfernen sich die Drusen aber mit einer anderen Lehre: Sie glauben an Seelenwanderung und Wiedergeburt. Da die Seele »unsterblich« ist, kann sie nicht, wovon die Muslime unumstößlich überzeugt sind, bis zum Tag des Jüngsten Gerichts ruhen und dann erst von Gott auferweckt werden. Die Seele wandert vielmehr nach dem Tod eines Menschen in einen neugeborenen Körper. Menschen, deren Seele in einem vorhergehenden Erdenleben schwer gesündigt hat, büßen dafür in ihrer nachfolgenden irdischen Existenz. Umgekehrt kann der Erfolgreiche, von Glück Gesegnete sicher sein, daß seine Seele in einem früheren Leben gute Taten angesammelt hat. Erst am Tag des Jüngsten Gerichts entscheidet Gott über das endgültige, nun ewige Schicksal jeder Seele. Ein solches Dogma, das in mancher Hinsicht an Vorstellungen des Hinduismus und Buddhismus erinnert (ohne daß derartige Einflüsse nachweisbar wären), muß Muslime am stärksten abstoßen. Gerade in diesem Punkt können sich Sunniten wie Schiiten dem Glauben selbst der Christen näher fühlen als dem der Drusen.

Die Drusen bewegen sich an einer gefährlichen Grenze. Im allgemeinen werden Sekten nicht schon durch religiös orthodoxe Machthaber unterdrückt, wenn der abweichende Glaube wenigstens noch in Kernpunkten mit dem Hauptstrom sunnitischer oder schiitischer Überzeugungen übereinstimmt. Verfolgt werden solche Minderheiten meist erst, sobald sie die bestehende Herrschaft ideologisch in Frage stellen. Muslimischen Sekten ist damit ein größerer Spielraum geblieben, als ihn etwa christliche Sekten jahrhundertelang unter dem Druck der Inquisition besaßen. Falls Muslime aber in den Verdacht geraten, den »Islam« in grundsätzlichen Glaubenspostulaten zu »verleugnen«, sind sie nach orthodoxem Verständnis von ihrer angestammten Religion »abgefallen« – und erst in diesem Fall können Korangelehrte so unerbittlich auf Todesstrafe für »Ketzer« drängen wie einst die christliche Inquisition. Die Drusen sind, aus der Sicht vieler Orthodoxer, in diesem Sinne »Ketzer«.

Deshalb sind die Drusen mehr als die meisten anderen Minderheiten verfolgt worden, sowohl von Sunniten als auch von Schiiten. Und deshalb hatten die Drusen sich im Verlauf der Jahrhunderte auch zu einer besonders kriegerischen Volksgruppe entwickelt, die sich möglichst von allen anderen Gruppierungen absonderte. Von wenigen Ausnahmen in unserer modernen Zeit abgesehen, heiraten die Drusen nur untereinander, um »rein« zu bleiben. Sie lassen es auch nicht zu, daß Andersgläubige zu ihrer Religion übertreten. Druse kann man nur durch Geburt werden; auch dies ist eine zutiefst »unislamische« Tendenz.

Das Hauptsiedlungsgebiet der Drusen ist heute der Libanon, dort bilden sie etwa 7 Prozent der Bevölkerung (neben rund 30 Prozent Schiiten, 23 Prozent Sunniten und 40 Prozent Christen). Im Libanon sind die Drusen nicht nur in Kämpfe gegen maronitische Christen verwickelt, sondern ebenso gegen sunnitische und schiitische Muslime: Aufschlußreich ist hierbei, daß Drusen zwar hie und da in Dörfern Haus an Haus mit Christen unterschiedlichster Konfession leben – aber weder mit Sunniten noch mit Schiiten.[7]

In Syrien machen die Drusen etwa 3 Prozent der Bevölkerung aus. Dort haben sie allerdings weniger Probleme als im Libanon. Unter den Baath-Sozialisten, besonders seit die Alawiten an den Schalthebeln der Macht sind, genießen die Drusen die nötige Toleranz. Inwieweit sich das ändert, sobald die Alawiten ihre Macht verlieren, muß offen bleiben.

Auch der Begründer des Bahaismus, Mirza Ali Mohammed Shirazi, war ursprünglich schiitischer Muslim. Aber seine Gedanken führten ihn erheblich weiter vom orthodoxen Islam weg als alle anderen »Ketzer«, so daß die Bahai am eindeutigsten als »Abtrünnige« gelten mußten.

Der Begründer des Bahaismus hatte 1844 im Iran eine neue Offenbarung verkündet, in der er seine eigene Botschaft als die dem Koran ebenbürtig pries. Mehr noch: Er nannte sich »Bab«, »das Tor«, und meinte damit das zeitgemäße, alleinige Tor zur »Erleuchtung«. Sein Nachfolger Mirza Hussein Ali, der sich den Beinamen Baha'ullah (»Herrlichkeit Gottes«) verlieh und die Sekte weit über die islamische Welt hinaus verbreitete, formulierte noch deutlicher, daß er sich als der »Offenbarer Gottes für unsere Zeit« (!) verstand.

Werfen wir einen Blick auf die Textstelle einer Propagandaschrift, wie sie die Bahai heute zur Verbreitung ihrer Lehre veröffentlichen, so begreifen wir die Provokation. Es heißt dort unter anderem: »Die Bahai glauben an einen Gott, obgleich die Menschen ihn mit verschiedenen Namen bezeichnen. In gewissen Zeitabständen hat Gott sein Wort durch verschiedene Boten offenbart [...] Abraham, Moses, Krishna, Buddha, Zarathustra, Christus, Mohammed waren solche Gottesoffenbarer [...] Da es nur einen Gott gibt, haben alle Gottesoffenbarer die gleiche Wahrheit verkündet. Sie haben diese Wahrheit weiterentwickelt und den jeweiligen Bedürfnissen der verschiedenen Kulturkreise, der gesamten geschichtlichen Entwicklung der Menschheit angepaßt.«[8]

In diesem Bekenntnis ist Mohammed nicht nur auf eine Stufe zu Christus herabgedrückt, sondern auch noch zu Krishna und Buddha. Krasser hätte man Mohammed gar nicht den Rang streitig machen können, krönender Abschluß aller Propheten zu sein. Mohammed nur noch als ein Glied unter vielen in einer weiter fortschreitenden Entwicklung! Muslime mußten sich von solch einer Auffassung ähnlich herausgefordert fühlen wie Christen, die sich durch den Islam zu bloßen Vorläufern des »richtigen« Glaubens degradiert sahen. Eine deutlichere Absage an die höchste, bereits verkündete Offenbarung konnte es gar nicht geben.

Muslime reagierten auf eine solche Herausforderung aus den eigenen Reihen besonders hart, indem sie die Bahai bereits während der ersten Jahre ihres Bestehens fanatisch verfolgten. Im Iran sahen sich die Machthaber durch die »Gotteslästerer« zusätzlich bedroht, weil diese dort nicht nur eine neue religiöse Botschaft verbreiteten, sondern auch noch einschneidende soziale Reformen angesichts eines erstarrten Feudalsystems forderten. Die Schahs der Kadscharen-Dynastie ließen die Anhänger der neuen Religion zu Hunderttausenden ins Gefängnis sperren, rund 30 000 ließen sie allein im Jahr 1850 hinrichten.

Vor diesem Terror flohen viele Bahai ins Ausland, zuerst in andere islamische Länder. Aber da sie nicht nur von der schiitischen, sondern auch von der sunnitischen Orthodoxie sofort der Ketzerei verdächtigt wurden und sich wiederum Verfolgungen ausgesetzt sahen, reiste ein Teil der Bahai nach Europa weiter, einerseits, um endlich unbehelligt leben zu können, andererseits, um dort die Lehre zu verbreiten. Für die Mission waren sie bestens gerüstet, zumal ihr geistiger Führer Baha'ullah mit den verschiedensten Strömungen westlicher Philosophie vertraut war und aufklärerische Impulse in seine Lehre hatte einfließen lassen. Nicht wenige Christen, von der Unduldsamkeit ihrer Kirchen enttäuscht, fühlten sich angezogen von der Freizügigkeit dieser Universalreligion. 1893, ein Jahr nach dem Tod des Baha'ullah, existierte bereits eine Gemeinde in Großbritannien und den USA. Heute zählt die Bahai-Religion Millionen Anhänger in aller Welt, besonders in westlichen Industriestaaten; allein in der Bundesrepublik Deutschland leben über 10 000 Bahai.

Auch in etlichen islamischen Ländern hat sich die neue Religionsgemeinschaft halten können, trotz aller Verfolgungen. Vielen gelang es, ihren Glauben gegenüber Fanatikern zu verbergen, und bei gemäßigten Muslimen konnten sie gar Achtung gewinnen, weil sie als unbestechlich und als verläßliche Geschäftspartner galten. Im Iran, ihrem Herkunftsland, lebten unter der Herrschaft des letzten Pahlevi-Schahs an die 300 000 Bahai, an Zahl fast zehnmal so stark wie die Zarathustrier, jene von der schiitischen Orthodoxie geduldete Minderheit.

Heute sind die Reaktionen gegenüber den Bahai in islamischen Ländern sehr unterschiedlich. Überall dort, wo die Gesetzgeber sich durch abendländische Vorbilder haben beeinflussen lassen (und deshalb dem Vorwurf von orthodoxer Seite ausgesetzt sind, »verwestlicht« zu denken), werden die Bahai nicht verfolgt, so in der Türkei, in Syrien, im Libanon, in Jordanien, Tunesien und

Indonesien. Überall dort aber, wo Fundamentalisten mit wachsender Macht die Regierungen unter Druck setzen, werden die »Abtrünnigen« vorwiegend mit Verwaltungsschikanen und Gefängnisstrafen belegt, ja teils auch bei Polizeiverhören gefoltert: so in Ägypten, Marokko, Algerien und im Irak. Todesurteile verhängt man dort, wo radikal-orthodoxe Muslime die Macht errungen haben. Besonders schlimm waren die Verhältnisse im Iran unter der zehnjährigen Herrschaft von Khomeini: Hunderte von Bahai wurden hingerichtet, mehr als 10 000 wurden durch Enteignung obdachlos, sämtliche Kultstätten wurden zerstört, so lauteten 1987 die Berichte von Beobachtern.[9]

Salman Rushdie, der moderne »Gotteslästerer«

Am 14. Februar 1989 verkündete Ayatollah Khomeini das Todesurteil gegen Salman Rushdie mit der Begründung, dieser muslimische Autor habe mit seinem Roman *Die satanischen Verse* in schlimmster Form »Gotteslästerung« begangen. Etwas Einmaliges war mit dieser Proklamation geschehen. Kein ranghoher islamischer Würdenträger des 20. Jahrhunderts hatte es bisher unternommen, einen Muslim außerhalb des eigenen Herrschaftsbereichs zu verurteilen und zudem Killerkommandos zu ermuntern, gegen ein Kopfgeld in Millionenhöhe die »Hinrichtung« im Ausland zu vollziehen. Außerdem hatte Khomeini die Erklärung abgegeben, jeder »Glaubenskämpfer«, der bei diesem waghalsigen Geheimunternehmen ums Leben komme, gehe sofort ins Paradies ein.

Der Februar 1989 signalisierte aber nur den Zeitpunkt, an dem der Fall Salman Rushdie weltweit bekannt wurde. Begonnen hatte der Konflikt bereits ein halbes Jahr zuvor. Als im Herbst 1988 der Roman *Die satanischen Verse* in Großbritannien, der Wahlheimat des britisch-indischen Autors, erschien, hatte er sehr bald die Aufmerksamkeit dort ansässiger muslimischer Geistlicher erregt, und auf deren Anraten hin protestierten massenweise Gastarbeiter aus Pakistan, Indien und Bangladesch gegen das »satanische Buch«. Der vorläufige Gipfel der Erregung war erreicht, als sich Mitte Januar 1989 in der englischen Industriestadt Bradford Muslime dazu hinreißen ließen, bei einer Massenkundgebung das Buch öffentlich zu verbrennen. Und noch bevor Khomeini auf die *Satani-*

schen Verse aufmerksam geworden war, hatten sich die meisten Regierungen islamischer Staaten entschlossen, Veröffentlichung und Verkauf des Buches in ihrem Herrschaftsbereich zu verbieten.

Salman Rushdie, als Muslim in Bombay aufgewachsen, ist auf ganz andere Weise ein »Abtrünniger«, als es etwa die Bahai sind. Ihn leiten geradezu entgegengesetzte Motive, Distanz zum Islam zu demonstrieren. Er gibt sich als »moderner Mensch« zu erkennen, der jeglichen Glauben an eine religiöse Überlieferung verloren hat und es auch noch als seine Pflicht ansieht, diesen »Zweifel« in aller Öffentlichkeit zu bekunden, ja ihm literarisch Ausdruck zu verleihen. So sagte er in einem vielbeachteten Interview, bevor er sich vor den Killerkommandos des Ayatollah Khomeini verstecken mußte: »Wenn man aber nicht mehr gläubig ist, wenn man nicht mehr an ein übernatürliches Wesen glaubt, das einen Erzengel schickt, um einem Menschen, Mohammed, eine Reihe von Texten zu diktieren, die den Koran ergeben, wenn man weder an die buchstäbliche noch an die metaphorische noch an die spirituelle Wahrheit glauben kann, dann steht man vor einem Problem. Wenn man dann etwas anderes sagt, wird das als Blasphemie bezeichnet. Dennoch nimmt man eine völlig legitime Position ein. [...] Für mich ist der Zweifel die entscheidende Haltung für den Menschen des 20. Jahrhunderts. Wir lernen, daß uns alles, was wir in den Händen halten, zerfällt. Von nichts mehr besitzen wir eine gesicherte Perspektive. [...] Nicht Sicherheit, sondern Zweifel ist die Basis der Moderne. Es ist nicht meine Schuld, daß die orthodoxen Vertreter des Islam einen Dschihad gegen die Moderne erklärt haben.«[10]

In einer solchen Erklärung ist alles enthalten, was einen orthodox Gläubigen – nicht nur des Islam – empören und auch ängstigen kann. Empörung und Angst, möglicherweise sogar Empörung aus Angst: Dies ist die explosive Mischung, die einen Radikal-Orthodoxen zum gewaltsamen Vorgehen gegen einen »Abtrünnigen« aus der eigenen Glaubensgemeinschaft veranlassen mag, sofern ihm dieser die metaphysische Geborgenheit gründlich in Frage stellt. Salman Rushdie bekennt sich zu jener Form von »Moderne«, wie sie gerade dem orthodoxen Muslim als eine Dekadenzerscheinung des »materialistisch« und »gottlos« gewordenen »Westens« zum Feindbild geronnen ist. Welchen Schock muß es für »Rechtgläubige« bedeuten, wenn sich ausgerechnet ein Schriftsteller muslimischer Herkunft zu solch einer »Gottlosigkeit« bekennt und damit auch noch die Aufmerksamkeit eines breiteren Publikums erregt.

Es braucht hier nicht erörtert zu werden, was aus der Sicht von Muslimen die »Gotteslästerung« im einzelnen ausmacht. Auch soll die Frage den Literaturkritikern überlassen bleiben, ob die umstrittenen Textstellen, in denen angeblich der Prophet »lächerlich gemacht« und der Charakter des Korans als göttliche Offenbarung »in den Schmutz gezogen« wird, literarisch über den Tag hinaus Bedeutung haben werden. Für viele Gegner, die den Tod Rushdies wünschen, geht es ohnehin nicht um solche Probleme. Kaum einer hat das Buch gelesen, die einen, weil sie sich mit der Information ihrer Geistlichen begnügen, die anderen, weil sie sowieso Analphabeten sind. Typisch für die Haltung vieler empörter Muslime, die in den verschiedensten Ländern demonstrierend durch die Straßen zogen, dürfte die Antwort eines Inders sein, die er einer Journalistin gegeben hat: »Es ist nicht gut, schmutzige Literatur zu lesen. Das tun unsere Mullahs für uns, und sie sagen uns dann, was wir tun sollen.«[11]

Was aber sagen die Mullahs? Bei einer genaueren Betrachtung des Problems müssen wir feststellen, daß die Reaktion der Geistlichen quer durch die islamische Welt gar nicht so einheitlich ist. Man fragt sich zu Recht, wieso das Buch über Monate hinweg zwar in allen islamischen Ländern verboten war, aber kein geistlicher Rechtsgelehrter – außer Khomeini – sich veranlaßt sah, über den Autor das Todesurteil zu verhängen.

Zweifellos hat Khomeini versucht, mit diesem spektakulären Rechtsgutachten seinen Anspruch auf die geistige Führerschaft aller »wahrhaft gläubigen« Muslime erneut zu bekräftigen, und zweifellos war es ihm, dem gewieften machtpolitischen Taktiker, darum zu tun, von den innenpolitischen Krisen seines Landes abzulenken. Möglicherweise hat ihn auch jene Passage im Roman aufs äußerste gereizt, wo in deutlicher Anspielung auf seine Person ein alter Imam geschildert wird, der seine Anhänger mit blindem Fanatismus in einen selbstzerstörerischen »Heiligen Krieg« treibt. Aber würde sich Khomeini bloß über eine derartige Textstelle so sehr erregt haben, hätte er nur seine unmittelbaren Anhänger mit Parolen aufputschen können. Ihn mußten weiterreichende – subjektiv ehrliche – religiöse Bedenken zu seiner radikalen Haltung bewogen haben. Denn ohne diesen Antrieb wäre es ihm schwerlich gelungen, orthodoxe Muslime in aller Welt zu mobilisieren, nicht nur Schiiten, sondern auch Sunniten, nicht nur Iraner, sondern Muslime von Marokko bis Indonesien.

Auffallend aber bleibt, daß Khomeini bei den ranghohen geistlichen Rechtsgelehrten verschiedenster Länder nur bedingt Zustimmung für seine Art von Rechtsgutachten gefunden hat. Wenn auch hier und dort Würdenträger in Indien, Pakistan und Ägypten sich bedingungslos hinter das Todesurteil stellten, so zog es doch eine Mehrheit vor, zu den Vorgängen möglichst zu schweigen und sich auf Fragen nur vage zu äußern (was man als mangelnden Mut deuten könnte, sich dem Kreuzfeuer der Meinungen zu stellen). Andere Rechtsgelehrte stimmten dem Urteil zwar zu, wollten es aber erst vollstreckt wissen, nachdem ein »faires« Gerichtsverfahren stattgefunden habe, so kommentierte an vorderster Stelle das radikal-orthodoxe Gremium geistlicher Rechtsgelehrter in Saudi-Arabien. Aber: Die führenden Autoritäten im theologischen Zentrum des sunnitischen Islam, der Al-Azhar-Universität in Kairo, sie, die mehrheitlich selber konservativ denken, regten an, man solle die »verleumderischen« Thesen des »blasphemischen« Romans Seite für Seite widerlegen – ein Todesurteil gegenüber dem Autor sei jedoch nicht angebracht, man solle »Ketzerei« mit der Feder, nicht mit dem Schwert bekämpfen.

Sogar im Iran ist die Geistlichkeit nicht von vornherein auf ein Todesurteil aus gewesen. Es muß zu denken geben, daß sich iranische Intellektuelle schon Monate vor Khomeinis mörderischem Urteil über das »schändliche« Buch ereifert hatten, ohne aber die Hinrichtung Salman Rushdies zu fordern und ohne daß Mullahs die Polemik in diese Richtung weitergeführt hätten. Wäre der Iran nicht strikt diktatorisch regiert und besäße dort nicht ein geistliches Wort Khomeinis auch über seinen Tod hinaus offiziell unantastbare Geltung, so hätte auch im Iran eine Diskussion über das Für und Wider des Todesurteils beginnen können. Eine solche Diskussion ist folgerichtig auch unter Khomeinis Nachfolger Ayatollah Ali Khamenei ausgeblieben, denn jener vertrat dieselbe rigide Grundposition wie Khomeini. Da nützte es nichts, wenn die Staatspräsidenten mehr oder weniger deutlich ihre Bedenken gegen das Todesurteil äußerten: so Rafsandjani taktisch noch äußerst vorsichtig und zurückhaltend (von 1989 bis 1997 im Amt), so Khatami schon klarer (seit 1997). Entscheidend bleibt das geistliche Rechtsgutachten des übergeordneten religiösen Führers.

In der Art, wie sich im Streit um Salman Rushdie die Meinungen spalteten, zeigt sich eine auffallende Parallele zu den Abgrenzungsversuchen gegenüber der Bahai-Religion. Nicht zufällig befürworten das Todesurteil gegen Rushdie jene, die mit der gleichen Härte die Bahai verfolgt sehen möchten. So hat sich Khomeini selber ja als der unversöhnlichste Feind der Bahai zu erkennen gegeben, während etwa die Autoritäten der Al-Azhar bei aller Distanz zu den Bahai wiederum von der Todesstrafe abraten und an erster Stelle auf den geistigen Abwehrkampf setzen.

Bei uns im Westen hat sich angesichts der Affäre Rushdie (die eigentlich eine Affäre Khomeini war) ebenfalls eine Kluft aufgetan. Wir alle meldeten zwar Empörung gegen den Mordaufruf an, weil wir hier einen eklatanten Widerspruch zu »Humanität«, »Demokratie« und »Meinungsfreiheit« sehen – aber bereits bei dem letzten Punkt bröckelte die Einheitsfront gegen den »fanatischen Islam«. Auch bei uns tendieren nicht wenige dazu, dieses oder jenes Buch als »Gotteslästerung« zu verdammen und gegebenenfalls die Zensur zu verlangen (selbst wenn man das Buch nur vom Hörensagen kennt). Auch bei uns findet sich die Abneigung, überhaupt eine Diskussion darüber zuzulassen, ob die angebliche Blasphemie vielleicht eine religionskritische Funktion haben könnte und deshalb eine geistige Auseinandersetzung lohne. Von einem bestimmten Punkt an müsse jede Diskussion über Religion aufhören, so habe ich selber immer wieder sagen hören. Zumindest in dieser Hinsicht neigen nicht wenige von uns dazu, sogar den »heiligen Zorn« des »Fanatikers« Khomeini zu verstehen.

Daß Muslime nicht einheitlich den Mordaufruf Khomeinis bejahen, ja nicht einmal ein Verbot der *Satanischen Verse*, dies demonstrierte schließlich eine überraschende Bekanntgabe Anfang des Jahres 1994. Das in Kairo erscheinende linke Politmagazin *Rose el-Jussuf* kündigte an, das Werk in arabischer Übersetzung zu veröffentlichen, um, wie ein Journalist wörtlich formulierte, »die Schweigemauer der verängstigten Intellektuellen« zu durchbrechen. Auszüge aus dem »Ketzerbuch«, wie die *Satanischen Verse* noch kurz zuvor in einem Kommuniqué des Islamischen Weltkongresses von Dschidda (Saudi-Arabien) genannt worden sind, hatte das Wochenmagazin bereits publiziert. Dies geschah offenbar in Absprache mit der Regierung, deren Staatsverlag das Blatt herausgibt. Im selben Magazin sind bereits bisher verbotene Schriften des Literaturnobelpreisträgers Nagib Mahfus sowie des 1992 von Fundamentalisten ermordeten Autors Faraq Ali Foda veröffentlicht worden.[12]

Ein solcher Schritt war in vielerlei Hinsicht bemerkenswert. Zum einen setzte er mutig das Signal, daß Ägyptens Regierende wie die schmale liberale Intellektuellenschicht sich nicht durch den Terror von Fundamentalisten beeindrucken ließen. Zum andern scheuten die Initiatoren dieses Schritts auch nicht einen möglichen Konflikt mit führenden Autoritäten der Al-Azhar-Universität. Das Vorhaben konnte aber nicht grundsätzlich dem Willen der ranghöchsten Al-Azhar-Gelehrten zuwiderlaufen, denn jene hatten ja angeregt, man solle den »blasphemischen« Roman Seite für Seite widerlegen – und von dieser Logik her müßten die *Satanischen Verse* zuerst einmal als Lektüre zugänglich sein.

Religiöse Minderheiten als Prüfstein der Toleranz

Die Vertreibung der Muslime aus dem christlichen Spanien

Scheiterhaufen auf dem Marktplatz von Granada. Tagelang brannten die Feuer, in die spanische Soldaten immer neue Bücherladungen kippten. Mehr als 80000 Werke islamischer Theologie und Philosophie wurden zu Asche. Dies geschah 1499, sieben Jahre nachdem die Katholiken Granada, das letzte maurische Fürstentum auf spanischem Boden, erobert hatten. Fassungslos mußten die Muslime mit ansehen, wie die Christen die arabischen Bibliotheken ausräumten und unersetzliche Bestände einer jahrhundertelangen Arbeit bedenkenlos vernichteten. Dabei war den Unterlegenen vertraglich zugesichert worden, sie könnten als Muslime unter einem christlichen König Glauben und Kultur so ungehindert pflegen wie einst die Christen unter islamischer Oberhoheit. Bei allen Spannungen, die sich während der letzten drei Jahrhunderte zwischen muslimischen Herrschern und christlichen Untertanen in Andalusien angebahnt hatten, war ja von den Emiren nie das grundsätzliche Recht der Christen auf Glaubensfreiheit in Frage gestellt worden. Dasselbe erwarteten nun umgekehrt die Muslime von den Siegern.

Um so größer der Schock. Die politische Wende leitete Kardinal Jiménez de Cisneros ein. Mit ihm war ein Fanatiker zum Großinquisitor bestellt worden, der sich nicht an Verträge mit »Gottlosen« gebunden fühlte. Und er verstand die Bücherverbrennung nur als den Beginn einer großangelegten »Glaubens«offensive. In den folgenden Jahren stellte er, mit der Billigung »Seiner Katholischen Majestät«, die Muslime vor die Wahl, entweder ihren »Irrtümern« abzuschwören und sich zur alleinigen Wahrheit christlichen Glaubens zu bekennen, oder aber Spanien zu verlassen, wobei ihr Besitz an den »christlichen« Staat falle. Vergeblich beriefen sich die Betrogenen auf den Vertrag, und als sie die Zwangsbekehrung ebenso beharrlich wie die Auswanderung ablehnten, richteten die Spanier unter den Mauren ein Blutbad an. Tausende mußten sterben. Zehntausende konnten ihr Leben nur noch retten, indem sie nun doch Spanien fluchtartig ohne ihre Habe verließen. Und damit demonstrierten Christen, daß sie, wenn sie nur die Macht dazu besaßen, muslimische Untertanen niemals in ihrem Herrschaftsbereich dulden würden. Religiöser Fanatismus diktierte den katholischen Spaniern diese Haltung.

Machtpolitisch und wirtschaftlich handelten die neuen Regenten äußerst unvernünftig. Denn mit den Mauren verloren sie unersetzliche Fachleute für die Bewässerungsanlagen, führende Wissenschaftler, Kunsthandwerker und Architekten – alles Berufe, für die die Christen damals keinen ebenbürtigen Ersatz zu bieten vermochten. Während der folgenden zwei Jahrhunderte verwandelten sich daher viele ehemals fruchtbare Ackerböden unter der glutheißen Sonne Andalusiens zur Steppe, verarmten Dörfer und auch Städte.

Eine derart kurzsichtige Intoleranz gegenüber dem Islam hat sich in Europa nur zögernd verloren. Zuerst bei den Handelsrepubliken Venedig und Genua. Sie nahmen, wie schon erwähnt, aus rein (handels-)politischen Erwägungen heraus Abschied vom Glaubensfanatismus, wenn schon nicht aus religiösem Empfinden. Und als europäische Kolonialmächte im 19. und 20. Jahrhundert eine Reihe islamischer Länder beherrschten, mußten die ungebetenen Eindringlinge schon aus strategischen Gründen mit etlichen muslimischen Gruppen »freundschaftliche« Bündnisse schließen, damit sie desto besser die übrige Bevölkerung ausbeuten konnten (nach dem Prinzip »teile und herrsche«). Naturgemäß hatte auch diese Haltung noch wenig mit echtem Respekt vor einer fremden Religion und Kultur zu tun.

Die Europäer konnten, wie ich ebenfalls schon erörterte, erst im Zeitalter der Aufklärung die Muslime an Toleranzbewußtsein einholen und schließlich übertreffen. Aber es war ein mühsamer Prozeß. Viele Reformen, die den muslimischen Minderheiten endlich die nötige Rechtssicherheit und Anerkennung verschafften, sind ja von den Aufklärern meist gegen den Widerstand kirchlicher Kreise durchgesetzt worden. Und auch dann war es noch lange nicht selbstverständlich, daß Europäer wie auch Amerikaner mehrheitlich mit der Toleranz ihrer Staatsverfassung Schritt halten konnten. Es kam (und kommt) immer wieder zu Konflikten zwischen säkularem Programm und der Praxis.

Kirchen und Synagogen in Sichtweite von Moscheen ... Dieses Erscheinungsbild in vielen islamischen Staaten von Marokko bis Indonesien signalisiert uns, daß dort die Religionsfreiheit christlicher Minderheiten bis heute gewährleistet ist – wenn auch in der bereits geschilderten herablassenden Toleranz. Immer wieder konnte ich in Gesprächen erfahren, wie bereitwillig Muslime zustimmten, wenn man als Europäer auf die geistige Verwandtschaft zwischen Islam und Christentum hinweist. Gerade mit solchen Erklärungen lassen sich emotionale Barrieren mildern oder gar überwinden.

Eine gewisse Reserviertheit bekommt man als Europäer nur dann zu spüren, wenn von christlicher »Mission« die Rede ist. Mission aus dem Abendland bleibt für die meisten Muslime identisch mit Angriff auf den Islam, hier wirken traumatische Erinnerungen nach. Von daher sind sie auch mißtrauisch gegenüber der Bibel, sofern diese in ihrem eigenen Land in einer arabischen, türkischen oder persischen Übersetzung vorliegt. Sie verbinden damit die Befürchtung, daß Christen unter den Muslimen weiterhin Gläubige abwerben wollen, und dagegen bleiben sie allergisch. Kein Muslim würde allerdings der Bibel das Existenzrecht absprechen, wie dies die Christen lange gegenüber dem Koran getan haben; schlimmstenfalls würde er die biblischen Inhalte als bruchstückhafte und verfälschte Wahrheit abtun, und so wäre seiner Meinung nach eine Verbreitung der Evangelien über den Benutzerkreis der Christen hinaus »überflüssig«.

Weiter gehen die religiösen Affekte bei Muslimen nicht. Oder vielleicht doch? Innerhalb des islamischen Kulturraums gibt es zumindest zwei Staaten, in denen christlichen Minderheiten jede Öffentlichkeit verwehrt ist: in Afghanistan und Saudi-Arabien. Beide Staaten sind von extrem fundamentalistischen Gruppierungen regiert. In Afghanistan war dies besonders unter dem politisch instabilen Regime der Taliban so, in Saudi-Arabien hat sich dies unter der Dynastie der Saudi und der mit ihnen eng verbundenen Sekte der Wahhabiten bisher nicht geändert.

Der Name der Wahhabiten leitet sich von ihrem Gründer Mohammed Ibn Abd Al Wahhab ab, der von 1703 bis 1792 lebte. Er war mit dem Anspruch aufgetreten, den Islam rigoros von allen »Verfälschungen« zu »reinigen« und hatte hierbei besonders gegen die Reformen gekämpft, die die Osmanen-Sultane nach westlichem Vorbild einleiteten. Besonders im 19. Jahrhundert hatten die Wahhabiten mit ihrer antimodernistischen Tendenz weite Teile Nordafrikas beeinflussen, ja regional auch beherrschen können. Heute aber üben sie nur noch in ihrem Entstehungsgebiet Saudi-Arabien Macht aus, wo sie eng mit der herrschenden Dynastie der Saudi verbunden sind. Allerdings konnte es ihnen gegen Ende des 20. Jahrhunderts gelingen, Einfluß auf verschiedene rigide fundamentalistische Gruppierungen in Afghanistan zu gewinnen, so auch auf die Taliban.

Neben den Taliban (auf die ich in einem eigenen Kapitel, »Modellfall Afghanistan«, noch ausführlich eingehe) entspricht das wahhabitische Regime der Saudi-Dynastie am ehesten den Negativklischees eines »fanatischen«, »rückständigen« Islam. Bei den Wahhabiten sind die Körperstrafen wie Auspeitschen, Handabhacken und Kopfabschlagen auf Marktplätzen vor Zuschauern noch völlig an mittelalterlich archaischen Normen orientiert. Auch ist den Frauen besonders stark der Bewegungsspielraum eingeengt, sie dürfen nicht unbeaufsichtigt das Haus verlassen, ja sich nicht einmal an das Steuer eines Autos setzen.

Zu wundern braucht es daher nicht, wenn unter wahhabitischer Herrschaft andersgläubige Minderheiten extrem in ihren Freiheiten beschnitten werden. Auf Druck der Wahhabiten darf in Saudi-Arabien bis heute keine andere Religion außer der eines fundamentalistisch strengen – sunnitischen – Islam in Erscheinung treten. Die Wahhabiten berufen sich hierbei auf einen Hadith, einen Ausspruch Mohammeds, daß nur »Rechtgläubige« in der arabischen Heimat des Propheten ihre Religion praktizieren dürften (ein Hadith, der von vielen Muslimen nicht derart starr ausgelegt wird). Selbst Schiiten sind von dem Verbot betroffen. Strikt untersagt bleibt es, eine Kirche zu bauen, auch wenn sie sich noch so klein und unauffällig ausnehmen würde. Die dort ansässigen Christen (ohnehin meist nur Techniker und Geschäftsleute aus dem Westen oder Billiglohnarbeiter von den Philippinen) können lediglich in Privatwohnungen oder Baracken, von der Öffentlichkeit unbemerkt, Gottesdienste abhalten. Kreuzsymbole dürfen nirgendwo an Gebäuden aufscheinen. Solche skandalösen Zustände hindern saudi-arabische Politiker und Geschäftsleute allerdings nicht, sich im westlichen Ausland zur koranisch vorgeschriebenen Toleranz gegenüber allen monotheistischen Religionen zu bekennen. Es ist eine bloß verbale Toleranz, deren Heuchelei bei uns im Westen nicht öffentlich kritisiert wurde, solange die Geschäftsbedingungen für Erdöl vorteilhaft genug geblieben sind.

Muslime anderer Staaten äußern sich über Saudi-Arabien oft weniger zurückhaltend. Ich konnte in der Türkei, Syrien, Jordanien und Ägypten, Staaten mit einer relativ aufgeschlossenen Bildungsschicht, immer wieder erleben, wie verächtlich Muslime über den wahhabitischen Islam sprechen. Sie bezeichnen ihn als geistig eng, provinziell, fanatisch, als eine Sonderform, die wenig mit den gemäßigten Hauptströmungen gemeinsam habe. Sofern Europäer und Amerikaner derartige Auswüchse als typisch für den Islam schlechthin ansähen, dann wüßten sie wenig über die Bandbreite dieser Religion und Kultur.

Solche Erklärungen sind schlüssig. Trotzdem bleiben Fragen offen. Wenn auch viele muslimische Regierungen ihren christlichen (und jüdischen) Minderheiten Religionsfreiheit und Rechtsschutz zubilligen, so erscheint doch das Ideal der religiösen Toleranz in einer Reihe Staaten durch die Praxis widerlegt. Immer wieder erfahren wir quer durch die islamische Welt von Unterdrückung religiöser Minderheiten, ja gar von bürgerkriegsähnlichen Unruhen zwischen Muslimen und Christen. Was sind die Ursachen? Sind die Konflikte eher politischer oder letztlich doch religiöser Natur?

Im folgenden betrachten wir als Fallbeispiele die Türkei, den Libanon, Ägypten, den Sudan. Nur der letztere Staat besitzt eine islamistische, dogmatisch völlig intolerante Regierung.

Griechen und Armenier unter den muslimischen Türken

Man liest immer wieder von jenem grauenvollen Massaker, das die Türken im Jahr 1822 auf der Insel Chios unter den Griechen anrichteten. Nach einem Aufstand der Einheimischen gegen die Willkürherrschaft osmanischer Statthalter metzelten türkische Soldaten an die 30000 Christen, teils wehrlose Greise, Frauen und Kinder, nieder und verschleppten weitere 40000 in die Sklaverei. Das war ein Schlag, von dem sich die Insel nie wieder ganz erholt hat – eine herausragende Untat, die bis heute gerne als Beleg angeführt wird, daß es die Muslime mit ihrer Toleranz gegenüber Christen keineswegs ernst nehmen; mehr noch: im Grunde eben doch von tiefem Affekt gegen alles »Christliche« erfüllt sind. Man liest erst recht von jener massenhaften Vertreibung griechisch-orthodoxer Christen aus Kleinasien seit dem Ende des Ersten Weltkriegs, zusätzlich vom Massenmord an armenischen Christen.

Beklemmend wirken heute in der Türkei die vielen Kirchen und Klöster, die seit den zwanziger Jahren des letzten Jahrhunderts großteils leerstehen und dem Zerfall preisgegeben sind; niemand ist mehr da, der sich für ihren Erhalt interessiert, ausgenommen einige »touristisch interessante« Kirchen. Besonders bedrückend erscheinen aber im östlichen Anatolien Ruinenstätten, wo von Kleinstädten und Dörfern nur noch Hausfundamente auf grasüberwucherten Flächen übriggeblieben sind. Man erfährt, daß noch Ende des 19. Jahrhunderts oder vor dem Ersten Weltkrieg hier armenische Christen gelebt haben. Wo sind sie geblieben? Teilweise sind auch sie vertrieben worden, viele aber wurden an Ort und Stelle erschlagen. Die großen Massaker haben in den Jahren 1894/95 und zwischen 1915 und 1917 stattgefunden, allein die letzteren haben über einer Million Armeniern das Leben gekostet. Man trifft auf armenische Kirchen, die in der Einöde stehen, wo sich einst Ortschaften in der Nähe gruppierten, manche Kirchen mit herrlichen Reliefs aus dem 12. und 13. Jahrhundert dienten vor wenigen Jahrzehnten noch den Hirten als Schafställe, bevor der Tourismus die architektonischen Kostbarkeiten für sich zu entdecken begann. Allerdings fällt auf, daß zwar die Ortschaften bis auf die Grundmauern zerstört sind, nicht aber die Kirchen. Was hat das zu bedeuten? Hätte dem Massenmord in erster Linie ein religiös bedingter Affekt zugrunde gelegen, dann wären auch Kultstätten zerstört worden, ja dann wären die Muslime schon Jahrhunderte früher derart brutal gegen die Armenier vorgegangen.

Tatsächlich aber haben die armenischen Christen unter der Herrschaft der Osmanen-Sultane unbehelligt leben können – als »Schutzbefohlene«. Gerade die Armenier hatten allen Grund, die islamischen Eroberer mit Erleichterung zu begrüßen, denn unter dem eisernen Regiment der byzantinischen Staatskirche waren sie als »Sektierer« blutig verfolgt worden und hatten nur in abgelegenen Gegenden überleben können. Erst die Sultane und Emire der Seldschuken, später die Osmanen erlösten sie von dieser Unterdrückung und gewährten ihnen, wie allen anderen Christen (den

Griechisch-Orthodoxen wie den Dutzenden von »Sekten«), gleichberechtigt Glaubensfreiheit. Eine ganze Reihe jener armenischen Kirchen, deren Architektur wir heute bewundern, entstand unter der freieren Atmosphäre islamischer Oberhoheit. Entscheidend war nur, daß sich die armenischen Christen und die Griechisch-Orthodoxen widerspruchslos in den osmanischen Vielvölkerstaat einfügten.

Genau dies aber hat sich während des 19. Jahrhunderts grundsätzlich geändert. Damals zeigte das Osmanenreich bedenkliche Zerfallserscheinungen, politisch, sozial, geistig, es war eine Zeit, in der die Provinzgouverneure mehr denn je das Volk ausbeuteten und jeden Widerstand gegen Willkürherrschaft in Blut erstickten – und nun fingen Armenier wie Griechen an, das immer despotischer sich gebärdende Staatswesen abzulehnen, sie äußerten zunehmend Sympathie für die europäischen Nachbarstaaten; mehr noch: sie begannen nach europäischem Vorbild nationalistisch zu denken und sich einen eigenen Staat zu wünschen – für die Türken eine Bedrohung, aber nur machtpolitisch, nicht religiös. Ihre Soldaten ließen sie zur Rettung des zerbröckelnden Reiches in die Unruhegebiete von Ostanatolien und Chios marschieren, nicht im Namen des »Islam«.

Die unheilvollen Spannungen im Vielvölkerstaat der Osmanen hatten sich zu Beginn des 20. Jahrhunderts vollends verschärft. Nun bestimmte in Istanbul die revolutionäre Gruppe der sogenannten »Jungtürken« die Richtlinien der Politik, und diese Neuerer waren selber glühende Nationalisten, sie hielten nichts von vermehrter Eigenständigkeit der verschiedenen Völker, sondern wollten die Bevölkerung im schrumpfenden Osmanenreich möglichst »türkisieren«, nicht »islamisieren«. Auf das Konto dieser extrem nationalistischen Jungtürken gingen die Massenmorde an den Armeniern.

Nationalistisch, nicht religiös dachte dann auch Atatürk, der Begründer der modernen Türkei. Er, der nach westlichem Vorbild die Religion als »Privatsache« bezeichnete und die Macht der islamischen Geistlichkeit erheblich beschnitt, hätte es erst recht als absurd empfunden, gegen Christen Krieg im Namen des »Islam« zu führen. Er schickte seine Truppen nicht nur gegen Armenier und Griechen, sondern genauso rücksichtslos gegen Kurden, kurzum gegen alle Völker, die nach dem Zusammenbruch des Osmanenreiches aus dem türkischen Rumpfstaat ausscheiden wollten. Der Konflikt mit den Kurden fordert bis heute immer wieder Menschenleben, ja, die Unterdrückung geht so weit, daß dieser ethnischen Minderheit in türkischen Städten bis in die jüngste Gegenwart herein der Gebrauch der eigenen Sprache untersagt wurde, denn offiziell existieren sie ja gar nicht als eigenes Volk; amtlich heißen sie »Bergtürken«. Die Kurden sind jedoch Muslime, genauso wie die Türken.

Die neue Rechtsprechung, die Atatürk 1926 einführte, machte keinen Unterschied mehr zwischen Muslimen und Christen. Entscheidendes Kriterium für den Staatsbürger ist es seither, »Türke« zu sein. So gesehen ging die junge Republik Türkei weit über die traditionelle islamische Toleranz hinaus, die den Christen und Juden hierarchisch abgestuft großzügig »Duldung« gewährte. So gesehen verhielt sich die Türkei ihren religiösen Minderheiten gegenüber moderner als jedes andere islamische Land. So gesehen könnte man meinen, die säkulare Republik verhielte sich nur noch ihren ethnischen Minderheiten gegenüber unduldsam.

Aber genau betrachtet hatten sich schon unter der Regierung Atatürks beträchtliche Widersprüche auch in bezug auf religiöse Toleranz herauskristallisiert. Atatürk war ja, wie schon dargestellt, ein autoritärer Reformer, der die Macht traditioneller religiöser Instanzen diktatorisch beschnitt. In diesem Sinn ließ er 1936 ein Gesetz verabschieden, das es religiösen Gemeinschaften verbot, neue Kultstätten zu bauen und Lehrstätten einzurichten. Dieses Gesetz war hauptsächlich gegen muslimische Gemeinschaften gerichtet, denen Atatürk unterstellte, sie würden in neuerbauten Moscheen und Koranschulen ihre Macht wieder stärken und damit »rückständigen« Traditionen Auftrieb geben. In zweiter Linie betraf dieses Gesetz jedoch auch Christen, und für sie waren die Folgen auf lange Sicht erheblich schlimmer als für die Muslime.

Nach dem Tod Atatürks 1938 gelang es der muslimischen Mehrheit, schrittweise eine Aufhebung der Verbote zu erreichen, und so konnten sie spätestens seit den sechziger und siebziger Jahren des 20. Jahrhunderts in der Türkei wieder zahlreiche neue Moscheen und Koranschulen erbauen. Dagegen besaß die Minderheit der Christen keine Lobby, um ähnliches durchzusetzen. Bis heute, dem Jahr 2003, bleibt es daher türkischen Christen verwehrt, neue Kirchen zu errichten und Pfarrer auszubilden (der Nachwuchs muß an ausländischen Universitäten und Akademien Theologie studieren). Ja, ungenutzte kirchliche Gebäude dürfen nicht einmal verkauft werden, sondern gehen in Staatsbesitz über und werden auf andere Weise genutzt. Ein paradoxer Zustand ist damit eingetreten: Ausgerechnet die Türkei, die in bezug auf Religionsfreiheit die modernste Verfassung aller islamischer Staaten besitzt, hat in der Praxis die Rechte ihrer christlichen Minderheiten stärker eingeschränkt als die meisten anderen Länder der islamischen Welt (abgesehen von Saudi-Arabien und Afghanistan).

Dieser eklatante Widerspruch zwischen Verfassungsideal und politisch gelebter Wirklichkeit trägt dazu bei, daß die ohnehin schon kleine Minderheit von Christen in der Türkei weiter schrumpft. Viele wandern resigniert in europäische Länder oder die USA aus. Dabei hatten gegen Ende der osmanischen Ära die Christen auf türkischem Boden noch fast ein Drittel der gesamten Bevölkerung ausgemacht. Zwar waren schon 1923, nach der massenhaften Vertreibung von Griechen und Armeniern, nur noch rund zwei Prozent der Einwohner Christen – aber zu Beginn des 21. Jahrhunderts hat sich dieser Anteil auf weniger als ein Prozent verringert. Bisher hat noch keine türkische Regierung ein Signal gesetzt, den Christen wieder das Bauen von Kirchen und die Ausbildung von Pfarrern zu gestatten.

In Gesprächen mit Türken konnte ich erfahren, daß bei vielen der nationalistisch eingestellten Türken weiterhin der Argwohn vorherrsche, die verbliebenen Griechen und Armenier seien noch immer keine »guten Türken«, daher müsse man ihre Aktivitäten nach wie vor möglichst einschränken. Der Affekt gehe nicht gegen die Christen an sich, sondern gegen »Nicht-Türken«.

Wie auch immer: Der Widerspruch zwischen den Idealen der Verfassung und praktizierter Politik bleibt.

Muslime und Christen im Libanon

Kein anderer Staat hat uns während der siebziger und achtziger Jahre derart gehäuft Schreckensmeldungen über blutige Kämpfe zwischen Muslimen und Christen geliefert wie der Libanon. Und damit scheint der Libanon ein Paradefall für den Tatbestand zu sein, daß Muslime und Christen eben doch nicht ohne schwerwiegende Konflikte auf engstem Raum zusammenleben können, zumindest nicht, wenn es sich um beinahe gleich starke Gruppen handelt: Etwa 40 Prozent der Libanesen sind Christen, 30 Prozent Schiiten, 23 Prozent Sunniten, rund 7 Prozent Drusen.

Bei näherem Hinsehen aber wird man auch in diesem Fall den Muslimen nicht unterstellen können, sie wollten Christen ihres Glaubens wegen vertreiben oder gar ausrotten. Denn wenn solche Mutmaßungen zuträfen, dann hätte die Sekte der Maroniten nicht seit dem 7. Jahrhundert im Libanon alle Eroberungsstürme islamischer Völker überstehen können – eine Glaubensgruppe, die heute noch unter den libanesischen Christen mehr als die Hälfte ausmacht.

In mancherlei Hinsicht sind die maronitischen Christen mit den armenischen zu vergleichen. Auch die Maroniten waren von der byzantinischen Kirche als »Sektierer« argwöhnisch überwacht und zeitweilig verfolgt worden, auch sie hatten daher allen Grund, die muslimischen Eroberer mit Erleichterung zu begrüßen, denn als »Schutzbefohlene« konnten sie unter der Herrschaft von Kalifen und Emiren besser leben als unter dem byzantinischen Kaiser und dessen Kirchenfürsten. Unbeschadet vermochten sie die Jahrhunderte zu überdauern, weil niemand sie zwang, den Islam anzunehmen. Schlimmstenfalls konnte ihnen, wie schon erwähnt, ein Emir verbieten, Kirchenglocken zu läuten oder ein Reittier zu benützen, oder ihnen befehlen, als Kennzeichen ihres Glaubens eine schwarze Kappe zu tragen. Andere Emire aber holten gleichermaßen Muslime wie Christen in den Staatsdienst, ja, manche förderten nicht nur den Bau von Moscheen, sondern unterstützten auch den von Kirchen.

An dieser relativen, mal stärker, mal schwächer wirksamen Toleranz hat sich im Libanon bis ins 19. Jahrhundert nichts geändert. Dann aber verloren die Osmanen, die bis dahin den Vorderen Orient beherrschten, unter dem Druck europäischer Großmächte zunehmend ihre Macht auch im Libanon, und diese Chance nutzten die Franzosen, um dort Fuß zu fassen. Für ein zukünftiges Kolonialreich brauchten sie Verbündete innerhalb der einheimischen Bevölkerung, und wer hätte sich hierfür idealer angeboten als der zahlenmäßig starke christliche Bevölkerungsteil, besonders die Maroniten. Die Franzosen unterstützten von nun an großzügig den Bau von Kirchen, förderten maronitische Dörfer, holten Maroniten an europäische Schulen in Beirut, schickten begabte Studenten gar nach Paris. Französische Lehrer drillten die Maroniten in der Überzeugung, als »Christen« eigentlich »Europäer« zu sein und damit einer »überlegenen Zivilisation« anzugehören, dazu ausersehen, an der Seite von Franzosen über »Ungläubige« zu herrschen; vorbei seien die Zeiten, nur »Schutzbefohlene« von »unterentwickelten Mohammedanern« zu sein. Diese neue Ideologie erst – mehr nationalistisch als religiös – hat die Ursache zu dem Haß von heute gelegt. Die Maroniten sind zu den wichtigsten Handlangern und auch Nutznießern eines fremden Kolonialregimes geworden, besser ausgebildet und mit mehr Rechten ausgestattet als die zahlenmäßig überlegenen Muslime.

Der Konflikt verschärfte sich, als die Franzosen nach dem Ende des Ersten Weltkriegs das »Mandat« über die ehemalige Osmanenprovinz Syrien errangen, dann 1944 aus diesem Gebiet den Libanon herauslösten und ihn zu einem eigenen Staat machten. Der Sinn dieses politischen Schachzugs: Die rund 40 Prozent Christen im Libanon waren stark genug, um auch nach dem Abzug der Mandatsmacht den Wirtschaftsinteressen Frankreichs zu dienen.

Als dann die Franzosen nach dem Zweiten Weltkrieg unter politischem Druck ihr »Mandat« über Syrien und den Libanon aufgegeben hatten, übernahmen die libanesischen Christen, allen voran die Maroniten, die Schlüsselfunktionen in der Politik wie in der Wirtschaft. Die arabischen Christen waren hierbei bestenfalls bereit, diese Privilegien mit einigen wenigen mächtigen muslimischen Clans aus den Reihen der Sunniten und der einflußreichen Sekte der Drusen zu teilen, dagegen hielten sie die Masse der Muslime von allem sozialen Fortschritt fern.

Daß nun Andersgläubige im ehemals islamischen Herrschaftsgebiet auf die Dauer regieren sollten, empfanden religiös denkende Muslime als eine Provokation. Aber dies allein erklärt noch nicht ihren explosiv angewachsenen Haß auf die Maroniten. Zum offenen Bürgerkrieg ist es erst gekommen, nachdem die herrschenden Christen ganz im Stil der Kolonialherren weiterhin das Land ausbeuteten. Die Ursachen für das viele Blutvergießen liegen letztlich in der sozialen Ungerechtigkeit. Nur so läßt sich erklären, weshalb etliche muslimische Gruppen schließlich nicht mehr gegen Christen kämpften, sondern untereinander plötzlich Krieg zu führen begannen. Auch unter Muslimen, einigen wenigen reichen Clans der

Sunniten, und einer Masse verelendeter, in Slums vegetierender Menschen, besonders Schiiten, brachen schroffe Gegensätze von Unterdrückern und Unterdrückten aus. Hinzu kamen nationale Affekte, die sich gegen den einflußreichen Nachbarn Syrien entluden; bald kämpften auch pro-syrische und anti-syrische Muslime gegeneinander.

So gesehen, taugt das Beispiel Libanon ebenfalls nicht dazu, eine tiefeingewurzelte Intoleranz von Muslimen gegenüber Christen zu belegen.

Christen in Ägypten

Etwa 10 Prozent der Ägypter sind Kopten, arabisch sprechende Christen, und mit dieser beachtlich hohen Zahl stellen sie die größte Minderheit einer christlichen Konfession im islamischen Orient. Sie leben in geschlossenen Siedlungsgebieten, so in den Stadtvierteln von Alt-Kairo und Alexandria, ja stellen gar in Assiut, Dendera und Luxor die Mehrheit. Bedrohlich haben sich aber die Spannungen zwischen Muslimen und Kopten während der siebziger Jahre zugespitzt. Wegen religiöser Gegensätze? In verschiedenen oberägyptischen Städten und schließlich auch in Kairo zündeten Muslime im Sommer 1981 koptische Kirchen an, erschlugen koptische Priester und Laien, plünderten koptische Wohnungen und Geschäfte, vergewaltigten koptische Frauen.[1] Das sind bestürzende Ereignisse, aber sie geschehen erst in neuerer Zeit.

Nahezu 1300 Jahre lang konnten die Kopten relativ unbehelligt unter islamischer Herrschaft als »Schutzbefohlene« leben. Sie, die sich im Jahr 451 von den Konzilsbeschlüssen der byzantinischen Staatskirche distanziert und eine ägyptische Nationalkirche gebildet hatten, waren für christlich Orthodoxe zu »Ketzern« abgestempelt und hatten allen Grund gehabt, vor Repressalien der Staatskirche und des oströmischen Kaisers zu bangen – durch ihre muslimischen Herren brauchten sie aber kaum einmal Eingriffe in das Glaubensleben zu befürchten. Von einer unrühmlichen Ausnahme abgesehen. So hatten die Kopten unter dem Regime des Kalifen Hakim (996–1021) zu leiden, der sich dazu hinreißen ließ, Kirchen wie auch Synagogen zu zerstören, und den »Schutzbefohlenen« verbot, Pilgerfahrten ins Heilige Land anzutreten. Seine grausame Unduldsamkeit gegenüber Christen und Juden, die von späteren Generationen der Korangelehrten als »unislamisch« getadelt wurde – und die den abendländischen Christen wesentliche Propaganda für die Kreuzzugsidee gegen die »barbarischen Heiden« lieferte –, steht aber in der islamischen Geschichte als ein eher seltener Fall da.

Die Spannungen von heute sind nicht durch den religiösen Gegensatz, sondern durch den Zusammenprall mit der westlichen Zivilisation entstanden. Die Kopten, stolz auf ihre alte Kulturtradition, seit je von starkem Bildungsinteresse geprägt, hatten es leichter als viele Muslime, ihre Vorbehalte gegenüber Neuerungen aus Europa und den USA abzulegen, zumal dieser Wandel ja aus einem »christlichen« Kulturkreis kam. Gerade Kopten legten viel Zielstrebigkeit an den Tag, an »westlichen« Schulen eine Ausbildung zu durchlaufen und selber »modern« zu werden. Damit gelang es ihnen, gemessen an ihrer Zahl überproportional hoch in berufliche Spitzenpositionen aufzusteigen – sehr zum Mißfallen so mancher Muslime. Es ist bezeichnend, daß die Plünderer und Mordbrenner überwiegend aus Slumgebieten kommen, wo sozial deklassierte Kleinbürger und landflüchtige Bauern ohne Hoffnung dahinvegetieren – die Suche nach Sündenböcken gedeiht besonders in den Reihen derjenigen, die immer mehr an den Rand der Gesellschaft gedrängt werden.

In einem Punkt allerdings argumentieren die muslimischen Führer aufgeputschter Volksmassen »religiös«: Sie klagen alle »modern« denkenden ägyptischen Regierungschefs an – von Gamal Abd Al Nasser über Anwar As Sadat bis zu Hosni Mubarak –, durch eine »verwestlichte« Verfassung gleiche Bürgerrechte *allen* Ägyptern zugebilligt zu haben, auch den Kopten. Wo aber bleibe da der traditionelle Grundsatz, andersgläubige Minderheiten müßten als »Schutzbefohlene« hierarchisch dem Islam untergeordnet sein? – Religiöse und soziale Ressentiments fließen hier ineinander, und diese gefährliche Mischung bedeutet in der Tat eine Zerreißprobe für die Toleranz. Besonders seit zunehmend Extremisten die politische Szene bestimmen.

Die ägyptische Regierung hat sich bisher weder durch Drohungen noch durch Terror von ihrer Haltung abbringen lassen, den Kopten weitgehend gleiche Rechte wie den Muslimen einzuräumen. Die Toleranz erstreckt sich bis hinein in die politische Ämtervergabe.

Nach wie vor wird der Posten des stellvertretenden Außenministers wie der des stellvertretenden Erziehungsministers stets mit Kopten besetzt, so haben mir 1978 verschiedene Ägypter in Kairo berichtet, die sich darüber wunderten, daß mir dies unbekannt war. Die westliche Öffentlichkeit hat solche Tatsachen erst zur Kenntnis genommen, als Anfang der neunziger Jahre der damalige stellvertretende Außenminister Boutros Boutros-Ghali, ein Kopte, zum Generalsekretär der Vereinten Nationen gewählt wurde. Boutros-Ghali gilt als der eigentliche Architekt des Friedensabkommens zwischen Ägypten und Israel, nicht der damals amtierende Außenminister. Weshalb konnte er dann aber nicht selber Außenminister werden? Eben weil Boutros-Ghali Kopte ist! Höchste politische Ämter müssen einem Muslim vorbehalten bleiben. Spätestens an diesem Punkt endet die Gleichberechtigung der Kopten.

Christen im Sudan

»Über tausend Kirchen wurden bisher niedergebrannt, mehr als zwanzig Pastoren umgebracht«, so berichtete ein Pastor aus dem Südsudan 1994 einer Reisedelegation des Rates der Evangelischen Kirche Deutschlands (EKD). »Die Araber wollen die Nuba ausrotten«, berichteten andere im Nordsudan. »Sie durchkämmen die Berge, töten alle, auch Frauen und Kinder und die Alten.«[2]

»Araber« ist im Sudan die gängige Bezeichnung für die rund 13 Millionen Nordsudanesen, die eine Mischbevölkerung aus Schwarzafrikanern und Arabern mit unterschiedlicher Hautfarbe bilden; in der Kultur sind sie überwiegend arabisiert, von der Religion her fast durchweg Muslime. Die Nuba stellen den größten rein schwarzafrikanischen Stamm, der ebenfalls im Norden lebt, ungefähr 40 Prozent sind Muslime – 60 Prozent aber Christen. Und nach den Aussagen der Flüchtlinge richten sich die Angriffe der »Araber« vorwiegend gegen christliche Nuba.

Am schlimmsten ist die Lage im Süden, aus dem der oben zitierte Pastor stammt. Dort wohnen im Gebiet am oberen Nil überwiegend reinrassige Schwarzafrikaner, deren bedeutendste Stämme die Dinka, Shilluk und Nuer sind. Ihre Zahl wird auf etwa 7 Millionen geschätzt. Sie bekennen sich meist zum Christentum, teils huldigen sie auch einer Naturreligion, teils vermischen sie beide Glaubensformen. Schreckensmeldungen aus diesem Teil des Landes über Terror finden sich seit zwei Jahrzehnten auch in westlichen Medien, seit Ende der achtziger Jahre gehäuft. Fast zwei Millionen Schwarzafrikaner sind in dem seit 1983 tobenden Bürgerkrieg bisher umgekommen, zwischen drei und vier Millionen befinden sich auf der Flucht; Hunger und Seuchen wüten vor allem bei den militärisch unterlegenen Christen im Süden.[3]

Was sind die Ursachen für den Bürgerkrieg? Handelt es sich in diesem Fall nicht doch um eine äußerst blutige Auseinandersetzung zwischen zwei Glaubensgemeinschaften – und dies mit religiösen Emotionen?

Eine ganze Reihe Fakten deutet darauf hin. Zumindest sind die Verantwortlichen des mörderischen Konflikts eindeutig auszumachen: radikale, weitgehend fundamentalistisch orientierte Muslime aus dem Norden; aus ihren Reihen rekrutiert sich die Zentralregierung in Khartum. Bereits während der achtziger Jahre hatte sich der damalige Regierungschef Jaafar Al Numeiri den Fundamentalisten angenähert und einen unbarmherzigen Krieg gegen den Süden geführt. Zu Beginn der neunziger Jahre verstärkte das fundamentalistische Regime des Generals Umar Hassan El Bashir und des Muslimführers Hassan Al Turabi den Druck auf den nicht-muslimischen Süden. Die neuen Machthaber ließen noch mehr als bisher Kirchen zerstören und an ihrer Stelle Moscheen bauen, die in den vorwiegend christlich besiedelten Gebieten nur ab und zu von durchreisenden muslimischen Händlern besucht werden. Außerdem führten die Fundamentalisten das mittelalterlich-islamische Strafrecht der Scharia auch für Christen ein. Das sind wesentliche Gründe, weshalb christliche Schwarzafrikaner hartnäckig bewaffneten Widerstand gegen die »Arabisierung« und »Islamisierung« leisten. Die muslimischen Machthaber zögern nicht, Christen sogar zum Glaubenswechsel zu zwingen. So leiten sie ausländische Spendengelder für Flüchtlingslager ausschließlich zu Muslimen und geben christlichen Flüchtlingen zu verstehen, sie könnten ebenfalls »staatliche Hilfe« bekommen, sobald sie zum Islam übertreten.

Zerstörung von Kirchen, Zwang zum Glaubenswechsel … Nicht nur aus liberaler, sondern auch aus muslimisch orthodoxer Sicht muß ein derartiges Vorgehen als ein Verstoß gegen koranische Gebote erscheinen. Selbst Fundamentalisten, sofern sie sich strikt am Koran orientieren (und es nicht nur behaupten), müssen an der »islamischen« Politik des Sudan Anstoß nehmen. Von einer ganzen Reihe Fundamentalisten – ob nun algerisch, ägyptisch oder iranisch – weiß ich, daß sie diese Art von »Islamismus« als »unislamisch« ablehnen (wir werden auf solche Differenzierungen an anderer Stelle zurückkommen).

Und doch passen auch im Sudan nicht alle Vorkommnisse in das Schema eines fanatisch fehlgeleiteten »Glaubenskriegs«. Muslimische Regierungstruppen kämpfen zeitweilig nicht minder heftig gegen schwarzafrikanische Nuba-Stämme, die sich zum Islam bekennen. Wie das? Jusuf Koah, der Kommandeur dieser Nuba-Stämme, erklärte westlichen Besuchern: Der Bürgerkrieg sei kein Kampf zwischen Muslimen und Christen, sondern hier stünden »Araber« gegen »Schwarze«. Die »Araber« würden die »Schwarzen« immer noch wie vor hundert Jahren, da sie zur Sklavenjagd in den Sudan kamen, als »schwarze Wilde« betrachten. Den »Arabern« gehe es vor allem um mehr Macht, um mehr Besitz, um mehr Land auf Kosten der militärisch unterlegenen Stämme. Wäre es ein Krieg zwischen Muslimen und Christen, dann müßte er als Muslim auf der anderen Seite stehen. Er aber hat sich der Befreiungsfront des schwarzafrikanischen Christen John Garang angeschlossen und ist zum dritthöchsten Befehlshaber in der Hierarchie der Widerstandsbewegung aufgerückt.[4]

Die Juden als »Problem«

Juden unter muslimischer Herrschaft

Nähert man sich heute auf der tunesischen Insel Djerba der Ortschaft Hara Srira, so erlebt man eine Überraschung. Auf den ersten Blick fällt an den Einwohnern nichts Besonderes auf; sie tragen Turban oder rote Filzmütze, Burnus oder Kaftan wie viele Muslime im ländlichen Tunesien. Auch wenn man den markant langgestreckten, weißgetünchten Bau außerhalb der Ortschaft betritt, meint man beim Anblick der grün gestrichenen Holzsäulen und der teppichbelegten Böden anfangs, in einer Moschee zu sein – aber es ist eine Synagoge. Die über 3000 Einwohner von Hara Srira sind durchweg Juden. Am Eingang der Al-Ghriba-Synagoge ist eine Tafel angebracht, auf der der (islamischen) Regierung Habib Bourguiba für die finanzielle Unterstützung beim Renovieren des baufälligen Gebäudes gedankt wird. In Reisehandbüchern liest man, daß hier schon seit dem 1. Jahrhundert unserer Zeitrechnung eine Synagoge gestanden haben soll und die hier ansässigen Juden später nie unter der islamischen Oberhoheit zu leiden hatten.

Ein Sonderfall?

Jüdische Gemeinden finden sich auch in Marokko, Syrien, Jordanien, im Jemen, Libanon, Irak, in der Türkei, um nur die wichtigsten Verbreitungsgebiete zu nennen, und überall haben sie ohne tiefgreifende Verfolgung die Jahrhunderte überstanden. Der Tourist aus Europa muß dies immer wieder staunend feststellen, falls er den Orient aufmerksam beobachtend bereist. Sind denn, so mag der Europäer zu Recht fragen, die jüdischen Minderheiten nicht spätestens dann erheblichem Druck ausgesetzt, seit die arabischen Staaten mehrheitlich im Kriegszustand mit Israel leben?

Diese Frage hatte ich mir gerade auch in der oben erwähnten Synagoge von Hara Srira gestellt, als ich dort 1982 einen Sabbath-Gottesdienst erlebte. In Gesprächen mit muslimischen Tunesiern der Nachbardörfer war mir wiederholt versichert worden, daß es mit den Tunesiern jüdischen Glaubens nie Probleme gebe, schließlich würden die Juden denselben Gott wie die Muslime verehren. Angesichts meiner Eindrücke, die ich zuvor schon vom liberalen religiösen Klima in Tunesien gewonnen hatte, zweifelte ich nicht an der Aufrichtigkeit solcher Auskünfte. Um so unfaßbarer erschien mir dann die Nachricht zwei Jahrzehnte später: Auf eben diese Al-Ghriba-Synagoge von Hara Srira verübte am 11. April 2002 ein tunesischer Selbstmordattentäter mit einem Lastauto, vollgeladen mit Flüssiggas, einen Brandanschlag; 21 Menschen starben, darunter 14 deutsche Touristen. Warum konnte dies ausgerechnet in einem Land geschehen, das doch bisher wenig in den Konflikt mit Israel einbezogen war?

Anfangs äußerten westliche Beobachter den Verdacht, daß nun eben auch das moderate Tunesien zunehmend in den Strudel antiisraelischer, ja antijüdischer Radikalisierung gerate. Dann aber stellte sich heraus, daß die Hintermänner des Attentats Mitglieder der weltweit operierenden Terror-Organisation Al Qaida waren, die sich nur einiger weniger Tunesier als Helfer bediente. Die Terroristen der Al Qaida haben ihre ideologischen und emotionalen Wurzeln im wahhabitischen Fundamentalismus Saudi-Arabiens und fühlen sich politisch eng mit den ungelösten Problemen des Nahostkonflikts verknüpft (davon später mehr). Der Kontakt der Al Qaida zu Tunesiern ist sporadisch. Entsprechend distanzierte sich die Bevölkerung in ihrer großen Mehrheit entschieden von dem Terrorakt, besonders die Einwohner der Insel Djerba, die einen starken Rückgang des Tourismus befürchteten.

Ich selber hatte bereits Jahrzehnte zuvor einen Eindruck davon bekommen, wie ambivalent die tolerante Haltung von Muslimen gegen Juden sein kann. Jede neue Eskalation des Nahostkonflikts, in dessen Zentrum Israel steht, vermag die Situation in kürzester Zeit zu verändern.

Im Mai und Juni 1967 hielt ich mich in Marokko auf, einem Land, in dem seit Jahrhunderten Muslime und marokkanische Juden friedlich zusammenleben. Aber der Zeitpunkt meines Aufenthalts war brisant: Ich wurde vom Ausbruch des sogenannten Sechs-Tage-Krieges überrascht. Das Fernsehen übertrug die Rede des ägyptischen Präsidenten Abd Al Nasser, in der er mitreißend demagogisch den totalen Sieg über Israel ankündigte, zeigte Bilder von frenetisch jubelnden Volksmassen quer durch alle arabischen Länder, zeigte Soldaten in Sprechchören mit drohend hochgehobenen Fäusten – Bilder, die einem Europäer Unbehagen einflößen mußten, besonders dann, wenn er, wie ich, in einer Teestube inmitten heftig diskutierender Marokkaner vor dem Bildschirm saß. Vier Tage später zog ich es vor, die Teestube nicht mehr zu betreten, denn nun dröhnten aus Radios und Fernsehgeräten keine Siegesmeldungen mehr, nun machte sich unter den Zuhörern und Zuschauern Bestürzung breit über die für die Araber völlig unerwartete Niederlage, dann folgte Wut. Für Europäer keine gute Zeit im Orient. Auf der Straße wurde mir verschiedene Male drohend »Israel« nachgerufen, so daß ich den Beschluß faßte, Marokko möglichst rasch zu verlassen. Sonst geschah nichts. Wieder in Europa, las ich in der Zeitung, Europäer und Amerikaner seien von Arabern teilweise als Sympathisanten des »imperialistischen« Israel verdächtigt und angefeindet worden. Einen vagen Eindruck davon hatte ich ja selbst bekommen. Aber: Es fand sich kein Bericht über Ausschreitungen gegen jüdische Minderheiten in arabischen Ländern. Dabei wäre es aus unserer Sicht eigentlich folgerichtig gewesen, daß derartige Ausschreitungen stattgefunden hätten; jede Presseagentur würde sich sogar begierig auf eine solche Nachricht gestürzt haben.

Während der folgenden Jahre ist es zwar zunehmend vorgekommen, daß in islamischen Staaten jüdische Bürger schikaniert oder gar hingerichtet wurden, besonders unter den radikal anti-israelischen Regimen in Syrien und im Irak, aber in jedem der Fälle haben die Machthaber dann versichert, es handle sich um »Spione«. So fragwürdig eine solche Rechtfertigung auch sein mag, so ist doch der Versuch auffällig, politische Gründe anzugeben – die »judaische Religion« ist von aller Anfeindung ausgenommen. Eine derartige Haltung kommt selbst in den Anweisungen eines der radikalsten Muslimführer zum Ausdruck, nämlich bei Khomeini. In seinen Schriften liest man: »Es ist dem Muslim nicht gestattet, in einem jüdischen Unternehmen zu arbeiten, wenn er die Gewißheit oder den Verdacht hat, daß dieses Unternehmen Israel hilft. Das so verdiente Geld ist unrein.«[1] Grundsätzlich wäre auch unter dem Regime antiwestlich gesinnter Ayatollahs nichts gegen eine Zusammenarbeit mit Juden einzuwenden.

Bemerkenswert für alle islamischen Staaten: Massenterror gegen jüdische Mitbürger kommt nicht vor, denn diese gelten als Araber, Perser oder Türken mit »judaischem Glauben«. Insofern solche

»Juden« nicht offen Sympathien für die »israelischen Aggressoren« zeigen, wie dies in der offiziellen Sprachregelung heißt, haben sie nichts zu befürchten.

Muslime hatten es in früheren Jahrhunderten leichter, den Juden unbefangen zu begegnen. Wie schon erwähnt, war es keine Seltenheit gewesen, daß Juden selbst an islamischen Fürstenhöfen teilweise einflußreiche Stellungen innehatten. Jude war ja auch Maimonides, der berühmte Leibarzt des Sultans Saladin. Als es noch keinen Staat Israel gab, fehlte die entscheidende Provokation, daß sich inmitten der islamischen Welt ein eigenständiges jüdisches Machtgebilde entwickelte, ein Staat, der sich geistig mehr zu Europa und Amerika hingezogen fühlte als zu den orientalischen Nachbarn. Daß westliche Großmächte, allen voran die britische Mandatsmacht, bei der Gründung von Israel 1948 Hilfe leistete, verdoppelt nur die Provokation. Noch im 19. Jahrhundert wäre eine betont feindliche Haltung der Araber gegen Juden schwer vorstellbar gewesen. Einst schickten Kalifen, Sultane und Emire ihre Truppen vordringlich gegen diejenigen, die ihre politische Sicherheit gefährdeten, nicht gegen jene, die ebenfalls den »einen« Gott verehrten. So konnte es passieren, daß selbst ein Despot freundlich mit jüdischen und christlichen Untertanen umging, weil jene anstandslos ihre Steuern zahlten und sich ruhig verhielten – aber grausam gegen muslimische Rebellen losschlug.

Um in diesem Zusammenhang noch einmal auf Marokko zurückzukommen: Gerade in Marokko, jenem Land, in dem mir 1967 nach der Niederlage arabischer Staaten im Sechstagekrieg drohend »Israel« nachgerufen wurde, können Juden ihre Religion bis heute ungestört leben. Kaum ein anderes Land der arabischen Welt gesteht zudem jüdischen Staatsbürgern größere berufliche Entfaltung zu. Mehr noch: Einer der wichtigsten Berater des Sultans Hassan II. (1961–1999) und dessen Sohnes und Nachfolgers Mohammed VI. ist Jude. Er, André Azoulay, einer der reichsten Bankiers des Landes, wird als Marokkaner jüdischen Glaubens angesehen und ist auf diese Weise integriert. Sein Einfluß ist beträchtlich. Ihm ist es zu verdanken, daß die marokkanische Regierung während der letzten Jahrzehnte immer wieder zwischen der arabischen Welt und Israel vermittelte.

Azoulay, der jüdische Berater, hat es aber mit Sultanen zu tun, die weitgehend an einer sehr traditionalistisch islamischen Form von Herrschaft orientiert sind. Marokkos Könige, in ihrer Außenpolitik prowestlich ausgerichtet, verstehen sich noch zum Beginn des 21. Jahrhunderts als »Herrscher der Gläubigen«, die, wie einst die Kalifen, die religiöse und politische Führung in einer Person vereinigen. Entsprechend definieren sie sich als »moderne Kalifen«, und das heißt, sie lassen zwar ein Parlament und vom Volk gewählte Abgeordnete zu – aber der König kann das Parlament bei Mißfallen jederzeit auflösen, und seine Entscheidung ist unantastbar. Gegen Oppositionelle ging besonders Sultan Hassan II. unbarmherzig vor, keineswegs konnten hier Muslime mehr Schutz genießen als Andersgläubige. An dieser Herrschaftsstruktur einer nahezu absolutistischen Monarchie hat sich auch unter dem neuen Sultan Mohammed VI. nichts grundsätzlich geändert, selbst wenn er in Teilbereichen Reformen einleitet. Um so aufschlußreicher ist es, daß selbst unter einem derart traditionalistisch islamischen Regime ein Jude Einfluß auf die Politik nehmen kann.

Juden und Christen im mittelalterlichen Europa

Im christlichen Abendland gab es von allem Anfang an, kaum daß die Kirche sich gebildet hatte, einen Affekt gerade gegen die »judaische Religion«. Die Juden hatten in Jesus den »Messias« zurückgewiesen, mehr noch, ihn gekreuzigt, und damit erschienen sie aus der Sicht vieler Christen vor allem in Glaubensfragen verstockt. Erst wenn die Juden den »Christus« als den »Messias« und so auch das Neue Testament als die Vollendung der Bibel anerkennen würden, erst dann könnte man sie von der schwersten aller Sünden, dem Mord am »Sohn Gottes«, freisprechen.

Christusmörder... Ein derartiges Schimpfwort gegenüber Juden wäre von seiten der Muslime undenkbar. Denn der Koran lehnt die Kreuzigung Christi als eine Falschmeldung von Bibelautoren ab, die »keine bestimmte Kenntnis haben, sondern nur vorgefaßten Vermutungen folgen«.[2] Es steht hier nicht zur Debatte, mit welcher Überzeugungskraft Muslime belegen können, daß die Nachricht von der Kreuzigung Christi auf irregeleiteten Gerüchten beruhe, auch nicht, ob ihnen aufgrund ihrer Traditionen jedes Verständnis für die christliche Deutung der »Erlösung durch das Kreuz« fehlen muß. Wir brauchen hier nicht weiter dem Problem nachzugehen, daß die Muslime an der Überlieferung Jesu möglicherweise alles ausscheiden, was nicht in das Schema eines politisch siegreichen Propheten nach dem Vorbild Mohammeds paßt. Wichtig für den Zusammenhang hier ist, daß ihnen der Koran von vornherein die Voraussetzung nimmt, die Juden als Christusmörder – oder gar als »Gottesmörder« – zu diffamieren. Sie beschränken sich auf den Vorwurf, daß die Juden Jesus nicht als Propheten anerkennen.

Dabei würde auch den Christen der Weg zu einer milderen Interpretation offenstehen. Schließlich legt das Neue Testament nicht zwingend nahe, das »auserwählte Volk« in ein »von Gott verworfenes Volk« umzudeuten, nur weil einst eine fanatisierte Menschenmenge die Kreuzigung Christi forderte. Christliche Theologen hatten sich mehr als ein Jahrtausend lang in ihrer Mehrheit zu dieser fatalen Interpretation hinreißen lassen, weil sie die Enttäuschung schwer verkraften konnten, daß ausgerechnet geistesverwandte Gläubige Bekehrungsversuchen teilweise hartnäckiger widerstanden als viele Heiden.

Die Juden als die besonders Verstockten! Als die Verblendeten, obwohl sie doch mit ihrem Glauben an den *einen* Gott der »Wahrheit« viel näher als alle »Heiden« standen. Diese Einschätzung ist ein fester Bestandteil mittelalterlich-christlicher Theologie geworden. Steingewordene Theologie dieser Art kann man bis heute im Figurenschmuck so mancher Portale unserer gotischen Dome entdecken: Der aufmerksame Betrachter sieht dort zuweilen inmitten der Galerie der vier Evangelisten, der Apostel und verschiedener Heiliger eine Frau mit den Gesetzestafeln Mose in der Hand dargestellt, mit verbundenen Augen – diese Frau symbolisiert die Synagoge, deren Gläubige trotz der so greifbaren Nähe christlicher »Erlösung« von Blindheit geschlagen sind. Entsprechend kontrapunktisch ist dann am selben Domportal eine zweite Frau zu finden, die in strahlendem Triumph den Abendmahlskelch und das Kreuz hochhält – sie verkörpert die über alle Irrtümer siegende Kirche.

Schon im 4. Jahrhundert hat diese Art von Theologie recht faule und giftige Früchte hervorgebracht, wie uns erhalten gebliebene Predigten bezeugen. Hier sei nur einer dieser Texte zitiert, der uns bei seiner vulgären, geifernden Sprache wie eine plumpe Fälschung anmuten mag, die den Christen von Gegnern untergeschoben sein könnte, aber leider ist die Echtheit des Textes belegt; es heißt dort:

»Die Synagoge ist schlimmer als ein Bordell, [...] sie ist eine Höhle der Halunken, [...] ein Platz, wo sich die Christusmörder treffen, [...] eine Höhle von Dieben, ein Haus des schlechten Rufs, wo die Ungerechtigkeit haust. [...] Ich möchte dasselbe über ihre Seelen sagen. [...] Geilheit und Trunksucht haben sie auf die gleiche Stufe gebracht wie den geilen Bock und das Schwein. [...] Wir sollten sie nicht einmal grüßen oder das kleinste Gespräch mit ihnen führen.«[3] Der Autor ist kein Geringerer als Johannes Chrysostomos, Patriarch von Konstantinopel, der heute als einer der großen Heiligen gilt, Verfasser der ältesten Liturgie und vieler bedeutender Gebete. Predigten wie die seinen haben das Fundament für alle spätere Unterdrückung der Juden gelegt.

Im Jahr 537 erließ Kaiser Justinian, berühmt als Bauherr der Hagia Sophia, ein folgenschweres Edikt: Den Juden des Römischen Reiches wurden alle religiösen und bürgerlichen Rechte aberkannt, und dies mit der ausdrücklichen Begründung, die Kreuzigung Christi sei eine untilgbare Schuld. Nun begann schrittweise jene Diskriminierung im öffentlichen Leben, wie sie das ganze Mittelalter bis weit hinein in die Neuzeit angehalten hat. Die Juden hatten in gesonderten Vierteln zu wohnen, in sogenannten Ghettos, und blieben von den meisten »ehrbaren« Berufen eines Christenmenschen ausgeschlossen; man gestattete ihnen einige wenige Handwerksberufe, vor allem aber Kaufmann und Geldverleiher zu sein, das letztere, weil Zinsnehmen als »schmutzig« galt und den Christen verboten war. Und so hat sich im Verlauf des Mittelalters bis in die heutige Zeit das unausrottbare Klischee vom »geldgierigen«, »gar zu geschäftstüchtigen« Juden gebildet – ein Klischee, das nur im christlichen Kulturkreis entstehen konnte, nicht aber im islamischen, wie wir bereits gesehen haben.

Aus diesem Gefängnis ständiger Diskriminierung konnten die Juden nur entkommen, wenn sie zum Christentum übertraten. Genau dies aber verweigerten die meisten von ihnen – mit einem Argument, vor dem eigentlich Christen Respekt haben sollten, weil sie das gleiche für sich in Anspruch nehmen: Man wolle dem »Glauben der Väter« treu bleiben. Für einen Juden mußte die Aufforderung zum Glaubenswechsel die gleiche Zumutung bedeuten wie für einen Christen, der von einem Muslim erklärt bekommt, er solle zum Islam übertreten und dort endlich die »ganze Wahrheit« kennenlernen.

Die Gegensätze hatten sich bereits unheilvoll zugespitzt, als Rabbiner während des 5. Jahrhunderts darangingen, den Talmud (»Die Lehre«) zu verfassen. Mit diesen umfangreichen Kommentaren zum biblischen Erzählstoff, zu rabbinischer Theologie und geistlichem Recht gaben die Juden unumstößlich zu erkennen, daß sie sich nicht von den Christen vorschreiben lassen wollten, wie sie die gemeinsame biblische Überlieferung (das Alte Testament) auszulegen hätten. Für die Christen eine besondere Herausforderung: eben weil der Talmud erst Jahrhunderte nach dem Auftreten Jesu entstand und ganz bewußt dessen Verkündigung ignorierte. Jüdischer und christlicher Absolutheitsanspruch prallten hier aufeinander. Eine derartige Konfrontation mußte für die religiöse Minderheit tragisch enden. Um 1240 nutzten die Christen ihre Machtposition dazu aus, um dem Talmud in einem religiösen Schauprozeß das Existenzrecht abzusprechen, und 1242 wurden, wie aus zeitgenössischen Berichten hervorgeht, 24 Wagenladungen jüdischer Bücher zum Scheiterhaufen gefahren und den Flammen übergeben.[4]

Angesichts der heftigen Ablehnung muß es nicht wundern, wenn die Juden sich ihrerseits zu verstärkten Affekten gegenüber ihren Verfolgern hinreißen ließen und den eigenen Dogmatismus verschärften. Ein frühes Zeugnis dieser Neigung stellt schon das sogenannte »Achtzehn-Bitten-Gebet« dar, wo als zwölfte Bitte eingefügt ist: »Die Nazoräer [Christen] und die Minim [Abtrünnige] sollen plötzlich umkommen, sie sollen ausgelöscht werden aus dem Buch des Lebens. […] Gelobt seist du, Herr, der du die Frevler zerschmetterst.«[5] Die Fronten verhärteten sich vollends. Anders als die Muslime haben sich die Christen des Mittelalters zu keiner Zeit dazu durchringen können, die religiöse Minderheit – die doch denselben Gott anbetete – wenigstens mit herablassender Toleranz zu behandeln. Statt dessen in periodischen Abständen blutige Ausschreitungen gegenüber jüdischen Ghettos …

Aber nicht alle christlichen Konfessionen ließen sich gleich stark von religiös motiviertem Antijudaismus leiten. Bei Protestanten, die mehr als die Katholiken und Griechisch-Orthodoxen auf das Alte Testament zurückgriffen, verlor das Ressentiment gegen »Judaisches« an Boden – ohne allerdings völlig zu verschwinden. Immerhin entstanden im Gefolge der Reformation Glaubensgemeinschaften, denen es selbstverständlich erschien, ihre Kinder vornehmlich auf alttestamentarische Namen zu taufen, etwa auf Jeremia, Hosea,

Aaron, Judith, Sarah, Rahel, so geschah es bei Calvinisten in Holland und England, später auch bei zahlreichen protestantischen Sekten in den USA. Der antijüdische Affekt verlor auch dort an Boden, wo sich unter dem Einfluß der Renaissance ein Teil der Bürger an antiker Kultur begeisterte und nicht mehr die schroffe Frontstellung billigte. Protestantische Machthaber wie auch Renaissancefürsten sind demnach die ersten Christen gewesen, die aus den jüdischen Ghettos reiche Finanziers an ihre Höfe holten und sie, wenn auch nur »geduldet«, so doch aus Nützlichkeitserwägungen heraus gesellschaftsfähig machten.

Vom Antijudaismus zum Antisemitismus

Eine echte Chance zur Emanzipation haben Juden aber erst bekommen, nachdem man in unserer wetlichen Welt den Wert eines Menschen nicht mehr zuerst daran maß, ob er Christ oder Nichtchrist war. Dies geschah im Zeitalter der Aufklärung. 1784 gewährte die amerikanische Föderation (die späteren USA) als erster westlicher Staat den Juden das volle Bürgerrecht, gemäß der 1776 verabschiedeten Erklärung der Menschenrechte, »daß alle Menschen gleich geschaffen sind«. 1791 folgte Frankreich, dies auf dem Höhepunkt seiner Revolution, und um 1860 war in den Verfassungen der meisten europäischen Staaten die Gleichberechtigung der Juden festgeschrieben.

Der religiös motivierte Judenhaß war allerdings noch lange nicht tot, obwohl ihn Theologen, Bischöfe und Pfarrer aller Konfessionen seit dem Beginn der Aufklärung zunehmend verurteilten. Bis zum heutigen Tag kann man ja hier und da noch von Christen affektgeladene Äußerungen gegen die »Gottesmörder« zu hören bekommen.

In diesem Zusammenhang muß zu denken geben, daß sich die katholische Kirche sogar erst in den sechziger Jahren, während des Zweiten Vatikanischen Konzils (1962–1965), ausdrücklich von allen antijüdischen Exzessen der Vergangenheit distanziert hat. »Man darf die Juden nicht als von Gott verworfen und verflucht darstellen«, ließen dann endlich höchste Instanzen in erfreulicher Eindeutigkeit verlautbaren, »die Kirche beklagt alle Haßausbrüche, Verfolgungen und Manifestationen des Antisemitismus, die sich […] gegen die Juden gerichtet haben.« In derselben Erklärung verwarf der Vatikan über den Antijudaismus hinaus »jede Diskriminierung« eines Menschen »um seiner Rasse und seiner Farbe, seines Standes und seiner Religion willen, weil dies dem Geist Christi widerspricht.«[6] Dieser klaren Absage an den Antijudaismus wie Rassismus ist der Vatikan seither, trotz aller sonstigen Rückwendung zu konservativem Denken, treu geblieben. Im Februar 1989 hat der Vatikan zur Bekräftigung das Dokument »Die Kirche und der Rassismus – Für eine brüderliche Gemeinschaft« veröffentlicht und dort den Rassismus wie jede Diskriminierung einer Religion als »Gotteslästerung« bezeichnet.[7]

Der Höhepunkt barbarischer Intoleranz gegen die Juden fällt allerdings nicht unter das Signum der Christen, trotz aller langlebigen Ressentiments. Im Gegenteil: Zu den gefährlichsten Fanatikern sollten erst Ideologen werden, die zur Religion meist nur noch eine oberflächliche Beziehung hatten oder den Kirchen gar feindlich gegenüberstanden. Ihr Affekt entzündete sich, sehr weltlich, an der Konkurrenzangst gegenüber den gesetzlich gleichberechtigten, sehr leistungsfähigen Juden. Und da solche Ideologen in eine Epoche offensichtlichen Glaubenszerfalls hineingeboren waren, suchten sie der Zeit gemäß nach »wissenschaftlichen« Argumenten – und fanden sie in einer pseudowissenschaftlichen, stark von Versatzstücken ehemaligen Glaubens durchsetzten Doktrin: dem Rassismus. Der sogenannte »Antisemitismus« entstand, und hierbei verrät schon der Name die Ungenauigkeit des Ansatzes. Denn die Rassisten ignorieren, daß Juden eine religiöse und kulturelle, nicht aber eine rassische Gemeinschaft bilden. Zum jüdischen Glauben sind im Verlauf vieler Jahrhunderte Menschen unterschiedlichster Herkunft übergetreten. »Antisemiten« kommen zusätzlich in Beweisnot, weil ja andererseits auch die arabisch sprechenden Völker mehrheitlich Semiten sind.

Es braucht hier nicht erörtert zu werden, auf welch fragwürdigen Voraussetzungen das emotionsgeladene Ideologiekonglomerat des Antisemitismus beruht, dies ist hundertfach in Fach- und Sachbüchern angeführt. Nur eine Bemerkung: Religiöse Unduldsamkeit bewahrt bei all ihren Auswüchsen gegenüber dem Andersgläubigen wenigstens noch einen Funken Humanität, denn sie bietet dem »Verstockten« die Chance, zur »richtigen« Religion überzutreten und damit »gleichwertig« zu werden. Der

Rassist verwehrt aber diesen Ausweg. »Rasse« kann man ja nicht gegen eine andere eintauschen; wer einmal »von Bluts wegen«, also genetisch, als »Untermensch« ausgewiesen ist, kann sich nicht von diesem Stigma befreien. Für die rassistisch-antisemitische Logik ist es unerheblich, ob sich ein Jude hat taufen lassen und sich sogar eifrig zum Christentum bekennt. Rassistische Logik wird es nicht einmal akzeptieren können, wenn ein Jude betont als Deutscher oder gar als Deutschnationaler oder mit Hurrapatriotismus als Franzose, Brite oder Amerikaner sich deklariert. In all diesen Fällen wäre der Antisemit mit dem abschätzigen Urteil zur Stelle, der Jude wolle sich nur in die Gefilde einer überlegenen Rasse einschleichen und sich ihren Status anmaßen. »Jud bleibt Jud«, dies ist nicht zufällig gerade zum Schlagwort für Antisemiten geworden.

Eine solch rassistisch-antisemitische Logik hat teilweise Folgen sogar für das Bewußtsein jener, die mit Antisemitismus überhaupt nichts zu tun haben wollen. Um dies anschaulich nur an zwei Beispielen zu verdeutlichen: Für viele von uns gelten nach wie vor Heinrich Heine und Karl Marx als »Juden«. Dabei war Heine 1825 zum Protestantismus übergetreten und Marx als sechsjähriges Kind 1824 evangelisch getauft worden, denn bereits seine Eltern hatten sich aus dem Judentum gelöst und sich zum Protestantismus bekannt. Gemäß der bisherigen Logik der Kirchen könnte kein Christ auf die Idee gekommen sein, im Fall von Heinrich Heine oder Karl Marx nach der vormaligen religiös-kulturellen Zugehörigkeit zu fragen und sie wegen ihrer jüdischen Herkunft zu diffamieren. Ein derartiger Unterschied macht deutlich, weshalb Antisemitismus im Namen einer pseudowissenschaftlichen Biologie zu letztlich schlimmeren Konsequenzen führen muß als Antijudaismus im Namen der Religion.

Trotzdem wäre es falsch, die kirchliche Vergangenheit zu verharmlosen. Bürgerliche Ideologen hätten für ihre Rassentheorie niemals soviel Anhänger finden können, wenn dafür geistig nicht der Boden durch eine fragwürdige Theologie bereitet worden wäre. Auch wären nationalsozialistische Ideologen vom Typ eines Alfred Rosenberg oder Adolf Hitler mit ihrer Vorstellung von rabiater Rassenhygiene nur mäßig erfolgreiche Sektierer geblieben, wenn sie nicht auf jahrhundertealte Vorurteile hätten bauen können.

Und heute? Der antijüdische Affekt schwelt weiter. Dies, obwohl in Deutschland und Österreich der »Antisemitismus« besonders während der letzten Jahre in Rundfunk, Fernsehen, Zeitungen und Schulen ausführlich und großenteils kritisch erörtert worden ist. Dies, obwohl vor allem in der jüngeren Generation genug Leute die Exzesse der Vergangenheit ausdrücklich verurteilen. Aber immer wieder können wir erleben – und mit dieser Beobachtung bin ich ja leider nicht allein –, daß hie und da in die betonte Distanzierung eine recht fragwürdige Logik einfließt. Etwa: Man habe wirklich nichts gegen die Juden, doch könne man schon verstehen, weshalb »die« im Verlauf ihrer Geschichte derart viele Affekte auf sich gezogen hätten. Die Juden seien ja nie bereit gewesen, sich der fremden Kultur ihres Gastlandes anzupassen (volkstümlich ausgedrückt: sie hätten immer eine »Extrawurst« haben wollen). Solche Kritik macht den Juden paradoxerweise gerade das zum Vorwurf, was man ihnen mehr als ein Jahrtausend lang im christlichen Abendland per Gesetz vorgeschrieben hat: die auffällige Abgrenzung.

Sätze dieser Art haben in Wien, wo ich wohne, ihre besondere Qualität. Wien ist heute im deutschen Sprachraum die vielleicht einzige Großstadt, wo in verschiedenen Vierteln noch eine kleine Anzahl orthodoxer Juden lebt und ihren Glauben durch konservative Tracht – schwarzer Hut und Anzug, dazu Bart und Schläfenlocken – dokumentiert. Sie treten besonders dann für alle sichtbar in Erscheinung, wenn sie am Sabbat ins Stadtzentrum zur Synagoge kommen und in deren Umgebung Straßen und Plätze beleben. Warum »die« ihre Gesinnung derart demonstrativ vorführen müßten? Ein Kommentar dieser Art kann sich dahin verdichten: daß Juden überall, wo sie leben, »auffallen wollen«. Mehr noch: Daß »die nie eine Ruh' geben«, das liege denen im Charakter.

So sprechen teilweise sogar Dreißig- und Vierzigjährige, die den Faschismus nicht selber erlebt haben und ihm auch nichts abgewinnen können. Dieselben zeigen ebensowenig Verständnis für antijüdische Tendenzen in der Theologie, weil sie mit der Kirche »sowieso nichts am Hut haben«, wie sie das salopp formulieren. Hierbei hält sich der eine oder andere schon deshalb für liberal, wenn er jene Juden von der Kritik ausnimmt, die weder mit ihrer Kleidung noch im sonstigen Verhalten »anders« als der Durchschnittsösterreicher (oder Durchschnittsdeutsche) auftreten. Mit derartigen Denkmustern nehmen sie den Antijudaismus oder Antisemitismus auf eine »zeitgemäße« Form der Abwehr zurück: die ganz gewöhnliche Fremdenfeindlichkeit. Auf ähnliche Weise kann sich der Affekt gegen »Gastarbeiter« richten, besonders wenn sie Muslime sind. Daß untergründig hier eben doch ältere, religiös bedingte Affekte nachwirken, liegt nahe.

Für Juden ist ein solcher Wandel – weg vom christlichen Antijudaismus, weg vom faschistischen Antisemitismus, hin zu einer säkularen, postfaschistischen Fremdenfeindlichkeit – keineswegs schon um vieles harmloser. Man braucht sich nicht zu wundern, wenn orthodoxe wie liberale Juden im In- und Ausland weiterhin den Europäern, besonders aber den Deutschen und Österreichern, mißtrauisch gegenüberstehen. Auch gegenüber Christen insgesamt. Schließlich müssen Juden in den Auswüchsen christlicher Theologie die Ursachen aller Verfolgung begreifen. Insofern erscheint vielen von ihnen nicht nur der Nationalsozialismus als Trauma, sie bleiben auch dem Christentum gegenüber ablehnend bis reserviert. Abgesehen von einigen wenigen speziell Interessierten zeigen Juden kaum Neugier auf die christliche Glaubenslehre. Dies gilt besonders für Israelis; sie haben vom Neuen Testament etwa soviel Ahnung wie die Mehrzahl der Christen vom Koran, also: kaum Kenntnisse, bestenfalls verzerrt.

Kein Zufall ist es, daß vor allem jüdisch-orthodoxe Israelis, die aus Osteuropa stammen, unverhohlen schroffe Abneigung äußern, jene, die neben den deutschen und österreichischen Juden am meisten unter dem Rassenwahn der Nationalsozialisten zu leiden hatten. Jesus Christus bedeutet für sie ein Reizwort, ihnen erscheint gerade diese Zentralfigur christlicher Verehrung – und nicht erst später kirchliche Ideologie – als die Ursache aller religiösen Entweihung, aller mörderischen Verfolgung. In Mea Shearim und Bnei Barak, den ultraorthodoxen Wohnvierteln von Jerusalem, wird, so habe ich gelesen, der Name Jesu nur mit dem Zusatz »verflucht sei er« ausgesprochen.[8]

Christen mögen sich angesichts eines solchen Gebarens beleidigt, ja verletzt fühlen, weil Juden hier »ganz unbelehrbar« den biblischen, »reinen« Jesus nicht vom Mißbrauch des Glaubens trennen können. Aber wenn Christen trotz aller Empörung Augenmaß bewahren, so werden sie für die Information offen sein, daß liberale

Juden grundsätzlich an derart antichristlichen Affekten fanatischer Glaubensbrüder Anstoß nehmen. Und doch wird Christen nicht die Erfahrung erspart bleiben, daß selbst der eine oder andere liberal gläubige Jude in etwas milderer Form zu erkennen gibt: Genaugenommen bedeute das Neue Testament mit Jesus als »Sohn Gottes« eine Verfälschung gegenüber der »wirklichen« Offenbarung Gottes.

Christen sollten sich über eines klar werden: Innerhalb ihrer eigenen Reihen äußert man sich nach wie vor ähnlich herablassend über den Koran, und lange genug hat man sogar verächtlich und haßerfüllt, ganz im Stil Radikal-Orthodoxer, über Mohammed als Propheten gesprochen. Doch welcher Christ macht sich schon Gedanken darüber, wie Muslime ein solches Verhalten empfinden?

Der Wille zum Dialog – und die Barrieren

Ökumene und Zweites Vatikanisches Konzil

»Die Christen betrachten die Religionsfreiheit als Folge des Werkes Gottes. [...] Die Erlösung durch Gott ist kein Zwang. Folglich verstößt der Mensch gegen die fundamentalen Prinzipien von Gottes Werk an den Menschen, wenn er versucht, mit Hilfe von Gesetzen und gesellschaftlichen Repressionen den Glauben zu erzwingen oder zu unterdrücken. Die Freiheit, wie Gott sie in Christus gegeben hat, versteht sich als freiwillige Hingabe an die Liebe Gottes und als Auftrag, dem Nächsten aus Bedrängnis und höchster Not zu helfen.«[1]

Dies sind bemerkenswerte Sätze, 1961 im Anschluß an die »Dritte Vollversammlung des Ökumenischen Rates der Kirchen« abgefaßt. Im Oktober dieses Jahres waren in Neu-Delhi die protestantischen Großkirchen und Freikirchen sowie die griechisch-orthodoxe Kirche zu einer klärenden Konferenz zusammengetreten und bekräftigten, was 1948 auf der ersten Vollversammlung in Amsterdam schon angeklungen war: Glaubensfreiheit sei ein Menschenrecht. Der indische Schauplatz Neu-Delhi, weit weg von christlichen Bastionen, kann als symbolisch für den Willen verstanden werden, sich intensiver einem Dialog mit den Weltreligionen zu öffnen.

Auch die katholische Kirche hat gerade während der sechziger Jahre aufsehenerregende Signale gesetzt. Ja, ihre Verlautbarungen fanden in der Weltöffentlichkeit ein noch stärkeres Echo, weil sie, was nur die wenigsten erwartet hatten, eine umfassende Neubesinnung ankündigten. Im November 1962 eröffnete Papst Johannes XXIII. das Zweite Vatikanische Konzil. Und schon während der ersten Monate zielte die Diskussion bei den Versammelten nicht nur auf grundlegende Reformen innerhalb der Kirche selber – vielmehr forderten Theologen, man solle den Dialog mit anderen Konfessionen, ja selbst mit nichtchristlichen Religionen auf völlig neue Grundlagen stellen. Die Ergebnisse, wie sie dann Papst Paul VI. 1965 in der Konzilsaula des Petersdoms verkünden ließ, verdienten in der Tat weltweites Interesse. Da wurden nun in aller Form die anderen christlichen Gemeinschaften – Protestanten, Freikirchen, Griechisch- und Russisch-Orthodoxe – als »Kirche« anerkannt. Man verbannte offiziell die diffamierenden Begriffe »Ketzer« und »Schismatiker« aus dem Wortschatz der Auseinandersetzung und betonte, daß das Gemeinsame in den Glaubenslehren wichtiger sei als das Trennende. Mit den Griechisch-Orthodoxen erzielten die Katholiken gar einen raschen Fortschritt über alle bloßen Absichtserklärungen hinaus: Beide Kirchenführer, der Papst und der Patriarch, widerriefen den gegenseitig verhängten Kirchenbann von 1054. Aber an alle Konfessionen gleichermaßen richtete das Konzil die Botschaft, die Zusammenarbeit im sozialen Bereich müsse forciert werden, ebenso die Diskussion von Theologen, zeitweilig auch ein gemeinsamer Gottesdienst. Johannes XXIII. setzte gerade in diesem letzteren Punkt bereits ein wirksames Signal, indem er – als erster Papst überhaupt – gemeinsam mit nichtkatholischen Christen betete.

Ebenso eindeutig rang sich das Konzil zu dem Entschluß durch, den Dialog mit den nichtchristlichen Religionen zu eröffnen. Allen voran dem Judentum: Man verwarf jede Form eines »christlichen Antisemitismus« und gestand Fehlentwicklungen vieler Jahrhunderte als »Schuld« ein; das Gemeinsame der religiösen Tradition sei stärker zu betonen. Für die Weltöffentlichkeit vollends überraschend folgten versöhnliche Äußerungen zum Islam. »Mit Hochachtung betrachtet die Kirche auch die Muslime, die den alleinigen Gott anbeten«, hieß es 1965 in der offiziellen Verlautbarung durch Papst Paul VI.: »Sie [die Muslime] sind bemüht, sich selbst Seinen verborgenen Ratschlüssen mit ganzer Seele zu unterwerfen, so wie Abraham, auf den der islamische Glaube sich so gern beruft, sich Gott unterworfen hat. Jesus, den sie allerdings nicht als Gott anerkennen, verehren sie doch als Propheten. Da jedoch im Laufe der Jahrhunderte nicht wenige Zwistigkeiten und Feindschaften zwischen Christen und Muslimen entstanden sind, ermahnt die Heilige Synode alle, daß sie das Vergangene beiseite lassen, sich aufrichtig um ein gegenseitiges Verständnis bemühen und gemeinsam die soziale Gerechtigkeit, die sittlichen Güter sowie Frieden und Freiheit für alle Menschen schützen und fördern.«[2]

Eine Erklärung dieser Art hat es nie zuvor von seiten einer Kirche gegenüber dem Islam gegeben. Zumindest nicht offiziell. Nur auf weniger spektakulärer Ebene haben schon seit 1949 katholische und islamische Institutionen Kontakt miteinander aufgenommen (von protestantischer Seite ist nichts Derartiges bekannt).[3] So gesehen hat das Zweite Vatikanische Konzil nur einer Tendenz Rechnung getragen, die sich ohnehin schon angebahnt hatte. Trotzdem mußte die Verlautbarung von Papst Paul VI. für die Weltöffentlichkeit überraschend kommen, weil er so entschieden ausgerechnet den Dialog mit jener Religion befürwortete, die seit Jahrhunderten den Christen am meisten Angst eingeflößt hatte. Eine Äußerung desselben Papstes sieben Jahre später bekräftigte entschlossen die neue Haltung. So appellierte Paul VI. 1972 aus Anlaß des Ramadan-Festes an die Weltmuslimgemeinschaft mit folgenden Worten: »Der gemeinsame Glaube an die Aufrichtigkeit ist die Quelle des Vertrauens. [...] Der gute Wille aber fehlt weder unter den Muslimen noch unter den Christen. Wenn wir uns begegnen, dann stellen wir immer wieder mit freudigem Erstaunen fest, wie nahe wir uns stehen. Warum sollten wir also diese Begegnungen nicht intensivieren?«[4]

Der Dialog mit dem Islam beginnt

Der »Islamische Weltkongreß« reagierte positiv vor allem auf die päpstliche Äußerung von 1972. Dabei setzten auch die Muslime nur früheren Vermittlungsangeboten ein weiteres hinzu – jetzt aber von der Weltöffentlichkeit aufmerksamer registriert als bisher. Es hieß in besagter Verlautbarung: »Anstatt im Konkurrenzdenken zu verharren, sollten Christen und Muslime auf gegenseitige Bekehrungsversuche verzichten und sich statt dessen gemeinsam der Verkündigung ihrer Glaubenswahrheiten und Glaubenserfahrungen unter den Gottlosen und Heiden widmen. Nur auf diese Weise ist es möglich, eine humane Welt zu schaffen, in der jeder Mensch ohne Unterschied seiner Religion, Rasse, Sprachgemeinschaft oder Hautfarbe den ihm gemäßen Platz finden kann.«[5]

Von muslimischer Seite muß eine derartige Stellungnahme nicht im gleichen Maß überraschen wie von christlicher, denn der Koran sieht ja im Christen ohnehin einen Halbbruder im Glauben. Und doch: Diese Stellungnahme von 1972 geht in einem ganz entscheidenden Punkt über das bisherige Toleranzverhalten hinaus. Es heißt ja, Christen und Muslime sollten auf »gegenseitige Bekehrungsversuche verzichten«. Dies bedeutet, Muslime wären bereit, Abschied zu nehmen von dem Versuch, die ganze Welt im Zeichen des Islam zu einigen – sofern auch nur die christlichen Kirchen ihr Ziel einer weltweiten Mission aufgeben. 1973 erklärte der »Islam-Rat für Europa« verbindlich, der Islam verzichte auf Mission unter Christen. Alleiniges Ziel der Europa-Administration sei es, die Islamgemeinden der europäischen Staaten, vor allem die vielen Gastarbeiter, mit Rat und Tat zu unterstützen und sie auf einen Dialog mit den christlichen Kirchen vorzubereiten.[6] Auch diese Erklärung ist verblüffend und gibt zu mancherlei Fragen Anlaß. Sollte es tatsächlich möglich sein, nach Jahrhunderten blutiger Glaubenskriege, erbitterter Rivalität und tiefsten gegenseitigen Mißtrauens innerhalb von ein bis zwei Jahrzehnten Frieden zu schließen?

Manche Gesten des guten Willens auf beiden Seiten sind geeignet, diese Hoffnung zu bestärken. So gestattete bereits 1965 – zu jener Zeit, als das Vatikanische Konzil mit seinen islamfreundlichen Proklamationen erstes Aufsehen erregte – der Kölner Erzbischof Joseph Kardinal Frings türkischen Gastarbeitern, einen Seitenflügel des Kölner Doms als Gebetsraum zu benutzen, solange sie in Köln noch keine Moschee besaßen. Und am 13. September 1974 konnte in der ehemaligen Moschee von Cordoba nach 738jähriger Unterbrechung wieder ein islamischer Gottesdienst stattfinden. Als Imam fungierte bei diesem für Muslime bewegenden Ereignis der Religionsminister des Königreichs Jordanien, assistiert vom stellvertretenden Ministerpräsidenten Ägyptens und dem algerischen Erziehungsminister. Welch eine symbolische Geste! Die Moschee von Cordoba war einst einer der prunkvollsten Sakralbauten des Islam gewesen, wurde dann im 16. Jahrhundert durch christliche Bauherren geschändet, indem sie einen Teil der Säulenhalle niederrissen und durch ein Kirchenschiff ersetzten – damals als »Triumph« über die »Heiden« verstanden –, nun aber zeigten die Christen, daß sie »Respekt« vor der ursprünglichen Tradition dieses Gotteshauses hatten.

Weitere Schritte folgten. 1976 erhielten arabische Muslime der Golfregion die Genehmigung, in Rom eine Moschee zu bauen – bisher undenkbar, daß dies ausgerechnet nahe dem bedeutendsten Pilgerzentrum der Katholiken geschehen sollte. Aber gerade der Vatikan unterstützte den muslimischen Antrag, nur acht Kilometer vom Petersdom entfernt eine Moschee mit sieben Minaretten zu errichten, wie sie bisher nur die Hauptmoschee von Mekka kannte. Im Gegenzug erlaubten die Ölscheichtümer, in ihrem Herrschaftsgebiet Kirchen zu bauen, seit dort vermehrt Geschäftsleute aus Europa und den USA tätig waren; die Regierungen schenkten für diesen Zweck großzügig Land.

Widerstände bei den Protestanten

»Das Christentum sollte in das Herz dieser Religionen, wie sie auch heißen mögen, vordringen und, komme was da wolle, seine Botschaft von dem einigen Gott und seinem Erbarmen für die verlorenen Menschen verkünden, ohne auch nur um Haaresbreite ihren ›Dämonen‹ Zugeständnisse zu machen.«[7]

Diese Worte, geäußert in den dreißiger Jahren, stammen von keinem fundamentalistischen Sektierer, sondern von einem der großen Konservativen der protestantischen Theologie: Karl Barth. Solche Worte waren geeignet, Skeptiker in ihrer Aversion gegen jeden religiösen Absolutheitsanspruch bestätigt zu sehen. Solche Worte haben auch die liberalen Theologen in den eigenen Reihen zu beträchtlichem Widerspruch gereizt. Darüber hinaus hat Barths Äußerung verständigungsbereite Dialogpartner anderer Weltreligionen schockiert. So ist es kein Zufall, daß man dieses Zitat nicht allein in den Werken abendländischer Religionswissenschaftler immer wieder auftauchen sieht, sondern ebenso bei dem hinduistischen Philosophen Radhakrishnan, der in der Tradition Mahatma Gandhis steht, und er wiederum hat es aus französischen Quellen übernommen.[8] Auch nimmt der Muslim Muhammad S. Abdullah als Repräsentant des Islamischen Weltkongresses entsprechend auf Barth Bezug und führt ein weiteres Zitat als Beleg für dessen Verständnislosigkeit gegenüber dem Islam an: »Der Gott Mohammeds« (so formulierte Barth 1938) »ist ein Götze wie alle anderen Götzen. Und es beruht auf einer optischen Täuschung, wenn man das Christentum mit dem Islam zusammen als eine monotheistische Religion bezeichnet.«[9]

1939 ist Barth in seiner Ablehnung des Islam noch einen Schritt weiter gegangen, indem er diese Religion gar auf eine Stufe mit dem Hitler-Faschismus gestellt hat. Er, der den Nationalsozialismus mutig wie nur wenige prominente Theologen seiner Generation öffentlich als »antichristlich« angeprangert hatte, 1935 deshalb seine Professur in Bonn verlor und in die Schweiz (an die Universität Basel) emigrierte, verstieg sich – heute kaum mehr nachvollziehbar – zu der These: Man könne den Nationalsozialismus als Phänomen nur wirklich verstehen, wenn man ihn in seiner fundamentalen Feindschaft gegenüber dem Christentum als einen »neuen Islam« sehe; sein Mythos sei mit einem »neuen Allah« und Hitler mit dem »Propheten dieses neuen Allah« gleichzusetzen.[10]

Der frostige, doktrinäre Tonfall einer Autorität vom Rang Karl Barths hat verschiedenen konservativen Gruppierungen innerhalb der evangelisch-lutherischen Kirche Mut gemacht, während der folgenden Jahrzehnte in derselben Art gegenüber »Aufweichungstendenzen« zu agieren. In ihrer Haltung konnten sie sich bestärkt fühlen, da ja Barth als Vorbild genauso unerbittlich, wie er dem Islam eine Absage erteilte, aus »christlichem Geist« heraus dem Nationalsozialismus Widerstand geleistet hatte. 1970 lehnte eine Reihe konservativer Theologen in der sogenannten »Frankfurter Erklärung« die Beschlüsse des Ökumenischen Rates von 1961 in Neu-Delhi mit folgenden Worten ab: »Wir verwerfen die Irrlehre, als ob die Religionen und Weltanschauungen auch Heilswege neben dem Christusglauben seien. [...] Christliche Begegnung mit Menschen anderer Religionen ist stets dem alleinigen Ziel unterzuordnen, ihnen die rettende Liebe Gottes in Jesus durch Wort und Tat zu bezeugen. Sie zielt immer auf Bekehrung: denn an diesem Rettungsangebot Jesu vollzieht sich auch die ewige Scheidung in der Menschheit.«[11]

Erklärungen wie diese sind allerdings nicht unwidersprochen geblieben, sie haben wiederum die Kritik von liberalen Protestanten provoziert. So hat 1974 der Rat der Evangelischen Kirche eine »Handreichung für die Begegnung mit Moslems« herausgegeben, wo es heißt: »Die Situation der Moslems in der Bundesrepublik fordert alle Christen heraus, wir sind den Moslems Verständnis, Hilfe und Partnerschaft schuldig. [...] Im konkreten Vollzug christlicher Existenz geht es darum, die Situation der Moslems zu verstehen, in brüderlicher Solidarität mitzutragen und gemeinsam mit ihnen zum Besseren zu verändern.«[12]

Anders als bei der katholischen Kirche findet sich also innerhalb der protestantischen Reihen keine einheitliche Stellungnahme gegenüber dem Islam. Dies liegt an der unterschiedlichen Struktur: Bei den Protestanten fehlt die zentrale, übergeordnete Instanz eines Papstes oder einer Bischofskonferenz, die für alle Gläubigen verbindliche Richtlinien entwerfen könnte; um so ungehinderter äußern dann die verschiedenen Gruppen ihre eigenen, entgegengesetzten Meinungen. Liberales Denken steht auf diese Weise unverdeckt neben stockkonservativen, ja reaktionären Äußerungen. In ihrer ganzen Widersprüchlichkeit offen bietet sich so ein repräsentativer Querschnitt durch die unterschiedlichsten Glaubenshaltungen einer Kirche (oder besser: der verschiedensten Kirchen innerhalb des Protestantismus).

Widerstände bei den Katholiken

Gibt es aber bei den Katholiken nicht eine ähnliche Meinungsvielfalt? Man fragt sich zu Recht, ob bei ihnen die verschiedenen Standpunkte nicht nur durch das Sprachrohr einer zentral gelenkten Kirche übertönt sind. Wer sich mit Katholiken über den Islam unterhält, kann sehr rasch feststellen, daß sich auch viele von ihnen relativ abfällig über »Mohammedaner« und ihren »Fanatismus« äußern, ja teilweise behaupten, mit »denen« könnten sich Christen niemals einigen, beide Religionen verhielten sich zueinander wie Feuer und Wasser. So gesehen hat es den Anschein, als ob sich innerhalb der Konzilsversammlung eine besonders entschlossene Gruppe mit einer Deklaration hat durchsetzen können, um die längst fällige Entscheidung zur »Öffnung« einzuleiten. Möglicherweise haben sich die geistigen Väter dieser Toleranz von der Meinung leiten lassen, daß viele noch widerstrebende Gläubige allmählich durch jenes »neue Denken« erfaßt würden.

Aber spätestens seit dem Juli 1988 ist für alle Welt offenkundig geworden, daß es innerhalb der katholischen Kirche ähnliche Widersprüche bei Fragen des »Dialogs« mit anderen Religionen gibt wie bei den Protestanten. Zu diesem Zeitpunkt hat der französische Erzbischof Marcel Lefebvre seinen Bruch mit Rom vollzogen, indem er sich mit seinen Anhängern, den sogenannten »Traditionalisten«, zu einer eigenen Glaubensgruppe formierte. Diese neue Kirchenspaltung unterscheidet sich erheblich von jener des Jahres 1871, als die sogenannten »Altkatholiken« gegen das verkündete Unfehlbarkeitsdogma des Papstes opponierten, denn die »Ketzer« von damals mußten wegen ihrer liberalen Haltung aus der Kirche ausscheiden.[13]

Nun aber ist mit Lefebvre ein »Ketzer« aufgetreten, der umgekehrt der Kurie vorwirft, »zu liberal«, »zu tolerant«, also »modernistisch« und »protestantisch unterwandert« zu sein. Er und seine Anhänger kritisieren scharf die Dokumente des Zweiten Vatikanischen Konzils über Religionsfreiheit, über die Dialogbereitschaft gegenüber nichtchristlichen Religionen, ja auch gegenüber dem Protestantismus. Denn mit einer solchen »Öffnung« relativiere die katholische Kirche ihren Anspruch auf absolute Geltung. Lefebvre fordert eine Abkehr vom Geist des »Modernismus«, eine Rückkehr zur »Tradition«, zum vorkonziliaren Zustand. Wie bedeutsam dieser Protest ist, läßt sich weniger an der Zahl der militanten Parteigänger ermessen, eher an jenen, die als geheime Sympathisanten dieser Bewegung gelten: etwa ein Viertel aller aktiven Katholiken, vielleicht sogar mehr, so lauten die vorsichtigen Schätzungen.

Betrachten wir das Verhalten der Kurie näher, so finden wir selbst bei ihr zur Genüge Äußerungen, die bei weitem nicht jene entschlossene, einheitliche Wendung zu »modernem« Denken verraten, wie es die Konzilsdokumente zunächst vermuten lassen. Aufschlußreich ist hier besonders die Enzyklika »Ecclesiam suam« von eben jenem Papst Paul VI., der so eindrucksvoll seine »Hochachtung« gegenüber dem Islam und auch anderen Weltreligionen bekundet hatte. In seiner Enzyklika stellt er klar: »Wir können freilich die verschiedenen religiösen Auffassungen und Ausdrucksformen nicht teilen. [...] Die Liebe zur Wahrheit verpflichtet uns vielmehr, unserer Überzeugung Ausdruck zu verleihen, daß es nur *eine* wahre Religion gibt, und das ist die christliche, und daß wir die Hoffnung nähren, daß sie als solche einmal von allen anerkannt werde.«[14]

Derselbe Zwiespalt kennzeichnet auch den Nachfolger Johannes Paul II. Er, in vielem konservativer als sein Vorgänger, bekennt sich durchaus im Sinne des Zweiten Vatikanischen Konzils zum »Respekt« vor dem Islam, dies zeigen viele seiner offiziellen Äußerungen. Etwa als er 1980 während seines Deutschlandbesuchs in einer Ansprache sagte: »Nicht alle Gäste in diesem Land sind Christen; eine besonders große Zahl bekennt sich zum Glauben des Islam. Auch euch gilt mein herzlicher Segensgruß! [...] Wenn ihr euch in der Öffentlichkeit nicht scheut zu beten, gebt ihr uns Christen dadurch ein Beispiel, das Hochachtung verdient.«[15] Seinen »Respekt« vor dem Islam bekundete Johannes Paul II. mit noch größerem Aufsehen, als er am 6. Mai 2001 während einer Reise durch Syrien eine Moschee besuchte. Er war der erste Papst überhaupt, der einen derart symbolischen Schritt unternahm. In der Omayaden-Moschee von Damaskus, jener Moschee, in der sich nach islamischer Überzeugung das Grab Johannes' des Täufers befindet, betete der Papst zusammen mit muslimischen Geistlichen zu dem gemeinsamen Gott der Christen, Juden und Muslime. Diese Geste sollte unmißverständlich ein Zeichen zur Versöhnung der Religionen setzen. Aber derselbe Papst hat nie einen Zweifel daran gelassen, daß er den katholischen Glauben allen anderen Bekenntnissen als weit überlegen betrachtet und weiterhin unerschütterlich am Missionsauftrag seiner Kirche für die *ganze* Menschheit festhält.

Dieser Zwiespalt kommt deutlich auch bei Joseph Kardinal Ratzinger zum Ausdruck, dem Leiter des wichtigsten Kirchenministeriums, der »Glaubenskongregation« (früher: »Heilige Inquisition«!). Auch Ratzinger grenzt seine »Hochachtung« gegenüber anderen Religionen beträchtlich ein. Er, der sich nach eigenen Worten Johannes Paul II. in theologischen Fragen innig verbunden fühlt[16], legt Wert darauf, »Mißverständnissen« in folgender Form vorzubeugen: »Die großen ethischen Gestaltungen Griechenlands, des Nahen und des Fernen Ostens haben im Kern ihrer Aussagen nichts von ihrer Gültigkeit eingebüßt, aber wir können sie heute als Nebenflüsse ansehen, die letztlich auf den großen Strom der christlichen Deutung des Wirklichen zuführen. Tatsächlich ist die ethische Vision des christlichen Glaubens nichts Partikulär-Christliches, sondern die Synthese der großen ethischen Institutionen der Menschheit von einer neuen, sie alle zusammenhaltenden Mitte her.«[17]

Solche Bekenntnisse lassen an Deutlichkeit nichts zu wünschen übrig. »Hochachtung« vor anderen Denkrichtungen, ja – aber kein Zweifel darf daran aufkommen, daß die eigene Offenbarungswahrheit weit über allen anderen Glaubensinhalten steht. Sofern in einer fremden Religion oder Philosophie »Wertvolles« zu entdecken ist, kann dieses geistige Gut nur vorbereitend oder ergänzend zur eigenen Erkenntnishöhe verstanden werden. Fürwahr ein Fortschritt – im Vergleich zur schroffen Intoleranz der mittelalterlichen Inquisition. Aber genau so hat schon im 7. Jahrhundert der Islam seine Weltoffenheit verstanden. Herablassende Toleranz also.

Dieselbe Glaubenskongregation hat sich schon wesentlich früher, als ihr noch nicht Kardinal Ratzinger vorstand, entsprechend klar geäußert. Besonders aufschlußreich ist hier eine Erklärung über die Ergebnisse des Zweiten Vatikanischen Konzils, veröffentlicht am 5. Juli 1973. In diesem Dokument muß stutzig machen, wie betont sich die Kirche weiterhin gegenüber nichtkatholischen Christen abgrenzt. Zwar bekräftigt die Glaubenskongregation den Konzilsbeschluß, die Katholiken müßten »die wahrhaft christlichen Güter aus dem gemeinsamen Erbe, die sich bei den von uns getrennten Brüdern finden, mit Freude anerkennen und hochschätzen«. Aber: Der Gläubige müsse sich auch für alle Zukunft darüber im klaren sein, daß man »nur [...] durch die katholische Kirche Christi, die das alleinige Mittel des Heils ist, Zutritt zu der ganzen Fülle der Heilsmittel haben kann«, denn allein die katholische Kirche sei »mit dem ganzen Reichtum der von Gott geoffenbarten Wahrheit und der Gnadenmittel beschenkt«.[18] Auch ist in der Erklärung unmißverständlich festgehalten, worauf diese Kirche nach wie vor ihren Absolutheitsanspruch gründet: »Bei der Ausübung ihres Amtes steht den Hirten der Kirche aber der Heilige Geist hilfreich zur Seite.«[19] Und daher könne diese Kirche weiterhin, ja für alle Zeiten, fordern, »daß wir, indem wir unseren Verstand und Willen dem sich offenbarenden Gott völlig unterordnen, der Heilsbotschaft so zustimmen, wie sie von den Hirten der Kirche auf unfehlbare Weise gelehrt wird«.[20]

Unfehlbarkeit des Papstes nach wie vor! Gerade so haben die Theologen weiterhin auf freies, kritisches Denken zu verzichten, sobald ihre Erkenntnisse der Kurie mißfallen. Es handelt sich um einen zentral gesteuerten Dogmatismus, wie er in jeder protestantischen Großkirche unmöglich wäre – sich aber auch im Islam nicht unangefochten durchsetzen könnte. Wie anfechtbar bei Muslimen das Ideal des »unfehlbaren« religiösen Führers ist, werden wir noch sehen.

Diese Erklärung der Glaubenskongregation von 1973, noch unter dem »Reformpapst« Paul VI. veröffentlicht, erscheint wie eine Vorbereitung zu jenen »Reformen«, die dann der Nachfolger Johannes Paul II. zehn Jahre später in die Wege leitete. Im Januar 1983 präsentierte die Kurie das neugefaßte kirchliche Gesetzbuch »Codex Iuris Canonici« der Öffentlichkeit. Dem Anspruch nach sollten in ihm die kirchenrechtlich relevanten Konzilsbeschlüsse gesetzlich fixiert, sollte also das Gesetz selber »modernisiert« werden. In Wahrheit aber wurden zerbröckelnde Hierarchien neu gefestigt. Zum Beispiel: »Was immer die heiligen Hirten, die Repräsentanten Christi, als Lehrer des Glaubens erklären oder als Kirchenführer statuieren, müssen die Gläubigen [...] in christlichem Gehorsam annehmen.«[21] Paradoxerweise hat eine solche Logik ausgerechnet zur Exkommunikation des reaktionären Erzbischofs Lefebvre geführt – er, der ja selber ein glühender Verfechter kirchlicher Hierarchie ist, er, der sich der Kurie bedingungslos unterwerfen würde, sofern diese nur nicht »modernistisch« aufträte.

Zentral gesteuerter Dogmatismus unterdrückt zunehmend auch jene regionale Selbständigkeit katholischer Landeskirchen, wie sie seit dem Zweiten Vatikanischen Konzil vorsichtig anvisiert worden ist. So bleibt es bloße Kosmetik, wenn der Vatikan »progressiv« gegenüber starren Traditionalisten darauf besteht, daß die Messe seit 1965 in den modernen Nationalsprachen und nicht mehr in Latein gelesen wird. Die Glaubenskongregation in Rom meldet sich nämlich sofort mit einer Warnung, ja mit Zensur, sobald eine der Landeskirchen einen Schritt weiter geht und – in ausdrücklicher Berufung auf das Konzil – stärker verschiedenen Traditionen einheimischer Kultur im Glaubensleben Raum geben möchte. Zu besonderen Spannungen ist es hier zwischen dem Vatikan und Landeskirchen der Dritten Welt gekommen. Je mehr in Lateinamerika, Asien und Afrika Priester versuchen, Verhaltensformen europäischer Kleriker abzulegen und in der »Sprache der Armen« zu reden, und je mehr die Priester sich für die Probleme der Armen auch politisch engagieren, weil sie nur im »Tun« ein »lebendiges Christentum« sehen, um so mißtrauischer wird die Glaubenskongregation in Rom.

Für die Weltöffentlichkeit am auffälligsten ist der Konflikt des Vatikans mit der »Theologie der Befreiung« geworden, einer Erneuerungsbewegung, wie sie sich in Lateinamerika und besonders in der brasilianischen Kirche machtvoll entwickelt hat. 1985 bestrafte der Vatikan einen der prominentesten »Befreiungstheologen«, den Brasilianer Leonardo Boff, mit einem Jahr Redeverbot, da seine Thesen angeblich die Hierarchie und die Vorrangstellung Roms angreifen. Im selben Jahr wurde auch der brasilianische Erzbischof Helder Camara, der sich als ein »Bischof der Armen« weltweit einen Namen gemacht hatte, in Pension geschickt. Daß er 76 Jahre alt war, konnte nur der Vorwand für die Maßnahme, nicht der eigentliche Grund sein, denn viele seiner Kollegen bleiben länger im Amt, und er erfreute sich noch guter Gesundheit. Aber Helder Camara war zu unbequem geworden und hatte deshalb einem konservativeren Nachfolger zu weichen. Auch bekam er die Auflage, sich nicht mehr öffentlich zur »Theologie der Befreiung« zu äußern. Der gemaßregelte Erzbischof soll daraufhin einen sehr weisen, keinesfalls resignativen Ausspruch getan haben: »Die Kirche war immer Heilige und Sünderin – heilig in Christus, Sünderin wegen der menschlichen Schwäche ihrer Priester, Bischöfe und Päpste.«[22]

Je mehr der Vatikan seinen Druck gegenüber regional eigenwilligen Äußerungen verstärkt, um so mehr muß man seine Aufrufe zu »Dialog« und »Verständigung« mit Fragezeichen versehen. Denn an die Stelle der Gesprächsbereitschaft tritt das Diktat, sobald für die Zentralgewalt auch nur ein kleines Stück Machtverzicht zur Debatte steht. Dagegen kostet es den Vatikan vergleichsweise wenig, wenn er sich »dialogbereit« um ein kleines Stück auf geistliche Gremien anderer Weltreligionen zubewegt.

Die mangelnde Bereitschaft zu echtem Dialog von seiten der Kurie hat der Schweizer Konzilstheologe Hans Küng bereits 1968, noch unter der Regentschaft Pauls VI., mit wachsender Besorgnis festgestellt – unter eben jenem Papst, der am Ende des Zweiten Vatikanischen Konzils noch die »Öffnung« zu anderen Weltreligionen hat verkünden lassen. »Kurie und manche Bischofskonferenzen haben sich wieder vorkonziliar abgekapselt«, schreibt Küng, »sie lieben bequeme Berater und einsame Beschlüsse. Obwohl Autorität sich heute nur noch aufgrund fachlicher Kompetenz und partnerschaftlicher Zusammenarbeit durchsetzen kann, haben sich viele wieder in die früheren absolutistischen Formen und Gewohnheiten geflüchtet. Sie entziehen sich der Diskussion, verlassen sich auf ihre Bürokratie und sprechen aus dieser engen Welt heraus in ›wegweisenden Hirtenworten‹, ohne zu merken, daß sie sich so immer mehr isolieren und die Kritik geradezu heraufbeschwören.«[23] Hans Küng selber sollte aber als unbequemer Kritiker bald stärkeren Repressionen ausgesetzt sein als viele andere: 1980 wurde ihm kurz nach dem Amtsantritt des Papstes Johannes Paul II. die kirchliche Lehrbefugnis entzogen, weil er sich entschieden gegen das 1870 verabschiedete Dogma der päpstlichen Unfehlbarkeit in Glaubensfragen ausgesprochen hatte. Unter anderem wurde

Küng auch vorgeworfen, mit seiner Forderung nach mehr Offenheit anderen Konfessionen gegenüber zu einer »Protestantisierung« der katholischen Kirche beizutragen.

Und doch: Unter Papst Johannes Paul II. sind zwar manche moderne Reformen des Zweiten Vatikanischen Konzils verwässert oder gar unterdrückt worden – aber auch er hält am nun einmal begonnenen Dialog mit den Muslimen fest. Wie das? Welches Interesse kann die Kurie, können selbst äußerst konservative Katholiken an einem solchen Dialog haben?

Und welches Interesse die Muslime? In der islamischen Welt bleibt ja ein Großteil der Gläubigen ebenfalls in dem traditionellen Denkschema befangen, außerhalb der eigenen Religion finde sich nur bedingt Heil oder gar Verdammnis. Trotzdem zeigt sogar eine konservative Institution wie die »Weltmuslimliga« – mit Sitz in Mekka und stark unter saudi-arabischem Einfluß stehend – Interesse an einem Dialog mit den Kirchen. Besonders mit der katholischen Kirche.

Die politischen Hintergründe für den »Dialog«

Muhammad S. Abdullah, der bereits erwähnte Repräsentant des »Islamischen Weltkongresses«, liefert für die beharrliche Annäherung gerade zwischen islamischen und katholischen Gremien eine bemerkenswerte Erklärung: »Beide Glaubensgemeinschaften stellen unter anderem auch eine politische Größe dar. Sie kennen traditionsgemäß auch eine politische Theologie, die es ihnen trotz religiöser Unterschiede und Gegensätze im Vorraum des Glaubensgesprächs ermöglicht und erleichtert, ein politisches Bündnis zu schließen, eine ›Heilige Allianz‹ zwischen Krummstab und Kalima zur Abwehr des Unglaubens einzugehen.«[24]

Eine politische Theologie, dies ist der entscheidende gemeinsame Punkt. Katholizismus und Islam haben insofern eine ähnliche Tradition, als sich in ihrem Ordnungsdenken – bei allen Verschiedenheiten der Glaubenslehre – Religion und Politik durchdringen, ja eine Einheit bilden. Für beide ist ursprünglich kein Staat vorstellbar, der sich nicht mit der einzig wahren Religion identifiziert, kein Staat, dessen Alltag nicht vom Geist dieser Religion durchdrungen wäre. Staat und religiöse Instanzen sollten eng verbunden bleiben, und wo diese Verflechtung sich aufzulösen beginnt oder sich bereits aufgelöst hat, dort müssen orthodoxe Katholiken wie Muslime von »Krise«, wenn nicht gar schon von »Niedergang« sprechen. So gesehen wird ihnen der säkulare Staat zur Bedrohung, ein Staat, der sich selber nur noch als wertneutrale Größe betrachtet und Atheisten genauso schützt wie Religiöse. Nur so ist es zu verstehen, daß selbst so konservative Päpste wie Paul VI. oder gar Johannes Paul II. plötzlich geistig Verwandtes im Islam entdeckten und freundlich auf jede Grußbotschaft islamischer Gremien antworteten. Nur so läßt sich auch folgende Verlautbarung des Islamischen Weltkongresses 1973 in Beirut erklären: »Christen und Muslime sind gemeinsam aufgerufen, die antireligiösen Kräfte dieser Welt abzuwehren. [...] Jenseits gegenseitiger Bekehrungsversuche sollten Kirchen und Islam endlich zusammenfinden, um den Heiden und Materialisten die Botschaft Gottes zu verkünden.«[25]

Angesichts solcher Formulierungen sieht es – genau wie bei den Christen – so aus, als hätten Muslime nachdrücklich und endgültig von dem Ziel Abschied genommen, die ganze Welt unter dem geistigen Dach des Islam zu einigen. Aber mit ihrem Bekenntnis zur »Gemeinsamkeit« verhält es sich ähnlich wie mit dem der Kirchen. Man nimmt nicht Abschied vom eigenen Überlegenheitsanspruch über alle anderen Religionen, man dämpft ihn nur, widerruft allen Fanatismus. »Gemeinsamkeit« heißt nicht Gleichwertigkeit, sondern hierarchisch abgestufte Wertschätzung gegenüber dem geistig verwandten Andersgläubigen. Man nimmt allein den offensiven Missionsdrang im Feld des Verbündeten zurück, weil es gegen einen Feind zu marschieren gilt, den inzwischen selbst die Konservativen unter den Christen wie Muslimen als viel bedrohlicher erkannt haben: »Materialismus« und »Atheismus«.

Bei genauerem Überlegen bleiben aber Materialismus wie Atheismus schwammige Begriffe; unter ihnen kann man, je nach Neigung, alles subsumieren, was dem eigenen Verständnis von Religion entgegensteht: nicht nur den atheistischen Kommunisten, nicht nur den rein materiell orientierten, »geistig leeren« Konsummenschen – sondern auch den unbequemen Kritiker selbst aus den eigenen Reihen. Unter Umständen läßt sich sogar schon eine liberale Theologie als »atheistisch beeinflußt« diffamieren, weil jene die Ergebnisse von Naturwissenschaften und einer historisch-kritischen Geschichtswissenschaft in ihre Forschung einbezieht. So gesehen könnte allerdings die Frontstellung gegen »Materialismus« und »Atheismus« zu einem Zweckbündnis gegen moderne Strömungen überhaupt entarten. Und so gesehen würden sich Christen und Muslime noch nicht unter idealen Voraussetzungen begegnen. Sie reißen zwar untereinander trennende Mauern der Intoleranz nieder, um nach einer anderen Seite hin eine um so stärkere Abwehrfront aufzubauen.

Ein Fortschritt also? Bei aller Skepsis ist selbst dieser Wandel schon zu begrüßen, denn er bedeutet immerhin zwei Schritte vorwärts und *nur* einen Schritt zurück. Auch das ist bereits Fortschritt – gemessen an den verhärteten Positionen, wie sie noch vor wenigen Jahrzehnten bestanden haben. Zumindest ist eines erreicht: sogar Orthodoxe sind bereit, mit Andersgläubigen die Einflußsphären zu teilen.

Sind alle bereit? Wie wir wissen, haben sich aus diesen orthodoxen Lagern, ob es nun Christen oder Muslime sind, ultra-orthodoxe Gläubige abgesondert, und sie betrachten bereits einen derartigen Dialog mit einer fremden Religion als Verrat gegenüber »Gott«. Sie, die sogenannten »Fundamentalisten«, beschwören damit eine neue Krise der Toleranz herauf.

Moderne Krise: der Fundamentalismus

Beunruhigende Signale aus Ägypten, einem Kernland des Islam

»Verrat am Islam!« Unter diesem Vorwurf waren 1984 in Ägypten vier Männer ins Gefängnis eingeliefert worden. Was hatten sie verbrochen? Sie hatten sich von der »höchsten und letzten Gottesoffenbarung«, dem Islam, abgewendet und waren zum Christentum übergetreten, waren zu Mitgliedern einer 200 000 Köpfe zählenden evangelischen Gemeinde geworden.[1] Aber diese Nachricht, die geeignet ist, alle gängigen Vorurteile gegenüber einem »intoleranten« Islam neu anzufachen, war 1986 durch eine weitere übertroffen worden: In Ägypten wurde ein Gesetz ausgearbeitet, das vorsah, solche Konvertiten zukünftig mit lebenslanger Haft zu bestrafen. Im selben Jahr wurden zehn Christen verhaftet, denen man vorwarf, »missioniert« und damit »den Islam unterwandert« zu haben.[2]

Dies geschah unter der Regierung von Hosni Mubarak. Uns hat sich dieser autokratisch herrschende Politiker als ein Mann eingeprägt, der auf gute Beziehungen zu westlichen Staaten bedacht ist und gegenüber islamischen Fundamentalisten zeitweilig eine harte Linie vertritt. Damit unterscheidet er sich nicht grundsätzlich vom Kurs seines Vorgängers Anwar As Sadat. Aber Mubarak ähnelt Sadat auch mit dem Versuch, radikal-orthodoxen Kräften Zugeständnisse zu machen in der Hoffnung, so ihre Opposition gegen die Regierung abzumildern. Daher neigt Mubarak ebenfalls dazu, hin und wieder einem Gesetz zuzustimmen, das von Fundamentalisten gefordert wurde. Bezeichnenderweise hat Mubarak nicht rückgängig gemacht, was Sadat von 1971 bis 1981 in die Wege leitete: wichtige Bestandteile aus der mittelalterlichen Gesetzgebung des Islam, der Scharia, in die bisher überwiegend säkular konzipierte Verfassung Ägyptens einzufügen.

Dies geschieht in einem Land, das seit mehr als einem Jahrhundert dafür berühmt ist, eine der liberalsten Bildungsschichten der islamischen Welt zu besitzen – und den Ruf hat, neben der Türkei das wichtigste Zentrum moderner Entwicklungen zu sein. Aber dieses Ägypten erlebt seit den siebziger Jahren eine immer stärkere »Islamisierung« mit bedenklichen Folgen. Warum ausgerechnet Ägypten?

Ägypten ist jenes Land, in dem angesichts wachsender gesellschaftlicher und kultureller Spannungen bereits 1928 die erste islamistische Bewegung des 20. Jahrhunderts entstanden ist: die Muslim-Bruderschaft. Vier bis fünf Jahrzehnte nach ihrer Gründung hat es der Muslim-Bruderschaft schließlich gelingen können, größeren Einfluß auf die Politik zu gewinnen. Obwohl es ihr zu Beginn des 21. Jahrhunderts noch immer nicht erlaubt ist, eine politische Partei zu gründen – denn das Verbot, das Präsident Nasser in den fünfziger Jahren erlassen hat, bleibt aufrecht –, kann die Bruderschaft inzwischen Millionen Anhänger mobilisieren: Sie ist damit zu einer ernstzunehmenden Gefahr für die Regierung geworden.

Weshalb die Fundamentalisten in Ägypten erst so spät zu großem Einfluß kommen, habe ich bereits im Kapitel über den »Sozialismus« der Nasseristen angedeutet. Zuerst einmal mußte die säkular-nationalistische Bewegung eines Gamal Abd Al Nasser mit ihren sozialen Reformen scheitern. Ebenso mußte Sadat mit seiner Politik der wirtschaftlichen Öffnung zum Westen weit hinter den Erwartungen zurückbleiben; es hat ja nur eine schmale Oberschicht nachhaltig von der ökonomischen Modernisierung profitiert. Erst angesichts dieser tiefen politischen Krise der Säkularisten begann sich das Volk immer mehr von den bisherigen Hoffnungsträgern abzuwenden und zunehmend den Verheißungen radikal-religiöser Politiker zu vertrauen, die einen »islamischen« Staat wünschten. Ägyptens intellektuelle Führungsschicht blieb aber weiterhin dem Ideal einer gesellschaftlichen Modernisierung, ja auch einer Modernisierung des religiösen Denkens verpflichtet. Und je mehr der Einfluß fundamentalistischer Gruppierungen wuchs, um so unversöhnlicher prallten dann die Gegensätze aufeinander.

Symptomatisch für die wachsenden Spannungen wurde das Jahr 1995. Ein Gerichtsverfahren gegen einen »Ketzer« und »Abtrünnigen« sorgte für Aufsehen weit über Ägypten hinaus, die Nachricht erreichte auch den Westen. Am 14. Juni 1995 sprachen vom Staat ernannte Richter das Urteil im Prozeß gegen den prominenten

Sprach- und Koranwissenschaftler Nasr Hamid Abu Zaid: Der Angeklagte müsse von seiner Frau zwangsgeschieden werden. Die Begründung lautete: Abu Zaid sei, wie es die Thesen in seinen veröffentlichten Büchern zeigten, »vom Islam abgefallen«, und wegen eines derartigen Verbrechens sei es ihm nicht mehr erlaubt, mit einer Muslimin verheiratet zu sein. Es nützte dem angeklagten Wissenschaftler nichts, daß er beteuerte, er lebe mit seiner Frau in guter Ehe, sei ein gläubiger Muslim und wolle mit seiner Forschung nur zu einer Reform des religiösen Denkens beitragen.

Das Urteil gegen Abu Zaid 1995 stützt sich auf einen Artikel, der auf Betreiben des Präsidenten Sadat schon 1971 mit einer sehr allgemeinen, schwammigen Formulierung in die Verfassung eingefügt wurde: Die Scharia solle »Hauptquelle der Gesetzgebung« sein. An der Widersprüchlichkeit dieser Maßnahme hat sich bis heute nichts geändert. Denn nach wie vor bestehen auch jene Artikel der Verfassung weiter, in denen die Gleichheit *aller* Ägypter vor dem Gesetz, unabhängig von ihrer Religionszugehörigkeit, garantiert ist – ein *säkulares* Prinzip also.

Anlaß für das Gerichtsverfahren gegen den Wissenschaftler Abu Zaid war dessen 1992 in Kairo veröffentlichtes Buch »Kritik des religiösen Diskurses« (1996 auch in deutscher Übersetzung erschienen). Der zentrale Satz in diesem Buch lautet: »Der Koran ist ein sprachlicher Text.« Dieser Satz, von westlichen Lesern eher als harmlos oder sogar als banal empfunden, bedeutet eine Provokation für orthodox Gläubige, denn an diesen Satz knüpft sich eine ganze Philosophie.

Der Koran gilt nämlich – nach einem seit vielen Jahrhunderten eingebürgerten Verständnis – als das »ungeschaffene Wort Gottes«. Das heißt, daß dem Propheten Mohammed Wort für Wort der Koran von Gott übermittelt wurde. Mohammed hat also mit seinem eigenen Verstand kein einziges Wort zur Abfassung des Korans beigetragen. Entsprechend kann der Koran nach dem üblichen Glaubensverständnis in keiner einzigen sprachlichen Wendung durch menschliche Vorstellungen der damaligen Zeit beeinflußt sein. Der Wissenschaftler Abu Zaid aber betrachtet den Koran als ein Werk, das von Mohammed in der Sprache und den Denkvorstellungen der damaligen Zeit abgefaßt worden sei. Deshalb könne man das Heilige Buch nur wirklich verstehen, wenn man sorgfältig trenne zwischen bloß zeitbedingten, zeitgebundenen Aussagen und den ewigen »Kern«wahrheiten der religiösen Botschaft. Abu Zaid berührt sich in solchem Denken mit der Methodik historisch-kritischer Textanalyse, wie sie in der christlichen Theologie schon seit mehr als einem Jahrhundert üblich ist. Dieser Einfluß aus dem »ungläubigen Westen« wird ihm auch von orthodoxen, besonders radikal-orthodoxen Muslimen angelastet.

Abu Zaid jedoch – und das war für seine Kritiker noch provokanter – ließ sich nicht nur von westlichen Vorbildern beeinflussen, sondern berief sich auch auf eine islamische Denktradition: auf Theologen, die bereits im Bagdad des 9. Jahrhunderts unter der Regierung des Kalifen Mamun den Koran analytisch, mit kritischer Vernunft zu deuten versuchten. Diese Theologen, die von ihren Gegnern haßerfüllt »Mutaziliten«, »Abtrünnige«, genannt wurden (wie ich bereits im Kapitel über Tendenzen der Aufklärung im Islam erläuterte[3]), haben sich allerdings mit ihrer rationalistisch-kritischen Methode nur für kurze Zeit durchsetzen können. Die »Mutaziliten« sind von orthodoxen Muslimen schon früh als »ungläubig« diffamiert und bekämpft worden. Daher hat es bis weit ins 20. Jahrhundert herein kein muslimischer Denker mehr gewagt, dezidiert an die Tradition der »Mutazila« anzuknüpfen. Abu Zaid hat es gewagt (ohne nun die zeitgebundenen Ausformungen von damals alle gutzuheißen). Und er steht hierbei in einer Reihe mit etlichen anderen progressiven muslimischen Denkern neuerer Zeit, auf die ich später noch eingehen werde: Abdol Karim Sorush, Hashem Aghajari, Yasar Nuri Öztürk.

Die Urteilsbegründung im Fall Abu Zaid war 1995 gespickt mit Beschuldigungen wie »Abfall vom Glauben« (»Irtihad«), »Ketzerei« (»Kufr«), »religiöse Heuchelei« (»Nifaq«).[4] Solche Formulierungen machten deutlich, in welchem Maß islamische Fundamentalisten bereits das vom Staat installierte Richteramt okkupiert hatten. Kein ranghoher Politiker machte den ernsthaften Versuch, sie daran zu hindern, daß sie im Namen einer starr konservativ verstandenen Scharia die säkularen Bestandteile des ägyptischen Rechtswesens außer Kraft setzten.

Die Situation komplizierte sich noch dadurch, daß unmittelbar nach der Verkündung des Urteils etliche Professoren der Al-Azhar-Universität die Hinrichtung Abu Zaids wegen »Abfalls vom Glauben« forderten. Und verhängnisvoll war, daß Gadd Al Haqq, der leitende Scheich und Rektor der Al Azhar, den »gläubigen« Professoren seiner Universität nicht widersprach. Im Gegenteil: Gadd Al Haqq bekräftigte sogar den Standpunkt islamistischer Kreise. Diese Haltung maßgeblicher Vertreter der Al Azhar wog schwer und schockierte nicht nur westliche Beobachter, sondern auch viele muslimische Intellektuelle. Denn über Jahrzehnte hatte sich die Al Azhar als das geistige Zentrum des sunnitischen Islam modernen Strömungen gegenüber aufgeschlossen gezeigt. Schwer wog auch, daß eine Reihe Abgeordneter der regierenden Nationaldemokratischen Partei sich ablehnend gegen Abu Zaid verhielten. Abdussabar Shahin, ein führendes Mitglied dieser Partei und ihr Sprecher in religiösen Angelegenheiten, äußerte sogar die Hoffnung, daß nun bald die ägyptischen Gerichte alle säkularen Intellektuellen zu religiös Abtrünnigen erklärten.[5]

Abu Zaid bewies in der aufgeheizten Stimmung zunächst Widerstandsgeist. Einerseits sah er sich moralisch durch zahlreiche prominente Vertreter der ägyptischen Bildungsschicht, Wissenschaftler, Schriftsteller, Künstler, unterstützt. Andererseits gewährte ihm die Regierung Mubarak – hier entschieden gegen die Islamisten gerichtet – staatlich bezahlte Leibwächter, die ihn rund um die Uhr vor Attentaten durch Fanatiker schützten. Und so ließ Abu Zaid das Gerichtsverfahren in die zweite Instanz gehen. Aber im September desselben Jahres bestätigte das Gericht das Urteil in erster Instanz. Zu dieser Zeit war Abu Zaid allerdings mit seiner Frau bereits ins Ausland geflohen. Die Situation war ihm dann doch zu gefährlich erschienen, nachdem noch weitere geistliche Rechtsgelehrte die »gläubigen Muslime« zur »Hinrichtung« des »Abtrünnigen« aufgerufen hatten. Was konkret bedeutete: zu einem Attentat. Dies war noch die einzig verbliebene Möglichkeit der Hinrichtung, weil ja die staatlichen Gerichte nicht so weit gegangen waren, ein Todesurteil auszusprechen. Solche fanatische Geistliche hatten auch Verständnis für Ayatollah Khomeini gezeigt, der 1989 Salman Rushdie wegen »Abfalls vom Glauben« zur Tötung freigegeben hatte.

Abu Zaid hielt sich in verschiedenen westeuropäischen Ländern auf, bevor er Ende 1995 dem Ruf der holländischen Universität Leiden zu einer Gastprofessur folgte. Damit jedoch fühlten sich radikal-orthodoxe Muslime erst recht in ihrer Einschätzung bestätigt. Abu Zaid sei dorthin geflohen, wohin er geistig ohnehin gehöre: in den »ungläubigen Westen«, durch dessen Gedankengut er infiziert worden sei.

Ägyptens Bildungsschicht zeigte sich in ihrer Mehrheit durch eine derartige Entwicklung bestürzt. Um einer weiteren Radikalisierung vorzubeugen, gründeten säkular gesinnte Intellektuelle 1996 ein »Komitee zur Verteidigung der intellektuellen Freiheit«, dessen Vorsitz der 85jährige, international renommierte Literaturnobelpreisträger Nagib Mahfus führte. Mahfus selber hatte allen Grund, hier in vorderster Front sich zu engagieren, schließlich war er selber beinahe einem Attentat eines radikal-islamischen Fanatikers zum Opfer gefallen. Viele seiner Romane werden von orthodoxen und erst recht radikal-orthodoxen Muslimen wegen »unislamischer« Tendenzen abgelehnt. Ja, einer der Romane, »Aulad Haritna« (»Die Kinder unseres Viertels«), wurde sogar durch staatliche Zensur wegen »Verunglimpfung des Islam und des Propheten« verboten.

Intellektuelle Schützenhilfe bekam der im Exil lebende Abu Zaid aber schließlich auch – für westliche Beobachter zunächst überraschend – vom höchsten Würdenträger der Al Azhar. Nachdem der radikal-orthodoxe Großscheich Gadd Al Haqq im März 1996 gestorben war, vollzog sich an der Spitze der Universität wieder ein ideologischer Kurswechsel. Im Amt des höchsten Schriftgelehrten folgte Mohammed Tantawi. Dieser neue Großscheich wird von der ägyptischen Bildungsschicht überwiegend als »Modernist« geschätzt und galt als ein Gegenspieler des Vorgängers. Großscheich Tantawi nahm zum Gerichtsurteil im Fall Abu Zaid eine völlig andere Haltung ein. In einem Interview mit westlichen Journalisten sagte er Anfang 1997, Abu Zaid möge nach Ägypten zurückkehren, er habe nichts zu befürchten, der Staat werde ihn beschützen. Das Urteil von 1995 sei rechtsunwirksam, weil dem Angeklagten nicht die Gelegenheit gegeben worden sei, vor Gericht seine Argumente ausgiebig darzulegen. Dies widerspreche den Grundsätzen des Korans genauso wie denen einer zivilen Gesellschaft. Man dürfe den Islam nicht mit den Ansichten engstirniger Fanatiker gleichsetzen, die ihre sehr anfechtbare Auslegung des Korans undiskutierbar gegen Andersdenkende durchsetzen wollten.[6]

Abu Zaid hatte im europäischen Exil diese Aussage begrüßt, aber er hatte sich nicht dazu bewegen lassen, nach Ägypten zurückzukehren. Er sah sich zwar weiterhin durch einen Großteil der ägyptischen Bildungsschicht unterstützt, beunruhigend blieb für ihn jedoch die weiter wachsende Zahl radikal-islamischer Eiferer.

Beunruhigend war für Abu Zaid auch das Schicksal eines geistesverwandten Intellektuellen, des Schriftstellers und Politikers Faraq Ali Foda. Dieser populäre Intellektuelle, von gebildeten Ägyptern als eine Symbolfigur des liberalen Islam verehrt, war bereits während der siebziger und achtziger Jahre in das ideologische Schußfeld religiös radikaler Bewegungen geraten. Foda war einer der ersten herausragenden Persönlichkeiten des öffentlichen Lebens in Ägypten, die die Auffassung vertraten, man könne die religiösen Fundamentalisten geistig nur dann wirkungsvoll bekämpfen, wenn man ihrer dogmatisch starren, buchstabengetreuen Auslegung des Korans mit einer zeitgemäßen, historisch-kritischen Interpretation des Heiligen Buches begegne. Darüber hinaus warnte Foda entschieden davor, daß in das säkulare Gesetzeswerk schrittweise Bestimmungen der Scharia eingebaut würden. Besonders scharf kritisierte er die Absicht des Staates, Angehörige der Bahai-Religion als »Abtrünnige vom wahren Glauben« wieder mit Gefängnis zu bestrafen (was unter der Ära des Präsidenten Nasser nicht praktiziert wurde). All diese nachhaltig geäußerten Argumente trugen ihm bei den Radikal-Orthodoxen den Ruf ein, selber ein »Ketzer« zu sein und Gefängnis oder gar den Tod verdient zu haben. Foda mußte fürchten, daß fanatisierte Attentäter ihn ermorden wollten.

Höchste Gefahr drohte für Foda aber erst in dem Moment, als nun auch Gelehrte der Al-Azhar-Universität ihn öffentlich verurteilten. 1992 erstellten drei Dutzend Professoren dieses religiösen Zentrums eine Fatwa, ein geistliches Rechtsgutachten, in dem sie Foda zum »Ketzer« erklärten. Dies geschah in der Ära des radikal-orthodoxen Großscheichs Gadd Al Haqq, der erwartungsgemäß die skandalöse Fatwa duldete. Fundamentalistisch gesinnte Muslime konnten sich nun vollends ermutigt und auch gerechtfertigt sehen, den »vom Islam Abgefallenen« nach »islamischem Recht« zu töten. Es nützte Foda nichts, daß ihm die Regierung ihren »Schutz« zugesagt hatte und zahlreiche Intellektuelle ihm ihre Sympathie bezeugten. Nur fünf Tage nach Veröffentlichung der Fatwa starb Foda 1992 unter den Kugeln von Attentätern.

Die hier geschilderten Vorgänge stehen exemplarisch für eine Entwicklung, wie sie in immer mehr Staaten der islamischen Welt an Bedeutung gewinnt. Aber besonders bedrohlich erscheint, daß sich tragische Schicksale wie die von Abu Zaid und Faraq Ali Foda ausgerechnet in Ägypten zugetragen haben, einem Staat, der über viele Jahrzehnte als ein Zentrum aufkeimender Reformbewegungen gegolten hat.

Solche Entwicklungen machen es zunächst einmal schwierig zu glauben, daß ein konstruktiver Dialog zwischen islamischer und abendländischer Welt eine Zukunft habe. Zwar lesen und hören wir immer wieder auch von »gemäßigten« Geisteshaltungen bei Muslimen, aber ein Begriff übertönt in unserer Medienberichterstattung inzwischen alle anderen: Fundamentalismus.

Die Entstehung eines vieldeutigen Begriffs

Wie kommen wir dazu, »Fundamentalismus« zuerst einmal mit dem Islam in Verbindung zu bringen?

Dies hat mit der Tatsache zu tun, daß es radikal-orthodoxen Gruppierungen vor allem in der islamischen Welt gelungen ist, aus ihrer politischen Isolation auszubrechen und Regierungen unter Druck zu setzen – ja, in einzelnen Staaten gar die Regierung zu übernehmen. Aber wir sollten in der Diskussion stets berücksichtigen, daß dieser enorm religiös-politische Fundamentalismus nur unter besonderen sozialen Krisenbedingungen derartige Bedeutung hat erlangen können. Die Tendenz ist jedoch prinzipiell genauso in geistig verwandten Religionen und den entsprechenden Kulturkreisen angelegt.

Der Begriff hat seinen Ursprung im Abendland. Amerikaner haben als erste von »Fundamentalismus« gesprochen und hierbei eine Krise in der eigenen Zivilisation gemeint; ihnen folgten die Europäer. Das Wort ist um 1910 in den USA aufgekommen und bezog sich zunächst nur auf die Haltung verschiedener protestantischer Sekten, die sich von der lutherischen oder calvinistischen Großkirche abgespalten hatten. Diese Sekten warfen den »Kirchenchristen« vor, sie ließen sich viel zu sehr von »modernen« Ideen beeinflussen und hätten sich vom »Fundament« des Glaubens entfernt. Um ihren Forderungen stärkeres Gehör zu verschaffen, hatten die so verstandenen »rechtgläubigen« Christen eine Zeitschrift mit dem Titel *The Fundamentals* herausgebracht, und 1919 gründeten sie eine weltweit tätige Organisation, die »World's Christian Fundamentals Association«. Damit war für amerikanische wie europäische Religionswissenschaftler der Anlaß gegeben, den Begriff »Fundamentalismus« für eine bestimmte Form christlicher Gläubigkeit zu gebrauchen. Und sie wandten den Begriff während der folgenden Jahrzehnte auch auf geistesverwandte Strömungen in anderen Religionen an – besonders im Islam.

Die Muslime weisen diese westliche Benennung entschieden zurück. Radikale Gruppierungen, die den Islam in seiner angeblich »reinen« und »ursprünglichen« Form für alle Gläubigen verbindlich machen wollen, nennen sich selber »Islamiyun« (»Islamisten«) und ihre Bewegung »Islamiya« (»Islamismus«). Diese arabischen Eigenbezeichnungen dienen ihnen dazu, sich als die kämpferisch engagierten »wahren Gläubigen« und »wiedergeborenen Muslime« von der Masse der, wie sie meinen, passiven und gedankenlosen Gläubigen zu unterscheiden. Als »Islamisten« werden sie überwiegend auch von ihren muslimischen Gegnern bezeichnet. An der tiefen geistigen Verwandtschaft zu christlichem und jüdischem Fundamentalismus ändert sich damit allerdings nichts.

Inzwischen ist der Begriff »Fundamentalismus« in unserem Kulturkreis noch wesentlich vieldeutiger geworden. Wir bringen ihn nicht nur mit Religion, sondern auch einer spezifischen Krisenerscheinung innerhalb der politischen Ideologien, ja gar der wissenschaftstheoretischen Diskussion in Verbindung. Wir sprechen salopp vom »Fundi«, wenn wir radikalen Repräsentanten der grün-alternativen Parteien vorwerfen, sie würden (im Gegensatz zu den »Realos« innerhalb ihrer Fraktion) die ganze Industriezivilisation als einen Irrweg ablehnen und die Rückkehr zu einem vorindustriellen, unantastbar »richtigen« Lebensgefühl predigen. Als fundamentalistisch angekränkelt können wir auch jene marxistischen Ideologen bezeichnen, die – ganz unmarxistisch – Geschichte nicht mehr als fortschreitenden Wertewandel begreifen, sondern auf einem Wissensfundament undiskutierbarer Gewißheit beharren. Erst recht erscheint es naheliegend, den Faschismus als eine Spielart des Fundamentalismus zu definieren, denn dessen Ideologen sehen radikaler als alle anderen den »idealen« Menschen vor aller modernen Entwicklung in einer weit zurückliegenden Vergangenheit verwirklicht.

Aber selbst innerhalb der wissenschaftstheoretischen Diskussion kann sich eine Neigung zu fundamentalistischem Denkansatz bemerkbar machen, sobald die Theoretiker eine bestimmte Form des Erkennens als endgültig »wahr« definieren und jede Offenheit des

Denkens zu anderen Möglichkeiten hin ablehnen.[7] Eine solch »rein wissenschaftliche« Haltung scheint auf den ersten Blick ganz aus den bisherigen Zusammenhängen herauszufallen, weil hier am wenigsten der Bezug zur praktischen Umsetzung in Politik gegeben ist. Aber jeder Theoretiker, selbst wenn er abgehoben von allem Tagesgeschehen den Pluralismus verwirft, betreibt – wissentlich oder unbewußt – Politik. »Der Geist, der nur *einen* Denkansatz zum Verständnis der Wirklichkeit ertragen kann, ist gleicher Art wie der Geist, der *eine* allumfassende Machtstruktur aufzwingen muß, wenn er je in die Lage kommt, das tun zu können«, so heißt es treffend im Schlußwort der Studie *Das Unbehagen in der Modernität* von Peter Berger und anderen.[8]

So gesehen müssen wir den religiösen Fundamentalismus, um den es in unserem Zusammenhang allein gehen kann, als Teil einer umfassenderen Krise der Moderne sehen – einer Moderne, in der viele Menschen von der Angst gepackt werden, inmitten der vielen Möglichkeiten des Denkens und der Orientierung alle Orientierung zu verlieren.

Im Namen der Bibel gegen die Moderne

Der antimodernistische Protest fundamentalistischer Christen erscheint im Ansatz rein theologisch. Aus ihrer Sicht verleugnet schon kraß den Glauben, wer nicht jedes mythisch gefärbte Sprachbild der Bibel als wörtlich »wahr« auffaßt. Beispielsweise beharren solche Christen extrem buchstabengetreu auf der Aussage, Gott habe die Welt »in sechs Tagen« erschaffen, und betrachten die naturwissenschaftliche Erkenntnis einer jahrmillionenlangen Entwicklung als »moderne Lüge«. In diesem Sinne wollen sie auch die in der Bibel geschilderten Wunder als Ereignisse verstanden wissen, die sich einst tatsächlich vor aller Augen in genau der geschilderten Form zugetragen haben.

Zur besonderen Provokation wird für Fundamentalisten, wenn historisch-kritisch arbeitende Bibelwissenschaftler darüber zu diskutieren beginnen, ob man denn die »Auferstehung« des »Christus« in wörtlich überliefertem Sinn verstehen soll: daß Jesus nun tatsächlich als leibhaftig wahrnehmbare Gestalt den Jüngern nach seinem Tod erschienen sei – oder ob sich das »Wunder«, von aller zeitbedingten Mythologie entkleidet, nicht in der Weise vollzogen habe, das »Wort« Jesu sei »auferstanden« und überdauere alle Vergänglichkeit des Todes. Solche Überlegungen bedeuten bereits für traditionell denkende Christen eine beträchtliche Irritation, schließlich neigen viele von ihnen dazu, eine Diskussion in diese Richtung als Gefahr für den »richtigen« Glauben einzustufen. Für Fundamentalisten aber bleibt die mythologische Einkleidung derart eng mit der substantiellen Aussage verknüpft, daß sie, wenn sie den Rahmen verändert sehen, auch immer die Substanz für aufgelöst betrachten.

Um wieviel starrer Fundamentalisten argumentieren als traditionell Gläubige, zeigt besonders ihre Haltung gegenüber den alttestamentarischen Sittengeboten. Wo ein Konservativer noch davon sprechen mag, daß viele Gebote, von den Speisetabus bis zum Verbot der Onanie, zeitbedingte Anweisungen seien und für die Gegenwart keine relevante Bedeutung mehr hätten, da beharren Fundamentalisten darauf, jedes Detail dieser Gebote sei »gottgewollt« und daher »ewig« gültig. Alle späteren Änderungen verwerfen sie als Entfernung vom »Ursprung«, als bloß »menschliches« Denken.

Fundamentalisten zeigen sich demnach mehr als andere Gläubige durch den modernen Bewußtseinswandel verunsichert, sie verkraften es am wenigsten, altgewohnte Denkvorstellungen mit den Erkenntnissen neuerer Wissenschaft zu konfrontieren. Besonders sie neigen dazu, den Verlust des Gewohnten als eine Erschütterung zu begreifen, an deren Ende nur noch das »Chaos« stehen kann. Hierauf gibt es für sie nur eine Antwort: um so entschiedener sich auf das »Fundament« zurückzuziehen, das angeblich inmitten allen Wertzerfalls auf ewig unverändert aufragt wie ein Fels in der Brandung.

Nichts könnte diesen Fundamentalisten »unchristlicher« erscheinen als das wegweisende Werk *Neues Testament und Mythologie* von Rudolf Bultmann, das seit 1941 weit über die protestantische Theologie hinaus Aufmerksamkeit erregt hat. Dort ist mit dem Begriff »Entmythologisierung« eine neue Epoche der Bibelauslegung eingeleitet worden: Die Botschaft des Neuen Testaments soll aus ihrer zeitbedingten »mythologischen Einkleidung« befreit werden, dann erst könne die biblische Botschaft dem Menschen von heute verständlich gemacht werden, dann erst könne sich die Substanz dem modernen Menschen in ihrer ganzen Tiefe erschließen.

Aber Fundamentalisten müssen sich ähnlich am katholischen Textverständnis stoßen, bekennt sich doch sogar die äußerst konservative »Glaubenskongregation« des Vatikans zu dem Grundsatz, die Bibelwissenschaft solle flexibler werden, solle die Erkenntnisse moderner Wissenschaft in ihre Forschung mit einbeziehen. Die Glaubenskongregation betont mit ihrer Erklärung vom 5. Juli 1973, daß Glaubensaussagen »geschichtlich bedingt« seien, abhängig »zum Teil von der Aussagekraft der angewandten Sprache in einer bestimmten Zeitepoche.«[9] Sie kommentiert damit die Beschlüsse des Zweiten Vatikanischen Konzils, seit denen offiziell auch katholische Theologen die historisch-kritische Methode in der Forschung anwenden dürfen (dies mit mehr als einem halben Jahrhundert Verzögerung gegenüber der protestantischen Theologie).[10] Selbst wenn die Kurie sich bis heute letzten Endes doch anmaßt, genau zu erkennen, ab welchem Punkt »Wissenschaft« zu verwerfen sei, so erscheint ihre Haltung wesentlich beweglicher als die der Fundamentalisten.

Es wäre auch verfehlt, die Anhänger des Erzbischofs Lefebvre unter die Fundamentalisten einzureihen, obwohl jene sich in vielerlei Hinsicht ähnlich starr gegenüber allen modernen Veränderungen abgrenzen und deshalb 1988 den Bruch mit der Amtskirche in Kauf nahmen. Aber die Lefebvrianer bejahen einen Großteil katholischer Kirchengeschichte mit all ihren dogmatischen Wandlungen die Jahrhunderte hindurch, sie beharren nur strikt auf einem versteinerten Entwicklungsstand der Tradition; insofern muß man korrekterweise dabei bleiben, sie als reaktionäre Traditionalisten zu bezeichnen.

Christliche Fundamentalisten sind harmlos, solange sie ihre Kritik am »modernen« Denken nur theologisch formulieren und sich auf das Predigen beschränken. Aber derart zurückhaltend gibt sich nur ein Teil. Andere fühlen sich »von Gott« beauftragt, die ganze Welt aktiv nach den Richtlinien der alleinigen, »fundamentalen« Wahrheit umzukrempeln. Und gerade hier demonstriert eine Reihe von Eiferern aggressive Kreuzzugsmentalität. Nicht nur, daß sie den »Heiden« gegenüber allein eine Form des Dialogs kennen: ein Glaubensgespräch mit dem Ziel rigoroser Bekehrung. Ihrer Ansicht nach gilt es vor allem, den »modernen« Menschen von den »gottlosen« Tendenzen unserer Zivilisation zu befreien und zur Religion zurückzuführen, wie eben sie »Religion« verstehen. Jede der verschiedenen Sekten beansprucht zwar in einem bürgerlich-liberalen

Staat volle Glaubensfreiheit, tadelt andererseits aber gerade, wie »lasch« dieser Staat doch gegenüber dem »Unglauben« sei. Letztlich sind sie nicht bereit, dem Andersdenkenden genau dieselbe Freiheit zuzubilligen wie der eigenen Gruppe. Warum auch, wenn die anderen sich in schwerem »Irrtum« befinden? So kommt es immer wieder vor, daß einflußreiche Sekten versuchen, den Staat aus seiner wertneutralen Rolle herauszulocken und ihn zum Verbot von »Irrlehren« zu bewegen. Dies geschieht vor allem in den USA.

Amerikanische Fundamentalisten werden politisch aktiv

Den aufsehenerregendsten Versuch, Politik im Namen Gottes gegen die Moderne zu machen, lieferten 1925 fundamentalistisch geprägte Sekten der Baptisten, Presbyterianer und Episkopalisten im amerikanischen Bundesstaat Tennessee. Sie brachten damals einen Biologielehrer vor Gericht, weil er die Schüler im Sinne Darwins gelehrt hatte, der Mensch habe sich in Jahrmillionen der Evolution aus niederen Lebewesen »entwickelt«. Die Kläger hatten nichts Geringeres im Sinn, als durch einen Musterprozeß ihren Bundesstaat zu bewegen, sämtliche Lehrer auf einen buchstabengetreuen Bibelglauben einzuschwören. Die Fundamentalisten gewannen den Prozeß in erster Instanz – zum Entsetzen der Bürgerlich-Liberalen, die auf ganz andere Weise in diesem Verfahren einen »Musterprozeß« sehen wollten – und verloren erst in zweiter Instanz. Der Prozeß hat damals weltweites Aufsehen erregt, und sein Ende konnte zumindest zeitgenössische Beobachter zu dem Schluß verleiten, der Kampf wissenschaftsfeindlicher Eiferer könne zwar noch beunruhigen, sei letztlich aber das Nachhutgefecht einer dahindämmernden Epoche.

Wie illusionär diese Hoffnung war, wissen wir heute. Zwar haben christliche Fundamentalisten in westeuropäischen Industriestaaten nie politischen Einfluß erringen können – in den USA jedoch sehr wohl. Vor allem im Fernsehen. Und dies ist gerade in den USA hoch einzuschätzen, wo wesentliche Teile der Information über den Bildschirm einem breiten Publikum zugehen. Bereits um sechs Uhr morgens, wenn sich die ersten Familien zum Frühstück niederlassen, dröhnt über den einen und anderen Kanal schon eine Predigt, die bis zu einer Stunde dauern kann, und die letzte folgt in den späten Abendstunden. Was daran verblüfft: Solche Sendungen werden nicht, wie sonst im völlig kommerzialisierten US-Fernsehen üblich, durch ständige Werbespots über Konsumartikel unterbrochen, vielmehr hat der Redner Zeit, in einem einzigen Spannungsbogen seine Vorstellungen zu erläutern, und dies, weil die jeweilige Sekte die Sendezeit gekauft hat und es ihr überlassen bleibt, die verfügbare Zeit allein durch eigene Werbeeinblendungen auszufüllen. Da jede Sendeminute reichlich teuer und letztlich nur durch ein millionenschweres Unternehmen zu finanzieren ist, läßt sich an der Dauer einer solchen Predigt unschwer ablesen, wie zahlungskräftig die eine oder andere Sekte sein muß – Geld, das lediglich durch freiwillige Spenden aufgebracht wird.

Ich habe derartige Sendungen das erste Mal in New York gesehen und empfand gerade in dieser Stadt mit ihrer Gigantomanie an Wolkenkratzern und flirrenden Leuchtreklamen, dieser ins 21. Jahrhundert weisenden (Fassaden-)Modernität, um so beklemmender den Kontrast zu dem, was sich auf dem Bildschirm abspielte. Die Programmgestalter arbeiten zwar mit allen Raffinessen einer routinierten Kameratechnik und modernster Werbepsychologie, blenden geschickt zwischen die Predigt Szenen aus »Erweckungsversammlungen« und Interviews mit »bekehrten« Christen ein, werben für T-Shirts mit Aufschriften wie »Gott liebt dich« und ähnlichem, aber sie transportieren Inhalte eines zutiefst archaischen Religionsverständnisses. Immer wieder schleudern die Prediger den Zuhörern das Schlagwort *Crusade*, »Kreuzzug«, entgegen, wovon die Großkirchen heutzutage überhaupt nicht mehr oder nur noch selten in der Öffentlichkeit sprechen. Immer wieder beschreiben sie den Satan mit all seinen schrecklichen Eigenschaften und warnen davor, daß die sogenannte moderne Wissenschaft seine personale Existenz leichtfertig bezweifelt. Immer wieder prophezeien sie lebensbedrohende Existenzkrisen vom Alkoholismus bis hin zu Drogenkonsum und Selbstmordneigung für jene, die sich weiterhin hartnäckig der »fundamentalen« Wahrheit verweigern. Wer einmal den Fanatismus solch christlicher Fundamentalisten im US-Fernsehen erlebt hat, wird sich nicht nur in mancher Hinsicht an die Schattenseiten des europäischen Mittelalters erinnert fühlen, er wird sich auch fragen, weshalb viele Amerikaner den Fanatismus etlicher Ayatollahs im Iran noch immer als zutiefst exotisch, als völlig wesensfremd ansehen.

Die Grenzen zu handfester Politik sind fließend. Fundamentalisten haben 1980 mit ihren Wählerstimmen den Ausschlag gegeben, um den ultrakonservativen Präsidenten Ronald Reagan an die Macht zu bringen. Und von ihm erwarteten sie als Gegenleistung Reformen ganz im »wahrhaft christlichen Geist«. Unter seiner Regierung sollte wieder das gemeinsame Schulgebet zum Unterrichtsbeginn durchgesetzt werden, verpflichtend auch für die »Gottlosen«, denn es sei ja zu ihrem »Heil«. Damit wollten sie das Urteil des Obersten Gerichtshofs rückgängig machen, der 1963 das gemeinsame Beten an Schulen als Pflichtübung untersagt hatte, weil es gegen die Entscheidungs- und Gewissensfreiheit des einzelnen verstoße. Auch wollten sie die Freigabe der Abtreibung von 1973 wieder aufgehoben wissen. Beides versprach Reagan. Aber je länger der Präsident zögerte, weil er offensichtlich ganz andere Sorgen hatte und den Widerstand von Senat und Repräsentantenhaus scheute, um so ungeduldiger, um so radikaler gebärdeten sich die Eiferer. Seit 1982 haben »christliche« Terroristen durch eine Serie von Bombenanschlägen auf Abtreibungskliniken von sich reden gemacht.[11]

In einem Punkt allerdings hat Reagan den Fanatikern nachgegeben, weil es ihn nur wenig rhetorische Mühe kostete – aber doch verhängnisvoll genug war: In einer Rede nannte er 1983 die Sowjetunion das »Reich des Bösen«. Er wählte bewußt diese dämonisierende Metapher, wie sie die Christen im Mittelalter gegenüber den »Heiden«, besonders den islamischen Großreichen, verwendet hatten. Nur um eine unzufriedene Wählerschicht zufriedenzustellen, schoß er in der Wortwahl über die sonst üblichen Anwürfe des traditionellen Antikommunismus hinaus. Die Ironie will es, daß er sich bei derartigen Formulierungen ausgerechnet mit der Rhetorik von besonders kompromißlosen Feinden der USA deckt: den iranischen Fundamentalisten. Khomeini und seine Anhänger pflegen vom »Satan Amerika« zu sprechen.

Durch die höchste Staatsautorität ermutigt, fühlten sich die amerikanischen Fundamentalisten bald stark genug, den Schulunterricht zu attackieren, sofern dort »säkularer Humanismus« anstatt Wissen im streng biblischen Sinn gelehrt wurde. 1986 und 1987 sind an verschiedenen »christlichen« US-Schulen Berge von Büchern mit »gottlosem« Inhalt unter Absingen frommer Lieder verbrannt worden, unter ihnen selbstredend die Werke von Charles

Darwin.[12] Solche Szenen erinnern an die Inquisition oder, in sehr weltlicher, »moderner« Variante, an die Scheiterhaufen der Faschisten oder, auf fremde Kulturräume übertragen, an die Exzesse islamischer Fundamentalisten.

Und doch: Die amerikanischen Ultra-Orthodoxen haben selbst unter der Regierung eines erzkonservativen Präsidenten wie Reagan keines ihrer Ziele erreichen können. Letztlich scheiterten sie am Bollwerk eines liberalen Verfassungsstaates, der sich von radikalen Randgruppen nur sehr bedingt und kurzfristig das Gesetz des Handelns aufzwingen läßt. Die größte Enttäuschung für die christlichen Eiferer mußte schließlich jener Umschwung bedeuten, als Reagan plötzlich gegenüber der Sowjetunion, dem zuvor vielbeschworenen »Reich des Bösen«, eine Entspannungspolitik einleitete und Regierungschef Michail Gorbatschow demonstrativ freundlich die Hand schüttelte. Hier zeigten sich deutlich die Grenzen eines radikal-christlichen Fanatismus. Sogar ein so konservativer Politiker wie Reagan huldigte fundamentalistischer Rhetorik nur, solange er auf die Wählerstimmen entsprechender Gruppen angewiesen war, aber bei Bedarf beugte er sich stärkeren machtpolitischen Zwängen – und wechselte dann auch die Rhetorik.

Allerdings gewann der fundamentalistische Wortschatz in der politischen Führung zu Beginn des 21. Jahrhunderts erneut an Gewicht. US-Präsident George W. Bush, Sohn des vormaligen Präsidenten George Bush (1988–1992), der sich noch eindeutiger als Reagan auf christlich-konservative und fundamentalistische Wählerschichten stützen mußte, sprach wieder vom »Kampf des Guten gegen das Böse«. Aber weil die Sowjetunion als Feind abhanden gekommen war, zielte er mit seiner Rhetorik auf eine Reihe islamischer Staaten als der neuen Gefahr von globalen Ausmaßen und reihte nun sie in das metaphysische Spannungsfeld von »Gut« und »Böse«, »Licht« und »Finsternis« ein. In diesem Zusammenhang kam ihm sogar das für Muslime traumatisch belastende Schlagwort von einem notwendigen »Kreuzzug« gegen die »Mächte der Finsternis« über die Lippen. Prompt mußte er aber nach Protesten verbündeter Nahost-Staaten klarstellen, daß eigentlich nur radikale, gewaltbereite und amerikafeindliche (!) Muslime dem »Reich des Bösen« zuzuordnen seien.

George W. Bush unterscheidet sich mit seinem Verhalten in einer Hinsicht allerdings erheblich von Ronald Reagan. Während Reagan sich bei Bedarf aus fundamentalistischen Verflechtungen lösen konnte – weil eben seine Beziehung zu christlichen Fundamentalisten nicht sehr tief reichte –, fühlt sich George W. Bush durch das existentielle Erlebnis einer »Erweckung« an religiöse Eiferer gebunden: Er war in seiner Jugend zum Alkoholiker geworden und wurde durch fundamentalistische Helfer aus dem Teufelskreis der Sucht herausgeführt. Man kann also davon ausgehen, daß dieser Präsident sagt, was er meint, wenn er schroff zwischen den Mächten der »Finsternis« und des »Lichts« scheidet. Unter seiner Regierung ist der Einfluß christlicher Fundamentalisten daher stärker als bei allen geistesverwandten Vorgängern im Amt des Präsidenten. Was ihn gefährlicher macht.

Trotzdem ändert sich auch dann nichts grundsätzlich an der Situation, daß die amerikanische Verfassung dem Einfluß religiös fundamentalistischer Kreise auf die Politik klare Grenzen setzt. Und nach wie vor ist gerade in den USA die Zahl jener groß genug, die entschieden auf Distanz zu allen fundamentalistischen Geisteshaltungen gehen und unverrückbar von der Sinnhaftigkeit einer säkularen Staatsordnung überzeugt sind.

Jüdische Theokraten und das »säkulare« Israel

»Unterwegs zur Theokratie«, so titelte im Dezember 1988 das österreichische Nachrichtenmagazin *Profil* den Kommentar zu den Parlamentswahlen in Israel. Der Untertitel lautete: »Israel ist das einzige Land der freien Welt, in dem es für Juden keine völlige Religionsfreiheit gibt.«[13] Dieser bittere Kommentar stammt von Henryk M. Broder, einem deutschsprachigen Juden, der als Journalist sowohl in Berlin als auch in Jerusalem arbeitet.

Welch böse Ironie. Nachdem die Ultra-Orthodoxen bei besagten Wahlen wiederum beachtliche Stimmengewinne erzielen konnten, waren sie noch mehr als bisher in der Lage, das öffentliche Leben Israels in ihrem Sinne zu beeinflussen. Wenn auch nur 14 Prozent der Israelis sie gewählt hatten, so üben ihre kleinen Parteien einen verhältnismäßig starken Druck auf die Gesetzgebung des Landes aus, denn keine der Großparteien kann ohne das Bündnis mit den Radikal-Religiösen eine Regierung bilden.

Ultra-orthodoxe Israelis stehen mit ihrer fanatischen Religiosität in schroffem Gegensatz zur Mehrheit der Bevölkerung. Nur etwa die Hälfte aller Israelis betrachtet sich, so eine Erhebung aus dem Jahr 1987, überhaupt als »gläubig«, und hierbei geht das Spektrum von konservativ bis liberal – die anderen stufen sich mehr oder weniger als religiös gleichgültig ein.[14] Neuere Erhebungen aus dem Jahr 2000 geben ein noch genaueres Bild: Etwa 5 Prozent der israelischen Juden gelten als Ultra-Orthodoxe (»Haredim«), weitere 20 Prozent als »Religiöse«. Dagegen ist die große Mehrheit »säkular« eingestellt, wobei sich etwa 30 Prozent von ihnen als »traditionelle Juden« verstehen. Wegen der hohen Geburtenrate bei den Ultra-Orthodoxen wächst allerdings ihr Anteil in der Bevölkerung besonders schnell.[15]

Zu desto größeren Spannungen kommt es, wenn diese Minderheit von Ultra-Orthodoxen und »Religiösen« durch eine »religiöse« Gesetzgebung in ihrem Sinne die »ungläubige« Mehrheit auf den »rechten Weg« zwingen will. In ihrer kompromißlosen Modernitätsfeindlichkeit unterscheiden sich diese Eiferer nicht von den geistesverwandten Fanatikern christlicher und islamischer Herkunft. Auch sie verwerfen alle reformistischen Bestrebungen innerhalb ihrer Religion, auch sie lehnen jeden Einfluß historisch-quellenkritischen Denkens auf die Interpretation heiliger Schriften ab. Sie möchten die Thora und den Talmud im wörtlichen Sinn als unveränderbar verstanden wissen und lassen keine Diskussion darüber zu, ob etwa der eine oder andere Satz nicht zeitbedingt formuliert ist und daher in der Deutung neu zu gewichten wäre. Den säkularen Staat, wie ihn 1948 die Zionisten unter Führung von David Ben Gurion geschaffen haben, betrachten sie nicht im eigentlichen Sinn als »jüdisch«. Ja, ihnen erscheint ein solches Israel in letzter Konsequenz als eine Gefahr für den Bestand der »jüdischen Identität«.

Die Folgen für das öffentliche Leben in Israel sind verheerend. Denn als einflußreiche Koalitionspartner haben die jüdischen Fundamentalisten bereits Erfolge errungen, von denen ultra-orthodoxe Christen nur träumen können. Israel, obwohl eine Demokratie nach westlich-parlamentarischem Muster, kann längst nicht mehr als ein säkularer Staat im westlichen Sinn verstanden werden. Am Sabbat, dem »Ruhetag«, darf kein öffentliches Verkehrsmittel fahren, sind Kinos und Theater geschlossen, ist Fußballspielen verboten, hat die israelische Fluglinie sämtliche Flüge zu unterlassen. Wirtschaftliches Nützlichkeitsdenken hat strikt hinter dem zurückzustehen, »was Gott will«. Sogar nichtreligiöse Juden dürfen sich nur mit dem Segen eines Rabbiners trauen lassen; die bloße Zivilehe, wie sonst in jedem säkularen Staat als Wahlmöglichkeit selbstverständlich, bleibt in Israel untersagt.

Zu welch destruktiver Aggression eine Minderheit militanter jüdischer Fundamentalisten fähig sein kann, ist bei uns in Europa lange Zeit eher am Rande bemerkt worden. Diese Aggression richtet sich in erster Linie gegen die Muslime, die nach Auffassung der Radikalen einer Entfaltung des jüdisch-theokratischen Staates »auf heiligem Boden« hauptsächlich im Wege stehen. Terroranschläge gegen Muslime haben radikal-jüdische Organisationen seit Jahrzehnten in Israels besetzten Gebieten verübt. Aber erst seit dem 25. Februar 1994 hat sich diese Tatsache endgültig ins Gedächtnis der Weltöffentlichkeit eingegraben – seit jenem Tag, als der aus den USA eingewanderte Jude Baruch Goldstein, Mitglied der extremistischen Partei Kach, in der Ibrahim-Moschee von Hebron mit einem Schnellfeuergewehr unter den Betenden ein Blutbad anrichtete. 29 Muslime starben. Der heilige Ort war mit zynischem Kalkül gewählt. Auf dem Moscheegelände befinden sich nach islamischem, jüdischem wie christlichem Volksglauben die Gräber der Patriarchen Abraham (Ibrahim), Isaak und Jakob sowie deren Frauen. Vor der Eroberung durch Muslime im 7. Jahrhundert stand dort eine Synagoge, später eine Kirche. Stets ist der Ort ein sensibler Konfliktherd gewesen, an dem sich religiöse Emotionen schüren ließen und auch immer wieder entluden. Die Partei Kach fühlt sich besonders radikal der alttestamentarischen Auslegung verpflichtet, daß Gott das »Heilige Land« ausschließlich den Juden zugeteilt habe, daher müßten die Araber von dort als die neuen »Ungläubigen« vertrieben werden.

Zu einer immer größeren Hypothek für den Staat Israel wurde in diesem Zusammenhang eine ganze Reihe nationalreligiöser Siedler-Bewegungen. Seit Israel nach seinem Sieg im sogenannten Sechstagekrieg 1967 das Westjordanland besetzt hält, haben jüdische Siedler teils eigenmächtig arabische Landstriche in Besitz genommen – ein Vorgehen, das völkerrechtlich nicht gedeckt ist. Der Zustrom solch illegaler Siedler in das Westjordanland schwoll aber erst dann machtvoll an, nachdem 1977 das rechtsgerichtete, extrem nationalistische Parteienbündnis Likud (»Einheit«) die Wahl gewonnen hatte. Unter der Regierung des Likud mit Menachem Begin als

Premierminister konnten die Siedler sogar der Unterstützung durch ranghohe Politiker sicher sein – eine Tendenz, die sich bei allen späteren Likud-Regierungen mehr oder weniger fortsetzte, ja gar noch steigerte. Als dann zwischendurch wieder die Arbeitspartei für einige Jahre die Macht übernahm, war es schwierig geworden, das »Gewohnheitsrecht« illegaler Zuwanderung israelischer Siedler auf arabisches Gebiet zu stoppen. Etwa 150 000 strenggläubige und ultraorthodoxe Juden leben inzwischen in mehr als hundert Siedlungen weit über das Westjordanland verstreut, so lautete im Jahr 2001 die Bilanz.[16] Dieses Gebiet gilt ihnen unter den biblischen Namen Judäa und Samaria als heilig, aber dort leben können sie nur festungsartig verschanzt unter dem aufwendigen Schutz von zehntausenden israelischen Soldaten, in ständiger Furcht vor Unruhen der Palästinenser. Doch gerade weil sie ihren Anspruch aus der Bibel ableiten, ist die Landbesetzung »göttlicher Auftrag«, ist sie jede Strapaze und jedes Opfer wert, ist sie nicht diskutierbar, kann sie nicht durch Friedensverhandlungen rückgängig gemacht werden.

Die ultra-orthodoxen Siedler distanzieren sich mit einer solchen Ideologie folgerichtig auch von Theodor Herzl, dem geistigen Ahnvater des Zionismus. Denn Herzl dachte national, nicht nationalreligiös, er beanspruchte kein Staatsgebiet, das sich ausgerechnet mit dem der biblischen Verheißung deckt. Die säkularen Zionisten in Herzls Nachfolge – so führende Politiker der Arbeitspartei wie David Ben Gurion, Yitzhak Rabin und Shimon Peres – zeigten sich daher in Verhandlungen mit den Arabern beweglich und konzessionsbereit. Aus der Sicht radikal-orthodoxer Siedler bedeutet aber dies ein schweres Vergehen. Jeder israelische Politiker, der biblisches Gebiet freiwillig dem ungläubigen Feind überlasse, könne nicht mehr als echter Jude betrachtet werden und habe den Tod verdient. So argumentierten unverblümt zumindest die radikalsten Gruppen. Die blutigen Konsequenzen solcher Propaganda erlebte die Weltöffentlichkeit 1995. Ein Fanatiker der nationalreligiösen Bewegung, Yigal Amir, erschoß am 4. November dieses Jahres Premierminister Rabin, nachdem dieser in Aussicht gestellt hatte, viele der von israelischen Siedlern besetzten Gebiete im Westjordanland an die Palästinenser zurückzugeben.

Dieses Attentat auf Rabin stand in auffallender Parallele zu dem Mord am ägyptischen Präsidenten Anwar As Sadat 1981. Hier wie dort waren nationalreligiöse Fundamentalisten am Werk, die schroff jeden Kompromiß mit dem »ungläubigen« Feind als einen »Verrat an der Religion« bezeichneten.

Nachdem im April 2000 der ultra-nationalistische Likud-Politiker Ariel Sharon durch seinen Wahlsieg Israels Premierminister geworden war, fühlen sich gerade die radikalen israelischen Siedler in ihren Positionen bestärkt. Denn Sharon hatte sich schon während der fünfziger Jahre unter der Regierung des gemäßigten und säkularen Zionisten Ben Gurion damit hervorgetan, daß er als junger Offizier unbarmherzige Vergeltungsaktionen gegen Palästinenser leitete, die Araber aus ihren Dörfern vertrieb und für die Israelis »frei« machte. Hierbei schreckte er nicht vor Massakern an ganzen Familien zurück.[17] Und 1982 hatte er als Verteidigungsminister der Likud-Regierung unter Menachem Begin beim Einmarsch in den Libanon den paramilitärischen Verbänden christlicher Libanesen freie Hand gelassen, ein Massaker an Hunderten Menschen in den palästinensischen Flüchtlingslagern Sabra und Shatila nahe Beirut anzurichten. Sharon mußte zwar ein halbes Jahr später unter dem wachsenden Druck der politischen Opposition in Israel von seinem Amt als Verteidigungsminister zurücktreten, weil sein Verhalten im Libanon als untragbar erschien. Aber eine derart fragwürdige Vergangenheit hatte ihn nur bei liberalen und national gemäßigten Israelis verhaßt gemacht, nicht bei den radikalen Nationalisten. Daher konnte er 1999 zum Führer der Likud-Bewegung aufrücken, nachdem sich der bisherige Parteiführer Benjamin Netanjahu durch eine Wahlniederlage gegen Ehud Barak politisch verschlissen hatte.

Unter der Regierung von Sharon schwoll der Zustrom israelischer Siedler auf arabisches Gebiet unvermindert weiter an, ihre Zahl wuchs allein in den Jahren 2001 bis 2003 von 150 000 auf über 200 000 an. Sharon ließ unverblümter als alle seine Vorgänger jeden Widerstand der Palästinenser gegen solch illegale Besiedlung mit militärischer Gewalt niederwalzen.

Die fundamentalistisch-nationalistischen Kräfte in Israel erhielten Auftrieb auch dadurch, daß seit Januar 2000 mit George W. Bush in den USA ein Präsident regierte, der besonders mit Hilfe christlich-konservativer und fundamentalistischer Wähler an die Macht gekommen war – und der mehr als andere konservative US-Präsidenten unter dem Einfluß fundamentalistischer Ideologen steht. Radikal-orthodoxe Christen ihren Typs sind sich mit vielen der radikal-orthodoxen Israelis einig, daß das Westjordanland als das biblische Judäa und Samaria das »von Gott verheißene Land« sei und daher den Juden zustehe. Gerade aus diesem Grund müßten sich »gläubige Christen« ebenfalls kompromißlos für eine jüdische Besiedlung auf arabischem Gebiet einsetzen. Wenn auch die Regierung unter George W. Bush immer wieder Sharon mahnt, den Palästinensern politisch notwendige Zugeständnisse zu machen, so wirken solche Appelle letztlich wenig überzeugend, denn anders als etwa bei US-Präsident Bill Clinton folgte bisher solchen »Mahnungen« kein massiver politischer Druck.

Unter Sharon wächst also noch der Einfluß religiöser Fundamentalisten. Aber ihre Gruppierungen sind weit davon entfernt, ideologisch einheitlich zusammenzuwirken. Ein Teil jener Radikal-Orthodoxen, die wir an ihrer demonstrativ konservativen Tracht erkennen (dem schwarzen Hut und schwarzen Anzug, dazu Bart und Schläfenlocken), lehnt den jüdischen Nationalismus in jeder Form rigoros ab. Ihnen erscheint selbst die Gründung des Staates Israel 1948 als Sünde, denn nach ihrer Auffassung darf »Israel« erst entstehen, wenn der Messias erscheint. Schroffer könnte der Gegensatz dieser Eiferer zu den Fanatikern nicht sein, die einen »araberfreien« Judenstaat notfalls mit Gewalt erkämpfen wollen. Mit entsprechendem Mißtrauen, ja teils betonter Ablehnung begegnen sich beide Gruppierungen, wie ich aus eigener Anschauung weiß. Wir können den Fundamentalismus der Juden ebensowenig wie den der Christen und Muslime als eine homogene Einheit begreifen.

Zurück zum Sakralrecht des Korans und der Scharia

Islamische Fundamentalisten – oder Islamisten, wie sie sich ja selber nennen – formulieren ihre Kritik zunächst auch einmal religiös und lassen den machtpolitischen Veränderungswillen nicht sofort spüren. Und doch erscheinen sie, zumindest auf den ersten Blick, fortschrittlicher als Ultra-Orthodoxe im Namen Christi: Denn viel entschiedener äußern sie sich gegenüber kritiklos tradierten Glaubenssätzen und prangern vor allem die abergläubischen Praktiken von Amulettzauber, Dämonenaustreibung und Wunderheilung an, wie sie viele ungebildete Muslime aus Unkenntnis des Korans für einen unverzichtbaren Bestandteil ihrer Religion halten. Wenn Islamisten in diesem Sinne eine »Reinigung« der Religion von allen irrationalen »unislamischen« Zusätzen wünschen und wenn sie unter anderem solche Praktiken für die »Zersetzung« islamischer Kultur verantwortlich machen, dann können sie sich durchaus mit den modernistischen Reformern einig fühlen.

Aber ihr Bedürfnis »zu reinigen« geht weit über einen solchen Ansatz hinaus. Sie verwerfen mehr oder weniger Philosophen und Theologen, die im Verlauf der Jahrhunderte jeweils moderne Zeitströmungen in ihr Denken einbezogen haben und damit angeblich die koranische Wahrheit »falsch« interpretieren. Sie scheuen nicht davor zurück, selbst bedeutendste Geistesgrößen als »unislamisch« abzutun, so etwa Ibn Sina (den wir unter dem Namen Avicenna kennen), Omar Chaijam, Ibn Al Arabi und bis zu einem gewissen Grad auch Dschelaleddin Rumi. Einem Ultra-Orthodoxen bedeutet es nichts, daß solche freizügigen Denker maßgeblich zum Weltruhm islamischer Kultur beigetragen haben; jene gelten in ihren Augen eher als ein Zeichen des Niedergangs als des Aufstiegs. Hier verhalten sie sich nicht viel anders als christliche Fundamentalisten, die bereit sind, einen Großteil abendländischer Geistesgeschichte bedingungslos zu verwerfen, sofern sie nicht in ihrem Sinne »christlich« ist.

Der Übergang zur Politik ist aber noch konsequenter und zwingender als bei christlichen Fundamentalisten. Ohne Ausnahme folgt der Kritik gegenüber »zersetzenden«, »zu weltlich denkenden« Theologen und Philosophen die Anklage gegen die heute bestehenden Staatsordnungen. Politik und Religion sind ja im Islam schon vom Ausgangspunkt her enger verflochten als im Christentum. Selbst gemäßigte Muslime, sofern sie nur orthodox sind, wollen ja »westliche« Einflüsse aus der Gesetzgebung getilgt sehen, wollen wieder eine untrennbare Einheit von Staat und Islam hergestellt haben, wie sie mehr als ein Jahrtausend selbstverständlich war – und das heißt: Kein Politiker kann eine Entscheidung fällen, ohne daß ein Gremium geistlicher Rechtsgelehrter (die Ulema) darüber wacht, ob das politische Handeln auch mit dem Koran übereinstimmt. Die Islamisten denken hier allerdings um etliches radikaler als die Mehrheit der orthodoxen Muslime; sie wollen nicht einmal mehr jene Staatsordnung anerkennen, wie sie zur Zeit eines Harun Al Raschid, eines Al Mamun, also während des Höhepunkts islamischer Kultur, gegolten hat – sie lassen in der Tat als Vorbild allein das »Fundament« islamischer Geschichte gelten: die Zeit Mohammeds und der ersten vier Kalifen. Nur während jener wenigen Jahrzehnte sehen sie die »göttlichen« Regeln des Korans voll durchgesetzt und die Sunna, den vorbildlichen Weg des Propheten Mohammed, bis ins Detail respektiert.

Allerdings gibt es Abweichungen von dieser Position. So sind etwa die meisten türkischen Islamisten nicht so starr auf eine derart frühe Epoche fixiert, sondern lassen zusätzlich auch die sozialreligiöse Struktur des Osmanenreiches als »islamisches« Vorbild gelten. Damit geraten sie in erheblichen Gegensatz zu vielen arabischen und iranischen Islamisten. Aber auch innerhalb des Gottesstaates Iran haben sich inzwischen etliche intellektuelle Strömungen herausgebildet, die zu einer sehr differenzierten Würdigung islamischer Geistesgeschichte gelangen und damit das herkömmliche Konzept des Islamismus sprengen. Schon diese wenigen Hinweise deuten an, daß die ideologischen Ausrichtungen der einzelnen islamistischen Gruppierungen keineswegs als deckungsgleich anzusehen sind. Ich werde solche Unterschiede im Kapitel »Modellfälle des Islamismus« näher erörtern.

Monolithisch einheitlich ist die Einstellung der Islamisten auch nicht zur Scharia, dem traditionellen islamischen Rechtssystem. Allerdings messen Islamisten dieser sakral geprägten Rechtsordnung durchweg eine noch größere Bedeutung bei als die meisten strikt orthodoxen Muslime.

Das arabische Wort »Scharia« bedeutet »Richtung eines Weges«, im übertragenen Sinn »Gesetz«. Es kommt jedoch im Koran nur ein einziges Mal vor, in der 45. Sure,[18] und ist nicht schon im Sinn von ausgearbeitetem Gesetz oder Rechtssystem zu verstehen.[19] Erst ein bis zwei Jahrhunderte nach der Niederschrift des Korans war die Scharia von geistlichen Rechtsgelehrten im Detail ausdifferenziert worden, weshalb dieses sakrale Rechtssystem als Menschenwerk gilt und – anders als der von Gott geoffenbarte Koran – auch verändert werden kann. Allerdings glauben Islamisten, daß die Verfasser wesentlich mehr als die Korangelehrten späterer Generationen von Gott »erleuchtet« und daher am stärksten vom Geist des »ursprünglichen« Islam geleitet waren. Und doch gibt es auch in diesem Punkt selbst bei Islamisten erhebliche Differenzen. Ich werde ebenfalls im Kapitel »Modellfälle des Islamismus« zu zeigen versuchen, daß Islamisten nicht alle im gleichen Maß starr an angeblich unveränderbaren Normen der Scharia festhalten. Um nur zwei besonders auffallende Beispiele vorauszuschicken: Was die Interpretation der Scharia angeht, könnten die Gegensätze nicht krasser sein als die zwischen saudi-arabischen Wahhabiten und türkischen Islamisten, zwischen afghanischen Taliban und islamistischen Reformern im Iran.

Der eigentliche Streit unter Muslimen heute entzündet sich an der Frage, ob geistliche Rechtsgelehrte in der Ausarbeitung der Scharia bis ins Detail »von Gott geleitet« waren – oder ob nicht zusätzlich rein zeitbedingte Einflüsse das Rechtssystem geprägt haben. Im letzteren Fall hieße das, Rechtsgelehrten späterer Jahrhunderte wäre es aufgrund anderer gesellschaftlicher Gegebenheiten erlaubt, das Recht neu zu interpretieren und neuen Bedingungen anzupassen. In der Tat ist dies auch während späterer Jahrhunderte in vielen islamischen Ländern immer wieder geschehen. Und aus dieser Einsicht heraus betrachten es liberale Muslime von heute nicht als »unislamisch«, das Rechtssystem zu modernisieren, ja bei Reformen sich gar an manchen fremden Kultureinflüssen aus westlichen Staaten zu orientieren. Aber genau diesen »Modernismus« verurteilen die Islamisten als Abirrung vom »ursprünglichen Islam«. Solche Reformen sind ihrer Meinung nach »nur von Menschen gemacht«, abweichend von »ewigem«, »göttlichem« Recht.

Wie starr und intolerant Islamisten zumindest der radikaleren Richtungen eine derartige Rechtsauffassung vertreten, vermag die Argumentation des pakistanischen Ideologen Muhammad Muslehuddin zu verdeutlichen (nahezu deckungsgleich könnte auch so mancher Ideologe der ägyptischen Muslim-Bruderschaft oder Khomeini gesprochen haben): »Diejenigen, die daran denken, den Islam zu reformieren beziehungsweise zu modernisieren, sind irregeleitet und ihre Bemühungen zum Scheitern verurteilt. [...] Denn warum sollte der Islam modernisiert werden, der schon perfekt, rein und universell ist und für alle Zeiten gilt? [...] Das Sakralrecht muß in seiner idealen, von Gott anbefohlenen Form erhalten bleiben. [...] Die falsche Meinung der Orientalisten ist auf ihre Einstellung zurückzuführen, daß das wirklich Gute rational erkannt werden kann und daß das Recht nach sozialen Bedürfnissen erkannt werden soll. Sie übersehen, daß [...] Gott allein wissen kann, was wirklich gut für die Menschen ist.«[20]

Dieser Text vermittelt konzentriert, was einen starr orthodox argumentierenden Islamismus kennzeichnet – in seinen Gemeinsamkeiten mit christlichem Fundamentalismus, aber auch im Trennenden. Gemeinsam ist beiden, daß sie ihr wortwörtliches Verständnis der Heiligen Schrift mit der »unverfälschten Offenbarung Gottes« gleichsetzen und alle historisch-kritische Auslegung als bloß »menschlich« verwerfen. Im Gegensatz zur radikal-christlichen Haltung lassen Islamisten sich aber weniger darüber dogmatisch aus, wie nun Gott in allen Einzelheiten zu definieren sei; für sie steht das sakrale Recht im Mittelpunkt, das teils im Koran niedergeschrieben ist und teils von geistlichen Rechtsgelehrten der islamischen Frühzeit auf koranischer Grundlage entwickelt wurde. An die Politiker und jeden einzelnen Muslim stellen sie hartnäckig die Frage, wie sie es denn selber mit dem Sakralrecht hielten, ob sie dafür eintreten würden, daß »Gottes Ordnung« rechtlich wie politisch wieder voll und ganz im Staatswesen von heute durchgesetzt werden könne. Und so kritisieren radikal-islamische Eiferer nicht nur liberal gesinnte, »verwestlichte« Muslime, sondern auch die Masse der Orthodoxen, denn aus ihrer Sicht verhalten sich selbst viele Orthodoxe noch zu kompromißlerisch oder zumindest zu passiv gegenüber Einflüssen aus der westlichen Kultur.

Die bisher angeführten Beispiele lassen allerdings schon ahnen, wie wenig es den Islamisten möglich ist, eine geschlossene religiöse Weltanschauung zu bilden. Sie haben im Verlauf der Jahrzehnte sich sogar in sehr unterschiedliche religiös-politische Parteien aufgespalten. Aber bevor wir uns näher mit einzelnen stark voneinander abweichenden Gruppierungen befassen, richten wir den Blick zurück in die Geschichte – auf die kulturellen und politischen Krisen, die das Entstehen eines islamischen Fundamentalismus erst möglich machten.

Vom Wahhabismus zu einem »modernen« Islamismus

Die Ursprünge eines radikalen politischen Islam sind bereits in der Krisensituation des 18. Jahrhunderts zu finden. Es war exakt jene Zeit, zu der europäische Großmächte erstmals in breiter Front siegreich in die islamische Welt vordrangen und anfingen, dem Osmanenreich eine Provinz nach der andern zu entreißen. Für die Muslime des Vorderen Orients bedeutete dies eine neue Erfahrung. Sie, die über Jahrhunderte gewohnt waren, daß Gott die »Gläubigen« mit Sieg über die »Ungläubigen« belohne und der Islam sich ganz selbstverständlich als die überlegene Religion und Kultur immer weiter ausbreite – sie mußten sich plötzlich fragen: Weshalb könne es Gott zulassen, daß nun plötzlich umgekehrt »Ungläubige« mit überlegener Militärmacht, ja überlegener Wirtschaftsmacht und einer überlegenen Zivilisation die »Gläubigen« nachhaltig in die Defensive drängten. Nun begann in der muslimischen Führungsschicht die Diskussion über die Ursachen der politischen und kulturellen Krise, und erst nach und nach begannen Muslime zu begreifen, daß es sich hier um bedrohliche Symptome eines allgemeinen Niedergangs handelte.

In dieser um sich greifenden Verunsicherung machte Mitte des 18. Jahrhunderts ein Prediger von sich reden, der auf die quälende Identitätskrise eine sehr einfache, einprägsame Antwort hatte: Die Macht des Islam zerfalle, weil sich die Muslime von den Ursprüngen ihrer Religion entfernt hätten, ja selber ungläubig geworden seien. Es gelte den Islam von seinen Fehlentwicklungen und vielen »unislamischen« Zusätzen zu »reinigen«, erst dann werde die muslimische Gemeinschaft wie einst zur Zeit Mohammeds und der ersten vier Kalifen ihre ursprüngliche Stärke und politische Geltung zurückgewinnen.

Dieser Prediger war Mohammed Ibn Abd Al Wahhab. Er wurde 1703 in einem Beduinenzelt auf der Arabischen Halbinsel östlich von Mekka geboren und starb 1792. Auf ihn geht (wie im Kapitel über Saudi-Arabien schon erwähnt) die Bewegung der Wahhabiten zurück. Die Logik, mit der er argumentierte, ist für spätere Generationen radikal-islamischer Reformer zum Vorbild geworden. Abd Al Wahhab kann daher als der geistige Ahnvater des Islamismus gelten, wenngleich die Islamisten des 20. Jahrhunderts nur sehr bedingt an die Bewegung der Wahhabiten anknüpfen.

Abd Al Wahhab war stark durch die Rechtsschule des Ahmad Ibn Hanbal geprägt, die, im 9. Jahrhundert entstanden, von allen Rechtsschulen die strengsten und rigidesten sozial-religiösen Normen des Islam entwickelt hat. Er radikalisierte noch die Normen der Hanbaliten und bekämpfte mit seiner puristischen Vorstellung eines »reinen Islam« viele der religiösen Gebräuche, die er in seiner arabischen Heimat erlebte. Es war ein von vorislamischen Traditionen überlagertes Glaubensleben mit Amulettzauber, Wahrsagerei, Dämonenaustreibung, Beten vor Heiligengräbern, Fruchtbarkeitskulten. In diesem Kampf gegen »Aberglauben« und »geistige Verirrung« konnte er sich noch mit vielen späteren Reformern eines »dekadenten« Islam einig wissen. Aber zu seiner eigentlichen Radikalität kam er erst, nachdem er das beduinische und kleinstädtische Milieu der Arabischen Halbinsel verlassen hatte und sich in Bagdad und Basra aufhielt. In den irakischen Metropolen kritisierte er scharf den religiös-kulturellen Pluralismus: das Nebeneinander sunnitischer und schiitischer Glaubensrichtungen, die Vielzahl mystischer Bruderschaften von Sufis und Derwischen mit teilweise unorthodoxen Lehren und Lebensformen, dazu eine städtische Oberschicht, die bereits durch erste westliche Einflüsse geprägt war. Der strenge Reformer Abd Al Wahhab sah vor allem in dieser Vielfalt den Niedergang islamischer Kultur begründet. Seiner Ansicht nach war der »ursprüngliche«, »wahre Islam« durch eine klare, monolithisch geschlossene Einfachheit geprägt.

Die Bewegung der Wahhabiten konnte sich während des 19. Jahrhunderts über die Arabische Halbinsel hinaus verbreiten und fand besonders in Nordafrika Anklang. Es war zu jener Zeit, als Angehörige der osmanischen Oberschicht anfingen, ihre Söhne an europäischen Universitäten studieren zu lassen. Verstärkt wandten sich die Wahhabiten nun gegen Muslime, die aus Europa mit der Einsicht zurückkamen, man müsse Fortschritt nach westlichem Vorbild in islamischen Ländern praktizieren. Die Wahhabiten warnten vehement davor, daß ein solcher Fortschritt den »richtigen« Glauben »zersetze«, und lehnten zur damaligen Zeit sogar viele technische Errungenschaften des Westens ab.

Den Wahhabiten blieb allerdings der breitenwirksame Erfolg versagt. Einem Großteil der islamischen Bildungsschicht mißfiel nicht nur die strikte Ablehnung sämtlicher westlicher Kultureinflüsse, sondern auch, daß die fundamentalistischen Eiferer nahezu alle großen Philosophen und Denker des klassischen und nachklassischen Islam in irgendeiner Form der Ketzerei verdächtigten. Selbst viele sunnitische Korangelehrte bezogen Front gegen die radikalsunnitischen Wahhabiten, weil ihnen deren Rechtsauslegung der Scharia zu starr erschien. Erst recht verweigerten sich zahlreiche Muslime mit einfacherer Bildung diesen ersten Fundamentalisten. Ihnen war es unerträglich, daß die Wahhabiten die meisten der volkstümlichen Lebensformen wie sinnenfrohe Feste, Musik, Tanz, den Genuß von Kaffee und Zigaretten mit der Begründung rigoros bekämpften, dies alles habe es zu Zeiten des Propheten Mohammed nicht gegeben. Das Wirkungsgebiet der Wahhabiten schrumpfte daher wieder beträchtlich schon vor Beginn des 20. Jahrhunderts, verengte sich auf wenige Regionen mit besonders rigiden Herrschaftsstrukturen und konnte sich so vor allem in der Region ihres Ursprungs, der Arabischen Halbinsel, im Bündnis mit der beduinischen Dynastie Saud behaupten. (Auf den späteren Einfluß in Afghanistan werde ich an anderer Stelle eingehen.)

Eine flexiblere Form des Fundamentalismus – eine Bewegung, die sich ausdrücklich als »modern« bezeichnete – entwickelte sich erst im 20. Jahrhundert. Ihr Beginn hat ein exaktes Datum: das Jahr 1928. In diesem Jahr gründete der ägyptische Volksschullehrer Hassan Al Banna in Kairo die »Ikhwan Al Muslimun«, die »Bruderschaft der Muslime«, die zum Vorbild vieler späterer fundamentalistischer Organisationen werden sollte. Die Entstehungszeit hatte einen Anlaß: In jenem Jahr 1928 hatte Atatürk in der Türkei (wie ich schon ausführlich darstellte) die erste »säkulare« Staatsverfassung der islamischen Welt geschaffen – dies mit dem ausdrücklichen Argument, daß die islamische Kultur rückständig sei und auf die moderne Herausforderung der westlichen Zivilisation nicht angemessen reagieren könne. Hierauf antwortete Hassan Al Banna mit »islamischen« gesellschaftspolitischen Vorstellungen.

Der Begründer der ägyptischen Muslim-Bruderschaft fand sich schon wenige Jahre später in einem breiten Strom muslimischer Reformpolitiker, die ähnlich dachten und die Ideologie eines Islamismus mit »moderner« Ausprägung weiterentwickelten. Bei allen Abweichungen im Detail zielten diese »islamischen« Politiker mit ihren Argumenten in die gleiche Richtung. Sie anerkannten zwar, daß gegenwärtig der Fortschritt aus dem Westen komme und die Muslime rückständig seien, aber ihre Lösungsvorschläge widersprachen schärfstens dem Ansatz von Atatürk: Nicht der Islam habe rückständige Elemente in seiner Lehre, nicht der Koran sei mit manchen seiner Texte unzeitgemäß – sondern die Muslime seien rückständig, weil sie vom wahren Glauben abgefallen seien. Viele Muslime wüßten nicht mehr, daß der Koran als wortwörtliche Offenbarung Gottes mit jedem seiner Sätze vollkommen sei. Daher könne nur der Koran mit seinen Geboten den besten aller Wege zum Fortschritt weisen. Die Muslime müßten sich nicht verwestlichen, um modern zu werden. Die Muslime müßten nur zu der reinen Quelle ihrer Überlieferung zurückkehren, müßten ihre Religion und Kultur von allen späteren »wesensfremden« Überlagerungen und Dekadenzerscheinungen »reinigen« – dann hätten sie wieder wie einst im Goldenen Zeitalter des Islam die Kraft, das Abendland an Modernität zu überflügeln. Der Westen befinde sich gegenwärtig nur vordergründig in einer überlegenen Position. Es handle sich aber im Westen um eine wirtschaftliche und kulturelle Scheinblüte, die nicht lange anhalten könne, denn diese Zivilisation sei nicht auf ewige göttliche Werte gegründet. Folglich werde die westliche Zivilisation bald an wachsenden inneren Widersprüchen zugrunde gehen. Dagegen werde die islamische Welt – nachdem sich die »Gläubigen« auf das »Fundament« ihrer Religion und Kultur besonnen hätten – wieder wie Jahrhunderte zuvor über den Westen triumphieren.

Im Ansatz nicht anders hatte einst Abd Al Wahhab argumentiert. Aber viele der islamistischen Ideologen, die sich nach 1928 in den historischen Kernländern des Islam formierten, sprengten die Enge dieses geistigen Vorläufers. Im Gegensatz zu Abd Al Wahhab und vielen der späteren Wahhabiten akzeptierten sie zumindest einen Teil der Denker, Philosophen und Dichter aus der klassischen und nachklassischen Zeit, sie differenzierten um vieles mehr zwischen »Rechtgläubigen« und »Ketzern«. Auch lehnten sie nicht im selben Maß volkstümliche Traditionen wie sinnenfrohe Feste, Musik und Tanz ab. Allerdings unterschieden sie sich nur graduell, nicht prinzipiell von den Wahhabiten. Der Wunsch nach einem breit gefächerten kulturellen Pluralismus bleibt den »modernen« Islamisten letztlich ebenfalls fremd.

Westliche Beobachter mißverstehen jedoch die fundamentalistische Ideologie, wenn sie meinen, die Islamisten würden in erster Linie das Christentum als die konkurrierende Religion radikal ablehnen und daher entsprechend bekämpfen. Eine solche Tendenz ist noch am ehesten bei den Wahhabiten und den ihnen nahestehenden Taliban zu entdecken (die ersteren verbieten in Saudi-Arabien sogar das Bauen von Kirchen, die letzteren bezeichneten das Christentum als eine »verabscheuungswürdige Religion«). Dagegen gewähren die »modernen« Islamisten den Christen und Juden die vom Koran vorgeschriebene Toleranz. Sie »dulden« Christen und Juden als »Schutzbefohlene« unter islamischer Oberhoheit, akzeptieren Kirchen, Synagogen und entsprechendes religiöses Brauchtum, und sie billigen den Minderheiten mehr oder weniger berufliche Entfaltung zu. Sie lehnen es nur ab, Christen und Juden als Staatsbürger rechtlich den Muslimen gleichzustellen. Sie beharren strikt auf der hierarchischen Abstufung zwischen Muslimen und andersgläubigen Minderheiten, sie beharren auf einem »islamischen Staat« und grenzen ihn schroff gegen das westliche Ideal des »säkularen Staates« ab.

»Säkular«. In diesem Schlagwort konzentriert sich alles, was das antiwestliche Feindbild der »modernen« Islamisten ausmacht. Am »Westen« kritisieren sie vorrangig jene Entwicklung, die seit dem 18. Jahrhundert durch die Epoche der Aufklärung unser Verständnis von Staat und Religion grundsätzlich verändert hat. Daß eine Regierung sich nicht mehr mit dem Glaubensbekenntnis der Bevölkerungsmehrheit identifiziert, sondern die politischen Funktionen strikt von der religiösen Sphäre trennt, dies erscheint den Islamisten als ein schwerer Fehler mit unabsehbaren Folgen. Dagegen können Islamisten durchaus »Verständnis« für konservative Christen aufbringen, die wieder einen größeren Einfluß ihrer Kirche auf Staat und Gesetzgebung wünschen – und damit die Trennung von Religion und Politik beklagen.

Vielen Muslimen – und nicht nur Islamisten – bedeutet »säkular«, daß die Religion überhaupt aus dem gesellschaftlichen Leben verdrängt werden soll, daß die Gesellschaft also »gottlos« wird. Und Islamisten finden mit ihrer Warnung breitenwirksam Gehör: Bald könnte in islamischen Ländern unter westlichem Einfluß der Koran seine politisch sinnstiftende Autorität verlieren, so wie im Abendland längst die Bibel an Ansehen verloren habe und viele Christen zu Atheisten geworden seien. Der Säkularismus münde letzten Endes in den Atheismus. Nur schwer zu überzeugen sind die meisten Islamisten von dem Argument, daß säkulare Staaten unserer westlichen Industriezivilisation keineswegs religionsfeindlich sind. Fremd bleibt den Islamisten, daß ein moderner pluralistischer Staat sich religiös neutral verhält und er die einzelnen Religionsgemeinschaften alle gleichermaßen ausdrücklich unter seinen Schutz stellt.

Fremd bleibt den Islamisten auch die Vorstellung, die menschliche Vernunft sei höchster Maßstab, wenn es darum gehe, Gesetze für eine Gesellschaft zu schaffen. Ihr Vorwurf lautet: Der säkular orientierte Mensch versuche Gesetze des Zusammenlebens zu organisieren, die den Anhängern aller Religionen und Weltanschauungen gleichermaßen als vernünftig und annehmbar erscheinen – auch den Atheisten –, aber mit diesem Ansinnen wolle der Mensch als neuer, besserer Gesetzgeber an Gottes Stelle treten. Gerade weil das menschliche Denkvermögen von Natur aus unvollkommen sei, könne eine solch überheblich geplante Ordnung nur in Chaos und Niedergang münden. Am Ende stehe der Zerfall aller Werte, wie sich das ja jetzt schon zunehmend in den westlichen Gesellschaften zeige.

Von dieser Logik her stellen Islamisten auch die Demokratie als eine »säkulare Erfindung des Westens« in Frage. Ja, nicht wenige Islamisten lehnen Demokratie von vornherein strikt ab. Die individuelle Entscheidungsfreiheit des Einzelmenschen berge die Gefahr, sich geistig und moralisch völlig zu verirren. Desto notwendiger sei die Rückbindung des Menschen an ein Kollektiv, aus dessen festgefügtem Wertesystem sich niemand als Individuum lösen dürfe. Der von Gott geoffenbarte Koran und die von »rechtgeleiteten« Gelehrten ausgearbeitete Scharia bildeten die ideale Lösung. Islamisten bejahen mit solchen Vorstellungen aber nicht schon zwangsläufig eine starre Erziehungsdiktatur. Dies zeigt die hier und da begonnene Diskussion über das Prinzip einer »islamischen Demokratie«, wie wir am Beispiel des Iran und der Türkei noch sehen werden.

Individualismus, individuelle Menschenrechte, Demokratie ... Wir im Westen stellen teilweise mit Befremden fest, daß nicht nur Islamisten, sondern auch viele gemäßigte Muslime unsere »westlichen Werte« mißtrauisch kommentieren oder sie gar für pure Heuchelei halten. Eine solche Haltung hat jedoch nichts damit zu tun, daß etwa dem Islam strukturell das Prinzip der Demokratie fremd ist. Im Gegenteil: Der Islam weist, wie ich in anderen Zusammenhängen schon zu zeigen versuchte, mit seinem Ideal von der Gleichheit aller »gläubigen« Menschen zur Genüge geistige Verwandtschaft mit dem Christentum auf – und bietet daher genauso die Voraussetzungen, eine demokratische Gesellschaft zu entwickeln. Nur haben bisher autoritäre politische Systeme jeden Versuch zur Demokratisierung unterdrückt. Aber auch das ist eine Parallele, die wir über Jahrhunderte ähnlich in der abendländischen Entwicklung erleben mußten.

Die Ursache für das tiefe Mißtrauen vieler Muslime gegenüber einer Demokratie nach westlichem Vorbild hat nicht zuletzt mit dem Verhalten einer Reihe westlicher Politiker zu tun. Denn nicht nur die Kolonialherren von einst, sondern auch westliche Großmächte von heute – allen voran die USA – arbeiten ohne Skrupel mit muslimischen Diktatoren zusammen, obwohl diese nach westlichen Maßstäben Demokratie und Menschenrechte auf das schlimmste mißachten. Aus der Sicht vieler Muslime (und eben nicht nur der Islamisten) handeln westliche Staaten hier nur aus brutalem Wirtschaftsinteresse – moralisch auf der gleichen Stufe stehend wie die Despoten, mit denen sie verbündet sind. Islamisten haben es daher leicht, das westliche Bekenntnis zu »Demokratie« und »Menschenrechten« als bloße Heuchelei abzutun. Entsprechend haben auch alle islamistischen Parteien programmatisch zum Ziel, die »heuchlerischen« westlichen Regierungen zu bekämpfen, die ihren politischen und wirtschaftlichen Einfluß mit Hilfe korrupter muslimischer Diktatoren ausdehnen wollen.

Für eine islamische Moderne! Gegen eine westliche Moderne! Indem islamische Fundamentalisten auf diese Weise polarisieren, lehnen sie am Westen zwar den kulturellen Pluralismus, die Demokratie und die säkulare Staatsordnung ab. Aber andererseits bejahen sie die Industrialisierung und die technischen Erfindungen, die aus der vielgeschmähten Gegenwelt kommen. Und nicht nur das: Ergebnisse moderner Wissenschaften übernehmen sie sofort, soweit diese den technischen Fortschritt vorantreiben und soziales Elend vermindern helfen. Viele der Islamisten hoffen auf diese Weise, aus dem Westen die materiellen Standards sich aneignen zu können, ohne auch Elemente des dahinterstehenden »westlichen« Denkens übernehmen zu müssen. Islamisten träumen so, um mit dem Islamwissenschaftler und Politologen Bassam Tibi zu sprechen, den Traum von einer halben Moderne.[21]

Mit dieser zwiespältigen Grundeinstellung zu Moderne und Technik ähneln die Islamisten den christlichen Fundamentalisten. Ein Blick besonders auf die USA zeigt, daß ja dort Fundamentalisten zwar ein vormodernes Bibelverständnis pflegen und rigoros »zersetzendes« modernes Denken, »Liberalismus« sowie »Individualismus« ablehnen – aber ganz selbstverständlich ihre antimodernen Botschaften mit Hilfe modernster elektronischer Massenmedien verbreiten. Von wenigen Ausnahmen abgesehen haben amerikanische Fundamentalisten nichts gegen eine fortschreitende Technisierung und Industrialisierung einzuwenden, aus dem Wissen heraus, daß diese Form von Modernität unverzichtbar ist für das Gedeihen ihrer Nation und erst recht für den Führungsanspruch der Weltmacht USA.

Zurück zum Islamismus. Die überwiegende Mehrheit seiner Anhänger und Sympathisanten ist nicht technikfeindlich. Dies beweist gerade die wachsende Zahl von Gefolgsleuten, die aus technischen Berufen kommen.[22] Sie alle sehen in der Industrialisierung und Technisierung einen unausweichlichen Prozeß. Sie wissen sehr wohl, daß sie auf diese Art von Fortschritt nicht verzichten können, wenn sie mit den Industriestaaten des Westens wirtschaftlich und militärisch konkurrieren wollen – und schließlich den Westen mit ihrem Konzept einer »islamischen Moderne« zu übertrumpfen hoffen. Kaum eine islamistische Bewegung will den Traditionalismus einer vormodernen Gesellschaft auf breiter Basis wiederbeleben – mit Ausnahme der Taliban, wie ich am Modellfall Afghanistan noch näher erörtern werde. Islamisten sehen überwiegend eine archaisch bäuerliche Kultur als rückständig an und unterscheiden sich hier nicht grundsätzlich von anderen, durch städtisches Denken geprägten Reformern.

Jene Volksschichten, die mit einer der vielen Erscheinungsformen des Islamismus sympathisieren, leben daher kaum in Dörfern – sie findet man vorrangig in Städten. Einerseits sind es Menschen aus mittelständischem Milieu, seltener aus großbürgerlicher Schicht, die durch moderne Umbrüche aus ihrer gewohnten traditionellen Lebensform gerissen wurden. Andererseits sind es Slumbewohner, die durch materielle Not aus Dörfern in Städte abgewandert sind und nach dem Verlust ihrer traditionellen Umwelt verzweifelt nach einer neuen Orientierung suchen. Die Islamisten können hier, so scheint es zumindest auf den ersten Blick, den vielen Verunsicherten mit einem Angebot einfacher Lösungen auf der Basis von »Religion« eine verläßliche neue Sicherheit bieten. Bauern dagegen, die weiterhin in sozialer Sicherheit leben und unbeeinflußt von modernen Umbrüchen an ihren überlieferten Sitten festhalten können, zeigen entsprechend wenig Interesse an den Zielen der Islamisten.[23]

Verblüffen muß uns allerdings, daß es viele Jahrzehnte gedauert hat, bis islamistische Parteien eine maßgebliche Rolle in der Politik gespielt haben. 1928 war in Ägypten die erste radikal-islamische Partei entstanden, die es sich zum Ziel gesetzt hatte, eine Regierung »verwestlichter« Politiker zu stürzen und durch eine »wahrhaft islamische Herrschaft« zu ersetzen. Aber bis in die siebziger Jahre herein haben all diese Parteien nur ein Außenseiterdasein geführt. Die Masse des Volkes hatte bis dahin erheblich mehr Sympathien für die bisherigen »säkular« orientierten Regierungen gehegt und hatte nichts gegen Reformen einzuwenden, die sich an westlichen Vorbildern orientierten. Erst als diese Regierungen zunehmend durch Mißwirtschaft und Korruption scheiterten, konnten islamistische Parteien zu erfolgreichen Massenparteien werden. Ich habe auf diesen Sachverhalt schon mehrmals hingewiesen, will ihn jedoch im folgenden Kapitel ausführlicher an exemplarischen Beispielen erörtern.

In diesem Zusammenhang soll uns auch das Problem beschäftigen, daß die politische Durchschlagskraft islamistischer Bewegungen selbst im historischen Kernraum der islamischen Welt – von den Staaten des Maghreb bis in den Mittleren Osten – nicht ohne weiteres garantiert ist. Im Gegenteil. Die Widerstände gegen den Vormarsch der Islamisten kommen dort aus unterschiedlichsten Richtungen. Und in jedem Staat sind die kulturellen und politischen Rahmenbedingungen anders, so daß eine pauschale Beurteilung unmöglich ist.

Bei näherem Hinsehen erwarten uns hier einige Überraschungen.

Modellfälle des Islamismus

Eine aufschlußreiche Begegnung mit einem Islamisten

1981 bereiste ich Algerien – ein Jahrzehnt bevor das Land durch den blutigen Machtkampf zwischen der Militärdiktatur und der »Islamischen Heilsfront« zu einem der gefährlichsten Krisenherde des Orients wurde. 1981 konnte ich nur bei wenigen Algeriern einen Affekt gegen Nichtmuslime entdecken. Etliche Stadtbewohner kritisierten zwar im Gespräch den »Kolonialismus« der einst in Algerien ansässigen Franzosen oder den »Neokolonialismus« mancher westlicher Industriestaaten (besonders der USA), aber Religion war für sie kein Thema. Der überwiegende Teil der Bevölkerung, sei es in Städten, Dörfern oder entlegenen Sahara-Oasen, begegnete mir freundlich, ja gastfreundlich. Selbst Muslime, die sich ausdrücklich zum Islamismus bekannten, also Fundamentalisten waren, suchten das Gespräch mit mir, dem Andersgläubigen, und sei es nur, um ihre Position zu erklären. Für diese Minderheit allerdings bildete Religion das bevorzugte Thema.

Eine der Begegnungen von 1981 erscheint mir rückblickend besonders bemerkenswert. Es lohnt sich, sie kurz zu schildern. Denn im Gesprächsverlauf zeichnete sich scharf bereits jenes Konfliktpotential ab, das für das kommende Jahrzehnt bestimmend werden sollte. Zum andern aber widersprechen manche Einzelheiten entschieden dem Bild, das wir heute nicht nur von Algeriern, sondern von Muslimen überhaupt – insbesondere von Fundamentalisten – haben.

Es begann damit, daß während einer Bahnfahrt von Oran nach Béchar am Rand der Sahara ein schwarzbärtiger Algerier, in Turban und arabischer Hemdbluse, sich mir gegenüber auf der Holzbank niederließ. Er kreuzte die Beine zum orientalischen Sitz und begann, Koranverse zu sprechen. Aufgefallen war er mir schon vorher, weil er öfter durch das Abteil gegangen war und mich, den Ausländer, jedesmal kurz prüfend gemustert hatte. Weshalb er sich ausgerechnet mir gegenübersetzte, war mir unklar. Die Koranverse sprach er laut und eindringlich. Plötzlich aber steigerte sich sein Tonfall ins Aufdringliche, Aggressive, hierbei ließ er seinen Blick in die Runde schweifen, und als die Mitfahrer in seiner Nähe, drei alte Männer, Bauern vermutlich, weiterhin teilnahmslos vor sich hindösten, herrschte er sie an: Warum sie nicht beten? Die Gestik allein schon ließ den Inhalt der Frage erahnen. Die Männer antworteten erregt und waren anscheinend nicht bereit, seiner Aufforderung zum Gebet Folge zu leisten, ja, sie drehten sich nach einem längeren Wortwechsel demonstrativ zur Seite. Der Schwarzbärtige sprang auf und verließ, sichtlich entrüstet, das Abteil.

Im Hintergrund stand der Schaffner und verfolgte mit spöttisch zugespitzten Lippen die Szene. Er, Muslim wie alle Fahrgäste außer mir, nickte mir zu und zog die Achseln hoch, als wollte er sagen: Ein Fanatiker, da kann man nichts machen. Auf meine französisch gestellte Frage, was denn passiert sei, erklärte er: Die Männer seien erbost gewesen, daß man sie verdächtige, sie hätten die übliche Gebetszeit vergessen, dabei hätten sie, so behaupteten sie zumindest, schon vor einer Stunde das Nötige getan. Der Schaffner grinste übers ganze Gesicht. Er war ein Muslim völlig anderen Typs.

Im weiteren Verlauf der monotonen Bahnfahrt lud mich der Schaffner in sein Dienstabteil ein, um dort, wie er erklärte, mit mir Tee zu trinken. Anscheinend langweilten ihn der halbleere Zug und die eintönige Steppenlandschaft draußen, so daß ich ihm als Ausländer die willkommene Abwechslung bot. Er sagte, auch sein Kollege wolle mich kennenlernen. Das »Dienstabteil« entpuppte sich als vollgestopfter Gepäckraum mit einer freien Nische, wo auf dem bloßen Bretterboden zu meiner Überraschung der schwarzbärtige »Fanatiker« mit überkreuzten Beinen vor einem Teekocher saß. Er stellte sich als der Gepäckverwalter vor.

Der Schwarzbärtige in Turban und Hemdbluse goß mir Tee ein, bot mir Gebäck an und sagte, er freue sich, einen Europäer als Gast begrüßen zu dürfen, sehr wenige Ausländer benützten den Zug nach Béchar. Es interessiere ihn, was ich über die Muslime denke. Ich antwortete, ich sei sehr gerne in islamischen Ländern unterwegs und mich beeindrucke die Kultur. Er lächelte zustimmend. Er selbst kenne einiges von Europa, er sei schon in Frankreich und der Schweiz gewesen, in beiden Ländern habe er mehrere Jahre gearbeitet, Lastwagenfahrer sei er gewesen.

Ob auch der Schaffner schon in Europa gewesen sei, wollte ich wissen. Der Gefragte, der mit seinem bartlos runden Gesicht, einer Halbglatze und der europäisch geschneiderten Uniform beinahe wie ein deutscher Bahnbeamter wirkte, antwortete: Er habe Algerien noch nie verlassen.

Der Gepäckverwalter kam auf Frankreich und die Schweiz zu sprechen. Es seien schöne Länder, meinte er, aber ich dürfe ihm nicht übelnehmen, wenn er etwas Kritisches anzumerken habe. Eine ganze Reihe von Menschen gefielen ihm dort nicht. Diebstahl und Verbrechen nähmen zu, besonders schlimm stehe es jedoch um die Sitten. Ungeniert würden sich die Männer betrinken, sogar öffentlich, würden Nachtlokale und obszöne Filme besuchen. Und erst die Frauen! Schon die Art, wie sie sich kleiden und den Männern auf offener Straße herausfordernde Blicke zuwerfen würden! Und sie dürften sich sogar laut Gesetz so benehmen. Was sei denn das für ein Gesetz? Europa sei in eine entsetzliche moralische Gleichgültigkeit verfallen. Seiner Meinung nach könnten die Europäer zwar tun und lassen, was sie wollten, aber wenn ein solches Gebaren auch auf islamische Länder übergreife, dann sei dem entschieden Einhalt zu gebieten.

Ob er mit den Verhältnissen im eigenen Land zufrieden sei, fragte ich. Er schüttelte heftig den Kopf. Algerien sei kein wirklich islamisches Land mehr, man habe zwar die französischen Kolonialherren vertrieben, aber viele Algerier, vor allem in den Städten, lebten wie Franzosen; wenn sie auch ständig den Namen Allahs im Mund führten, seien sie doch im Grunde materialistisch eingestellt, ja gottlos. Viel zu viele Muslime würden nicht einmal mehr merken, daß sie einen Teil ihres Glaubens schon verloren hätten. Das Übel fange in den Schulen an. Wie sei dort der Lehrplan? Französisch! Das Übel setze sich in der Rechtsprechung fort. Wie sei das Gesetzbuch abgefaßt? Nach französischem Vorbild! Wo bleibe da der Islam, wenn nicht in vielen bloßen Äußerlichkeiten? In einer Moschee am Freitag zu beten, das sei nicht genug. Wenn Richter nach fremdem, französischem Recht urteilten, lockere dies die Moral, verderbe die Sitten. Man müsse die Lehrpläne reinigen, man müsse in der Rechtsprechung wieder auf Gesetze zurückgreifen, wie sie Gott selber unveränderbar festgelegt habe: Dieben solle man die rechte Hand abschlagen, sofern sie nicht aus Hunger, sondern aus bloßer Habgier stehlen; Alkoholtrinker müsse man auspeitschen. Aber wenn selbst viele Geistliche nicht mehr den Islam mit all seinen Konsequenzen des gottgewollten Rechts predigten …

Der Gepäckverwalter hatte sich in zornige Erregung geredet, während der Schaffner, hinter ihm sitzend, die Lippen zusammenkniff und die Augen verdrehte. Mir gab der Schaffner beiläufig durch ein Achselzucken zu verstehen, daß er weder Europa noch das eigene Land für so »verderbt« ansah wie sein Kollege noch daß er die Wiedereinführung des mittelalterlichen Strafrechts für notwendig hielt. Ihm schien eine solche Rhetorik gegenüber Ausländern peinlich zu sein. Als der Gepäckverwalter gegen das Alkoholtrinken wetterte, schnitt der Schaffner eine unwillige Grimasse, führte pantomimisch eine imaginäre Flasche zum Mund und schloß genußvoll die Augen. Der Eiferer schien zu spüren, wie sich hinter seinem Rücken etwas sehr Unorthodoxes abspielte, er drehte sich ruckartig um und beschimpfte den Schaffner auf arabisch. Der Gescholtene senkte zuerst verlegen den Blick, unterbrach dann aber gereizt den nicht enden wollenden Redeschwall.

Für Momente sah es so aus, als hätten sie mich vergessen, dann beendeten sie abrupt den Streit. Das Gespräch mit mir setzten sie zunächst stockend fort, wobei gerade der Gepäckverwalter sich verlegen zeigte. Er schien zu spüren, daß mich seine Freundlichkeit einerseits und seine Aggressivität andererseits irritierten. Wir kamen auf den Islam ganz allgemein zu sprechen, und hierbei versuchte er den Eindruck zu korrigieren, daß er intolerant gegenüber den Christen sei. Er lehnte nur eine »gottlose Zivilisation« ab, nicht das Christentum, betonte er. Ja, er schätze jeden echten gläubigen Christen höher als einen Muslim, der sich nicht mehr oder nur noch halbherzig nach den Korangeboten richte. Ob ich wüßte, daß der Koran vorschreibe, gläubige Christen zu respektieren? Ich bejahte. Er musterte mich prüfend. Die Christen würden allerdings die Muslime viel weniger respektieren, fuhr er fort, die Christen seien wesentlich intoleranter, er bedaure das. So viel Ablehnung gegenüber dem Islam habe er in Europa feststellen können. Dabei wäre es für die Christen einfach, den Islam zu verstehen, schließlich sei in ihrer Bibel schon viel von dem enthalten, was Gott im Koran offenbart habe. Er begreife nicht, weshalb sich die Christen nicht der ganzen Wahrheit göttlicher Offenbarung öffnen wollten.

Wieder entstand eine Gesprächspause, während der er mich aufmerksam musterte. Plötzlich deutete er auf meine ornamentbestickte Wollkappe. Woher ich sie habe, das sei doch eine Muslimkappe, nicht? Aus Pakistan, antwortete ich. Ob ich auch schon in Jerusalem gewesen sei, fragte er. Ich bejahte.

In Jerusalem? Wirklich? Jerusalem! Dies sei eine heilige Stadt, für Muslime fast genauso heilig wie Mekka. Seine Augen leuchteten. Dann aber verspannte sich sein Gesicht, er fixierte mich lauernd. Ob ich als Tourist oder als Pilger nach Jerusalem gekommen sei? Als ... Pilger. Wirklich? Als Pilger? Ein leichter Zweifel lag in seiner Stimme, durchaus berechtigt bei meiner stockenden Antwort, die ich doch nur gegeben hatte, um aus seiner Sicht nicht als »schlechter Christ« dazustehen. Wo ich denn in Jerusalem gebetet habe, fragte er in einem Tonfall, der noch immer nicht ganz frei von Mißtrauen war. In der Grabeskirche, erklärte ich zögernd und suchte mein Gedächtnis nervös nach anderen möglichen heiligen Stätten ab, in Gethsemane ... im Kidrontal ...

Im Kidrontal?! Ich hätte wirklich im Kidrontal gebetet? Dann stünde ich in der Gnade Gottes. Das Kidrontal sei ein wahrhaft heiliger Ort für alle, die den *einen* Gott verehren. Im Kidrontal seien die Friedhöfe von Muslimen, Christen und Juden so unmittelbar nebeneinander wie sonst nirgends. Im Kidrontal zu beten, dies sei sein sehnlichster Wunsch, dies bedeute ihm fast so viel, wie vor der Heiligen Kaaba in Mekka zu beten.

Der Gepäckverwalter hatte sich wieder in Erregung geredet. Ich hätte also im Kidrontal gebetet, wiederholte er, als könne er es nicht fassen. Dann senkte er den Kopf, wickelte den Turban herunter, nahm mir die pakistanische Kappe ab und band mir das Tuch um. Er schenke mir den Turban, erklärte er, ich solle stets an ihn denken.

Mit dem Turban um den Kopf verabschiedete ich mich am Zielbahnhof Béchar...

Ein untypisches Gespräch? So manches paßt nicht in die landläufige Vorstellung vom Islam.

Das beginnt schon mit der Person des gutmütigen Schaffners, der allem Fanatismus abgeneigt ist. Ihn halten viele von uns eher für eine Ausnahmeerscheinung. Dabei begegnen wir gerade Männern wie ihm wesentlich häufiger als den religiösen Eiferern. Natürlich äußern nur wenige Muslime so offenkundig ironisch ihre Distanz zum koranischen Alkoholverbot und machen sich über moralisierende Puritaner lustig. Aber seine Haltung bedeutet ja nur eine unter vielen Varianten, sich im Alltäglichen so manchen Vorschriften der strengen Orthodoxie zu entziehen. Er gehört zur Masse der Muslime, die nur bedingt Neigung zeigt, sich mit Einzelheiten der Glaubenslehre intensiv auseinanderzusetzen und sie genau kennenzulernen (und hierin unterscheidet er sich kaum vom Großteil der Anhänger anderer Weltreligionen). Er lebt den Islam als eine Summe vielfältigster Traditionen – unreflektiert. Er hat das Bedürfnis, in seinem Leben nicht von anderen aus der Ruhe gerissen zu werden, und ist dann bereit, andere in Ruhe zu lassen. Auf Parolen ideologischer Scharfmacher hört er erst, wenn die gewohnte Umwelt zutiefst gefährdet erscheint und die Orientierungskrise droht. Muslime wie er neigen dazu, manche Lebensform unserer westlichen Zivilisation vorbehaltlos zu übernehmen, ohne nun, wie die schmale Minderheit der Modernisten, engagiert für Reformen eines erstarrten Islam einzutreten – ja, ohne sich weiter Gedanken über Widersprüchlichkeiten ihres Verhaltens zu machen.

Anders der religiöse Eiferer. Jener Muslim, wie er uns in der Person des Gepäckverwalters gegenübertritt, verkörpert entschieden weniger den Prototyp seines Kulturkreises. Gerade er hat ja von den »vielen« gesprochen, die nicht so glauben wie er, und damit hat er seine Position als die einer Minderheit im eigenen Land zu erkennen gegeben.

Einer Minderheit? Nur ein Jahrzehnt später haben sich die Verhältnisse in Algerien beträchtlich verändert. Algerien kann geradezu als ein Modellfall solcher Veränderung angesehen werden.

Aber Algerien ist nur ein Modellfall neben vielen. Vergleichen wir die Entwicklung dort mit der in anderen Ländern, wo der Islamismus ebenfalls zu einem explosiven Problem geworden ist, so stoßen wir im Detail auf beträchtliche Unterschiede. Was hat Algerien mit dem Iran gemeinsam? Oder mit Afghanistan? Oder mit der Türkei? Oder gar mit einem Staat wie Indonesien, der völlig außerhalb der historischen Kernregion des Islam liegt?

Im folgenden stelle ich fünf Modellfälle vor: neben Algerien die hier genannten Staaten. Hierbei zeigt sich, daß die verschiedenartigen religiösen, kulturellen, sozialen und politischen Ausgangsbedingungen den Fundamentalismus entsprechend vielfältig formen – und ihm sehr unterschiedliche Chancen geben, politisch auf längere Zeit zu überleben.

Algerien könnte – nach dem Iran – der nächste Staat der islamischen Welt werden, in dem Fundamentalisten die ganze Macht erringen. So zumindest erschien uns Mitte der neunziger Jahre die Situation.

Uns im Westen überrascht, in welchem Ausmaß radikale Islamisten die Sympathie großer Volksmassen gewinnen konnten. Im Dezember 1991 war es zu den ersten freien Parlamentswahlen in der Geschichte Algeriens gekommen, dies, weil die bis dahin unumschränkt herrschende Einheitspartei FLN (»Front de Libération Nationale«) weitgehend abgewirtschaftet hatte und unter politischem Druck einer solchen Wahl zustimmen mußte. Beim ersten Wahldurchgang zeichnete sich bereits ein klarer Sieg der »Islamischen Heilsfront« (FIS) ab. Sie hatte sich schon jetzt 44 Prozent der Parlamentssitze sichern können, während die FLN nur 3,7 Prozent Direktmandate gewann.[1]

Diese verheerende Niederlage vollzog sich vor dem Hintergrund einer düsteren sozialen Bilanz. Zwei Drittel der Jugendlichen waren arbeitslos und ohne Zukunftshoffnung (dies in einem Land, wo 65 Prozent der Menschen unter 35 Jahre alt sind), die Städte quollen über vom Zustrom arbeitsuchender Bauern aus notleidenden Dörfern. In einer durchschnittlichen Wohnung von zwei bis drei Zimmern hausten meist zehn bis fünfzehn Menschen unter oft unerträglichen sanitären Bedingungen.[2] Gründlich war der Fortschrittsoptimismus verflogen, wie ihn die FLN seit Anfang der sechziger Jahre hatte verbreiten können. Unter ihrer Führung hatten die Algerier von 1954 bis 1962 die Unabhängigkeit gegenüber der Kolonialmacht Frankreich erkämpft, und dieser Siegermythos hatte der neuen Regierung anfangs einen breiten Rückhalt im Volk gegeben. Aber die Führer der nach dem Vorbild Lenins organisierten Einheitspartei FLN regierten, ohne auch nur die geringste Opposition und konstruktive Kritik zu dulden. Und im Verlauf von zwei Jahrzehnten sollten sie jene Fehler kraß begehen, wie sie Machthaber eines gut verdienenden Rohstofflandes der Dritten Welt immer wieder begehen.

Die Politiker der FLN nutzten die reichhaltigen Einnahmen aus der Erdöl- und Erdgasproduktion vorrangig, um schlüsselfertige modernste Fabriken aus westlichen und östlichen Industriestaaten einzukaufen und aufstellen zu lassen. In der gleichen Unbekümmertheit importierten sie landwirtschaftliche Maschinen, um auf diese Weise die bisher archaische Felderbewirtschaftung total zu modernisieren. In beiden Fällen aber trafen sie kaum Vorsorge, daß die Einheimischen mit einer derart ungewohnten Technologie hätten effizient umgehen können. Viel Geld versickerte in nie fertiggestellten Großprojekten, Geld, das dann an anderer Stelle fehlte; sie vernachlässigten die Bedürfnisse einfacher Bauern und Kleingewerbetreibender. Eine ähnliche Politik hatte einst Schah Mohammed Reza Pahlevi im Iran betrieben, und ähnlich waren auch in Algerien die Folgen. Angesichts einer mißglückten Industrialisierung und Agrarreform wurden viele Algerier noch ärmer als zuvor, während eine schmale Oberschicht selbst noch von der Mißwirtschaft profitierte – und so konnte die Islamische Heilsfront Anhänger gewinnen.

So erstaunlich es vielen von uns erscheinen mag, leisteten Algeriens Fundamentalisten oft eine tatkräftigere Armenfürsorge als die dafür zuständigen Politiker. Sehr flexibel hatten sie, als während der achtziger Jahre das öffentliche Gesundheitswesen weitgehend zusammenbrach, die Moscheen zu Sozialzentren umfunktioniert. Kostenlos betreuten Ärzte in den Seitenräumen von Moscheen viele Kranke und verteilten Medikamente. Familien, die in den heillos überfüllten Stadtwohnungen meist keine Wasserleitungen haben, erhielten Gelegenheit, sich an den Brunnen der Moscheehöfe zu waschen und von dort das Wasser zum Kochen zu holen. Schüler und Studenten fanden manche Moschee-Bibliothek reicher ausgestattet als die ihrer Ausbildungsstätte und wurden von dort mit nötigem Lesestoff versorgt. Das Geld für diese Wohlfahrtseinrichtungen und alternativen (betont »islamischen«) Bildungsinstitute beziehen Algeriens Fundamentalisten überwiegend aus Saudi-Arabien und anderen reichen Erdölstaaten am Golf.[3] Der Erfolg derartiger Hilfe war durchschlagend. Viele Notleidende und Benachteiligte, die bisher den Islamisten gleichgültig gegenüberstanden, änderten ihre Haltung, sobald sie ausgerechnet von jenen eine Hilfe – meist die einzige – erhielten. Und je geringer die Hilfsbedürftigen gebildet waren, desto weniger versuchten sie die politische Ideologie der helfenden Partei kritisch zu überdenken.

Die Parallelen zum Iran und zu Ägypten sind verblüffend. Auch dort konnten Fundamentalisten die Sympathie großer Volksmassen erst in dem Moment erringen, als sie Moscheen zu Sozialzentren umfunktionierten. Radikal-islamische Organisationen leisteten hier wie dort für die Armen meist bessere Hilfe als jene Regierenden, die »Fortschritt« nach westlichem Vorbild versprochen hatten.

Algerien bot Mitte der neunziger Jahre das auffälligste Beispiel jener Modernitätskrise, wie sie sich in vielen anderen islamischen Ländern auch anbahnt. Solange eine Regierung nur nach oberflächlich »westlichen« Kriterien technokratisch ein Land zu modernisieren versucht und dabei vorrangig eine schmale Oberschicht begünstigt – und solange die Masse des Volkes im Elend bleibt –, strömen Sympathisanten den Fundamentalisten zu. Auf diese neuen Hoffnungsträger projizieren die Notleidenden ihre Erwartungen, aber sie werden auch islamistischen Parteien nur so lange folgen, als jene den Eindruck vermitteln, sie könnten die bisher ungelösten Probleme meistern.

Bis weit in die siebziger Jahre hinein hatten radikal-islamische Bewegungen in keinem muslimischen Staat eine wesentliche Rolle gespielt. Dabei hatten manche schon lange zuvor um politischen Einfluß gekämpft. Erinnern wir uns: Die erste moderne Islamisten-Bewegung, die Muslimbruderschaft, wurde bereits 1928 durch Hassan Al Banna begründet, der damit auf das »gottlose« Reformwerk Atatürks reagierte. Aber unzufriedene Muslime von Nordafrika bis Indonesien strömten während der folgenden fünf Jahrzehnte vorwiegend nationalistischen Führern zu, die die Befreiung vom kolonialen Joch verkündeten und sozialen Fortschritt versprachen. So bildeten sozial Benachteiligte in Ägypten die Massenbasis für Gamal Abd Al Nasser, den charismatischen Volkstribun eines panarabischen Nationalismus, so in Algerien für die FLN, die nationale Befreiungsbewegung gegen die Franzosen, so in Syrien und dem Irak für die Baath-Sozialisten mit vorrangig nationalistischer und nicht religiöser Ideologie. Genauso gilt das für die Palästinensische Befreiungsbewegung PLO, die unter der Führung von Yassir Arafat noch ein säkulares Palästina anstrebte, ebenso für die abgespaltenen radikalen Palästinenser-Organisationen des Abu Nidal sowie des palästinensischen Christen George Habbash. Im Iran ist während der fünfziger Jahre der säkular denkende Nationalistenführer Mohammed Mossadegh das Idol der Volksmassen gewesen, die gegen Schah Mohammed Reza Pahlevi revoltierten. Ein Ayatollah vom Typ eines Khomeini verharrte damals noch auf einer Außenseiterposition, so sehr Geistliche schon politisch tätig waren und sich um stärkeren Einfluß bemühten. Erst als die nationalistisch-modernistischen Volksführer in ihrer Rolle als Hoffnungsträger zunehmend versagten, hat sich für die antiwestlichen Fundamentalisten die Chance zu großer politischer Wirkung eröffnet.

Ist aber ein Islamist, wie ich ihn während einer Bahnfahrt in Algerien kennenlernte, repräsentativ? Er hat ja ausdrücklich mit mir, dem Europäer und Nichtmuslim, das Gespräch gesucht. Wie paßte seine Haltung zu den Mordanschlägen an Ausländern, die in Algerien seit 1993 reihenweise von islamistischen Terroristen verübt wurden?

An der Person dieses einen Islamisten können wir zumindest sehen, daß Terror gegen Andersgläubige nicht von vornherein zum Selbstverständnis der Radikalen gehört, ja nicht einmal die verbale Ablehnung von Christen. Wenn auch der Mord an politischen Gegnern schon seit Jahren zur Praxis algerischer Fundamentalisten gehört, ist vor 1993 kein nichtmuslimischer Ausländer in Algerien von Fundamentalisten getötet worden. Erst als im Januar 1992 ranghohe Militärs den zweiten Wahlgang unterbrachen und damit der Islamischen Heilsfront den greifbar nahen (demokratisch legitimierten!) Sieg verweigerten, hat sich die Haltung der Fundamentalisten geändert. Seit ihre Partei verboten ist und sie einen Bürgerkrieg gegen die Militärdiktatur eröffneten, sind Ausländer auf das schwerste gefährdet. Ausländer als wirtschaftliche Berater und Handelspartner der herrschenden Militärs sollen aus Algerien vertrieben werden, damit das Regime wirtschaftlich am Nerv getroffen ist und die Macht verliert. Diese Taktik sollte fatale Vorbildwirkung auch für ägyptische Fundamentalisten haben: Jene begannen 1993 Terror gegen Touristen auszuüben, um so den Tourismus als wichtigste Devisenquelle der Regierung lahmzulegen. In Algerien wie Ägypten schreckten Fundamentalisten schließlich nicht mehr vor Mord an Ausländern zurück, in der Hoffnung, verstärkte Gewalt könne den Bankrott der Regierung nur beschleunigen. Aber gerade in Algerien waren und sind diese Mordanschläge kaum grausamer als der Terror des Militärregimes.

Dieser überaus blutige Konflikt, der innerhalb von zehn Jahren schätzungsweise 150 000 Menschenleben gekostet hat, kann allerdings nicht militärisch entschieden werden. Zum einen haben die

Islamisten an Schlagkraft eingebüßt, weil sie sich nach zermürbendem Kampf in einen verhandlungsbereiten, gemäßigten Flügel und eine dogmatisch harte, unbeirrbar terrorbereite Gruppierung gespalten haben. Zum andern konnte das Militärregime die offensichtliche Schwäche des Gegners nicht nutzen, weil es plötzlich an einer anderen Front zu kämpfen hatte – gegen die Berber. Im Frühjahr 2001 entfachten die Berber, allen voran der Stamm der Kabylen im Atlasgebirge, einen Aufstand, der in seiner explosiven Gewalt an die radikalsten Ausschreitungen unter islamistischer Führung erinnerte. Hunderttausende Demonstranten zogen durch die Straßen algerischer Städte, in Algier waren es Mitte Mai über eine Million, sie zündeten Polizeifahrzeuge und öffentliche Gebäude an.

Die Berber, eine ethnische Minderheit mit eigener Sprache und Kultur, rund ein Drittel der 30 Millionen Algerier, rebellierten gegen die Benachteiligung ihrer Volksgruppe, gegen ausbleibende soziale Reformen, gegen die Korruption der Oberschicht und den immer größer werdenden Gegensatz zwischen den wenigen Reichen und den vielen Armen. Der Aufstand wütete wie ein Flächenbrand. In den Städten schlossen sich den Marschkolonnen der Berber plötzlich Hunderttausende arabisch-sprechender Algerier an, dabei hatten viele von ihnen zuvor unter Führung der Islamischen Heilsfront gegen die Regierung mit sehr ähnlichen Parolen demonstriert. Es dauerte Monate, bis die Unruhen abflauten und es zu einer nur oberflächlichen, trügerischen Entspannung kam. Dieser neue Aufruhr zeigte, daß sich das unzufriedene Volk in seiner Mehrheit kaum mit den religiös-dogmatischen Wertvorstellungen der Islamischen Heilsfront identifizierte. Die Berber passen ohnehin nicht ins bisherige Schema. Sie bekämpfen zwar die Regierung, weil sie sich von ihr als nicht-arabische Minderheit ethnisch unterdrückt fühlen. Aber sie bejahen einen säkularen Staat ohne religiöse Bevormundung und kämpfen daher ebensoheftig gegen die Islamisten. In dieser doppelten Frontstellung befinden sich die Berber schon seit vielen Jahrzehnten.

Algerien ist damit in drei große Gruppierungen gespalten. Hierbei können die Islamisten gerade ein Drittel oder nur noch ein Viertel der Muslime hinter sich scharen. Das Land bleibt politisch, religiös, kulturell und ethnisch zu sehr aufgesplittert, als daß es einer der Gruppierungen gelingen könnte, ihre Konzeption einer Mehrheit aufzuzwingen. Der einzige Weg zu einem dauerhaften Frieden kann nur ein Staat mit einer pluralistischen Verfassung sein. Davon ist Algerien allerdings noch weit entfernt.

Modellfall Iran

Der Iran hat uns vor vollendete Tatsachen gestellt. Dort haben weder Schah Mohammed Reza Pahlevi mit seiner hochgerüsteten Militärmacht noch massive Wirtschaftshilfe des Westens verhindern können, daß Islamisten durch die Revolution von 1979 an die Macht kamen. Die bittere Lektion hieß für die Gegner: Der Fundamentalismus kann politisch siegen. Ist er siegreich auf Dauer? Eine brisante Frage. Denn der Iran ist bisher der einzige Staat, an dem wir über einen längeren Zeitraum beobachten können, ob und wie ein absolut regierendes Regime der Islamisten seine Macht behaupten kann.

Der soziale und geistige Nährboden für eine radikal-religiöse Protestbewegung war im Iran nicht viel anderes als in Algerien. Auch im Iran hatte eine Regierung mit ihrer säkularen Reformpolitik nur einer schmalen Oberschicht genutzt und die Mehrheit des Volkes in bitterer Armut gelassen. Auch hier waren viele Bauern nach dem Scheitern einer nur halbherzig durchgeführten Bodenreform in Großstädte abgewandert und vegetierten in immer bedrohlicher anschwellenden Slums. Und so konnten auch hier Islamisten verarmte und kulturell entwurzelte Volksmassen mit der Parole mobilisieren: Je entschiedener sich eine Regierung von fragwürdigen Vorbildern des Westens löse und sich wieder an den ewigen, unveränderbaren Richtlinien des Korans und der Scharia orientiere, desto rascher ließen sich Massenelend und Unterentwicklung beseitigen.

Im Iran hat nun eine islamistische Regierung schon seit mehr als zwei Jahrzehnten Gelegenheit, den Beweis für diese Behauptung anzutreten. Das Resultat ist für die Machthaber niederschmetternd: Nach wie vor wachsen die Großstadtslums beängstigend schnell, wachsen Massenarbeitslosigkeit und Elend. Schlagender könnte der Beleg nicht sein, daß die Richtlinien von Koran und Scharia kaum geeignet sind, umfassende Lösungsanweisungen für Wirtschaftskrisen in unserer komplexen modernen Welt zu bieten (ebensowenig wie die Bibel oder sonst ein heiliges Buch). Dieser Schock hat das islamistische Regime einer ersten großen Zerreißprobe ausgesetzt und eine ideologische Neuorientierung provoziert. Es mußte den regierenden Geistlichen dämmern, daß sie ihr Reformkonzept zu ändern hatten, um die Wirtschaftskrise in den Griff zu bekommen, andernfalls würde wieder ein Aufstand enttäuschter Volksmassen ausbrechen – nun aber gegen die Fundamentalisten.

Das Regierungssystem des schiitischen Gottesstaates Iran war von Anfang an durch seine besondere Struktur krisenanfällig. Khomeini als der geistige Ahnvater dieses Modells hatte nämlich die Ansicht vertreten, ein wahrhaft islamischer Staat dürfe nur von Geistlichen regiert werden, denn allein Geistliche könnten den Koran richtig interpretieren und den Willen Gottes in politische Praxis umsetzen. Damit ging Khomeini einen entscheidenden Schritt weiter als alle sunnitischen Fundamentalisten. Jene wollten nur die Ulema in ihrer Funktion als religiöses Aufsichtsorgan stärken, keinesfalls jedoch diesem Gremium ranghoher geistlicher Rechtsgelehrter die Regierungsmacht überlassen. Khomeini geriet aber auch in Gegensatz zu etlichen prominenten Ayatollahs und prominenten Weggefährten der »Islamischen Revolution«, die ähnlich argumentierten wie die sunnitischen Fundamentalisten: Die Ulema solle nur die Machtfülle zurückbekommen, die sie unter dem säkularen Regime des Schah verloren habe; im übrigen sollten weltliche Politiker die Staatsgeschäfte betreiben, weil allein sie die nötige Sachkompetenz besäßen.

Khomeinis Doktrin hat sich im Iran durchgesetzt. Auch nach seinem Tod 1989 blieb die absolute Regierungsgewalt der Ulema bestehen. Je hilfloser jedoch die religiöse Führung auf die wachsenden wirtschaftlichen Probleme reagierte, desto mehr entwickelte sich innerhalb des Einparteiensystems eine eigene Gruppierung mit dem Vorsatz zu pragmatischen Reformen. Die Reformer standen allerdings vor der schwierigen Aufgabe, nicht nur den Fachleuten in Wirtschaft und Verwaltung größere geistige und politische Freiräume zuzugestehen – sondern sie mußten auch in immer neuen Anläufen die Bedenken der Ulema überwinden.

An die Spitze der konservativ beharrenden Ulema rückte nach Khomeinis Tod 1989 Ali Khamenei als Religionsführer. Zu einem Gegenpol entwickelte sich zunehmend das Amt des Staatspräsidenten, um dessen Person sich nach und nach der Reformflügel gruppierte. Der Staatspräsident als Leiter der vollziehenden Gewalt mußte zwar ebenfalls ein Geistlicher sein, aber im Unterschied zum Religionsführer wurde er vom Volk gewählt. Staatspräsident war von 1989 bis 1997 Ali Akbar Hashemi Rafsandjani, seit 1997 ist es Mohammed Khatami.

Rafsandjani leitete erste Reformen ein, indem er pragmatisch wendig Fachleute aus Wirtschaft und Verwaltung in mittlere Ränge der Regierung holte. Er bemühte sich außerdem, die vor dem Mullah-Regime geflohenen iranischen Techniker, Ärzte, Lehrer und Wissenschaftler ins Land zurückzuholen. Um diesen dringend benötigten Fachleuten die Heimat wieder attraktiv zu machen, mußte er nicht nur das von den Mullahs gegängelte Wirtschaftssystem liberalisieren, sondern auch das kulturelle Leben. Und an dieser doppelten Bürde scheiterte Rafsandjani. Weder konnte er die Wirtschaftskrise auf Dauer eindämmen noch über einen längeren Zeitraum ein freieres geistiges Klima schaffen. Zwar wurde unter seiner Regierung Mohammed Khatami im Amt des Kulturministers zum Hoffnungsträger für Intellektuelle und Künstler. Aber bereits 1992 gab Rafsandjani konservativem Druck nach und entließ Khatami wieder, weil dieser nach Ansicht der Radikal-Orthodoxen mit seiner Kulturpolitik die »islamischen« Prinzipien des »Gottesstaates« gefährdete.

1997 rückte dann ausgerechnet der entmachtete Kulturminister Khatami durch Volkswahl in das Amt des Staatspräsidenten nach – unterstützt nicht nur durch Intellektuelle, sondern vor allem auch von einer breiten Mehrheit der Jugend und der Frauen. Dagegen fiel der konservative Kandidat, den die religiöse Führung aufgestellt hatte, bei der Wahl durch.

Mit Mohammed Khatami erreichte ein anderer Typ von Islamist den inneren Machtkreis des Gottesstaates. Er vertrat Thesen, die nicht in unsere landläufige Vorstellung von Fundamentalismus passen – und auch nicht den Intentionen der religiösen Führung unter Ali Khamenei entsprachen. Khatamis Reden und Aufsätze, von denen etliche auch in deutschen Zeitungen abgedruckt wurden, lassen aufhorchen.

»Die Geschichte des Menschen ist eine Geschichte des Wandels seiner Glaubensüberzeugungen und Ideen«, so waren am 26. September 1998 in der Frankfurter Allgemeinen Zeitung Gedanken von Khatami nachzulesen. »Alle Meinungsverschiedenheiten zwischen den Denkern [...] bezeugen, daß niemand beanspruchen kann, über die absolute Wahrheit zu verfügen. Welchen Islam meinen wir denn, wenn wir von *dem* Islam sprechen? Den Islam Abu Zarrs, den Islam Avicennas, den Islam Ghazalis oder Ibn Al Arabis, den Islam der Ascharitcn, der Mystiker, der Orthodoxie oder der Buchstabenfrommen? Sie alle bezeugen die Relativität der menschlichen Erkenntnis. [...] Keiner von uns, gleich welcher Doktrin er sich verbunden fühlt, stimmt heute im Denken und Handeln mit seinen Vorfahren überein. [...] Der Schaden entsteht erst dort, wo der Mensch seine Wahrnehmungen der Religion für die Religion an sich hält.«[4]

Die hier geäußerten Gedanken hoben sich in der Tat auffallend vom engen Weltbild des bei uns allgemein bekannten Fundamentalismus ab. Im Gegensatz zu radikal-orthodoxen Islamisten verwarf Khatami keinesfalls eine Reihe bedeutender Denker der islamischen Geistesgeschichte als »unislamisch«, nur weil jene in Konflikt mit der Orthodoxie geraten sind. Vielmehr billigte er etlichen der angefeindeten »Ketzer« große Bedeutung zu: so Avicenna, so Ibn Al Arabi.[5] Khatami bekannte sich ausdrücklich zu einer kulturellen Vielfalt des Islam, zu einem regen Dialog zwischen den Vertretern unterschiedlicher geistiger Positionen, denn nur so könne die islamische Revolution eine starke Kraft im Kampf gegen geistlosen Materialismus und Atheismus bleiben. In diesem Sinn propagierte er eine »islamische Demokratie« und ermunterte iranische Denker, Dichter und Künstler zur freien Meinungsäußerung, sofern sie die Grundprinzipien der »Islamischen Republik« nicht antasteten.

Khatamis Politik veränderte die Struktur des Gottesstaates Iran. Was schon in seiner Ära als Kulturminister begonnen hatte, gewann im Verlauf der folgenden Jahre eine Eigendynamik und zeigte, wieviel verborgene Energien im unterdrückten Geistesleben der Kulturnation Iran schlummerten. Ein religiöser Denker wie Abdol Karim Sorush erregte mit seinen historisch kritischen Textanalysen des Korans Aufmerksamkeit selbst bei Intellektuellen westlicher Industriestaaten. Iranische Literatur und Filme fanden plötzlich ein internationales Publikum, waren auf westlichen Kulturveranstaltungen präsent und wurden mit Auszeichnungen überhäuft – eine Entwicklung, wie sie unter dem Schah noch kaum vorstellbar war. Die meisten der nun berühmten Intellektuellen und Künstler hatten einst das Schah-Regime abgelehnt oder gar aktiv bekämpft, weil es ihnen als religiös gleichgültig, kulturell flach und sozial ungerecht erschien. Viele hatten ihre Hoffnung auf eine »islamische Revolution« gesetzt, ja manche sogar in naiver Verkennung der Sachlage die charismatische Führerfigur Khomeini verehrt. Aber wenn sich bald auch alle mehr oder weniger enttäuscht von der ideologischen Enge des Gottesstaates zeigten und wachsende Unterdrückung beklagten, bejahten viele doch weiterhin das Grundprinzip einer religiös-politischen Erneuerung. Nur wünschten sie teils noch viel entschiedener als ihr Gönner Khatami eine offene Diskussion über Fehlentwicklungen. Und dies genügte, um die Ulema erheblich zu provozieren.

Die religiöse Führung unter Ali Khamenei reagierte auf die Kritik von Intellektuellen und Künstlern gereizt und schließlich brutal. Khatami beteuerte zwar, er wolle mit seinen Reformen nur die Errungenschaften der Islamischen Republik vor geistiger Erstarrung und Provinzialität bewahren. Aber aus der Sicht vieler radikal-orthodoxer Islamisten geriet er mehr und mehr in den Verdacht, ein Abtrünniger zu sein.

Der Machtkampf zwischen der religiösen Führung und den Reformern nahm immer schärfere Formen an. Eine Reihe Reformpolitiker und liberal denkender Intellektueller mußte für Jahre ins Gefängnis, weil ihnen die Ulema »Verrat am Islam« oder gar »Abfall vom Glauben« vorwarf. Andere wurden durch Mitglieder des Geheimdienstes ermordet. Es trat die paradoxe Situation ein, daß in einem fundamentalistisch regierten Staat zwei Gruppierungen sich heftig zu bekämpfen begannen, die sich beide auf die Ideale der »Islamischen Revolution« beriefen – aber doch offensichtlich ganz verschiedene Vorstellungen von ihrer Verwirklichung hatten.[6]

Der iranische Islamismus als Bewegung hat sich damit gespalten und geht einer Zerreißprobe entgegen. Obwohl Khatami die Mehrheit des Volkes als demokratisch gewählter Präsident auf seiner Seite hatte, blieb das erdrückende Schwergewicht der Macht bei der religiösen Führung. Die Ulema hat das Militär hinter sich und könnte laut Verfassung jederzeit den Staatspräsidenten absetzen, falls dieser den »Weg des Islam« verlassen sollte. Gerade das zwingt Khatami zur Zurückhaltung und läßt viele der angestrebten Reformen schon in Ansätzen verebben. Als im Juli 1999 Studenten, Sympathisanten des Reformkurses, durch Massendemonstrationen in

Großstädten gegen die einschnürenden religiösen Gesetze protestierten, lösten sie damit die schwersten Unruhen seit Bestehen der Islamischen Republik aus – das Militär schlug den Aufstand brutal nieder.

Im Spätherbst 2002 kam es jedoch wieder zu schwerwiegenden Unruhen unter den Studenten, und wieder galt der Protest dem starren Fundamentalismus der religiösen Führung unter Ali Khamenei. Anlaß war diesmal ein Urteil, das ein geistliches Gericht gegen den im Iran prominenten Historiker und Reformpolitiker Hashem Aghajari verhängt hatte: 74 Peitschenhiebe, anschließend Tod durch den Strang wegen »Gotteslästerung« und »Beleidigung des Propheten Mohammed«. Das Urteil galt einem entschiedenen Verfechter der Islamischen Revolution. Sein Verbrechen war, daß er gesagt hatte, der Machtapparat der Mullahs und Ayatollahs müsse aus seiner hierarchischen Erstarrung gelöst und von Grund auf umgestaltet werden. Am 6. Juni 2002 hatte Aghajari seine Ansichten öffentlich in einer Rede geäußert, die er zum 25. Todestag des iranischen Gelehrten und Politikers Ali Schariati, eines wichtigen ideologischen Vordenkers der Islamischen Revolution, hielt. Die Rede wird inzwischen von iranischen wie westlichen Beobachtern als ein Meilenstein islamischer Selbstreflektion eingeschätzt.[7]

Aghajari forderte, die Geistlichkeit solle weitgehend auf ihre politische Macht verzichten und sich auf ihre Rolle des religiösen Wächteramts beschränken, was Einfluß genug bedeute. Allein nach dem Rückzug aus der aktiven Tagespolitik könne die ranghohe Geistlichkeit unparteiisch den Geist des »wahren Islam« repräsentieren. Aghajari verglich die derzeitige machtpolitische Hierarchie des Mullah-Regimes mit jener der katholischen Kirche, ja mehr noch: Er wies in aller Deutlichkeit darauf hin, daß eine derartige Struktur nichts mit dem »ursprünglichen Islam« zu tun habe, sondern im schiitischen Iran endgültig ausgeformt erst seit sieben bis acht Jahrzehnten existiere. Um so zwingender sei es, anstelle des »katholischen Islam« einen »islamischen Protestantismus« ohne starr hierarchische Herrschaftsverhältnisse zu schaffen. Es sei falsch, eine religiöse Tradition – nur weil sie sich als selbstverständlich eingebürgert habe – schon unveränderbar als gottgewollt einzustufen. In diesem Zusammenhang forderte Aghajari, man müsse auch bei der Interpretation des Korans zeitbedingte, historisch wandelbare Aussagen von den ewigen »Kern«wahrheiten des Islam trennen. Solche Argumente hatten zwar schon ähnlich Staatspräsident Khatami und der religiöse Denker Sorush im Iran zum Ausdruck gebracht. Aber Aghajari ging als Historiker mit seiner Analyse noch konkreter auf die zeitbedingten Ursprünge religiöser Traditionen ein. Und dies erinnerte im Ansatz an die Methodik des Koranwissenschaftlers Abu Zaid, der, wie ich bereits schilderte, mit seiner textkritischen Analyse des Korans 1995 in Ägypten einem schweren Konflikt mit orthodoxen und radikal-orthodoxen Kreisen ausgesetzt war.[8]

Wichtige Auszüge von Aghajaris Rede sind am 18. Dezember 2002 in der deutschen Wochenzeitung »Die Zeit« veröffentlicht worden, so daß wir ein authentisches Bild auch vom unzweideutig scharfen Wortlaut gewinnen können. Es heißt dort unter anderem: »Die heutige schiitische Hierarchie ist eine Imitation der christlichen Kirche. Die Unterteilungen [...] sind katholisch, nicht islamisch. Manche Kleriker sind so angetan von dem, was sie zu tun versuchen, daß sie sich schon selbst für Ikonen halten.« Und: »Der heutige Islam sollte der Kern-Islam sein, nicht der Islam der Tradition. Der islamische Protestantismus ist ein vernünftiger, praktizierbarer und menschlicher Islam. Viele Leute, die an der islamischen Revolution keinen Anteil hatten, bewegen sich jetzt auf der öffentlichen Bühne und sagen, daß der traditionelle Islam der wahre Islam sei. [...] Gerade deshalb ist der Gedanke des islamischen Protestantismus wichtiger denn je.«[9]

Die religiöse Führung unter Ali Khamenei reagierte auf die aufsehenerregende Rede mit aller Härte, um weitergehende Diskussionen zu unterdrücken. Aber die »katholischen« Machthaber erreichten mit ihren Maßnahmen gegen den »Protestanten« genau das Gegenteil. Die Studentenproteste nahmen in vielen iranischen Städten immer größere Ausmaße an und drohten zu einem landesweiten Aufruhr auszuufern. Angesichts einer derart machtvollen Demonstration lenkte Religionsführer Khamenei ein und bot eine Neuaufnahme des Gerichtsverfahrens an. Mit dem Ergebnis, daß das Todesurteil in eine Haftstrafe von vier Jahren umgewandelt wurde. Bemerkenswert an diesen Vorgängen sind vor allem zwei Faktoren. Zum einen: Prominente Intellektuelle wagten sich mit ihrer Kritik an bestehenden Verhältnissen unter Einsatz selbst ihres Lebens immer weiter aus ihrer Deckung und fanden hierbei Rückhalt bei einer breiten Bildungsschicht. Zum andern: Die Machthaber ließen sich, trotz aller militärischen Überlegenheit, durch die heftigen Proteste der Bildungsschicht beeindrucken und sahen sich zu Zugeständnissen genötigt.

Aus westlicher Sicht muß hierbei am meisten überraschen, daß ein solcher Konflikt nicht etwa zwischen einer säkularen und einer islamistischen Gruppierung ausgetragen wird – sondern zwischen einer dialektisch beweglichen und einer starr dogmatischen Gruppierung *innerhalb* des islamistischen Lagers.

Die Situation bleibt explosiv. Nicht nur, daß inzwischen etliche Mullahs und Ayatollahs an den Schalthebeln der Macht genauso korrupt sind wie einst viele »säkulare« Politiker des Schah-Regimes. Hinzu kommt, daß weiterhin das soziale Elend wächst und die führenden Geistlichen nach wie vor keine wirksamen Rezepte zur Bekämpfung haben. Und so gewinnt im Iran die Diskussion weiter an Boden, ob es nicht besser sei, daß sich die Ulema aus der aktiven Politik zurückziehe und das Regieren wieder weltlichen Politikern mit detaillierten Kenntnissen in Wirtschaft und Verwaltung überlasse. Diese Kritik kann auch Khatami zur Gefahr werden. Zwar hat er beachtliche Popularität als Anwalt einer »islamischen Demokratie« gewonnen, aber die Wirtschaftskrise hat er nicht besser in den Griff bekommen als sein Vorgänger Rafsandjani.

Immer drohender werden die Anzeichen, daß der Gottesstaat Iran einer ähnlichen Explosion zusteuert wie einst das reformunfähige Regime der Pahlevi-Schahs. Das Mullah-Regime wird vom Volk zunehmend an jenen Ergebnissen gemessen, an denen einst der Schah gemessen wurde: Die Verheißungen für ein besseres, menschenwürdigeres Leben sind nicht eingelöst worden. Ein paar Jahrzehnte Macht schienen zu genügen, um zu zeigen, daß ein real existierender Gottesstaat im Grundsätzlichen vor den komplexen Herausforderungen einer modernen Gesellschaft kapitulieren muß. Inwieweit dann aber das Pendel zurückschlägt und vielleicht säkulare Tendenzen eine neue Chance erhalten, muß offenbleiben.

Möglicherweise wird der politische, auf Umsturz bedachte Islamismus keine größere Lebensdauer haben als der einst von uns so gefürchtete und doch so überraschend kurzlebige Sowjetkommunismus. Der Fundamentalismus – in welcher Kultur auch immer – scheint mir insgesamt nur eine Übergangserscheinung zu sein: eine unangemessene Antwort auf moderne Fehlentwicklungen. Das heißt jedoch nicht, daß mit seinem Niedergang die »Islamisierung« vieler Lebensbereiche – und damit die kritische Distanz gegenüber kulturellen Werten westlicher Industriestaaten – ein Ende haben muß. »Islamisierung« wird nur nicht mehr mit totalitärem Heilsanspruch gekoppelt sein, sondern sich darauf beschränken, das Unverwechselbare der eigenen Kultur gegenüber Einebnungstendenzen anderer Kulturen zu behaupten.

Eine solche Haltung kann sehr differenziert sein, ja vermag sogar eine Voraussetzung für einen echten Dialog zwischen unterschiedlichen Kulturen zu bilden. Dafür hat gerade Staatspräsident Khatami Maßstäbe gesetzt – er, der als bekennender Islamist mit dem real existierenden Gottesstaat Iran größte Schwierigkeiten hat. In der bereits erwähnten exemplarischen Abhandlung spricht er die geistige Herausforderung an, der die Muslime durch den »Westen« ausgesetzt sind, und kommt zu folgendem Befund: »Ich meine, daß die westliche Zivilisation eine kraftvolle Realität unserer Tage ist. Auch wenn der Westen für uns unangenehme politische Aspekte hat [...], so besteht der Westen nicht nur aus Politik und Wirtschaft. [...] Auf der einen Seite müssen wir vor den Unzulänglichkeiten des Westens auf der Hut sein, und auf der anderen Seite müssen wir seine Errungenschaften übernehmen. Beides ist möglich, wenn wir ein Stadium der geistigen und historischen Reife erreichen und die Kraft erlangen, zu erkennen und eine eigene Wahl zu treffen.«

Modellfall Afghanistan

Im September 1998 ließ der Gottesstaat Iran eine Viertelmillion Soldaten an der Westgrenze Afghanistans aufmarschieren. Die Drohung galt den 25 000 Soldaten, die auf der anderen Seite Stellung bezogen hatten – »Glaubenskrieger« des Gottesstaates der Taliban. Fast wäre es zum Krieg zwischen den beiden fundamentalistisch regierten Staaten gekommen, nachdem die Taliban ein Massaker unter pro-iranischen Afghanen angerichtet und bei dem Gemetzel auch noch neun iranische Diplomaten getötet hatten. Wie das? Hätte es nicht näher gelegen, daß die Regierungen sich gemäß ihrer antiwestlichen Ideologien verbrüdern und eine Abwehrfront gegen den »Westen« bilden? So zumindest müßten sich die Gottesstaaten nach unserer landläufigen Vorstellung verhalten. Aber wie sollte eine derartige Geschlossenheit selbstverständlich sein? Bereits die schweren innenpolitischen Konflikte im Iran haben ja gezeigt, daß es Fundamentalisten zeitweise nicht einmal gelingt, in den eigenen Reihen Einigkeit herzustellen.

Innenpolitisch noch heftiger zerstritten sind die Fundamentalisten in Afghanistan. Ihre unterschiedlichen Gruppierungen hatten nur kurzfristig nach dem Einmarsch der Sowjettruppen 1979 ein Bündnis gegen den »ungläubigen« Feind geschlossen, und damals hatten sie sich unter dem Namen »Mudschaheddin«, »Glaubenskrieger«, als Einheitsfront in unser Bewußtsein eingeprägt. Mit Hilfe der amerikanischen Regierung (die das Vordringen der Sowjetunion im zentralasiatischen Raum stoppen wollte) konnten die Mudschaheddin zwar 1988 den Abzug der sowjetischen Soldaten erzwingen und 1991 das pro-sowjetische Regime in Kabul besiegen, aber dann war es mit der Geschlossenheit der vielfältigen Kampfgemeinschaft auch schon wieder vorbei. Als der gemeinsame Feind fehlte, dominierten bei den afghanischen Stämmen plötzlich wieder die früheren konfessionellen und ethnischen Gegensätze von Sunniten und Schiiten, von Paschtunen, Usbeken, Tadschiken. Entsprechend waren die fundamentalistischen Gruppierungen aufgesplittert, und bald tobte der Krieg zwischen ihnen ebensoheftig – nun zerstritten über die Frage, welcher Stamm und welche Konfession in einem »islamischen Staat« die Vorherrschaft ausüben sollte.

In dieser Situation waren die Taliban an die Macht gekommen. Ihnen hatte es in der kurzen Zeit von 1994 bis 1996 gelingen können, nahezu vier Fünftel von Afghanistan zu unterwerfen. Dieser rasche Sieg war außergewöhnlich, denn über viele Jahrhunderte war es nur wenigen Stammesführern oder Königen möglich gewesen, über derart viele rivalisierende Gruppierungen zu regieren. Tatsächlich blieb aber auch die Herrschaft der Taliban von Anfang an labil, beschränkte sich in erster Linie auf die Städte und Dörfer in leicht kontrollierbarem Flachland, und selbst dort konnten sich die neuen Machthaber nur mit Einschüchterung und Gewalt halten.

Für die Taliban war diese Art von Sieg ohnehin nur möglich, weil das benachbarte Pakistan und die USA sie großzügig mit modernen Waffen und Geld ausgestattet hatten. Beide Staaten hatten sich bei dieser Hilfe von dem strategischen Interesse leiten lassen, sie würden mit den straff organisierten Taliban endlich eine durchsetzungsfähige Ordnungsmacht in Afghanistan und damit stabile – berechenbare – Verhältnisse bekommen. Mit der Unterstützung eines solchen Regimes wollten sie die Voraussetzungen schaffen, um eine Pipeline von den Erdölfeldern Kasachstans quer durch Afghanistan und Pakistan zum Indischen Ozean zu legen. Daß sich das Taliban-Regime bald als eines der schlimmsten Unterdrückungssysteme des ganzen islamischen Orients erwies, nahmen sowohl Pakistan als auch die USA widerspruchslos in Kauf. Erst als die Taliban 1996 der Terror-Organisation Al Qaida Unterschlupf gewährten (wie ich im nachfolgenden Kapitel über den »islamischen« Terrorismus noch ausführlich darstellen werde) – erst dann entzogen die USA und später auch Pakistan (auf amerikanischen Druck hin) dem Taliban-Regime die Unterstützung. Und als dann im Oktober 2001, einen Monat nach dem Terroranschlag der Al Qaida auf das World Trade Center und das Pentagon, alliierte Truppen unter Führung der USA das Taliban-Regime stürzten, war die Situation in Afghanistan wieder wie die Jahrzehnte zuvor: Die Macht der Zentralregierung kann sich effizient nur in der Hauptstadt Kabul und den umgebenden Regionen entfalten, dagegen regieren in den Provinzen die Stammesfürsten und Klanführer nach eigenem Gutdünken. Und zur traurigen Regel sind wieder Fehden und Machtkämpfe rivalisierender Klans geworden. Die Lage kompliziert sich dadurch, daß in entlegenen Gegenden die flüchtigen Anhänger der Taliban sich neu formieren und mit Überfällen auf ihre Gegner ebenfalls zur Unsicherheit des Landes beitragen.

Allerdings vertreten die meisten der rivalisierenden Klans und Stämme einen ähnlich radikalen Fundamentalismus wie die Taliban. Aber hierbei sind die einzelnen islamistischen Gruppierungen in ihren Streitigkeiten wieder derart mit sich selbst beschäftigt, daß es ihnen fernliegt, eine geschlossene Formation gegen »ungläubige« Feinde aus westlichen Staaten zu bilden. Ohnehin haben sie nie ein Interesse an Entwicklungen außerhalb ihres Herrschaftsbereichs gezeigt. Hier sind sie den Taliban ähnlich, weichen aber völlig von den globalen Intentionen der Al Qaida ab. Die untereinander zerstrittenen afghanischen Stämme werden erst dann wieder zu einer einheitlichen Stoßrichtung gegen westliche Staaten finden, wenn sie sich durch einen Angriff von außen in ihrer Unabhängigkeit bedroht fühlen.

Inzwischen sind die Taliban aus dem Bewußtsein der Weltöffentlichkeit so rasch verschwunden, wie sie ein Jahrzehnt zuvor aufgetaucht sind. Trotzdem lohnt es sich, ihre Struktur näher zu betrachten. Denn vergleicht man die Ideologie dieser afghanischen Fundamentalisten, dann bekommen wir einen weiteren Eindruck davon, welch unterschiedliche, ja extrem gegensätzliche Gebilde der Islamismus hervorbringen kann.

Das arabische Wort »Talib« bedeutet »Schüler«, im übertragenen Sinn Koranschüler. Der persisch gebildete Plural ist »Taliban«. Ihre Bewegung hatte sich aus einem Stamm der Paschtunen gebildet, die mit ihrer Bevölkerung rund 60 Prozent der Afghanen ausmachen. Die Taliban vertraten unter den fundamentalistischen Gruppierungen eine besonders radikale Form sunnitischer Rechtgläubigkeit. Ihre Intoleranz richtete sich vor allem gegen Schiiten, so auch gegen den schiitischen Gottesstaat Iran. Ihre Abneigung demonstrierten sie jedoch fast ebensoheftig gegen gemäßigte Sunniten und letztlich gegen alle Nicht-Paschtunen.

Die eigentlichen Ursachen für die Feindschaft zwischen beiden Gottesstaaten liegen aber tiefer, sie gründen nicht nur auf dem konfessionellen Gegensatz von Schiiten und Sunniten, nicht nur auf dem ethnischen Gegensatz von Iranern und Paschtunen. Verschärfend kommt hinzu, daß die iranischen Mullahs und die Geistlichen der Taliban ein sehr unterschiedliches Zivilisationsniveau im Hintergrund haben – was erheblich ihre jeweilige Auffassung von Religion und Politik beeinflußt.

Im Iran hat es bereits unter den Schahs der Pahlevi-Dynastie einen beträchtlichen Modernisierungsschub gegeben, wenngleich er nur einer schmalen Oberschicht zugute kam. Aber auf dieser Basis konnte das Mullah-Regime das Bildungswesen beträchtlich verbessern. Zu Beginn der Islamischen Republik 1979 waren noch 63 Prozent der Iraner Analphabeten, aber ihre Rate ist an der Wende zum 21. Jahrhundert auf 28 Prozent gesunken – der Iran hat sich mit diesem Ergebnis ins Spitzenfeld der islamischen Länder geschoben; nur noch der Libanon, Jordanien und die Türkei haben eine bessere Alphabetisierung vorzuweisen. Geradezu umgekehrt Afghanistan: Auch noch im Jahr 2003 beträgt die Rate der Schreib- und Leseunkundigen 68 Prozent, das Land rangiert also nach wie vor am unteren Rand der Skala. Selbst viele Mitglieder der Taliban, die sich gemäß ihrem Namen als »Koranschüler« verstehen, können weder lesen noch schreiben; ihre Korankenntnisse verdanken sie nur einem oberflächlichen mündlichen Unterricht. Entsprechend vage nur kann ihre Vorstellung eines »reinen Islam« am Koran orientiert sein, und nur gar zu rasch neigen sie dazu, die über Jahrhunderte konservierten und erstarrten Stammestraditionen mit den Idealen einer »ursprünglich islamischen« Gesellschaft gleichzusetzen.

Voller Unverständnis mußten daher die meisten Ideologen des Taliban-Gottesstaates die Vorgänge im benachbarten Gottesstaat Iran beobachten. Ihnen erschien es bereits als schwerer Verstoß gegen den Willen Gottes, daß Frauen im Iran höhere Schulen besuchen, sogar akademische Berufe ausüben, das Wahlrecht besitzen, ja, manche Frauen darüber hinaus als Abgeordnete in das Parlament gewählt worden sind und politische Funktionen ausüben. Nicht minder irritieren mußte die Taliban, daß unter der Herrschaft iranischer Mullahs Film und Fernsehen nicht als Teufelswerk verdammt sind, sondern eine große Rolle spielen.

Unter dem Regime der Taliban wurden Gesetze eingeführt, wie sie selbst in vielen anderen extrem traditionalistischen Staaten nicht mehr praktiziert werden. Entsprechend stieß das Rechtswesen der Taliban bei vielen Gläubigen quer durch die islamische Welt auf Unverständnis, ja, ranghöchste sunnitische wie schiitische Geistliche lehnten viele der Verordnungen strikt als »irregeleitet« ab – so die Korangelehrten der Al-Azhar-Universität in Kairo, der wichtigsten Lehrautorität der Sunniten, so die Ayatollahs in Ghom, dem geistigen Zentrum der iranischen Schiiten. Bei den Taliban wurde ein Muslim mit dem Tod bestraft, wenn er zu einem anderen Glauben übertrat. Mit dem Tod bedroht waren auch Christen, sofern sie in den Verdacht gerieten, Muslime zum Glaubensabfall zu bewegen. Zusätzliche Verbote wurden besonders für Frauen erlassen. Frauen waren wieder in die Totalverschleierung gezwungen, so daß selbst die Augen hinter einem Gazevorhang verborgen sind. Außerdem war Frauen das Wahlrecht, der Besuch höherer Schulen und die Berufstätigkeit rigoros entzogen. Männer wurden zur Barttracht wie zur traditionellen Kleidung, etwa Turban und Pluderhose, verpflichtet. Westliche Kleidung war ebensostrikt verboten wie Kino, Fernsehen und Musikkassetten. Das Land war auf archaische Verhältnisse festgelegt, wie ich sie 1964 bei meiner Reise durch Afghanistan ohnehin noch durchweg angetroffen habe. Damals war das Land noch kaum von westlichem Einfluß berührt gewesen.

Die Taliban versuchten also nur, das Rad der Geschichte um vier Jahrzehnte zurückzudrehen – nicht auf den »ursprünglichen Islam«, wie sie selbst vorgaben, sondern auf eine vorindustrielle, feudalistisch zutiefst erstarrte Lebensform. Mit ihrem Widerstand sogar gegen jede oberflächliche Modernisierung stand das Taliban-Regime unter fundamentalistischen Bewegungen einzigartig da. Nur was Autos und Waffentechnik betraf, waren die »Glaubenskrieger« für moderne Errungenschaften aufgeschlossen. Das war kein Zufall, schließlich hatten sie mit schnell beweglichen Fahrzeugen und hochentwickelten Waffen (teils amerikanischer Lieferungen) einen Großteil Afghanistans erobert.

Mit moderner Waffentechnik vollzogen die Taliban dann auch ein Zerstörungswerk, das ihr Regime in einer neuen Variante des religiösen Fanatismus präsentierte: Im März 2001 vernichteten Soldaten der Taliban mit Panzern und Raketen die weltberühmten Buddha-Statuen von Bamiyan. Es waren Monumentalstatuen, die im 4. und 5. Jahrhundert unserer Zeitrechnung aus der Felswand eines afghanischen Hochtals gemeißelt worden sind und zusammen mit prachtvollen Klöstern ein Zentrum buddhistischer Religiosität gebildet haben, einst viel besucht von Reisenden der legendären Seidenstraße. Mit 55 und 38 Metern Höhe sind die beiden Buddha-Statuen die größten der Welt gewesen, ein einmaliges multikulturelles Ensemble mit indischen, griechischen und chinesischen Einflüssen und als solche Kostbarkeit von der UNESCO zum Weltkulturerbe erklärt. Das geistliche Oberhaupt der Taliban hatte die Zerstörung mit dem Argument begründet, die Götzen könnten von Irregeleiteten wieder angebetet werden.

Indem die Taliban die Buddha-Statuen von Bamiyan vernichteten, konnten sie sich allerdings auf weit zurückreichende Traditionen berufen. Schon im Jahr 871 hatten muslimische Eroberer, kaum nachdem sie im Tal von Bamiyan eingerückt waren, den Buddhas die Gesichter zerschlagen und die Klöster zerstört. Und noch fast ein Jahrtausend später hatten muslimische Truppen die Statuen als Übungszielscheibe für ihre Geschütze benützt. Muslime ließen in diesem Fall nicht jene Toleranz walten wie gegen sakrale Stätten der Christen, Juden und Zarathustrier. Denn während sie Kirchen, Synagogen und zarathustrische Feuertempel als Verehrungsstätten des »einen« Gottes ansahen und daher schonten, erschienen ihnen die Kultstätten von Buddhisten wie auch von Hindus als Tempel der

»Vielgötterei«, deren Statuen als »Götzen«. Religiöser Respekt mußte in diesem Fall nicht bezeugt werden, im Gegenteil, gnadenlose Vernichtung schien angemessen. Entsprechend haben Muslime überall im buddhistischen wie auch hinduistischen Kulturkreis gewütet (ich werde darauf ausführlich im Kapitel »Muslimische Intoleranz gegen den Hinduismus« zurückkommen). Das vorislamische Afghanistan war aus der Sicht orthodoxer Muslime eine solche »heidnische« Region. Nur fehlten den Machthabern früherer Jahrhunderte die hochentwickelten Waffen, mit denen sich derart mächtige Statuen wie die von Bamiyan bis auf den letzten Rest zerstören ließen, und so zogen es die Fanatiker früherer Generationen vor, die »tote« Vergangenheit des »Götzenkults« zu ignorieren. Aus diesem Grund nur haben die Buddha-Statuen mit ohnehin zerschlagenen Gesichtern so lange überdauert.

»Barbarei«, »Vandalismus« ... Daß die westliche Welt einhellig mit Empörung, ja Entsetzen reagierte, ist verständlich angesichts unseres eigenen kulturellen Hintergrunds. Zwar finden sich auch in der christlichen Vergangenheit derartige Exzesse – angefangen von der Zerstörung »heidnischer« Tempel der Antike bis hin zur Bilderstürmerei protestantischer Fanatiker in katholischen Kirchen. Aber spätestens während des 18. und 19. Jahrhunderts hat sich bei uns in Europa die Haltung durchgesetzt, die Zeugnisse fremder Religionen als »Kultur« und »Kunst« zu schätzen, ja mehr noch, die Überreste untergegangener Kulturen museal sorgfältig zu konservieren.

Überraschen muß uns eher, daß auch viele islamische Staaten auf den Zerstörungsakt der Taliban ablehnend reagierten. So besonders Ägypten, Marokko, Tunesien, die Türkei, Indonesien. Aber diese Staaten besitzen eine westlich beeinflußte Bildungsschicht, und sie betrachtet seit mehr als einem Jahrhundert Tempelruinen und Bildnisse vorislamischer Kulturen als Teil der eigenen Geschichte, restauriert sie museal und erschließt sie gewinnbringend dem Tourismus. Doch selbst in Pakistan, dessen Regierung etliche Jahre politisch enge Kontakte mit dem Taliban-Regime pflegte, gab es Kritik an der Zerstörung der Buddha-Statuen. Zwar sympathisiert ein beträchtlicher Teil des ungebildeten und sehr armen Volkes (rund 50 Prozent der Pakistani sind Analphabeten) mit dem rigorosen Islamismus im Nachbarstaat Afghanistan. Aber zumindest die schmale Bildungsschicht sieht buddhistische Ruinenstätten und Skulpturen als »kulturelles Erbe« an, dies schon seit der britischen

Kolonialzeit. Schließlich hat Gandhara, eine Landschaft im Grenzgebiet von Pakistan und Afghanistan, den weltberühmten Namen für eine griechisch beeinflußte Kunstrichtung des Buddhismus (die ersten Buddha-Figuren überhaupt) gegeben.

Auch das iranische Mullah-Regime reagierte ablehnend auf den Zerstörungsakt in Afghanistan. Dabei wäre es dort im ersten Jahr der Islamischen Republik beinahe zu einer ähnlichen Barbarei wie bei den Taliban gekommen. Radikale Aktivisten hatten versucht, mit Bulldozern die weltberühmten altpersischen Ruinen von Persepolis zu zerstören, die sie als »heidnisch« ansahen. Aber ihnen waren damals Einheimische mit Gewehren entgegengetreten und hatten sie vertrieben. Es war bei diesem einen Versuch geblieben. Die radikal-islamische Regierung unter Khomeini stand nicht hinter der Aktion, denn auch strikt orthodoxe Muslime können die Ruinen von Persepolis als Zeugnis der zarathustrischen Kultur – geistig verwandt mit dem Islam – verstehen, selbst wenn viele der Bildnisse dort »heidnische« Elemente aufweisen.

Wie schroff der Kontrast zwischen dem iranischen und afghanischen Gottesstaat kulturell eigentlich ist, empfand ich besonders an jenem 1. März 2001, als die Nachricht über die Zerstörung der Buddha-Statuen von Bamiyan um die Welt ging. Zur gleichen Zeit fand im Kunsthistorischen Museum von Wien eine großangelegte Ausstellung mit Leihgaben aus dem Nationalmuseum von Teheran statt: »7000 Jahre persische Kunst« (eine Wanderausstellung mit späterer Präsentation in anderen europäischen Städten). Gezeigt wurden kostbare Objekte überwiegend aus vorislamischer Zeit: nicht nur Gefäße und Ritualgeräte aus altiranischen Fürstenhöfen, nicht nur Statuen und Bildnisse altpersischer Gottkönige, nicht nur Standbilder der altpersischen Zarathustra-Religion, sondern auch Bildnisse »heidnischer« Gottheiten aus einer Zeit, lange bevor Zarathustra im Iran gepredigt hatte.

Modellfall Türkei

Im Dezember 1995 geschah in der Türkei das bisher Undenkbare: Bei den Parlamentswahlen wurde die fundamentalistische »Refah-Partisi« (»Wohlfahrtspartei«) stärkste Partei des Landes. Mehr noch, ihr Führer Necmettin Erbakan wurde im Juni des folgenden

Jahres Ministerpräsident, und damit regierte zum ersten Mal seit der Gründung der Republik Türkei vor sieben Jahrzehnten ein Islamist das Land.

Der Fundamentalismus hat also auch in der Türkei zu einer wichtigen politischen Kraft werden können – ausgerechnet dort, wo sich die säkulare und laizistische Staatsidee innerhalb der islamischen Welt am frühesten und nachhaltigsten entfaltete. Erschüttert ist die langgehegte Vorstellung, daß die Türkei mehr als andere islamische Staaten ein Bollwerk gegen die sogenannte »Islamisierung« bilden könnte. Wie aber hat es gerade in der Republik Atatürks zu einer derartigen Entwicklung kommen können?

Der politische Vormarsch muslimischer Fundamentalisten in der Türkei ist – wie in allen islamischen Staaten – mit der Krise des etablierten Parteiensystems verknüpft. Auf türkische Verhältnisse bezogen bedeutet das vor allem die Krise jenes strikt laizistischen Modells, das Atatürk geschaffen hat.

Die Krise hat einen kulturell-religiösen und einen sozialen Aspekt. Atatürks Reformen waren ja, wie ich in anderen Zusammenhängen schon erörterte, derart radikal, daß die Mehrheit der traditionell lebenden Bevölkerung zutiefst verunsichert sein mußte. Die Tradition ist durch die Regierenden total in Frage gestellt worden, ohne daß es den Politikern gelingen konnte, einen nachhaltigen Dialog zwischen einer westlich orientierten Bildungsschicht und traditionell orientierten Gläubigen herzustellen. Zum andern haben die Reformer eine Reihe ihrer Fortschrittsversprechungen nicht einlösen können. Wenn auch die Türkei seit den siebziger und achtziger Jahren immer wieder beachtliche Wachstumsraten ihrer Industrie aufweisen kann, so ist der steigende Lebensstandard nur einem Teil der Bevölkerung zugute gekommen. Viele Regionen besonders im Osten der Türkei sind extrem vernachlässigt geblieben. Ein Fortschritt nach westlichem Vorbild hat Vorteile vor allem für jene gebracht, die ohnehin ökonomisch begünstigt sind. Und je mehr sich die Kluft zwischen den sozial Begünstigten und sozial Benachteiligten vergrößerte, desto mehr wuchsen die Ressentiments der letzteren gegen die Reformer. Und desto mehr gedieh die Sehnsucht nach einer (idealisierten) Vergangenheit, in der die Tradition noch Halt gegeben hat. Gerade derartige Gefühle religiöser wie sozialer Entwurzelung bilden ja den typischen Nährboden für den islamischen Fundamentalismus.

Die Symptome eines kulturell-religiösen Defizits waren in der Türkei schon Mitte des 20. Jahrhunderts auffällig zutage getreten. Nachdem Atatürks Nachfolger Ismet Inönü 1945 ein demokratisches Mehrparteiensystem eingeführt hatte, waren sofort oppositionelle Parteien mit Kritik am strikten Laizismus Atatürks entstanden. Und als 1950 die oppositionelle »Demokratische Volkspartei« unter Führung von Adnan Menderes die Wahlen gegen Atatürks »Republikanische Volkspartei« gewonnen hatte, machte die neue Regierung ihr Versprechen wahr, den Islam als Religion und Kultur öffentlich wieder mehr zur Geltung zu bringen. Seit Anfang der fünfziger Jahre darf der Ruf zum Gebet wieder fünfmal täglich vom Minarett erschallen – und zwar in arabischer Sprache, der Sprache des Korans, wie es orthodoxe Muslime forderten, und nicht auf türkisch, wie es die bisherige Regierung nur hatte zulassen wollen. Nun war auch Religionsunterricht an Schulen zugelassen (allerdings nicht als Pflichtfach, dies kam erst während der achtziger Jahre), ebenso konnten Koranschulen jetzt neben öffentlichen Schulen betrieben werden, erlaubt waren jetzt auch Koranlesungen im Rundfunk.

Diese Reformen standen aber nicht unter dem Motto »Zurück zum Islam«, bedeuteten also keine »Re-Islamisierung« eines religiös gleichgültig gewordenen Volkes, denn im Bewußtsein breiter Bevölkerungsschichten hatte der Islam nie an Bedeutung verloren. Die Religion sollte nur wieder stärkeres Gewicht im öffentlichen Leben bekommen, ohne daß die verschiedenen Parteien das laizistische Prinzip – die strikte Trennung von Religion und Politik – grundsätzlich in Frage stellten.

Eine derartige Entwicklung hatte noch wenig mit dem Aufkeimen eines islamischen Fundamentalismus zu tun. Dies wurde erst anders, als Necmettin Erbakan Anfang der siebziger Jahre die politische Bühne betrat und eine Partei mit islamistischer Ideologie gründete. Bei den Wahlen von 1973 erntete seine »Nationale Heilspartei« auf Anhieb 11,8 Prozent der Stimmen. Als diese Partei 1980 auf Druck des Militärs hin wegen »verfassungsfeindlicher« Tendenzen verboten wurde, gründete Erbakan 1983 eine neue Partei unter dem Namen »Refah-Partisi«, »Wohlfahrtspartei«. Diese Partei sollte dann bei ständig wachsender Popularität schließlich 1995 zur stärksten politischen Kraft des Landes werden.

Was unterscheidet Erbakans Programm grundsätzlich von den

pro-islamischen Absichtserklärungen der bisherigen Parteien? An welchem Punkt überschritt Erkaban eine Tabugrenze?

Erbakan forderte, die Trennung religiöser und politischer Institutionen müsse grundsätzlich aufgehoben werden, die Scharia sei wieder einzuführen, und ein Gremium geistlicher Rechtsgelehrter solle wieder wie einst zur Osmanenzeit alle Entscheidungen der Politiker kontrollieren. Ein solches Programm bedeutete eine eindeutige Absage an das laizistische Modell, es konnte nach geltendem türkischem Recht nur als »verfassungsfeindlich« eingestuft werden.

Erbakan rückte mit derartigen Parolen (die er aus taktischen Gründen nur selten unverhüllt äußerte) in die Nähe arabischer Islamisten. Trotzdem weist sein Programm gegenüber arabischen Positionen beträchtliche Unterschiede auf – eben weil die Rahmenbedingungen im türkischen Kulturraum völlig anders sind.

Zunächst die Gemeinsamkeiten.

Gemeinsam ist allen islamistischen Bewegungen, daß sie den Niedergang der einzelnen islamischen Staaten nicht auf die Strukturkrisen in der eigenen Gesellschaft zurückführen – sondern auf die »Verwestlichung«. Die Muslime hätten sich dazu verleiten lassen, Elemente westlicher Philosophie und Gesellschaft zu übernehmen. Und besonders verhängnisvoll sei in diesem Zusammenhang gewesen, daß eine Reihe Politiker angefangen hätten, die Bereiche von Religion und Politik völlig zu trennen.

Aus dem Westen wollen die Islamisten zwar die technischen Errungenschaften übernehmen, keinesfalls jedoch irgendwelche Anregungen aus der Philosophie und staatlicher Organisation. Daher bedeutet es keinen Widerspruch, daß gerade viele der führenden Islamisten technische Berufe ausüben und teilweise auch das westliche Ausland aus eigener Erfahrung kennen. Erbakan zum Beispiel ist Maschinenbauingenieur, studiert hat er in Aachen und längere Zeit in Köln gearbeitet, außerdem war er 1973 in einer türkischen Koalitionsregierung Industrieminister. »Mit Koran und Computer in die Zukunft« ist eine gängige Losung auch bei Islamisten.

»Zurück zum ursprünglichen Islam!« Diese Parole gilt für alle Islamisten. Aber beträchtliche Unterschiede zeigen sich bei der Frage, auf welche Epoche denn die Ideologen ihre Idealvorstellungen projizieren. Die meisten Islamisten arabischer Länder und des

Iran fordern die Rückbesinnung auf jene Gesellschaftsform, wie sie in den ersten vier Jahrzehnten des Islam, von Mohammed bis Kalif Ali, bestanden hat. Jede spätere Entwicklung bedeutet aus ihrer Sicht nur noch Fehlentwicklung, nur noch Abwendung vom ursprünglichen Islam. Sie verurteilen damit selbst schon die kulturelle Glanzzeit des Kalifats von Bagdad als eine Epoche des Niedergangs, erst recht das Sultanat der Osmanen.

Anders die meisten türkischen Islamisten. Sie möchten die sozialreligiöse Struktur gerade des Osmanenreiches (zumindest in Grundzügen) wiederherstellen. Sie bleiben damit betont innerhalb der türkischen Tradition. Auch verzichten sie ausdrücklich darauf, einen gewaltsamen Umsturz und die Diktatur eines islamischen Gottesstaates anzustreben. Sie bekennen sich dazu, ihre Ziele auf demokratischem Weg durchzusetzen und die Entscheidung der Wähler zu respektieren.

Eine abweichende Position nehmen nur etliche kleinere türkische Gruppierungen ein, auf die ich wegen der gebotenen Kürze nicht in Einzelheiten eingehen kann. Sie propagieren die Diktatur eines Gottesstaates, sie wollen die Türkei in eine »Islamische Republik« umwandeln. Da diese Gruppierungen alle in ihrem Herkunftsland verboten sind, entfalten sie ihre Aktivitäten hauptsächlich unter Türken in Deutschland, denn hier müssen sie nicht die Verfolgung durch türkische Behörden fürchten. Zu erwähnen wäre besonders der »Verband der islamischen Vereine«. Ihr Führer war Cemalettin Kaplan, ein extremer Prediger, der bis zu seinem Tod 1995 immer wieder für Schlagzeilen sorgte, indem er den Sturz der »gottlosen türkischen Republik« forderte; seine muslimischen Gegner haben ihn spöttisch den »Khomeini von Köln« genannt. Sein Sohn und Nachfolger Metin Kaplan hat einen ähnlich zweifelhaften Ruf, ja, er wurde im Jahr 2000 wegen öffentlichen Aufrufs zum Mord an einem Rivalen durch ein deutsches Gericht zu vier Jahren Gefängnis verurteilt. Aber repräsentativ sind solche Gruppierungen nicht einmal für die türkischen Islamisten, geschweige denn für die Mehrheit der gläubigen Muslime.

Nachhaltiger Erfolg blieb nur der islamistischen Refah-Partei des Necmettin Erbakan beschieden. Ihren großen Zuwachs an Wählerstimmen erhielt sie in den achtziger und neunziger Jahren – zu einer Zeit großer sozialer und kultureller Umbrüche. Damals hatte bei den Bauern Anatoliens eine bis dahin nicht gekannte Landflucht eingesetzt. Im Zeitraum von 1970 bis 2000 war der Anteil der Stadtbewohner von 30 Prozent auf nahezu 70 Prozent gestiegen, waren viele der industriell entwickelten Großstädte um das Drei- bis Vierfache ihrer Einwohnerzahl gewachsen. Mit problematischen Folgen. Fast die Hälfte der Zuwanderer lebt in Slums, in sogenannten Gecekondus, viele von ihnen ohne Hoffnung, jemals einen gesicherten Arbeitsplatz zu bekommen, sie vegetieren als Gelegenheitsarbeiter. Der größte Teil der Zuwanderer konzentriert sich auf die aus allen Nähten platzenden Ballungsräume von Istanbul, Izmir, Ankara. Besonders kraß ist die Entwicklung in Istanbul: 1970 hatten dort rund 3 Millionen Menschen gelebt, aber 30 Jahre später sind es rund 12 Millionen.

Viele der Slumbewohner sind sozial wie ideell völlig entwurzelt. Und vor allem diese Entwurzelten sind anfällig für die Parole: Zurück zur ursprünglichen islamischen Gesellschaft. Erst wenn die Politiker sich wieder voll und ganz an den Grundsätzen von Koran und Scharia orientieren würden, könne ein Ausweg aus der sozialen Krise gefunden werden. Ein Fortschritt nach westlichem Vorbild müsse, weil nicht von Gott geleitet, nach einer kurzen Scheinblüte in den Niedergang führen.

Es ist kein Zufall, daß die Islamisten der Refah-Partei ihre ersten Massenerfolge in den Großstadtslums ernteten. Aber was ihre Erfolge stabilisierte: Den religiösen Parolen ließen die islamischen Aktivisten soziales Engagement folgen. Seit den achtziger Jahren organisierten Politiker der Refah-Partei Suppenküchen für sozial Bedürftige, private Hilfsdienste im Krankheitsfall, Arbeitsvermittlung, finanzielle Beihilfen für Schüler aus ärmeren Familien, kostenlose Wasserbenutzung. Genau an solchen Maßnahmen fehlt es nach wie vor bei den etablierten Parteien der Türkei; diese haben sich im Verlauf der Jahrzehnte zunehmend nur noch um die Erhaltung ihrer eigenen Pfründen gekümmert und kaum Strategien für eine wirksame Sozialpolitik entwickelt. Bezeichnend war es, daß nach dem schweren Erdbeben im August 1999 die Regierungsparteien anfangs sehr passiv blieben. Bei der Bevölkerung löste dies große Empörung aus. Geholfen haben vor allem ausländische Organisationen – und an zweiter Stelle private Hilfsdienste der Islamisten. Desto mehr wirkt dann bei sozial Enttäuschten die islamistische Parole: Man solle auf der Grundlage von Koran und Scharia einen echten Wohlfahrtsstaat schaffen, denn die unislamisch-säkularen Politiker seien dazu nicht in der Lage, seien viel zu korrupt. Der Name »Wohlfahrtspartei« war von Erbakan absichtsvoll in Hinblick auf Notleidende gewählt worden.

Was aber hindert die Islamisten daran, in der Türkei auf längere Zeit zu regieren?

Auf den ersten Blick bildet die drückende Macht des Militärs die hauptsächliche Barriere für einen weiteren Aufstieg der Islamisten. Nichts geschieht in der Türkei ohne Zustimmung der Generäle, und dies engt das demokratische System erheblich ein. Die Generäle als »Wächter« der laizistischen Verfassung zwangen 1997 den demokratisch gewählten Ministerpräsidenten Erbakan nach nur einjähriger Amtszeit zum Rücktritt – mit der Begründung, er gefährde mit seiner Politik das Erbe Atatürks. Im Januar 1998 verbot das Verfassungsgericht auf Druck des Militärs hin außerdem die Refah-Partei als »verfassungsfeindlich«.

Solche Vorgänge erinnern an Algerien. Aber es gibt einen wesentlichen Unterschied: Anders als die algerischen Islamisten haben sich die türkischen Islamisten dem Druck des Militärs gebeugt, sie versuchten keinen Bürgerkrieg aus dem Untergrund heraus zu organisieren. Statt dessen gingen sie daran, eine neue Partei mit dem Namen »Tugendpartei« zu gründen. Und als diese Partei im Juni 2001 wiederum auf Druck des Militärs hin verboten wurde, gründeten die Islamisten unter dem arabischen Namen »Saadet« (»Glückseligkeit«) ein weiteres Mal eine Partei – und wieder mit dem offiziellen Bekenntnis, die Prinzipien eines säkularen, laizistischen Staates zu respektieren. Dies war die einzige Möglichkeit, einem neuen Verbot vorzubeugen.

Sehen wir uns das Kräfteverhältnis unter den einzelnen demokratisch gewählten Parteien in der Türkei näher an, dann verstehen wir, daß den Islamisten bei nüchternem Abwägen gar nichts anderes übrig blieb, als sich dem Druck der Verfassungsrichter und des Militärs zu beugen. Denn sie besitzen weit weniger als die Islamisten in vielen anderen Ländern eine Massenbasis; jede Provokation zur Gewalt würde ihre Existenz massiv gefährden. Selbst zur Zeit ihrer größten Wahltriumphe waren die Islamisten weit davon entfernt, etwa wie in Algerien über die Hälfte der Wähler um sich zu scharen. Als die Refah-Partei 1995 die stärkste politische Kraft der Türkei geworden war, konnte sie gerade 21,8 Prozent der Stimmen auf sich vereinen. Ihr Vorsprung gegenüber zwei konkurrierenden säkularen Parteien war nur äußerst knapp: diese folgten mit 19,6 und 19,1 Prozent. Schon bei den Parlamentswahlen von 1999 konnte die »Demokratische Linkspartei«, eine sozialdemokratische Partei in großer ideologischer Nähe zu Atatürk, mit 22 Prozent der Wählerstimmen wieder die Führung übernehmen.[10]

Im Endergebnis heißt das: Die türkische Gesellschaft ist viel zu sehr in zahlreiche unterschiedliche Gruppierungen aufgefächert, als daß es den Islamisten auch nur im Ansatz gelingen könnte, eine religiös-politische Staatsordnung mit der Scharia als Grundlage durchzusetzen.

Aber im Spätherbst 2002 veränderte sich die türkische Parteienlandschaft grundlegend – und was nun eintrat, schien auf den ersten Blick der oben geäußerten Einschätzung grundsätzlich zu widersprechen. Vorzeitige Neuwahlen waren ausgeschrieben worden, weil wieder einmal ein Interessenkonflikt die Regierungskoalition unter dem sozialdemokratischen Ministerpräsidenten Bülent Ecevit entzweit und das politische Leben in der Türkei gelähmt hatte. Am 4. November dieses Jahres erzielte die »Partei für Gerechtigkeit und Entwicklung« (AKP) mit 34 Prozent der Wählerstimmen einen Erdrutschsieg über die etablierten Parteien. Fast alle jene Parteien, die bisher zwischen 10 und 20 Prozent der Wähler für sich hatten gewinnen können, scheiterten diesmal an der Zehn-Prozent-Hürde, die das türkische Gesetz für einen Einzug ins Parlament setzt. Die AKP konnte auf diese Weise eine absolute Mehrheit, ja fast eine Zweidrittelmehrheit erringen, was es schon seit Jahrzehnten in der Türkei nicht mehr gegeben hat. Die AKP war aber erst 2001 gegründet worden und verstand sich ausdrücklich als »islamisch«.

Bei westlichen Beobachtern sorgte besonders der Führer dieser Partei, Recep Tayyip Erdogan, für Aufsehen, ja Irritation. Erdogan hatte noch wenige Jahre zuvor in der islamistischen »Wohlfahrtspartei« eine wichtige Rolle gespielt, er hatte gar Necmettin Erbakan stolz als seinen politischen Ziehvater bezeichnet. Und ausgerechnet Erdogan hatte in Meinungsumfragen schon etliche Monate vor der Wahl als der populärste Politiker der Türkei gegolten – dies, obwohl er 1998 auf Druck des Militärs hin für drei Jahre alle politischen Ämter hatte niederlegen müssen und eine viermonatige Gefängnisstrafe wegen »islamistischer Volksverhetzung« verbüßte. Der Grund seiner Verurteilung war eine Rede gewesen, in der er die Verse eines türkischen Dichters zitiert hatte: Minarette werden unsere Bajonette sein, Kuppeln von Moscheen unsere Macht ...

Also doch wieder ein Islamist an der Regierung? Und dies sogar mit einem bisher unvorstellbaren Stimmenvorsprung vor allen Parteien mit säkularer Ideologie?

Erdogan siegte eindrucksvoller, als dies dem einstigen politischen Ziehvater Erbakan je hatte gelingen können. In der Opposition konnte sich nur noch die »Republikanische Volkspartei« halten, die einst von Atatürk gegründet worden war, sie mußte sich diesmal jedoch weit abgeschlagen mit rund 19 Prozent der Wählerstimmen begnügen. Die Partei Atatürks war nun die einzige, die weiterhin eindeutig die Interessen der urbanen, säkular und laizistisch denkenden Wählerschichten vertrat, unter anderem auch die der (unorthodoxen) Aleviten. Dagegen hatte Erdogans Partei dafür geworben, ein Sammelbecken für die vielen konservativen sunnitischen Muslime zu sein. Die »islamische« AKP hatte mehrheitlich Wähler angezogen, die in Dörfern und Kleinstädten wohnen, vor allem jedoch als Zuwanderer aus ländlichen Gebieten in den ärmeren Vierteln der rasch wachsenden Städte leben. Attraktiv war die AKP allerdings auch für viele Protestwähler geworden, die zwar »säkular« denken, sich jedoch von der Mißwirtschaft und Korruption der etablierten säkularen Parteien zunehmend abgestoßen fühlten. Und dies ist der bemerkenswerteste Umbruch bei der Parlamentswahl vom 4. November 2002: Sogar liberalere Wähler trauten plötzlich einer »islamischen« Partei noch eher als den bisherigen Parteien zu, die schwierigen sozialen Probleme der Türkei zu meistern. Aber weshalb schreckte die Protestwähler nicht das ideologische Prädikat »islamisch«?

Die AKP des Wahlsiegers Erdogan ist keine islamistische Partei, auch wenn sie sich ausdrücklich als »islamisch« versteht. Diese Partei wurde gegründet, eben weil sich Erdogan nicht mehr mit dem islamistischen Programm seines politischen Ziehvaters Erbakan identifizieren konnte. Erdogan war 2001 nach heftigen Auseinandersetzungen endgültig von Erbakan abgerückt, indem er ausdrücklich alle ideologischen Programmpunkte einer »Islamisierung« der Gesellschaft verwarf. Er hob als Schwerpunkt seiner Politik soziale und wirtschaftliche Reformen hervor. Mit dem Bekenntnis, »die Türkei nach Europa führen« zu wollen – also in die EU zu integrieren –, unterschied sich Erdogan kaum noch von den

Zielsetzungen, wie sie die sozialdemokratische Republikanische Volkspartei und auch konservativere »säkulare« Parteien vertraten. Erdogan gab in Interviews zu verstehen, er wolle sich am Vorbild christdemokratischer Parteien Europas orientieren und seiner Partei einen entsprechend muslimisch-türkischen Zuschnitt verleihen. Bemerkenswert ist, daß er mit solchen Äußerungen bei einer breiten Wählerschicht punkten konnte, während die islamistische Saadet-Partei des Necmettin Erbakan bei der Wahl am 4. November an der Zehn-Prozent-Hürde scheiterte und politisch bedeutungslos wurde.

Inwiefern Erdogans Zielvorgaben letzten Endes nicht doch nur taktische Manöver sind, wird die nahe Zukunft erweisen. Tatsächlich aber bleibt seiner gemäßigt »islamischen« Partei wenig Spielraum. Die AKP kann es sich trotz ihrer enormen Stimmengewinne nicht leisten, die säkulare Staatsordnung der Türkei zu unterminieren, denn dann würde sofort wieder das Militär als Wächter der laizistischen Verfassung eingreifen und die Partei entmachten.

Erdogan hatte sich bereits in der Vergangenheit als ein pragmatischer Politiker erwiesen. Zwar bekannte er sich stets zu einer sehr konservativen Form von Islam, ja ließ sich in seinen Reden gelegentlich zu »islamischem« Pathos hinreißen, setzte jedoch in der politischen Praxis sachbezogene Reformen durch. So hatte er als Oberbürgermeister von Istanbul zwischen 1994 und 1996 wirksamer als seine sozialdemokratischen Vorgänger die Probleme der Wasserversorgung, Luftverschmutzung, Müllabfuhr und des Verkehrs gelöst. Und gerade weil sich Erdogan das Ansehen eines pragmatisch zupackenden Reformers erworben hatte, konnte er im Wahlkampf von 2002 mit der nötigen Überzeugungskraft auch viele jener Wähler beeindrucken, die einer konservativ islamischen Geisteshaltung skeptisch gegenüberstehen. Aber die Gunst dieser Wechselwähler wird sich Erdogan auf längere Dauer nur erhalten können, wenn er sich ohne ideologische Scheuklappen voll und ganz auf soziale und wirtschaftliche Reformarbeit konzentriert. Und falls Erdogan einen derartigen Kurs tatsächlich durchhält, dann hat sich seine »islamische« Partei als politische Kraft endgültig in den *säkularen* Staat integriert.

Die Türkei macht inzwischen auch eine bemerkenswerte Entwicklung auf religiös-intellektuellem Gebiet durch. Die Zahl jener

Theologen wächst, die der Ansicht sind, daß ein orthodoxer Islam und die Ideale einer *säkularen* Demokratie sich völlig vereinbaren lassen. Sie treten dafür ein, konsequenter als bisher zu unterscheiden zwischen historisch wandelbarer Tradition und ewiger »Kern«wahrheit des Islam. Und sie argumentieren: Je mehr man diesen Weg beschreite, um so mehr komme man zu der Einsicht, daß die ideologische Schützenhilfe für autoritäre Herrschaftsstrukturen sich nur auf gesellschaftliche Bedingungen jenseits der koranischen Prägung stützen können. In dieser Hinsicht bieten sie eine Parallele zu dem bereits erwähnten ägyptischen Koran-Wissenschaftler Abu Zaid – allerdings haben sie in der konsequent säkularen Türkei keine Unterdrückung durch den Staat zu fürchten.

Einer dieser Theologen, der 1945 geborene Yasar Nuri Öztürk, Dekan der Theologischen Fakultät der Universität Istanbul, ist inzwischen durch zahlreiche Fernsehsendungen zu Glaubensfragen für eine städtische Bildungsschicht geradezu ein Medienstar geworden. Von seinen Anhängern wird er als ein wegweisender religiöser Reformdenker geschätzt, der ihrer Ansicht nach Ehrentitel verdient wie »türkischer Luther« oder »Jungtürke des Islam«.[11] Inwieweit eine solche Einschätzung realistisch ist, muß zunächst offenbleiben. Aber bemerkenswert ist, daß der Theologe Öztürk es nicht bei bloßer wissenschaftlicher und populärwissenschaftlicher Aufklärung beläßt, sondern sich politisch in einer Partei engagiert. Im Wahlkampf 2002 kandidierte Öztürk erfolgreich für einen Abgeordnetensitz im Parlament, jedoch nicht bei der »islamischen« Partei des Tayyip Erdogan – vielmehr bei der oppositionellen Republikanischen Volkspartei, die von Atatürk gegründet worden war. Öztürk will mit diesem Schritt ein Zeichen setzen, er will, wie er selber sagt, zur geistigen Versöhnung beitragen zwischen orthodox gläubigen Muslimen und jenen Modernisten, die eine strikte Trennung von Religion und Politik propagieren.

Die Türkei ist erst unterwegs, um einen derartigen Ausgleich grundlegend herbeizuführen. Aber die gegenwärtigen Auseinandersetzungen zeigen, daß die Entwicklung in der Türkei schon weiter vorangeschritten ist als in jedem anderen Staat der islamischen Welt.

Vormarsch der Islamisten auch in Ostasien?
Fallbeispiel Indonesien

Fundamentalistische Gruppierungen finden sich überall in der islamischen Welt, doch ist ihre Durchschlagskraft in den einzelnen Großräumen sehr unterschiedlich. Wenn wir heute von »radikalem Islam«, vom Widerstand der Ultra-Orthodoxen gegen ein »entartetes« Glaubensleben lesen oder hören, so konzentrieren sich die Ereignisse hauptsächlich auf den Vorderen Orient und den Mittleren Osten, selten rückt der ostasiatische Raum in unser Blickfeld. Zwar sind gegen Ende des 20. Jahrhunderts auf den Philippinen, in Indonesien und in den Westprovinzen von China einige radikale Gruppierungen in Erscheinung getreten. Aber wenn sie durch Überfälle, Bombenanschläge oder manche auch durch Entführung von Touristen in die Schlagzeilen der Weltpresse geraten, dann steht hinter ihren Aktionen nur die Absicht, größere Rechte für eine Minderheit durchzusetzen. Weitgehend fehlt bei ihnen das ideologische Konzept, einen fundamentalistisch-islamischen Staat zu errichten, wenngleich manche mit ihren Schlagworten islamistische Parolen aus dem Vorderen Orient kopieren.

Kurzfristig konnte es allerdings so scheinen, als hätten sich in Indonesien breitenwirksam radikal-orthodoxe Gruppierungen mit sogar beträchtlicher Gewaltbereitschaft entwickelt. Ein wesentlicher Auslöser für eine derartige Annahme war der schreckliche Terroranschlag vom 12. Oktober 2002: Eine explodierende Autobombe vor einer Diskothek des balinesischen Ferienortes Kuta hatte nahezu 200 Touristen, vor allem Australier, getötet. Die Täter, die zwei Monate später gefaßt wurden, waren durchweg Indonesier. Aber, so stellte sich bald heraus, die logistische Unterstützung wie auch die finanziellen Zuwendungen hatten sie von der weltweit operierenden Terror-Organisation Al Qaida unter der Führung Osama Bin Ladens erhalten. Und die Islamisten der Al Qaida haben ihre geistigen Wurzeln in der radikalen wahhabitischen Ideologie Saudi-Arabiens (davon später mehr).

Kenner des indonesischen Raums betonten in Interviews und Artikeln westlicher Zeitungen, der Eindruck sei falsch, daß sich die muslimische Bevölkerung Indonesiens zunehmend radikalisiere. Die wenigen radikal-islamischen Gruppierungen, die sich während der letzten zwei bis drei Jahrzehnte in Indonesien entwickelt hätten, zählten kaum mehr als jeweils 2000 bis 3000 Mitglieder. Das sei verschwindend wenig im bevölkerungsreichsten Muslimstaat der Welt, der gegenwärtig rund 180 Millionen Muslime zähle – mehr Muslime, als derzeit zusammengenommen in Ägypten, der Türkei und dem Iran leben. Grundsätzlich habe sich an der »traditionellen Schwäche« eines orthodoxen indonesischen Islam nichts geändert, ja diese Schwäche nehme sogar noch zu.[12]

Besonders das Beispiel Indonesien lehrt, wie verfehlt es wäre, den Islam allein mit dem Glaubensleben der traditionsreichen Kerngebiete der Araber, Türken und Iraner gleichzusetzen. In Indonesien hat sich die Orthodoxie nie in dem Maß durchsetzen können wie im Vorderen Orient, nicht einmal abgeschwächt wie im indischen Raum. Weniger als die Hälfte aller indonesischen Muslime, die in der nationalen Gesamtstatistik mit 85 Prozent der Bevölkerung aufscheinen (neben Hindus, Buddhisten und Christen), könnte aus der Sicht der maßgeblichen sunnitischen Lehrautorität, der Al-Azhar in Kairo, als »rechtgläubig« gelten.[13]

Im Gespräch mit Indonesiern besonders in Java habe ich selbst immer wieder feststellen können, daß viele von ihnen gar keinen Wert darauf legen, als »orthodox« eingestuft zu werden, ja teilweise stolz auf Distanz zum Vorderen Orient bedacht sind. Viele bleiben in wesentlichen Grundzügen der hinduistischen Mythologie verhaftet. So werden gerade in Java, Indonesiens volkreichster Insel, noch immer die Tanzdramen des Ramayana und Mahabharata aufgeführt, deren Helden zwar nicht mehr als Götter, aber doch sämtlich als verehrungswürdige Gestalten religiöser Sage gelten. Auch opfern viele Muslime außerhalb des Moscheebesuchs noch immer verschiedenen Naturgottheiten, die offiziell als Geister und Dämonen eingestuft werden.

Ich selbst habe beobachten können, wie muslimische Frauen zu Ruinen von Hindu-Tempeln in Zentraljava pilgerten, um dort (wie mir englischsprechende Einheimische erklärten) für Kindersegen zu beten. Sie breiten unter den erhalten gebliebenen Kuppeln die Hände aus, und falls ein Wassertropfen des feuchten Gesteins ihre offenen Handflächen trifft, betrachten sie ihre Gebete als erhört. Sie alle wissen, daß hier früher hinduistische Gottheiten verehrt wurden – nicht zufällig meist Gott Shiva als »Herr« der Zeugungskraft –, die Ruinen aber nicht islamisch geweiht sind. Trotzdem bleiben solche Stätten für die Frauen Pilgerziel. Diese Indonesierinnen sind so muslimisch, wie man lateinamerikanische Frauen als katholisch bezeichnen kann, die die Jungfrau Maria unter deutlichem Einfluß indianischer Religiosität als Fruchtbarkeitsgöttin verehren.

Wenn unter solchen Bedingungen schon die traditionelle islamische Orthodoxie im volkreichsten Islam-Staat auf unüberwindbare Barrieren stößt, muß dort von vornherein jede radikal-orthodoxe Gruppierung der Fundamentalisten eine Randerscheinung bleiben.

Auffallend ist, daß der Islam ausgerechnet im bevölkerungsreichsten Muslim-Staat der Welt nicht Staatsreligion ist. Auch spielt die Scharia innerhalb der Gesetzgebung kaum eine Rolle. Zu gering ist in Indonesien der politische Einfluß orthodoxer – und erst radikaler orthodoxer – Gruppierungen, um eine »wahrhaft islamische« Gesellschaftsordnung durchzusetzen. Gegen eine »Islamisierung« wehren sich nicht nur indonesische Christen, Buddhisten und Hindus. Auch viele Muslime verhalten sich reserviert, ja ablehnend. Besonders nationalistisch gesinnte Muslime sahen und sehen die Gefahr heraufdämmern, ein verfassungsrechtlich verankerter »Islam-Staat« würde starke Konflikte mit den nichtmuslimischen Indonesiern bringen, die immerhin rund 15 Prozent der Bevölkerung ausmachen. Und solche Konflikte könnten ernsthaft die Einheit der multi-religiösen, multi-ethnischen Nation gefährden.

Schon beim Streit um die Staatsverfassung hatten sich die konservativ-orthodoxen Kräfte nicht durchsetzen können. Dabei dauerte dieser Streit rund eineinhalb Jahrzehnte. Er begann 1945, nachdem Indonesien aus der holländischen Kolonialherrschaft in die Unabhängigkeit entlassen war, und er kam zu einem Höhepunkt mit der Volksabstimmung von 1955. Nur knapp die Hälfte der Muslime votierte für die Idee eines Islam-Staates, und ohnehin waren die Nichtmuslime dagegen. Militante islamische Gruppen, die so taten, als repräsentiere ihre Ideologie 90 Prozent der Bevölkerung, zettelten Unruhen an und mußten mit Einsatz von Militär bekämpft werden. 1959 setzte schließlich der damalige Diktator Ahmed Sukarno, ein muslimischer Nationalist, per Dekret eine Staatsverfassung durch, die schon seit 1945 in Diskussion war. Sie trägt den Namen »Pancasila«, »Fünf Säulen«. Die »Fünf Säulen« beinhalten die fünf Grundsätze, an die sich alle Indonesier unterschiedlichster Religionen und Weltanschauungen gleichermaßen gebunden fühlen müssen. Die erste Säule: der Glaube an die All-Eine-Gottheit. Die zweite Säule: die allgemeine Humanität. Die dritte Säule: die nationale Einheit Indonesiens. Die vierte Säule: eine Gesetzgebung, die durch nationalen Konsens zustande kommt. Die fünfte Säule: soziale Gerechtigkeit.

Eine derartige Verfassung gründet auf säkularen Grundsätzen. Wenn auch Religion und der Glaube an Gott als verpflichtende Prinzipien in der Verfassung verankert sind, gewährt der Staat allen Religionsgemeinschaften gleichermaßen Anerkennung. Das bringt die etwas vage anmutende Formulierung »All-Eine-Gottheit« zum Ausdruck, denn sie bezieht sich nicht allein auf Allah, sondern schließt die Glaubensformen der anderen Religionsgemeinschaften mit ein. Zudem bleiben orthodoxe Muslime einer Gesetzgebung unterworfen, die zwar sozial-religiöse Elemente enthält, aber durch den Konsens mit Nichtmuslimen zustande gekommen ist.

Diese Form einer religiösen Demokratie muß allerdings nicht schon konsequent die Entwicklung zu einer politischen Demokratie begünstigen. Das lehrt das Beispiel Indonesien ebenfalls. Über viele Jahrzehnte schränkte eine »säkulare« Diktatur das Leben der Menschen erheblich ein. Zwar wurden die Indonesier nie im Namen einer alleinseligmachenden Religion unterdrückt, desto mehr aber wurden Oppositionelle im Namen eines angeblich fortschrittlichen Nationalismus verfolgt, eingesperrt, gefoltert, hingerichtet. Es gab und gibt in Indonesien weder ausreichende Bürgerrechte noch soziale Gerechtigkeit, so sehr diese Rechte auch in der Verfassung der »Fünf Säulen« festgeschrieben sind. Das war schon unter Sukarno so, der von 1945 bis 1966 absolut regierte. Das war unter Suharto nicht besser, der 1966 durch einen blutigen Putsch an die Macht kam und bis 1998 als unumschränkter Diktator das Volk ausbeutete, gleichzeitig jedoch ein geschätzter Handelspartner westlicher Industriestaaten war. Unter seinen Nachfolgern können die Indonesier zwar wieder demokratisch zur Wahl gehen und zwischen mehreren Parteien entscheiden. Aber nach wie vor kann sich die schmale Oberschicht ohne demokratische Kontrolle schamlos bereichern, dagegen verharrt das Volk weiterhin in Massenarmut. Und weil soziale Reformen immer noch leere Versprechungen sind, bleibt die Situation explosiv.

Entscheidend ist allerdings, daß trotz dieser sozialen und politischen Dauerkrise die Islamisten als die angeblich neuen Hoffnungsträger in Indonesien nicht den von ihnen erhofften Zulauf haben.

Terrorismus, die andere Art von Krieg

»Dschihad« gleich »Heiliger Krieg«?

In das Bewußtsein der Weltöffentlichkeit ist seit den siebziger Jahren zunehmend ein Begriff gedrungen, der bis dahin eher den Orientalisten geläufig war: Dschihad. Der Ausdruck ist inzwischen sehr strapaziert worden, wir kennen ihn aus den Schlagzeilen der Medien meist übersetzt mit »Heiliger Krieg«. Nach unserem landläufigen Verständnis ist er für die Muslime genauso problematisch wie für die Christen »Kreuzzug«.

»Dschihad« verdankt seine breitenwirksame Bekanntheit vor allem der Tatsache, daß seit den siebziger Jahren verstärkt islamistische Gruppen Terroranschläge gegen westliche Staatsbürger oder westliche Einrichtungen ausüben. Sie alle sprechen oder schreiben davon, einen »Dschihad« nach dem »Willen Gottes« gegen den »Westen« zu führen. Ja, manche dieser Gruppierungen nennen sich gar »Dschihad Islami«, »Islamischer Heiliger Krieg«. Vielen von uns scheinen daher Terrorismus, Islamismus und Dschihad untrennbar eine Einheit zu bilden. Im vorangegangenen Kapitel »Modellfälle des Islamismus« dürfte aber deutlich geworden sein, daß keineswegs jede fundamentalistische Bewegung blutigen Terror praktiziert. Nicht wenige Islamisten lehnen sogar ausdrücklich den Terrorismus als ein legitimes Mittel der Politik ab. Und schon gar nicht benützen alle Muslime den Begriff »Dschihad« in der uns landläufig bekannten Übersetzung »Heiliger Krieg«.

Im folgenden versuche ich das Phänomen Terrorismus von seinen historischen Ursprüngen her zu erklären. Es gilt zu zeigen, daß Terrorismus bei Muslimen nicht schon von vornherein mit den Aktivitäten islamistischer Bewegungen verknüpft war und ist. Ebensowenig der Begriff »Dschihad«.

Die jüngere Entwicklung trägt allerdings noch immer erheblich dazu bei, daß gängige Meinungen stets neu bestätigt werden. Schließlich sind es vorwiegend islamistische Gruppierungen, die ohne Rücksicht auf Menschenleben Gebäude in die Luft sprengen oder gar gezielt Bomben in Menschenmengen werfen, Attentate auf prominente Politiker und Journalisten verüben und hierbei häufig das eigene Leben als Selbstmordattentäter »opfern«. Ein besonderes Trauma bedeutet uns in diesem Zusammenhang der Terroranschlag vom 11. September 2001 auf das World Trade Center in New York und das Pentagon, durch den mehrere tausend Menschen starben. Nun hatte das Ideal des kriegerischen Dschihad eine neue – bisher unvorstellbare – Dimension bekommen. Erstmals war es einer islamistischen Terror-Organisation gelungen, den »Heiligen Krieg« in das wirtschaftliche wie das militärische Zentrum der einzig verbliebenen Weltmacht USA zu tragen und damit aller Welt zu demonstrieren, daß der »ungläubige Westen« verwundbar und daher auch in einer zermürbenden neuen Art von Krieg zu besiegen sei.

Vor dieser geballten Macht bisher unterschätzter Energien und strategischer Planungsfähigkeit hat die westliche Welt allen Grund zu erschrecken. Dadurch aber werden bei uns vermehrt wieder die Vorurteile wach, daß die Fundamentalisten eben nur zu jenen Werten ihrer Religion zurückkehren, die angeblich das »Fundament« ausmachen: Glaube *und* Schwert, der Islam sei in erster Linie mit Gewalt zu verbreiten.

Tatsächlich finden sich im Koran eine ganze Reihe Verse, die den Gläubigen unmißverständlich zum »Krieg« gegen »Ungläubige« aufrufen. Etwa: »Der Krieg [Kampf] ist euch vorgeschrieben.«[1] »Rege, oh Prophet, die Gläubigen zum Kampf an; denn zwanzig standhaft Ausharrende von euch werden tausend Ungläubige besiegen; denn diese sind ein unverständiges Volk.«[2] »Ich [Gott] bin mit euch, stärkt daher die Gläubigen, aber in die Herzen der Ungläubigen will ich Furcht bringen; darum haut ihnen die Köpfe ab und haut ihnen alle Enden ihrer Finger ab.«[3] Diese Verse hat Mohammed zu jener Zeit formuliert, als sich die Muslime noch in größter Bedrängnis einer Übermacht von Feinden zu erwehren hatten. Damals entstanden auch jene Sätze, die besonders dem »Glaubenskrieger« das »Paradies« versprechen. Etwa: »Glaubt an Allah und seinen Gesandten und kämpft mit Gut und Blut für die Religion Allahs. [...] Dann wird Allah euch eure Sünden vergeben und euch in Gärten führen, welche Wasserläufe durchströmen, ein angenehmer Aufenthalt: in Edens Gärten.«[4]

Doch wenn wir das arabische Wort »Dschihad« in der Übersetzung auf »Heiliger Krieg« verengen, muß dies bei jedem Muslim

Kopfschütteln hervorrufen. Nur eine kurze Spanne innerhalb der islamischen Geschichte hat der Glaubenskrieg gegen »ungläubige« Völker im Vordergrund gestanden, dies während der ersten zwei Jahrhunderte des Aufbruchs, dann aber zogen die meisten Muslime eher eine friedliche Haltung vor; und auch hiermit konnten sie sich auf den Koran stützen. »Dschihad« hieß dann: den »wahren« Glauben eifrig durch Predigt verbreiten; die Andersdenkenden durch Diskussion überzeugen; den »Ungläubigen« durch vorbildliche Moral ein Beispiel geben; stets »angestrengt« darauf bedacht sein, daß der Islam frei bleibt von allem Mißbrauch.[5]

Die Muslime unterscheiden hierbei zwischen dem kleinen und dem großen Dschihad. Der »kleine Dschihad« meint den sogenannten Heiligen Krieg, aber der »große Dschihad« bezieht sich auf die friedliche Mission und das Streben nach Beherrschen des eigenen Ich. Die Rangordnung von klein und groß zeigt, welche Art von Dschihad für den Gläubigen Vorrang haben muß.

In diesem Zusammenhang ist es aufschlußreich, daß im Koran für »Krieg« und »Kampf« niemals das Wort »Dschihad« verwendet wurde, sondern der neutrale, nicht religiös aufgeladene Ausdruck »Qital«. Dschihad und Krieg miteinander zu verbinden, dies stammt also aus der Zeit nach der Niederschrift des Korans. Erst gegen Ende des 8. Jahrhunderts unserer Zeitrechnung begannen muslimische Rechtsgelehrte über den Stellenwert dieses Begriffs zu diskutieren, und erst im 9. Jahrhundert – unter der Herrschaft der Kalifen von Bagdad – war es soweit, daß zwischen großem und kleinem Dschihad unterschieden und der letztere als »Heiliger Krieg« im Sinne einer bewaffneten Notwehr definiert wurde. Dies geschah zur selben Zeit, als die muslimischen Rechtsgelehrten die Scharia ausarbeiteten.[6] Aber nahezu ein Jahrtausend lang hat das Ideal des »Heiligen Krieges« bei Muslimen eine geringere Rolle gespielt als bei Christen der berüchtigte Kreuzzugsfanatismus. Denn bei den Muslimen hat in jener Epoche, die wir »Mittelalter« nennen, das Gefühl vorgeherrscht, sie seien im Zeichen ihrer kulturellen und politischen Überlegenheit nicht mehr durch andersgläubige Völker bedroht; entsprechend hatte die friedliche und nicht die kriegerische Interpretation von »Dschihad« vorrangig ihr Bewußtsein bestimmt.

Blicken wir auf das Zeitalter der Kreuzzüge zurück, so entdecken wir dort eine paradoxe Verkehrung jener Vorstellungen, wie sie uns geläufig sind. Nur die Christen ließen sich in der ersten Phase der Kreuzzüge vom Ideal eines »Heiligen Krieges« gegen »Ungläubige« leiten, nicht die Muslime.

»Der Soldat Christi, sage ich, tötet unbekümmert, noch sicherer stirbt er. Wenn er stirbt und wenn er tötet, überstellt er sich Christus. Denn nicht ohne Grund trägt er das Schwert: Er steht im Dienst Gottes, um den zu bestrafen, der Böses tut ...« So lesen wir in einem der Predigttexte Bernhards von Clairvaux, einem charismatischen Mystiker, der im Gedächtnis der Nachwelt als Heiliger, aber auch als namhafter Ideologe eines überaus aggressiven Kreuzzugsfanatismus weiterlebt. »Wenn er [der Soldat Christi] den Übeltäter erschlägt, ist er gewiß kein Menschentöter, sondern ein Übeltöter. [...] Durch den Tod der Heiden wird der Christ verherrlicht. [...] Die sind keine Mörder, die mit Eifer gegen die Feinde der Kirche kämpfen.«[7]

Diese Worte schrieb der heilige Bernhard in seinem *Lob an die Neue Ritterschaft* – gemeint sind die Tempelritter als die militärisch schlagkräftigste und ideologisch radikalste Kerntruppe der Kreuzzugsbewegung. In diesem Text ist alles enthalten, was wir heute nur im düsteren Fanatismus einer islamischen Ideologie des »Heiligen Krieges« zu finden glauben: Der andersgläubige Gegner gilt nicht als Mensch, sondern allein als Verkörperung des Bösen, so daß das Töten leichter fällt. Im Kampf gegen »Ungläubige« getötet zu werden öffnet dem Märtyrer auf direktem Weg das Tor ins Paradies; daher ist das eigene Sterben leichter.

Christliche Theologen konnten eine derartige Ideologie allerdings nicht aus dem Evangelium herleiten. Um einen »Heiligen Krieg« durch eine religiöse Autorität zu rechtfertigen, mußten sie sich auf Augustinus, den politisch folgenreichsten aller Kirchenväter, berufen. Augustinus hatte im 5. Jahrhundert, als der christliche Staat sich machtpolitisch zu entfalten begann, die dazu passende Ideologie des »Bellum iustum«, des »Gerechten Krieges«, geliefert. Selbstverständlich hatte dieser »Gerechte Krieg« stets nur ein Verteidigungskrieg zu sein – alle »heiligen Kriege« werden anscheinend auf diese Weise gerechtfertigt. Im Fall der Kreuzzüge mußten die Christen ihr geraubtes Besitztum im »Heiligen Land« wieder der Herrschaft der »Heiden« entreißen.

Im 11. und 12. Jahrhundert, als christliche Theologen und Prediger mit ihrer aggressiven Ideologie des »Bellum iustum« eine

Massenbewegung entfachen konnten, sahen sich die Christen des Abendlandes bedroht durch einen kulturell und politisch überlegenen Islam – und entsprechend glaubten sie das Ideal eines »Heiligen Krieges« bemühen zu müssen, um letztendlich doch noch über den »ungläubigen« Feind zu triumphieren. Im 20. und 21. Jahrhundert ist dagegen die Situation geradezu umgekehrt. Nun glauben radikale Gruppierungen islamischer Fundamentalisten, allein mit dem Ideal eines kriegerischen »Dschihad« könnten sich die Gläubigen gegen den mächtigen »ungläubigen« Feind behaupten und nur unter äußerstem Einsatz einen Sieg erreichen.

Und doch: Auch Fundamentalisten verstehen unter »Dschihad« zuerst einmal die friedliche »Anstrengung im Glauben«, sie konzentrieren laut eigenem Selbstverständnis alle Energien auf den Versuch, durch Predigt, Diskussionen und Reformen verschüttete Glaubensenergien unter dem Schutt toter Tradition freizusetzen. »Dschihad« als Krieg darf selbst für sie erst in Frage kommen, wenn sie ihre Religion durch gewaltsame Eingriffe bedroht sehen und sich nur noch bewaffnete Gegenwehr als Ausweg anbietet; hier sind sie an eindeutige Korangebote gebunden, und sie selber betonen das auch. In diesem Zusammenhang müssen wir uns die Frage stellen, weshalb aber Muslime im 20. und 21. Jahrhundert zu der Überzeugung kommen, ihre Religion sei nur noch mit Gewalt gegen eine feindliche Übermacht vor großem Schaden zu bewahren. Ist es ein bloßer Verfolgungswahn?

Bis zu einem gewissen Grad ist es nachvollziehbar, daß Muslime ihre Kultur und politische Ordnung durch westlichen Einfluß, ja durch handfeste westliche Großmachtpolitik bedroht sehen. Zwar hat der vielgeschmähte »Westen« den politischen Niedergang islamischer Staaten und den Zerfall islamischer Kultur nicht verursacht, aber die vorgefundene Krise zu seinen Gunsten ausgenutzt und gezielt verschärft.

Verhängnisvoll war von allem Anfang an, daß die moderne westliche Zivilisation nicht friedlich in Asien und Nordafrika vordrang, sondern mit Gewalt: Europäische Kolonialmächte, allen voran Frankreich und Großbritannien, zwangen einen muslimischen Staat nach dem andern in ihre Abhängigkeit, teils durch wirtschaftlichen Druck, teils durch militärische Aktionen. Und in der zweiten Hälfte des 20. Jahrhunderts sind noch die USA als imperiale Macht mit dem schließlich stärksten Einfluß hinzugekommen. Sofern diese ungebetenen Eindringlinge »Fortschritt« brachten – bessere Anbaumethoden für die Landwirtschaft, bessere Medizin, bessere Technik, allen voran bessere Waffen –, erreichten diese Errungenschaften meist nur eine schmale Oberschicht, nicht aber die Masse des notleidenden Volkes. Außerdem spielten die westlichen Mächte arrogant ihre Überlegenheit aus in der Absicht, jede fremde Kultur als »rückständig«, als durchweg »unterentwickelt« erscheinen zu lassen. Den Muslimen gegenüber lautete die besondere Provokation: Der Koran sei in keiner Weise mehr fähig, auf »moderne« Probleme eine Antwort zu geben, seine »veralteten«, »mittelalterlichen« Anweisungen könne man in jeder Hinsicht getrost vergessen. Wenn auch diese Einstellung nicht für alle Eindringlinge typisch gewesen ist – schließlich kamen aus westlichen Staaten auch Wissenschaftler in den Orient, unter ihnen Orientalisten mit wachem Verständnis für den Rang islamischer Kultur –, so herrschte doch das bornierte Verhalten vor. Und dies hat nachhaltige Folgen gezeitigt.

Je geringschätziger Europäer und Amerikaner den Islam als eine »unterentwickelte« Religion einstuften, um so empfindlicher reagierten die Betroffenen, um so mehr wurde für sie »Christentum«, erst recht »Westen« zum Reizwort. Damit war absehbar, daß die Zahl derjenigen weiter wuchs, die den fremden Einfluß kompromißlos in jeder Form zurückdrängen möchten – und wenn nichts anderes zu helfen scheint: mit Gewalt.

Terrorismus und Märtyrerkult im Nahen Osten

Die Problematik eines kriegerischen »Dschihad« hat seit Mitte des 20. Jahrhunderts durch den Nahostkonflikt ein bisher nicht gekanntes Ausmaß bekommen.

Es begann in den vierziger Jahren. Damals hatten im Nahen Osten westliche Kolonialmächte die Vorbedingungen für die späteren Kriege und bürgerkriegsähnlichen Spannungen geschaffen. So hatte Frankreich 1944 gegen den Willen der meisten dort ansässigen Muslime durchgesetzt, daß auf dem Boden seines Protektorats Syrien ein zweiter Staat, nämlich Libanon, entstand. Im Libanon aber waren rund 40 Prozent der Araber Christen, die weiterhin die Interessen Frankreichs auch nach dem Abzug der Mandatsmacht wahrten. Parallel dazu hatte Großbritannien wesentlich dazu beigetragen, daß innerhalb seines Protektorats Palästina 1947 der jüdische Staat Israel (neben dem arabischen Staat Jordanien) gegründet wurde.

Israel aber sollte den Muslimen erst recht als ein aufgezwungener Fremdkörper innerhalb ihres eigenen Kulturraums erscheinen. Aus ihrer Sicht setzten die Israelis nur die »imperialistische« Politik der ehemaligen Kolonial- oder »Mandats«macht fort, ja fungierten als verlängerter Arm westlicher Großmachtinteressen. Oder wie es Muslime bis heute oft auch formulieren: Israel bilde inmitten der islamischen Welt einen Stützpunkt des »modernen christlichen Kreuzfahrertums«. Die Araber konnten von vornherein kein Verständnis für den Wunsch der Juden aufbringen, daß diese nach vielerlei antisemitischen Ausschreitungen in Europa, vor allem nach ihrer Flucht vor dem Holocaust des deutschen Faschismus, einen eigenen Staat auf historischem Boden gründen wollten. Für die rigorose Verweigerung wog ein Umstand besonders schwer: Israels Staatsgründung war über die Köpfe der Araber hinweg mit Hilfe der verhaßten einstigen Mandatsmacht Großbritannien, anderer europäischer Staaten und der immer mächtiger werdenden USA geschehen.

Arabische Terror-Organisationen mit einer gezielten Strategie von Attentaten formierten sich allerdings erst während der sechziger und siebziger Jahre. Das geschah zu jener Zeit, als die arabischen Staaten bereits in zwei Kriegen gegen Israel besiegt waren. Damals hatten einige Regierungen bereits die Illusion verloren, mit Waffengewalt den Staat Israel beseitigen zu können, und so suchten sie nach langem Zögern den Kompromiß, ja, etliche Staaten, allen voran Ägypten, nahmen mit Israel Friedensverhandlungen auf. Das aber forderte den Widerstand jener arabischen Flüchtlinge heraus, die in den Prozeß nicht eingebunden waren und sich weiterhin extrem sozial benachteiligt und politisch gedemütigt sahen. In arabischen Flüchtlingslagern entstanden die ersten radikalen Widerstandsgruppen, die – unabhängig oder auch heimlich unterstützt von arabischen Regierungen – Überfälle und Sprengstoffattentate auf Israelis, westliche »Imperialisten« und die mit ihnen verbündeten muslimischen Politiker ausübten.

Naturgemäß lehnten diese Gruppierungen den Begriff »Terrorismus« als üble Diffamierung der Gegner ab und bezeichneten sich selber als »Freiheitskämpfer« oder »Widerstandskämpfer«. Ihr Verhalten deckte sich hier weitgehend mit dem der Israelis, die vor der Gründung des Staates Israel ähnliche Organisationen unterhielten und mit Überfällen und Bombenattentaten gegen die Araber sowie gegen die britische Mandatsmacht kämpften – und eben auch die Bezeichnung »Terrorismus« strikt von sich wiesen.

Die ersten palästinensischen Terroristen oder »Freiheitskämpfer« stützten sich allerdings noch auf keine islamistische Ideologie, sie wünschten ein säkulares Palästina. Sie waren arabische Nationalisten, die sich weltanschaulich an den politischen Visionen eines Gamal Abd Al Nasser wie der Baath-Partei Syriens und des Irak orientierten: Nicht den Islam als politische Religion galt es gegen die »westlichen Imperialisten und Zionisten« zu mobilisieren, sondern die Idee des Antikolonialismus, der sozialen Gleichheit und Gerechtigkeit unter den Völkern. Viele dieser Terroristen beriefen sich auf einen »arabischen Sozialismus«, dessen geistige Grundmuster, wie ich an anderer Stelle schon beschrieb, letztlich aus dem Westen importiert waren.[8] Kernpunkt ihrer Kritik war, daß westliche Staaten sich oft selber nicht an die eigenen proklamierten Werte hielten.

Gerade einer der radikalsten und gefürchtetsten Terroristen der Frühzeit, Abu Nidal, äußerte sich in diesem Sinne und demonstrierte stellvertretend für viele, daß der antiwestliche Terrorismus oder »Freiheitskampf« anfangs noch keineswegs radikal auch eine Abkehr von abendländischen Werten vollzog. Anschaulich belegt dies eine Erklärung Abu Nidals noch selbst aus dem Jahr 1985, nachdem der Islamismus ideologisch bereits beträchtlich an Boden gewonnen hatte. Abu Nidal antwortete Journalisten des deutschen Nachrichtenmagazins *Der Spiegel* auf die Frage, welche Revolution ihm am meisten imponiere, ganz im Stil der säkularen Baath-Sozialisten: »Der politische Inhalt der Französischen Revolution ist überwältigend schön: Freiheit, Gleichheit, Brüderlichkeit. Uns als unterdrückten Menschen imponieren diese Maximen.« – »Und die islamische Revolution im Iran?« Für diese Frage hatte der unversöhnliche Feind Israels und der USA nur ein Lachen übrig.[9] Zur traurigen Ironie gehört aber, daß ausgerechnet Abu Nidal, dieser Top-Terrorist der siebziger und achtziger Jahre, im August 2002 durch Geheimdienstbeamte der irakischen Baath-Partei auf Befehl des Diktators Saddam Hussein in Bagdad erschossen wurde. Die Gründe für diesen Mord sind der Weltöffentlichkeit verborgen geblieben, jedoch ist zu vermuten, daß der alt gewordene, nicht mehr aktive, mit viel Hintergrundwissen ausgestattete Abu Nidal dem irakischen Diktator unbequem wurde.

Der Islamismus hatte seinen ersten großen Zulauf unmittelbar nach dem sogenannten Sechstagekrieg 1967 bekommen, als die säkular gesinnten arabischen Regierungen die bisher verheerendste Niederlage gegen Israel hinnehmen mußten. Mit dieser Niederlage war bei vielen Muslimen das Vertrauen in die säkulare Ideologie grundsätzlich erschüttert, hatten doch alle Modernisierungskonzepte die Katastrophe nicht abwenden können. Aber es dauerte noch einmal ein bis zwei Jahrzehnte, daß im Nahen Osten die Widerstandsgruppen gegen Israel und den »Westen« verstärkt das Ideal des Dschihad im Sinne von »Heiliger Krieg« aktivierten. Und erst in diesem Zusammenhang genügte es den Kämpfern nicht mehr, den Feind säkular als »Aggressor« und »Imperialist« zu bezeichnen – jetzt erst kam das religiös und mythologisch befrachtete Schlagwort vom »satanischen« Feind auf, jetzt erst wurden die USA als die einflußreichste Macht »Satan Amerika« genannt.

Unmittelbar nach dem Sechstagekrieg 1967 entstand im Westjordanland die sunnitische Bruderschaft »Hamas« (»Eifer«) in Anlehnung an ägyptische und syrische Muslim-Bruderschaften, die bis dahin schon seit Jahrzehnten nur ein politisches Außenseiterdasein geführt hatten. Aber erst 1987 formierte sich die Hamas zu einer radikalen Kampforganisation. Dies geschah, als Israels radikal-nationalistische Likud-Regierung unbeirrt weiter die völkerrechtswidrige Gründung jüdischer Siedlungen im besetzten Westjordanland gezielt förderte (was die »Schutzmacht« USA stillschweigend duldete). Weitere Terror-Organisationen wie »Dschihad Islami« (»Islamischer Heiliger Krieg«) folgten. Im Libanon hatte sich bereits 1982 die schiitische Kampforganisation »Hisbollah« (»Partei Allahs«) gebildet.

All diese Organisationen trieben im Bewußtsein ihrer Ohnmacht gegenüber einem militärisch weit überlegenen Gegner das Ideal des kriegerischen Dschihad zu seiner letzten radikalen Konsequenz: Sie führten Bombenanschläge durch, bei denen die »Verteidiger des Islam« als gut getarnte Transporteure des Sprengstoffs ihr Leben »opfern«, sich selber in die Luft sprengen und gerade so die größtmögliche Zahl von Feinden mit in den Tod reißen. Die ersten spektakulären Erfolge errangen hier die Märtyrer-Trupps der Hisbollah, als sie unter Einsatz ihres Lebens 1983 die US-Botschaft in Beirut sowie das Hauptquartier der multinationalen Streitkräfte zerbombten. Hunderte Menschen starben, die multinationalen Truppen verließen daraufhin den Libanon. Der »Erfolg« dieser neuen Form von Terror hat dann weltweit Nachahmer provoziert. Wenn der Selbstmord auch bei Muslimen mit einem Tabu belegt ist, so hat doch nach Ansicht radikal-islamischer Ideologen der »Opfertod« im »Freiheitskampf« als ein »heiliges Martyrium« zu gelten, das mit dem sofortigen Eintritt ins Paradies belohnt wird.

Die Selbstmordattentate haben eine weit zurückreichende Tradition. Ihre Ursprünge sind im schiitischen Islam zu suchen. Wie ich schon schilderte, sind die Ahnherren der schiitischen Bewegung – Kalif Ali sowie sein Sohn Hussein, der Enkel des Propheten Mohammed – von ihren Gegnern ermordet worden, und über Jahrhunderte wurden dann die Schiiten als politisch machtlose Minderheit unterdrückt, verfolgt, getötet. Aus dieser extremen Situation heraus haben die Schiiten ja schon sehr früh die Neigung entwickelt, Märtyrer ihrer Bewegung besonders zu verehren. Mehr noch: Sie hielten es bald für eine »gottgewollte« Tugend, dem Vorbild der Märtyrer nachzueifern und ebenfalls im Widerstand gegen eine »ungerechte Herrschaft« zu sterben. In mancher Hinsicht ähnelte diese Haltung denen der frühen Christen zur Zeit ihrer Verfolgung unter den römischen Kaisern. Aber im Unterschied zu den Christen gestalteten die Schiiten ihren Märtyrerkult von Anfang an erheblich kämpferischer.

Zum ersten düsteren Höhepunkt einer politisch aggressiven Märtyrerbewegung kam es während des 12. Jahrhunderts im Iran und in Syrien. Wir kennen diese schiitische Bewegung unter dem Namen »Assassinen«. Ihr Name (arabisch: Haschischiun) bedeutet »Haschisch-Esser«; sie bekamen ihn, weil ihre Anhänger angeblich unter dem Einfluß von Haschisch indoktriniert und aufgeputscht wurden. Die Bewegung der Assassinen, um das Jahr 1090 von Hassan As Sabbah gegründet, entwickelte angesichts einer scheinbar ausweglosen Situation von Unterdrückung als erste die Taktik des Selbstmordattentats: In einem langen Ausbildungsprozeß bereitete sie ihre Kämpfer darauf vor, perfekt angepaßt in feindlichem Gebiet zu leben, unauffällig an herausragende Persönlichkeiten der Gegner, meist sunnitische Muslime, heranzukommen und sie unter Opferung des eigenen Lebens zu töten. Ihr Terror hat selbst im Bewußtsein der Europäer Spuren hinterlassen, schließlich bedeutet ihr Name in vielen europäischen Sprachen »Mörder«, »Attentäter« (»Assassin« im Englischen wie Französischen, »Assassino« im Italienischen wie im Portugiesischen, »Asesino« im Spanischen).

Kein Zufall konnte es sein, daß dann im 20. Jahrhundert zuallererst schiitische Bewegungen an die Tradition der »Selbstaufopferung« anknüpften. Den Anfang machten die Islamisten im Iran, die zur »Islamischen Revolution« gegen das Schah-Regime aufriefen. 1978 konnte es Ayatollah Khomeini gelingen, mit seiner Märtyrer-Ideologie die Volksmassen gegen die schwerbewaffneten Polizeitruppen des Schahs Mohammed Reza Pahlevi zu mobilisieren. Khomeini hob in seinen Ansprachen und religiösen Traktaten das Beispiel des Prophetenenkels Hussein hervor, dessen Kampf gegen eine ungerechte Herrschaft und dessen Martyrium auch für die Gläubigen von heute ein leuchtendes Vorbild sei. »Sterben wie der Märtyrer Hussein«, machte Khomeini zum vielgebrauchten Schlagwort; jeder Glaubenskämpfer gegen die »gottlose Regierung« des Schahs werde nach seinem Märtyrertod sofort ins Paradies eingehen. Viele tausend Demonstranten rannten mit dem Ruf »Hussein! Hussein!« todesverachtend in das Gewehrfeuer der Polizeitruppen und brachten durch eine derartige »Opfer«bereitschaft eine Staatsmacht ins Wanken. Todesverachtend rannten dann auch wenige Jahre später die Iraner in das Granatfeuer der waffentechnisch weit überlegenen Truppen Saddam Husseins und konnten nun durch ihre fanatische Kampfmoral als »Märtyrer« einen Sieg des Irak über den Iran verhindern. Khomeini war zwar nicht der erste, der auf den Gedanken kam, den schiitischen Märtyrer-Mythos um den Prophetenenkel Hussein für die unmittelbare politische Gegenwart zu instrumentalisieren. Solche Gedanken entwickelte als erster der iranische Gelehrte und Politiker Ali Schariati (1934–1976), der im Iran nach wie vor als ein Vordenker einer schiitisch geprägten »Islamischen Revolution« verehrt wird.[10] Aber Khomeini setzte diese Ideologie als erster erfolgreich in politische Praxis um. Und er stellte auch schon die Weichen dafür, daß sich der »Märtyrer«-Idealismus zynisch und menschenverachtend für die Durchsetzung persönlicher machtpolitischer Ziele mißbrauchen ließ – und nur noch wenig mit dem ursprünglichen Gerechtigkeitsideal eines Ali Schariati zu tun hat.

Der Fanatismus der islamischen Revolution, wie er sich zumindest während der ersten Jahre entfaltete, hat als Erfolgsrezept beispielgebend auf andere religiös-politisch motivierte Gruppierungen gewirkt. Aber da in vielen Ländern der islamischen Welt die Widerstandsgruppen gegen »ungerechte«, »tyrannische« Staatsmächte weiterhin in der Minderheit blieben, entwickelten diese Vereinigungen – wie einst die Assassinen – die Taktik des Selbstmordattentats gegen eine im offenen Kampf unbesiegbare Übermacht: so zuerst die schon erwähnte iranfreundliche Schiiten-Organisation Hisbollah im Libanon, dann die sunnitischen Islamisten im israelisch besetzten Westjordanland.

Für uns Europäer in einer saturierten Wohlstandsgesellschaft ist eine derart fanatische Bereitschaft zum Märtyrertod nur schwer nachvollziehbar. Aber viele dieser »zum Tod Entschlossenen« kamen und kommen aus sozial desolaten Verhältnissen, aus den Slums der Ballungszentren oder aus Flüchtlingslagern, wo die Menschen ohne Zukunftsperspektive dahinvegetieren, verzweifelt, von untergründiger Aggression erfüllt gegen einen nur vage vorstellbaren Verursacher solcher Misere. Wenn dann dort Armut mit Unterdrückung gepaart ist, erscheint das Leben kaum mehr lebenswert, steigen Depression und die Neigung zum Selbstmord drastisch. Ideologen brauchen dem verschwommenen Feindbild nur scharfe Konturen zu geben, und schon vermag der angestaute Groll sich auf ein präzises Ziel hin zu entladen. Je auswegloser die Bewohner von Slums und Flüchtlingslagern sich in einer Atmosphäre ständiger Bedrohung und Gewalttätigkeit verstrickt fühlen und je mehr sie getrieben sind, diesem tristen Dasein doch noch einen Sinn abzuringen – um so anfälliger werden sie für Parolen charismatischer Führer, die mit der Verheißung des »Paradieses« im Jenseits gerade dem gewaltsamen Tod einen tiefen Sinn zu geben verstehen. Dann wächst dem, der sich für eine Sache »opfert«, eine Würde zu, wie sie ihm bisher in seiner ziellosen Existenz undenkbar erschien.

Es wäre allerdings ein Irrtum zu glauben, naturgemäß würden sich vor allem ungebildete Muslime in den Aktionismus des Selbstmordattentäters drängen. Das Gegenteil ist der Fall. Sogar in den palästinensischen Elendsgebieten des Gaza-Streifens besitzen von denen, die bei Terroranschlägen bewußt ihr Leben »opfern«, rund 50 Prozent einen akademischen Abschluß.[11] Hinzu kommen die vielen, die ihr Studium oder ihre Schulausbildung wegen der politisch und sozial drückenden Verhältnisse abbrechen mußten. Gerade das bedeutet ein Alarmzeichen: Zum gefährlichsten Sprengsatz einer Gesellschaft werden besonders Menschen, die gebildet sind, aber sich völlig um ihre Zukunft betrogen sehen.

Der 11. September 2001: »Märtyrer« gegen den »Satan Amerika«

Zu Beginn des 21. Jahrhunderts bekam das Ideal des kriegerischen Dschihad wiederum eine neue – bisher unvorstellbare Dimension. Am 11. September 2001 erlebte die schockierte Weltöffentlichkeit den bisher schrecklichsten Terroranschlag der Weltgeschichte: Muslimische Selbstmordattentäter rasten mit zwei entführten, vollbesetzten Passagierflugzeugen in das World Trade Center von New York und brachten die beiden Wolkenkratzer, in denen zu Spitzenzeiten bis zu 50000 Menschen arbeiteten, völlig zum Einsturz. Nahezu 3000 Menschen, die nicht mehr rechtzeitig fliehen konnten, wurden unter den Trümmern begraben. Ein anderes entführtes Passagierflugzeug raste mit einem Kamikaze-Piloten nur eine Stunde später in das Pentagon nahe Washington und setzte einen Teil des weitläufigen Gebäudekomplexes in Flammen.

Hinter den Attentaten stand die radikal-islamische Organisation »Al Qaida«, »Die Basis«. Sie war schon 1998 durch Bombenattentate auf die US-Botschaften in Kenia und Tansania, bei denen 263 Menschen starben, spektakulär ins Licht der Weltöffentlichkeit gerückt. Nun aber war es dieser Terror-Organisation gelungen, den »Heiligen Krieg« in das Zentrum der einzig verbliebenen Weltmacht zu tragen, dort innerhalb kürzester Zeit Tausende Menschen zu töten und einen Sachschaden von rund 14 Milliarden Dollar anzurichten. Was jedoch aus der Sicht der Angreifer noch viel wichtiger war: Mit dem World Trade Center zerstörten sie ein Wahrzeichen des amerikanischen Kapitalismus und »Imperialismus«, ja ein überragendes Symbol der modernen Globalisierung; und mit dem Brand im Pentagon trafen sie die militärische Kommandozentrale des »Satans Amerika«. Damit hatten sie – so sollte die Signalwirkung sein – sichtbar für alle »unterdrückten Gläubigen« den Beweis erbracht, daß der mächtigste Staat der Welt verwundbar war und weitere »Glaubenskrieger« zum Angriff ermuntern konnte.

Ein neuer Typ von Selbstmordattentäter war nun in das Licht der Weltöffentlichkeit getreten: nicht mehr junge Männer aus Slums oder Flüchtlingslagern, arbeitslos, sozial entwurzelt, sondern gut ausgebildete Techniker und Flugpiloten mit geregeltem Arbeitsleben. Zumindest auf vier bis sechs Personen unter den insgesamt 19 beteiligten Terroristen traf das neue Erscheinungsbild zu. Diese Männer, die den inneren Kreis der Terror-Aktion bildeten, hatten in den USA oder in Deutschland Universitätsdiplome erworben und waren nie durch radikal-islamische Äußerungen aufgefallen. Sie stammten aus einer saturierten bürgerlichen Mittel- und Oberschicht, ihre Väter sind Rechtsanwälte, Geschäftsleute, die die Söhne beim Auslandsstudium finanziell unterstützten, ohne Ahnung von deren Doppelleben.

Wie die ersten Untersuchungen nach den Terroranschlägen schemenhaft sichtbar machen, trugen diese jungen Männer »ein Stück der westlichen Modernität« in sich. Aber sie erlebten die gescheiterte Modernisierung in ihren arabischen Heimatländern als Kulturschock. Was das konkret bedeutet, kann ein biographisches Detail verdeutlichen, das eine Woche nach der Katastrophe an die Öffentlichkeit gelangte. Mohammed Atta, der mutmaßliche Chefplaner der Terrorangriffe, hatte an der Technischen Universität Hamburg-Harburg Architektur und Stadtplanung studiert. Der in Ägypten geborene und zeitweise in Syrien lebende Student hatte seine 1999 von deutschen Professoren gut benotete Diplomarbeit unter folgendem Titel abgefaßt: »Khareg Bab en-Nasr: Ein gefährdeter Altstadtteil in Aleppo (Syrien), Stadtentwicklung in einer islamisch-orientalischen Stadt«. Lobend hatte Atta sich über das gelungene Zusammenleben von Muslimen verschiedener Konfessionen, Christen und Juden in Aleppo geäußert, sehr kritisch aber über die Bedrohung des historischen Stadtkerns durch ein einschnürendes Netz von Stadtautobahnen und monotonen Supermärkten. Er verfocht die These, dörfliche Strukturen und traditionelle Wohnformen dürften nicht einer falsch verstandenen Modernisierung zum Opfer fallen, dies würde irreparable Schäden im sozialen und kulturellen Leben zur Folge haben. Nach den Berichten von Studienkollegen hatte Atta sich erbittert und zugleich resigniert über die drohende und scheinbar unaufhaltsame Amerikanisierung der meisten islamischen Metropolen geäußert.[12]

Eine derartige Kulturkritik kann allerdings Sympathie auch bei westlichen Beobachtern finden. Verständlich erscheinen muß uns ebenso die weiterführende Kritik an muslimischen Politikern und Geschäftsleuten, die diesen Wandel vorantreiben und dabei ihren Reichtum noch vermehren, während ein Großteil des Volkes arm und ungebildet bleibt. Mit seinem Urteil über eine fragwürdige »Verwestlichung« der eigenen Oberschicht unterschied sich der spätere Attentäter nicht grundsätzlich von den Analysen vieler muslimischer Intellektueller wie auch westlicher Orientalisten. Nichts kann hier schon als unversöhnlich radikal anmuten, zumal der Verfasser der Diplomarbeit das friedliche Zusammenleben verschiedener Glaubensgruppen ausdrücklich bejahte.

Wie das? Ein antiwestlicher Terrorist lobt das soziale Miteinander von Muslimen, Christen und Juden? Müßte nicht gerade ein Fanatiker seines Typs, der doch mit seinem Attentat etliche tausend Amerikaner tötete, strikt sich von »Ungläubigen« abgrenzen? Aber daß ein muslimischer Extremist sich zu religiöser Toleranz bekehrt, muß nicht von vornherein bloße Heuchelei bedeuten. Schließlich schreibt der Koran eine grundsätzliche Duldung gegenüber Christen und Juden vor; auch Fanatiker können dies nicht ohne weiteres ignorieren. Und wie ich an verschiedenen Beispielen schon erläuterte, wollen ja selbst jene Muslime, die zum »Heiligen Krieg« gegen den »Westen« aufrufen, nicht sämtliche Christen und Juden aus den islamischen Staaten vertreiben – sie wollen nur den politischen Einfluß des Westens, das »moderne Kreuzrittertum« rigoros zurückdrängen. Sie sind bereit, Christen und Juden als »Schutzbefohlene«, hierarchisch strikt der islamischen Oberhoheit untergeordnet, zu akzeptieren. Das hindert sie andererseits aber nicht, einen gnadenlosen Fanatismus gegen alle Feinde zu entwickeln, die ihrer Ansicht nach das Ideal eines »wahrhaft islamischen« Staatswesens vereiteln wollen. Mehr noch: Eine derartige Feindschaft können sie genauso heftig gegen Muslime richten, die sie für »ungläubig« halten. Insofern mußte bei den Attentätern am 11. September der Gedanke kein Bedauern auslösen, daß unter den nahezu 3000 Getöteten im World Trade Center auch etliche muslimische Börsenmakler, Aktionäre und Polizisten waren, denn ihrer Meinung nach konnten diese nur Helfershelfer des »Satans Amerika« gewesen sein.

Bisher nur schwer zu ergründen sind jene Faktoren, die einen

Studenten aus gutbürgerlichem Haus dazu bewegen, den radikalen Schritt von der intellektuellen Kritik hin zum Massenmord und zur bewußten »Opferung« des eigenen Lebens zu tun. Auch fehlen uns noch Details zu der Entwicklung, daß ein muslimischer Student, der intensiven Kontakt mit westlichem Denken hat und durch differenziertes Urteilsvermögen auffällt, plötzlich sehr undifferenziert den Westen, vor allem die USA, als hauptverantwortlich für die Misere der islamischen Welt ansieht – und damit auf dieses »Böse« all seinen Haß konzentriert. Nach außen hin erschien Mohammed Atta im westlichen Ausland sozial integriert. In Deutschland hatte er zudem die Anerkennung von Professoren wie Studenten genossen; er war dort mit einer Bildungsschicht konfrontiert, die ihm keineswegs den Anlaß bot, sich in der fremden Kultur rassisch oder religiös diskriminiert zu fühlen. Wieso trotzdem die immer stärkere Abwehr gegen einen »Westen«, dessen gefährlichste Kräfte sich in den USA bündeln?

Es fehlt uns auch noch an ausreichender Information, mit welchen psychologischen Mitteln es einer radikal-islamischen Organisation wie der Al Qaida gelingen kann, überdurchschnittlich intelligente, gebildete und sozial privilegierte junge Männer zu überreden, sich aus allen familiären und sonstigen bürgerlichen Bindungen zu lösen und sich fanatisch verengt im Kampf gegen eine »satanische« Weltmacht zu »opfern«.

Daß die Selbstmordattentäter jedoch religiös indoktriniert und motiviert waren, belegen die in Gepäckstücken gefundenen »Handlungsanweisungen für die letzte Nacht« vor dem todbringenden Einsatz: »Jedermann haßt den Tod und fürchtet den Tod«, so war dort im arabisch abgefaßten Text zu lesen. »Aber nur Gläubige, die das Leben nach dem Tod kennen, gehören zu denen, die den Tod suchen werden. [...] Führt euch vor Augen, daß ihr in dieser [letzten] Nacht vielen Herausforderungen begegnen werdet. Aber ihr müßt diesen Herausforderungen begegnen. [...] Gehorcht Gott und seinem Propheten und kämpft nicht untereinander, wenn ihr schwach werdet [...] Fahrt fort, die Nacht über zu beten. Hört nicht auf damit, den Koran zu zitieren [...] Reinigt euer Herz und macht es frei von allem Irdischen. Die Zeit der Heiterkeit und der Verschwendung ist vorbei. Die Zeit des Gerichts ist gekommen [...] Ihr müßt überzeugt sein, daß die wenigen Stunden, die euch in eurem Leben noch bleiben, nur wenig bedeuten. Dann aber wird das glückliche Leben beginnen, das unendliche Paradies. Seid optimistisch. Der Prophet war immer optimistisch.«[13]

Ein solches Dokument widerlegt die Meinung, daß der fürchterliche Terrorangriff auf die USA »nichts mit Religion«, »nichts mit dem Islam« zu tun habe. Wohlmeinende Politiker und Intellektuelle westlicher Staaten haben allerdings versucht, Religion und Terrorismus strikt zu trennen, um so den Islam vor seinen erklärten Gegnern in Schutz zu nehmen. Erst recht bemühte sich eine Reihe liberaler Muslime, gegenüber westlichen Medien zu versichern, diese Terroristen würden nicht an Gott, nicht an die Aussagen des Propheten, nicht an den Koran glauben, sie seien keine wirklichen Muslime. Aber die Verfasser der »Handlungsanweisungen für die letzte Nacht« sind so religiös, wie es einst die Verfasser von christlicher Kreuzzugspropaganda gewesen sind: hier wie dort die Aufrufe zu Massenmord an Ungläubigen, zum Märtyrertum als besonderer Tugend, hier wie dort Verbrechen, die ausdrücklich in göttlichem Auftrag begangen werden sollen. Es handelt sich in beiden Fällen um eine Perversion, nicht um eine Negation des Religiösen. Subjektiv verstehen sich gerade solche Fanatiker als besonders fromme Gläubige, die den anderen an religiöser Standfestigkeit und Opferbereitschaft weit überlegen sind.

Osama Bin Laden und Al Qaida: Eine neue Dimension des Terrorismus

Das schmale Gesicht von einem dunklen Bart umrahmt, ein weißer Turban, ein hemdartiges Gewand, zur Seite drohend eine Kalaschnikow ... Dieses Konterfei ist seit dem schrecklichen Terroranschlag vom 11. September 2001 weltberühmt. Es findet sich international in Zeitungen, ebenso als Plakat in Basaren und Wohnungen islamischer Städte und Dörfer. Für die einen ist dieses Bild ein Symbol des Schreckens und der Bedrohung, für die anderen ein Symbol der Verheißung, des siegreichen Aufbruchs. Osama Bin Laden ist wie kaum ein anderer Muslim der letzten fünfzig Jahre zu einer ambivalenten Kultfigur geworden, verteufelt und verehrt – ähnlich wie zwei Jahrzehnte lang Khomeini. Entsprechend ambivalenten Ruhm hat nun endgültig auch die von ihm gegründete Organisation Al Qaida erlangt.

Mit der Organisation Al Qaida ist etwas Neues in die Geschichte des islamischen Terrorismus – oder der »islamischen Widerstandsbewegungen« – gekommen (die Definition hängt wieder einmal vom weltanschaulichen und religiös-kulturellen Hintergrund ab). Erstmals hat sich eine gewaltorientierte radikal-religiöse Organisation aus regionalen Bindungen gelöst und operiert mit Hilfe internationaler Vernetzungen, erstmals stammen die Mitglieder aus allen Teilen der islamischen Welt. Wie hat es zu einer solch einschneidenden Veränderung kommen können? Um diese Entwicklung zu verstehen, müssen wir die Biographie des Osama Bin Laden und den religiös-politischen Hintergrund näher betrachten.

Osama Bin Laden wurde 1957 in der saudi-arabischen Hafenstadt Jeddah als Sohn eines jemenitischen Bauunternehmers und einer Syrerin geboren. Sein Vater war in den zwanziger Jahren als Zuwanderer aus dem Jemen gekommen, hatte es aber geschafft, freundschaftliche Bande zum Königshaus der Saud-Dynastie zu knüpfen, Staatsaufträge für große Bauvorhaben zu ergattern und so zu einem der reichsten Männer Saudi-Arabiens zu werden. Aus seiner Ehe mit vier Frauen gingen 57 Kinder hervor, das 17. Kind war Osama Bin Laden. Als der Vater 1968 bei einem Flugzeugabsturz in den USA ums Leben kam, erbte der elfjährige Osama als einer der Söhne rund 80 Millionen Dollar (eine Summe, die nur ahnen läßt, wie groß das Familienvermögen insgesamt ist). Der Klan Bin Laden behielt auch während der folgenden Jahrzehnte seinen überragenden Einfluß in Saudi-Arabien, ja wurde noch reicher, weil etliche der geschäftstüchtigen Söhne intensive Kontakte mit amerikanischen Geschäftsleuten pflegen und sich teilweise – bis heute – über längere Zeit in den USA und Großbritannien aufhalten. Dort fallen sie immer wieder auf, indem sie großzügig Geldspenden an Universitäten und Institute vergeben.

Osama Bin Laden lernte allerdings das westliche Ausland nur flüchtig kennen. Anders als sonst Söhne der arabischen Oberschicht hatte er nie an einer westlichen Universität studiert, sondern hatte das Studium des Ingenieurswesens in seiner Geburtsstadt Jeddah, kurze Zeit auch in Beirut, absolviert. Nachhaltiger als seine Brüder ist er von der strengen Erziehung des fundamentalistischen Wahhabismus geprägt. Dies dürfte wohl einer der Gründe sein, weshalb er weniger an Geschäftskontakten mit dem westlichen Ausland und an materiellem Luxus interessiert war, sondern sich für religiös-politische Belange engagierte. Mehr noch: daß er den praktizierten Wahhabismus der Saud-Dynastie und reicher saudischer Geschäftsleute zunehmend kritischer sah – und schließlich die wirtschaftliche sowie militärische Bindung Saudi-Arabiens an die »ungläubige« Weltmacht USA als »Verrat am wahren Islam« einschätzte.

Die Jahre 1979 und 1980 bedeuteten in seinem Leben den ersten entscheidenden Einschnitt. 1980 reiste er in die Grenzregion von Afghanistan und Pakistan, nachdem sowjetische Truppen in Afghanistan einmarschiert waren und dort das pro-sowjetische Regime in seinem Überlebenskampf gegen aufständische Stämme unterstützten. Osama Bin Laden war einer jener 100 000 Muslime aus allen Teilen der islamischen Welt, die im Lauf der achtziger Jahre dem Aufruf der afghanischen Mudschaheddin (»Glaubenskämpfer«) folgten, sich in das Heer der »Gläubigen« einzureihen und den Vormarsch der »ungläubigen« Sowjets auf »islamischem Boden« zu stoppen. Er reiste allerdings mit wohlwollender Billigung seines Klans, denn die Großfamilie Bin Laden hatte vom ersten Tag an die afghanische Widerstandsbewegung gegen die Sowjetunion finanziell großzügig unterstützt. Aber mehr noch: Der Klan Bin Laden handelte mit vollem Einverständnis der saudischen Regierung, ja auch der US-Regierung, die ebenfalls Geld in die Widerstandsbewegung fließen ließ. Vor allem den Amerikanern lag ja daran, einen größeren Einfluß der Sowjetunion in Afghanistan zu verhindern.

1980 hielt sich Bin Laden das erste Mal in der pakistanischen Stadt Peshawar auf, die strategisch günstig nahe der afghanischen Grenze an den Ausläufern des Hindukusch liegt. 1982 ließ er sich hier für eine längere Dauer nieder. In Peshawar knüpfte er enge Kontakte mit verschiedenen Führern der afghanischen Mudschaheddin, wurde bald aber selber Führer einer Mudschaheddin-Einheit: die der vielen arabischen Muslime, die, in ihrer Heimat oft politisch und auch sozial an den Rand gedrängt, nun eine Aufgabe als »Glaubenskrieger« suchten. Einen derartigen Einfluß konnte Bin Laden schon deshalb gewinnen, weil er einerseits reichlich Geld für die Widerstandsbewegung, andererseits für die Familien verwundeter oder gefallener »Glaubenskrieger« spendete – was ihm das Ansehen eines sozial denkenden Führers verlieh. Außerdem war er als Ingenieur maßgeblich daran beteiligt, unterirdische Waffenlager für die Mudschaheddin zu bauen.

An militärischer Schlagkraft konnten die unerfahrenen arabischen Mudschaheddin bald mit den afghanischen Kämpfern gleichziehen. Denn pakistanische und amerikanische Offiziere bildeten sie im Gebrauch moderner Waffen aus. Und was für alle Mudschaheddin galt: Die US-Regierung lieferte einen Großteil der Waffen, die saudische Regierung das Geld. Aber keiner der Geheimdienste hatte sich zur damaligen Zeit eine Vorstellung davon gemacht, welcher Entwicklung sie mit ihren Aktivitäten Vorschub leisteten. Zwar war den Strategen bewußt, daß sie mit Geld, Waffen und technischem Know-how überwiegend radikal-islamische Gruppierungen unterstützten, die in ihren Herkunftsländern ständige Unruheherde bildeten. Aber sowohl die Pakistani als auch die Saudi – und erst recht die Amerikaner – glaubten, sie könnten die ideologisch und regional sehr unterschiedlichen Gruppierungen unter Kontrolle halten und bei Bedarf taktisch gegeneinander ausspielen.

Die Wirklichkeit sah anders aus. Über 100 000 Muslime waren im Zeitraum von 1980 bis 1992 aus 43 Ländern der islamischen Welt in die Militärlager bei Peshawar und in Afghanistan gekommen. Und bei ihnen vollzog sich, von westlichen Beobachtern zunächst unbemerkt, ein grundlegender Wandel. Für viele Radikale von Nordafrika bis Bangladesch bot sich erstmals in ihrem Leben die Gelegenheit, über ihre eigenen regionalen Begrenztheiten hinauszusehen und Anregungen von anderen islamistischen Bewegungen zu erhalten, die bisher geographisch zu weit entfernt operiert hatten. Erstmals knüpften so im unwegsamen bergigen Grenzgebiet von Pakistan und Afghanistan die Führer verschiedener Gruppierungen untereinander ideologische und logistische Verbindungen – und schufen damit die Voraussetzungen für ein internationales Netzwerk radikal-islamischer Organisationen. Der Sog der sogenannten Globalisierung hatte nun auch den Islamismus erfaßt.

Unter solchen Rahmenbedingungen konnte Osama Bin Laden 1989 seine Organisation Al Qaida, »Die Basis«, gründen, die sich im Verlauf der Jahre zu einer Dachorganisation von zunächst getrennt operierenden Gruppierungen entwickeln sollte. Aber vorerst erschien die Zukunft der Al Qaida wenig vielversprechend. Die erste Krise drohte schon im Entstehungsjahr, nachdem die sowjetischen Truppen 1988 resigniert aus Afghanistan abgezogen waren. Den Mudschaheddin konnte es nicht gelingen, nun mit geschlossener Einheit eine Regierung zu bilden. Im Gegenteil: Jetzt, da der

Feind von außen fehlte, fielen die einzelnen afghanischen Stämme (wie schon an anderer Stelle beschrieben) in ihre früheren Rivalitäten zurück und begannen sich wieder gegenseitig zu bekämpfen. Dasselbe galt für die verschiedenen islamistischen Gruppierungen. Schon 1989 entspann sich zwischen afghanischen Klans, Stämmen und Islamisten ein Krieg, der an Verwüstungen in den eroberten Städten alles übertraf, was zuvor sowjetische Panzer und Fliegerbomben an Zerstörung angerichtet hatten. Hinzu kam, daß nun die »Glaubenskämpfer« aus anderen islamischen Ländern mit fremder Sprache und Kultur von den Afghanen nicht mehr als Verbündete, sondern eher als Störenfriede angesehen wurden und damit hoffnungslos isoliert waren. Für Bin Laden bedeutete diese Entwicklung einen Schock. Enttäuscht zog er sich 1990 in seinen Heimatstaat Saudi-Arabien zurück.

Osama Bin Laden erging es nun wie vielen anderen Afghanistan-Veteranen. Zurückgekehrt in die Heimat mußten viele von ihnen feststellen, daß sie dort ebenfalls isoliert waren und mit ihrem Fanatismus eines »Heiligen Krieges« weder bei den einzelnen Regierungen noch bei der Masse des Volkes ausreichend Verständnis fanden. Und so richteten die Afghanistan-Heimkehrer ihren Unmut verstärkt gegen die Oberschicht ihrer Heimat, deren Politiker und Geschäftsleute sie wegen ihrer wirtschaftlichen Verbindungen zu westlichen Staaten mehr oder weniger als nur »halbe« Muslime oder gar als »Ungläubige« ansahen. Quer durch die islamische Welt wuchs so – durch die Spätfolgen des Krieges in Afghanistan – erst recht die Gefahr einer Radikalisierung.

Bin Laden betätigte sich nach seiner Rückkehr in Saudi-Arabien zunächst sozial, indem er eine Wohlfahrtsorganisation für Veteranen der Araber-Afghanen gründete. Etwa 4000 dieser Veteranen hatten sich allein in Mekka und Medina niedergelassen. Bin Laden unterstützte die Familien der Gefallenen mit Geldern aus seinem Privatvermögen.[14] Das war eine Geste, die seinen Ruf als Führer auch für Notleidende verstärkte. Aber bald geriet er in Konflikt mit seiner Regierung.

Der Auslöser war der 2. August 1990. An diesem Tag hatten irakische Truppen unter Führung Saddam Husseins das Scheichtum Kuwait besetzt und damit die Gefahr eines zweiten Golfkriegs heraufbeschworen. Bin Laden bot seiner Regierung an, aus arabischen Afghanistan-Veteranen eine Armee zu bilden und den Irak zu bekämpfen. Er sah in dem Diktator Saddam Hussein einen Feind, weil er dessen säkulare, anti-islamistische Politik verabscheute. Aber seine Enttäuschung war groß, als die saudische Regierung statt dessen nur die US-Regierung um Unterstützung bat und über 500 000 amerikanische Soldaten ins Land holte, von denen rund 20 000 auch nach dem Sieg über Saddam Hussein in Saudi-Arabien blieben. Osama Bin Laden kritisierte seine Regierung scharf und erinnerte an den angeblichen Ausspruch des Propheten Mohammed, daß auf der Arabischen Halbinsel, dem »Ursprungsort des Islam«, niemals »Ungläubige« dauerhaftes Wohnrecht haben dürften. Bin Laden trat somit als radikaler Anwalt des wahhabitischen Islam auf, dem der Wahhabismus seiner Regierung zu verwaschen, zu kompromißlerisch, ja als »Verrat am wahren Islam« erschien. Für das saudische Königshaus wurde der unbequeme Kritiker so gefährlich, daß es ihn des Landes verwies und ihm 1994 sogar die saudische Staatsbürgerschaft entzog.

Offenkundig für alle war nun Osama Bin Laden zum Feind seiner ehemaligen Förderer, der saudischen wie der amerikanischen Regierung geworden. In Konflikt geriet Bin Laden aber auch mit führenden Mitgliedern seines eigenen Klans, weil diese weiterhin an den vorteilhaften geschäftlichen Verbindungen mit dem saudischen Königshaus und den USA festhielten. Etliche Mitglieder des Klans unterstützten aber auch heimlich, so die Vermutung des amerikanischen Geheimdienstes, weiterhin den rebellischen Außenseiter. Und so drohte der politische Konflikt sogar die Großfamilie zu spalten, aus der Osama Bin Laden stammt. Gespalten war und ist ohnehin die Bevölkerung in Saudi-Arabien. Wie groß der Kreis der Sympathisanten für Osama Bin Laden in dessen Heimatstaat war und ist, sollte sich spätestens an jenem Terroranschlag vom 11. September 2001 zeigen: 15 der 19 Selbstmordattentäter, die in den Kamikaze-Flugzeugen saßen, stammten aus Saudi-Arabien.

1992 übersiedelte Bin Laden in den Sudan, wo er mit der dortigen islamistischen Regierung zusammenarbeitete. Im Sudan baute er seine Organisation Al Qaida weiter zu einem straff strukturierten Unternehmen aus. Und wieder gelang es ihm, zahlreiche Anhänger um sich zu scharen – Muslime, die wie er in ihrem Herkunftsland Außenseiter waren. Bin Laden wurde rasch auch im Sudan populär, da er mit seinem reichlichen Privatvermögen den Bau von Krankenhäusern finanzierte und sich damit als ein »Kämpfer gegen die Unterentwicklung« profilierte. Er blieb von 1992 bis 1996 im Sudan. Dann mußte er das Land wieder verlassen, weil Saudi-Arabien und die USA gleichermaßen die sudanesische Regierung unter Druck gesetzt hatten. Er kehrte mit seinen vier Ehefrauen und mittlerweile 13 Kindern in die pakistanische Stadt Peshawar, dem Ort seines ersten Wirkens, zurück. Aber auch dort konnte er keine Ruhe mehr finden, weil der amerikanische Geheimdienst ihn zu entführen und zu töten versuchte.

Osama Bin Laden flüchtete noch im selben Jahr 1996 weiter nach Afghanistan, wo zu dieser Zeit bereits die Taliban ihre islamistische Schreckensherrschaft errichtet hatten. Dort lebte er fünf Jahre wechselweise nahe Kandahar, der Hochburg der Taliban, und in Jalalabad, einer Stadt östlich von Kabul nahe der pakistanischen Grenze. Ideologisch konnte sich der fanatische Wahhabit dem Islamismus der Taliban sehr verwandt fühlen. Denn sowohl die saudiarabischen wie auch die afghanischen Fundamentalisten wehren ja rigoros sämtliche geistigen Einflüsse aus dem Westen ab – einzig hochentwickelte Waffen und sonstige Technik sind ihnen als Neuerung willkommen. Bin Laden holte wieder viele arabische »Glaubenskämpfer« ins Land. Diese Gefolgsleute halfen entscheidend dabei, die Herrschaft der Taliban gegen alle Aufstände feindlicher Stämme zu stabilisieren. Und so entstand ein Bündnis zwischen Al Qaida und den Taliban, das bald für die ganze Welt Folgen haben sollte. Gut versteckt in den labyrinthischen Bergtälern konnte Bin Laden seine Organisation Al Qaida weiter ausbauen und hierbei die einst aufgenommenen Kontakte zu islamistischen Bewegungen anderer Länder wieder intensivieren. Vollends formte sich nun ein internationales Netzwerk aus, das in der Lage war, wirksamer als bisher Terroranschläge großen Stils gegen den »Satan Amerika« und seine »Lakaien« auszuüben.

1998 wurde jenes Jahr, in dem Bin Laden und seine Organisation Al Qaida erstmals spektakulär ins Licht der Weltöffentlichkeit rückten. Bei den nahezu gleichzeitigen Bombenattentaten im August dieses Jahres auf die US-Botschaften in Kenia und Tansania kamen 263 Menschen ums Leben. US-Präsident Bill Clinton ließ daraufhin zur Vergeltung auf die vermutete Zentrale der Al Qaida in einem afghanischen Militärlager Raketen schießen. Und als Bin Laden dem Inferno entkommen konnte, setzte die amerikanische Regierung auf seine Gefangennahme oder Tötung fünf Millionen Dollar Belohnung aus. Damit begann der Aufstieg Osama Bin Ladens zu zwielichtigem internationalem Ruhm.

Der verheerende Terroranschlag vom 11. September 2001 bedeutete dann nur noch eine weitere Eskalation des »Heiligen Krieges« der Al Qaida. Aber wie schwierig es für die westlichen Staaten war, die Gefahr eines derartigen Terrornetzwerkes zu bannen, zeigten die kommenden Monate. Es konnte der US-Regierung und ihren Verbündeten nur gelingen, im Oktober und November desselben Jahres die Herrschaft der Taliban durch eine Militäraktion zu beseitigen – nicht jedoch, die in Afghanistan versteckte Al Qaida zu zerschlagen. Wenn es auch anfangs schien, als ob Bin Laden im Bombenhagel umgekommen sei, so mußte die Welt wenig später in der Ungewißheit bleiben, ob der Totgesagte nicht doch entkommen sei und neue Aktionen plane. Das Unbehagen vergrößerte sich sogar angesichts der Einsicht, daß ein getöteter Osama Bin Laden in der Gloriole des glaubenskämpferischen Märtyrers für seine Gegner gar noch gefährlicher werden könnte. Denn dessen Gefolgsleute benötigten längst nicht mehr die reale Person als Führer, um massenhaft Unterstützung für ihre Bewegung zu finden – der Mythos als solcher hat sich verselbständigt. Osama Bin Laden war schließlich schon seit Jahren zum Idol von Muslimen gerade aus sozial benachteiligten und politisch unterdrückten Schichten quer durch die islamische Welt geworden. In ihrem Bewußtsein existiert er als ein Mann, der sein großes Privatvermögen selbstlos für den »Heiligen Krieg« opfert und den Widerstand gegen eine scheinbar unbesiegbare Übermacht von Unterdrückern wagt. Daß hinter dieser Mythisierung die reale Person mit ihren Widersprüchlichkeiten immer mehr an Konturen verliert, steigert nur den Nimbus.

Für außenstehende Beobachter ist es bisher ohnehin nie ganz klar gewesen, welche Rolle Osama Bin Laden innerhalb der Bewegung tatsächlich spielt: Möglicherweise war oder ist er nur der spirituelle Führer, dagegen sind in der eigentlichen strategischen Zentrale ganz andere Führungskräfte tätig – denen daran gelegen ist, dem kontrollierenden Blick von außen völlig entzogen zu bleiben. Nach wie vor ist es unmöglich, die weltweite Vernetzung der Al Qaida aufzuschlüsseln. Ebenso bleibt es unklar, ob etwa die Organisation als ganze einer wahhabitischen Ideologie huldigt – oder ob nicht schon längst sich sehr verschiedene ideologische Richtungen des Islamismus nebeneinander herauskristallisieren. Ein ideologischer Richtungsstreit könnte möglicherweise auch bald diese Bewegung einer Zerreißprobe aussetzen.

Eindeutig ist nur: Vorerst profitiert Al Qaida von dem Mythos, daß islamische »Widerstandskämpfer« nicht mehr isoliert in sehr verschiedenen Gruppierungen operieren und gar miteinander rivalisieren, sondern eine »Einheit« bilden. Der Effekt ist schwerwiegend. Gerade die Mythisierung der Einzelperson Osama Bin Laden als der überragenden Führer- und Symbolfigur vernebelt den Blick auf die komplexen Vernetzungen des Systems. Und um so schwieriger wird es für die Gegner, der vielköpfigen Hydra beizukommen.

Ein Kampf der Kulturen?

Die tragischen Ereignisse vom 11. September 2001 waren wieder einmal geeignet, die Gräben zwischen dem »Westen« und dem »Islam« als unüberbrückbar erscheinen zu lassen. Uns im Westen erreichten Fernsehbilder von Palästinensern, die über die Terroranschläge in den USA jubelten, ebenso Nachrichten über feiernde Muslime in den Straßen von Damaskus, Amman, Kairo, Bagdad, Islamabad, Karatschi – Menschen, die ein Ventil und auch ein Feindbild für ihre sozialen und politischen Frustrationen brauchten, Menschen, die die Ursache für ihre Misere am liebsten völlig außerhalb der eigenen Kultur suchten. Wie groß ist ihre Zahl?

Weltweit reagierte die Mehrheit der Muslime auf die Terroranschläge betroffen, ablehnend, ja geschockt – eine Tatsache, die viele von uns im Westen nicht sofort oder nur mißtrauisch zur Kenntnis nahmen. Die meisten Regierungen islamischer Staaten verurteilten den Terrorismus als das falsche Mittel, politische Konflikte auszutragen, und diesen Erklärungen schloß sich auch der Gottesstaat Iran an. Manche der Regierungen blieben zwar vage bei der prinzipiellen Frage, wo sie die Grenzen zwischen »Terrorismus« und »Freiheitskampf« ziehen wollten, so der Iran, so Syrien, so erst recht Afghanistan, und der Irak unter dem Regime Saddam Husseins verweigerte sich völlig. Aber nahezu alle offiziellen Regierungssprecher verurteilten die Attentate in New York und Washington und drückten ihr Mitgefühl für die Opfer wie die Angehörigen aus. In den ersten Tagen gab auch schon die Al-Azhar-Universität als die höchste Lehrautorität des sunnitischen Islam in Anlehnung an frühere religiöse Rechtsgutachten zu erkennen, daß die Terroranschläge vom 11. September ebenso als Verbrechen einzustufen seien wie die vielen Bombenattentate früherer Jahre. Die Korangelehrten begründeten ihr Urteil vor allem damit, daß die Attentäter jedesmal bewußt in Kauf nähmen, zahlreiche Unbeteiligte und Unschuldige mit in den Tod zu reißen; das aber nehme jedem Kampf die moralische Berechtigung.

Eine Reihe Muslime allerdings, die in deutschsprachigen Medien eindeutig gegen jede Form von Terrorismus Stellung bezogen, ließen trotzdem Kritik am »Westen« anklingen. Symptomatisch ist hierfür der ambivalente Kommentar des pakistanischen, in London lebenden Schriftstellers Tariq Ali: »Den Opfern des Angriffs [in den USA] gebührt unser tiefes Mitgefühl, wie es jenen Menschen gehört, welche die Regierung der Vereinigten Staaten zu Opfern hat werden lassen. Aber zuzustimmen, daß auf irgendeine Art und Weise ein amerikanisches Leben mehr wert sein soll als das eines Ruanders, eines Jugoslawen, eines Vietnamesen, eines Koreaners, eines Japaners, eines Palästinensers – das ist inakzeptabel.«[15]

Muslimische Kritiker wie er sehen in dem ungelösten Nahostkonflikt mit seinen problematischen Querverbindungen zu westlichen Staaten eine der wesentlichen Ursachen für den Terrorismus. Aber sie gebrauchen darüber hinaus Argumente, wie ich sie auch immer wieder auf Tagungen über Probleme des islamischen Raums wie der sogenannten Dritten Welt zu hören bekam: Westliche Mächte – besonders die USA – würden durch ihre militärische und wirtschaftliche Stärke vielen Völkern der Welt ein Gesellschaftssystem aufzwingen, das nur wenigen Menschen in der Ober- und Mittelschicht Fortschritt bringe und viele andere noch ärmer mache als zuvor. Dieses erzwungene System weiche erheblich von den Bedingungen eines westlichen Wohlfahrtsstaates ab und sei nur dazu gedacht, fremde Völker in Abhängigkeit vom reichen Westen zu halten. Das Problem verschärfe sich, indem vor allem die USA in den islamischen Ländern (und nicht nur dort) teilweise mit sehr korrupten Regimen verbündet seien und gerade so dringend nötige soziale Reformen verhinderten. Außerdem würden Amerikaner wie Europäer zuweilen aggressiv die angebliche Überlegenheit ihrer Kultur über alle anderen demonstrieren, so daß es für Muslime sehr demütigend sei. Je ohnmächtiger sich dann die sozial Benachteiligten wie auch die kulturell zutiefst Verunsicherten fühlten, desto größer werde die Sympathie für Terrorakte aus Notwehr. Der Terrorismus sei die einzig noch verbleibende Waffe der Schwachen.

Solche Argumente decken sich in Grundzügen mit den Analysen selbstkritischer westlicher Wissenschaftler. Eine Entwicklung hin zum Terrorismus der Selbstmordattentäter und des Massenmordes sei nicht allein Ausdruck einer fanatischen Haltung, sondern auch von Aussichtslosigkeit. Desto mehr sollten sich die Politiker im islamischen Raum wie im Westen darüber klar werden, daß Polizeimaßnahmen und militärische Vergeltungsschläge allein nicht schon genügten, um das Terrorismus-Problem an seiner Wurzel zu packen. Politische Lösungen müßten gefunden werden, um so die sozialen und kulturellen Spannungen zwischen Reichen und Armen, zwischen Herrschenden und Beherrschten drastisch zu verringern, dann nur werde in den explosiven Krisenherden die Gewaltbereitschaft rapide zurückgehen.[16]

Differenzierte Überlegungen dieser Art spielen in der breiten Öffentlichkeit allerdings nur eine untergeordnete Rolle. Seit den Terroranschlägen vom September 2001 hat sich bei uns im Westen die Diskussion wieder einmal auf die Frage zugespitzt: Müssen wir den Islam vielleicht nicht doch insgesamt als eine aggressive, unduldsame Religion auffassen? Und sind Fundamentalismus wie Fanatismus gerade deshalb nur die natürlichen Konsequenzen im Islam?

Feindbildklischees aus weit zurückliegenden Jahrhunderten spielten in der politischen Rhetorik wieder eine Rolle, nur eben aktuell angepaßt. Auf das Schlagwort der Islamisten vom »Satan Amerika« antworteten nun besonders amerikanische Politiker mit dem Schlagwort vom »Reich des Bösen«. Oder wie es US-Präsident George W. Bush in seiner ersten Reaktion auf die Terroranschläge formulierte: Jetzt beginne der »monumentale Kampf des Guten gegen das Böse«. Holzschnittartiger und gefährlicher vereinfachend hätte es kein radikal-islamischer Fanatiker ausdrücken können. Aber Bush bediente sich hier nur des Wortschatzes seiner vielen christlich-konservativen wie auch der fundamentalistisch orientierten Wähler.

US-Präsident Bush benützte darüber hinaus ein Schlagwort, das erst recht die Emotionen anheizte: Er sprach von »Crusade«, »Kreuzzug«. Er sagte das zur selben Zeit, als in den USA blutige Ausschreitungen gegen muslimische Amerikaner, vermeintlichen Sympathisanten des Terrorismus, losbrachen (etwa 8 Millionen der

260 Millionen Amerikaner sind Muslime). Um so negativer waren die Auswirkungen auf die islamische Welt. Besonders im arabischen Raum äußerte sich lautstarker Protest. Wieder einmal konnten sich radikale Islamisten bestätigt fühlen mit ihrer Parole: Westliche Politiker seien noch immer verkappte »Kreuzzügler«, die die »Vernichtung des Islam« zum Ziel hätten – desto mehr sei zur »Notwehr« ein »Heiliger Krieg« nötig. (Daß die Kreuzzüge einst als »Vernichtungs«feldzug geplant waren, habe ich ja im Kapitel über den »Dschihad« als »Heiligen Krieg« illustriert.)

Der Protest von Muslimen aus aller Welt nötigte Präsident Bush, seine Formulierung von »Kreuzzug« zurückzunehmen und statt dessen von einer »Kampagne gegen den Terrorismus« zu sprechen. Seine Berater drängten ihn außerdem, werbewirksam im Islamischen Zentrum von Washington zusammen mit muslimischen Geistlichen aufzutreten und in einer Rede sorgfältig zu unterscheiden zwischen guten (amerikafreundlichen) und einer Minderheit schlechter, »barbarischer« Muslime. In diesem Zusammenhang verurteilte Bush dann auch ausdrücklich die Hetzjagden auf die Amerikaner islamischen Glaubens. Eine solche Wendung in der Rhetorik war schon deshalb nötig, weil die Amerikaner in ihrem Kampf gegen radikal-islamische Terroristen eben auch islamische Staaten als Verbündete brauchten.

In Europa blieb die Rhetorik im allgemeinen zurückhaltender. Auch warnten hier erheblich mehr Kritiker davor, daß der Konflikt in eine grundsätzliche Konfrontation zwischen Abendland und Islam ausarten könnte. Entsprechend betonte die Mehrzahl der europäischen Politiker von vornherein, daß der Kampf gegen den Terrorismus *nicht* gegen den Islam gerichtet sei. Und bei diesen Appellen wurden sie von Bischöfen verschiedener Kirchen, ebenso von Papst Johannes Paul II. unterstützt. Aber auch in Europa äußerten sich manche Politiker sowie Bischöfe mit Kommentaren, die geeignet waren, einen grundsätzlichen Gegensatz zwischen Abendland und Islam zu zementieren. Nicht zufällig kam eine der deutlichsten Äußerungen in diesem Sinn von Italiens rechtsgerichtetem Ministerpräsidenten Silvio Berlusconi. Er sagte in einer Rede zwei Wochen nach den Terroranschlägen: »Wir sollten uns der Überlegenheit unserer Zivilisation bewußt sein, die aus einem Wertesystem besteht, das den Menschen breiten Wohlstand in den Ländern beschert hat [...] und das den Respekt der Menschenrechte und der Religion garantiert. Diesen Respekt gibt es in den muslimischen Ländern sicherlich nicht. […] Der Westen wird damit fortfahren, die Welt zu verwestlichen und die Völker zu erobern. Das hat er schon erfolgreich mit der kommunistischen Welt und einem Teil der islamischen Welt getan.«[17]

In Europa lösten Berlusconis Äußerungen bei vielen Intellektuellen wie auch Politikern Bestürzung aus. Denn ein derartiger Kommentar eines international bekannten Ministerpräsidenten konnte nicht nur dem angestrebten Dialog der Weltreligionen schaden, sondern auch einen Rückschlag bedeuten bei dem Versuch, muslimische Politiker zu einer Allianz mit den Westmächten gegen den Terrorismus zu gewinnen. Nun könnten sich, wie Kritiker warnten, Muslime wieder einmal in ihrem Argwohn bestätigt sehen, daß das, was ein rechtslastiger Populist wie Berlusconi über den Islam sagte, eben typisch für die Meinung der Europäer sei. In ihrer Antwort an die Muslime betonten liberale westliche Politiker deshalb, daß der Westen mit seiner historischen Erblast der Kreuzzüge wie auch der modernen Schrecknisse von Kolonialismus, Faschismus und Stalinismus keinerlei Grund habe, sich moralisch anderen Kulturen überlegen zu fühlen.

Droht ein Kampf der Kulturen? Oder finden wir letzten Endes doch zu einem Dialog?

Seit den Terroranschlägen vom September 2001 ist die Angst im Westen wie in der islamischen Welt wieder einmal gewachsen, daß das 21. Jahrhundert von einem grundsätzlichen Konflikt zwischen Abendland und Islam bestimmt sein könnte – und daß sich dann zwei monolithische, weltanschaulich diametral entgegengesetzte Blöcke gegenüberstehen würden. Welche Rolle würde in diesem Zusammenhang bei den Muslimen der Fundamentalismus spielen?

Meine bisherige Darstellung dürfte bereits deutlich gemacht haben, daß die islamische Kultur sich ebensostark wie die christlich-abendländische in unzählige und teils widerstreitende Strömungen auffächert. Insofern bildet auch der radikale politische Islam nur eine Strömung unter vielen, und innerhalb dieses ideologischen Gehäuses kann wiederum der Terrorismus nur die Sympathie einer Minderheit finden.

Von daher ist der Auffassung vom »Kampf der Kulturen« entschieden zu widersprechen, wie sie der amerikanische Harvard-Professor Samuel P. Huntington in seinem berühmt-berüchtigten

Bestseller *Clash of Civilizations* von 1996 vertritt. Huntington geht ja, wie ich schon im einleitenden Kapitel erwähnte, davon aus, daß die Weltpolitik des 21. Jahrhunderts nicht von Auseinandersetzungen politischer, ideologischer oder wirtschaftlicher Natur in sehr komplex gewordenen Räumen bestimmt sein wird – sondern von tiefen Konflikten zwischen sieben großen Kulturen: der westlichen, lateinamerikanischen, islamischen, chinesischen, japanischen, hinduistischen, afrikanischen. Die Grenzen zwischen den Kulturen würden also die hauptsächlichen Fronten der Zukunft sein. Besondere Bedeutung mißt Huntington hierbei der Konfrontation von Islam und Abendland zu. Es ist kein Zufall, daß der Buchtitel – bei uns in seiner deutschen Übersetzung *Kampf der Kulturen* – immer dann gehäuft zitiert wird, wenn westliche und islamische Staaten politisch zusammenprallen.

Richtiger wäre es aber, den vielfach strapazierten Titel abzuwandeln in: »Kampf *innerhalb* der Kulturen«. Denn im islamischen Orient spielen die Konflikte zwischen einzelnen Staaten religiös wie politisch oft eine explosivere Rolle als die vielbeschworene Abgrenzung gegenüber dem »Westen«. Ja, teilweise verlaufen scharfe Frontlinien sogar mitten durch einzelne Staaten und schaffen dort immer wieder bürgerkriegsähnliche Spannungen zwischen den Muslimen selber: so zwischen Sunniten und Schiiten, zwischen Modernisten und Traditionalisten, zwischen unterschiedlichen ethnischen Gruppierungen. Ich verweise auf die im Buch bereits erörterten Fallbeispiele: Türkei, Libanon, Syrien, Irak, Ägypten, Sudan, Algerien, Iran, Afghanistan, Indonesien ... Nahezu alle islamischen Länder sind zusätzlich noch aufgespalten durch Konflikte zwischen säkularen und islamistischen, prowestlichen und antiwestlichen Bewegungen. Aber hierbei dürfte deutlich geworden sein, daß nicht einmal der Islamismus als ein einheitlicher Block zu begreifen ist. Die einzelnen Gruppierungen gründen ja auf sehr verschiedenen kulturellen und politischen Voraussetzungen.

Um so gelassener sollten wir die Situation in den europäischen Ländern betrachten, selbst wenn dort während der letzten drei bis vier Jahrzehnte die Zahl muslimischer Zuwanderer um ein Vielfaches gewachsen ist. Denn bei näherem Hinsehen wird deutlich, daß auch die bei uns wohnenden Muslime keinen kulturell oder gar politisch einheitlichen Block bilden.

Muslimische Zuwanderer in Europa – eine Gefahr?

Angst vor »Überfremdung«

Tolerant? Nein, die Deutschen seien überhaupt nicht tolerant, antwortete mir ein Türke während eines Gesprächs in München. Es bedeute noch lange keine Gleichberechtigung, wenn man den Muslimen erlaube, in Deutschland Moscheen zu bauen. Warum dürfe denn vom Minarett noch immer kein Muezzin über Lautsprecher zum Gebet rufen? Dies bleibe weiterhin verboten, dabei dürften doch die Kirchenglocken läuten. Ihm komme es so vor, als sei es den Deutschen am liebsten, wenn sich die Muslime zum gemeinsamen Gebet weiterhin in ganz normalen Wohnhäusern, möglichst in sehr abgewohnten Häusern, verstecken …

Eine affektgeladene Äußerung aus dem Jahr 1986. Da sie mich betroffen machte, habe ich sie mehrmals weitererzählt. Aber die Antworten von Deutschen und Österreichern mußten mich erst recht betroffen machen. Außerhalb meines Freundeskreises zielten die meisten Reaktionen in dieselbe Richtung: Ob denn die Gastarbeiter nicht schon genügend Rechte hätten? Was »die« denn *noch* wollten? Warum »die ihren Islam« so auffällig demonstrieren müßten, das könnten »die« doch in der Türkei selber tun …

In Wien habe ich eine besonders beziehungsreiche Anspielung zu hören bekommen. Den Türken sei zwar 1683 die Belagerung von Wien mißlungen, nun aber würden sie mit ihren »Gastarbeitern« ganz friedlich zuwege bringen, das Abendland »zu überrollen« und »umzukrempeln«. Bei diesem Vorhaben würden »die« auch noch von »unserer« Toleranz profitieren …

In Deutschland scheinen derartige Befürchtungen noch weiter gediehen. Und dort sind entsprechende Ängste auch schon von Politikern demagogisch aufgegriffen worden. Mir fällt in diesem Zusammenhang an vorderster Stelle jene immer wieder zitierte Äußerung des CSU-Politikers Carl-Dieter Spranger ein, die er 1983 als Staatssekretär des Innenministeriums von sich gab: »Wir müssen die berechtigten Sorgen der deutschen Bevölkerung ernst nehmen. Dies gilt vor allem für die Menschen, die sich um ihre eigene Identität sorgen, weil sie fürchten, im eigenen Land zur Minderheit zu werden.«[1] Nimmt man eine solche Formulierung beim Wort, dann kann man sich nur wundern. Denn die »Sorge« entzündete sich an 1,5 Millionen türkischen und weiteren 200 000 muslimischen Arbeitnehmern aus Jugoslawien, Marokko und Tunesien – eine geringe Zahl angesichts einer Bevölkerung von damals 62 Millionen Westdeutschen. An der Wende zum 21. Jahrhundert sind es etwa 3,3 Millionen türkischstämmige Zuwanderer, nun im vereinigten Deutschland angesichts einer Einwohnerzahl von 82 Millionen. Unter welchen Umständen könnte sich hier das Minderheitsverhältnis umkehren? Anscheinend dadurch, daß diese »Fremden« uns mit immer neuen Einwanderungswellen »überfluten« und sich dann bei uns »vermehren wie die Kaninchen«?

Solche Befürchtungen greifen naturgemäß Politiker auf, die entweder von einem stark nationalistischen Affekt oder von einem traditionell-kirchlichen Kulturbegriff oder von beidem geprägt sind. So kann auch jene Äußerung, wie sie 1988 im Entwurf zu einem neuen – einschränkenden – Ausländerrecht auftauchte, nur vom rechten Flügel einer konservativen Partei kommen; es ist dort von seiten des CDU/CSU-Innenministeriums formuliert: Die dauerhafte Anwesenheit von Ausländern beziehungsweise Gastarbeitern in der Bundesrepublik Deutschland gefährde »die Homogenität der Gesellschaft, [...] die gemeinsame deutsche Geschichte, Tradition, Sprache und Kultur«.[2]

Widerstand dieser Art ist allerdings gesamteuropäisch. Er ist überall dort zu beobachten, wo Industriestaaten seit den fünfziger Jahren Menschen aus fremden Kulturkreisen in ihre Fabriken holten. Neben der Bundesrepublik sind hier besonders Großbritannien und Frankreich zu nennen. Auch dort vergrößerten die Industrien nach dem Zweiten Weltkrieg ihre Kapazitäten, ohne daß zunächst genug Arbeitskräfte vorhanden waren. Auch dort sind die angeworbenen Zuwanderer dann als »überflüssig« empfunden worden, nachdem der Wirtschaftsboom abgeflacht war. Auch dort hat sich exakt zu diesem Zeitpunkt das »Ausländerproblem« zu einem tiefgehenden Kulturkonflikt, ja zu einem Rassenkonflikt ausgewachsen. Nur die Stoßrichtung der Ressentiments ist unterschiedlich. In Großbritannien richtet sich das Unbehagen insgesamt gegen »Farbige«, denen man unterstellt, niemals den Europäern gleichrangig zu sein, ob nun von der Kultur her Muslime, Hindus, Sikhs, Jains, Konfuzianer oder dunkelhäutige Christen – dies, weil in britische Städte Gastarbeiter aus den unterschiedlichsten Ländern ehemaliger Kolonien strömen. In Frankreich und Deutschland aber deckt sich die fremde »Rasse« besonders mit einer einzigen fremden Religion: dem Islam; und dies setzt in der Konfrontation einen besonderen Akzent.

Das »Gastarbeiterproblem« bedeutet, wie bereits die hier angeführten Beispiele zeigen, nicht in erster Linie ein Problem der religiösen Gegensätze. Der ethnische Unterschied, die Konfrontation verschiedener Kulturen und Lebensstile steht im Vordergrund. Einen solchen Konflikt haben wir in Westeuropa ja bereits angesichts der zugewanderten Italiener, Spanier, Jugoslawen und Griechen, die vom Religionsbekenntnis her meist Christen wie die Ortsansässigen sind. Entsprechend entwickelt sich der Konflikt in den USA angesichts der Gastarbeiter aus lateinamerikanischen Staaten, vor allem Mexiko. Analog wächst die Fremdenfeindlichkeit in Japan, wo arbeitsuchende Chinesen, Koreaner, Vietnamesen und Filipinos ins reiche Wirtschaftswunderland drängen; auch dort trennt eher der ethnische als der religiöse Gegensatz.

In islamischen Ländern, sofern sie das Gastarbeiterproblem kennen, spielt die religiöse Konfrontation ebenfalls keine dominierende Rolle. Zwar holen die reichen Erdölstaaten am arabisch-persischen Golf zur Deckung ihres Arbeitermangels auch Inder, Filipinos, Thailänder, Ceylonesen und andere ins Land (diese meist Christen oder Buddhisten), aber in erster Linie rekrutierten sie ihren Bedarf aus übervölkerten islamischen Ländern, etwa Pakistan und Bangladesch. Das gemeinsame Glaubensbekenntnis hindert die reichen Ölscheichs keineswegs, muslimische Gastarbeiter ebenso mit Hungerlöhnen abzuspeisen, sie in elenden Massenunterkünften zusammenzupferchen und möglichst von den Einheimischen zu isolieren wie die »ungläubigen« Christen und Buddhisten.

Wenn wir im folgenden auf den religiösen Gegensatz zwischen »christlichem« Abendland und »islamischem« Orient abheben, so kann es nicht um die Frage gehen, ob beispielsweise die Türken von den Deutschen vorrangig diskriminiert werden, weil sie Muslime sind. Die Religionszugehörigkeit zum Islam verschärft nur einen ohnehin bestehenden Konflikt. An dieser spezifisch »islamischen«

Variante des Gastarbeiterproblems läßt sich aber zeigen, wie alte religiöse Vorurteile in neuer Verkleidung weiterleben – ja, teilweise sogar in alter Form wiederaufleben.

Was den Islam zur besonderen Zielscheibe macht

1985 konnte man in Frankreichs angesehener konservativer Zeitung *Le Figaro* folgende Warnung lesen: »Über unser altes christliches Land wird dann der Schatten fallen. Der Rat der Muftis, Kadis, Imams und anderer islamischer Würdenträger wird dann mehr Gewicht haben als die Bischofskonferenz. [...] Sie werden ganze Städte, ja sogar Regionen an sich reißen.«[3]

Dies ist eine Prophezeiung für das Jahr 2010, gemeint waren die damals rund 2,5 Millionen Gastarbeiter aus den Maghreb-Staaten Marokko, Algerien und Tunesien sowie die Schwarzafrikaner, von denen ebenfalls viele Muslime sind – sie stehen einer Bevölkerung von 59 Millionen Franzosen gegenüber. Aufsehen erregen schon seit Jahren Äußerungen des rechtsradikalen Politikers und Populisten Jean-Marie Le Pen: Er vergleicht »Fremdarbeiter« aus Nord- und Schwarzafrika mit tropischen Heuschreckenschwärmen, die alles kahlfressen, was ihnen in den Weg kommt. In Frankreich hat sich die Spannung bereits Mitte der achtziger Jahre durch blutige Massenausschreitungen gegen die »Heuschrecken« bemerkbar gemacht.

1989 ging dann durch alle größeren französischen Zeitungen, den Rundfunk und das Fernsehen die Frage, ob denn an staatlichen Schulen muslimische Mädchen das traditionelle Kopftuch als religiöses Symbol tragen dürfen oder nicht – eine Frage, die Millionen Franzosen erregte und die Nation in Befürworter und schärfste Gegner spaltete (eine Frage, die nur wenige Jahre später auch die Deutschen zu erbitterten Diskussionen reizen konnte). Im Verlauf einer Radiodebatte über die Befürchtung, daß mit besagtem Kopftuch der Islam an öffentlichen Schulen ein weiteres Zeichen seiner »aggressiven« Propaganda setze und die »Toleranz« eines religiös wertneutralen Bildungssystems bedrohe, meldeten sich allein rund 7000 Anrufer – ein Rekord.[4] Im September 1994 schließlich hatte der Innenminister einer bürgerlich konservativen Regierung das Verbot islamischer Kopftücher in Schulen ausgesprochen und damit erneut für Spannung gesorgt. Frankreich zählte Ende der achtziger Jahre rund vier Millionen ausländischer Arbeitnehmer, darunter viele Portugiesen, Spanier, Italiener. Bevorzugtes Ziel der Affekte bleiben aber muslimische »Nicht-Europäer«, deren Zahl von 2,5 Millionen im Jahr 1985 durch weitere Zuwanderung auf nahezu fünf Millionen im Jahr 2001 angewachsen ist.

In Deutschland ist die Zahl der Muslime zu Beginn des 21. Jahrhunderts auf rund 3,3 Millionen gestiegen, bei rund 7,5 Millionen Menschen ausländischer Herkunft. Davon sind 2,5 Millionen Türken, sie machen also nur ein Drittel in der Gesamtzahl der Zuwanderer aus. Trotzdem konzentriert sich auf diese Minderheit unter den Ausländern das hauptsächliche Ressentiment. Und die Abwehr hat sich noch verstärkt, seit viele Türken nicht mehr »Gastarbeiter« sein wollen, sondern, beeindruckt vom deutschen Sozialsystem, auf Dauer bleiben möchten und die deutsche Staatsbürgerschaft anstreben. Schon im Jahr 1986 wollten mehr als 61 Prozent der Türken für immer in Deutschland leben, aber bis 1992 war ihre Zahl noch einmal drastisch gestiegen: auf 83 Prozent. Ein Teil dieser Türken wohnt bereits in der zweiten oder gar dritten Generation in Deutschland, entsprechend sehen viele von ihnen den Lebensmittelpunkt hier und nicht mehr in der Türkei![5] Wo liegt die Gefahr? Ist die wirtschaftliche Stabilität bedroht? Darin kann das Problem nicht bestehen. Denn bei den meisten dieser Zuwanderer hat sich doch das Konsumverhalten entscheidend verändert: Während die »Gastarbeiter« noch einen Großteil ihres Einkommens in die türkische Heimat überwiesen, wird das Geld jetzt überwiegend in Deutschland selber ausgegeben und kommt der Wirtschaft hier zugute. Ökonomisch gesehen müßte die Mehrheit der Deutschen die muslimische Zuwanderung eigentlich begrüßen.

Ist die Abwehr gegen die Türken weiterhin von religiösen Vorurteilen bestimmt – von Klischees, die sich unverändert über die Jahrhunderte, aller Aufklärung zum Trotz, erhalten haben?

Dies müßte in Deutschland auf den ersten Blick verwundern, wo sich die Kirchenaustritte häufen und die Zahl der bewußten Atheisten wächst. Tatsächlich sind die Affekte oft nicht religiös begründet. Die Betonung liegt bei vielen Ausfälligkeiten auf »Türke«, weniger auf »Muslim«. Die Türken als die zahlenmäßig weitaus größte und daher auffälligste Gruppe beschäftigt die Phantasie der Deutschen am meisten, ja, angesichts ihres massiven Auftretens werden die arabischen Arbeitnehmer fast vergessen. Die Vorwürfe gegen die Türken sind in erster Linie von einer Art Kulturrassismus geprägt. So hört man immer wieder, die Türken seien »primitiver« als die Europäer, sie seien »von Natur aus« eher »triebhaft« und weniger »zum Denken« fähig. »Typisch« sei es, daß solche Leute aus Dörfern kämen, in denen noch die Blutrache üblich sei, ja überhaupt noch barbarische »Sitten« herrschten.

Aber: Solch sattsam bekannte Klischees, die oberflächlich gesehen so gar nichts mit Religion zu tun haben, entsprechen haargenau jenen, wie sie die »christlichen« Europäer während des 18. und 19. Jahrhunderts gegenüber den »rückständigen« Muslimen, gegenüber einer »mittelalterlichen Religion« geäußert haben. Nationalistische und rassistisch getönte Affekte sind so nur die veränderte – zeitgemäße – Form eines wesentlich älteren Vorurteils.

Bezeichnend für diese Doppelbödigkeit ist die Entwicklung während der letzten drei Jahrzehnte. Als Ende der fünfziger Jahre nur Italiener, Spanier, Griechen und christliche Jugoslawen mit einem Arbeitsvertrag in der Tasche nach Deutschland strömten, sind auch sie zur Zielscheibe aller möglichen Verdächtigungen geworden. Etwa: Die »Südländer« seien »faul«, neigten bedeutend mehr zur Kriminalität als Deutsche, und vor allem seien sie »hinter unseren Frauen her«. Nie aber sind damals an Stammtischen oder in Schulhöfen derart üble Witze über Gastarbeiter entstanden wie jener: »Was die Juden schon hinter sich haben, das haben die Türken erst vor sich – die Vergasung.« Ein infames Wortspiel, das in mehrfacher Weise bestürzen muß. Nicht nur, daß hier ein unverdauter Faschismus wieder auftaucht. Hier werden ausgerechnet jene zwei Religionen zusammengewürfelt, die über Jahrhunderte von seiten der Kirchen besonderer Verteufelung ausgesetzt waren: Judentum und Islam. Bezeichnenderweise werden angesichts der »türkischen Invasion« spanische, italienische und jugoslawische Gastarbeiter plötzlich milder bewertet; sie gelten nicht mehr als ganz so faul und kriminell wie früher. Schließlich seien die Südländer »Europäer« oder gar »Christen wie wir«. Und es ist kein Zufall, daß, als Anfang der neunziger Jahre auch im vereinigten Deutschland blutige Unruhen gegen »Ausländer« ausbrachen, sich nicht wenige der schlimmsten Ausschreitungen (Mord!) gegen Türken richteten.

Wenn es um die Türken geht, heißt es gerne: »asiatische« Mentalität. Asiatisch ist dann austauschbar mit islamisch. Von daher dürfte auch jene Bemerkung zu verstehen sein, wie sie sich am 2. Dezember 1982 in der *Frankfurter Allgemeinen Zeitung* fand: »Ein paar italienische Mafiosi lassen sich ja noch verkraften«, denn sie »gehören« zum »Wir-Gefühl« unseres europäischen Kulturkreises, die Türken aber seien »Allzufremde«, deren Zahl »verringert« werden müsse.[6]

Zu denken geben muß, daß der religiöse Affekt untergründig auch bei politisch-juristischen Entscheidungen eine Rolle spielen kann. Etwa in der Argumentation des baden-württembergischen Innenministeriums, als es im Sommer 1989 um die Frage ging, wie denn politisches Asyl Suchende aus der Türkei zu behandeln seien. Türkische Asylbewerber, so wurde von den Behörden entschieden, könnten zwar nicht von vornherein ein Bleiberecht beanspruchen, nur weil sie einer verfolgten ethnischen oder religiösen Minderheit angehörten – aber falls es sich bei bereits abgewiesenen Asylbewerbern um Christen handle, könne in Anbetracht des »bestehenden Verdrängungsdrucks durch die islamische Bevölkerungsmehrheit in der Türkei« der Beschluß zur Abschiebung rückgängig gemacht werden.[7]

Das »Wir-Gefühl« definiert sich wechselweise bis austauschbar als »europäisch«, »christlich« oder gar »christlich-abendländisch«. Entsprechenden Verfechtern eines »christlichen Abendlandes« muß es dann um so bedrohlicher erscheinen, wenn Deutsche zum Islam übertreten. Gerade solche Übertritte hat es während der letzten zwei Jahrzehnte in einem überraschenden Maß gegeben. Konnte man noch Mitte der sechziger Jahre die Muslime in der Bundesrepublik fast durchweg mit den türkischen und arabischen Gastarbeitern gleichsetzen, so waren bis Ende der achtziger Jahre rund 50 000 Muslime mit deutscher Staatsbürgerschaft hinzugekommen. Vier Fünftel der Neuzugänge rekrutieren sich zwar aus Kindern ehemaliger Gastarbeiter und deutschen Frauen, die mit einem Muslim verheiratet sind – aber rund 10 000 Deutsche haben sich zum Glaubensübertritt bewegen lassen, ohne daß sie aus familiären Gründen dazu veranlaßt worden wären.[8]

Ein Wechsel zum Islam aus reiner Überzeugung! Dies hat es im deutschen Sprachraum bisher noch nie derart häufig gegeben. Was sind die Gründe? Es werden Argumente laut, daß die Moscheen, die doch eigentlich nur für Gastarbeiter errichtet würden, auch eine Sogwirkung auf Einheimische, Deutsche, haben könnten. Wenn man aber diese Begründung ernst nimmt, müßte man konsequenterweise die nächste Frage stellen: Wo liegen denn die Schwachstellen der eigenen Religion, daß sich Christen davon abwenden? Eine Auskunft, wie sie ein Angestellter des *Islam Archivs* im westfälischen Soest 1988 gegeben hat, kann dazu immerhin einen Denkanstoß geben. Anläßlich einer Umfrage unter den 10 000 konvertierten Deutschen, so sagte er, sei festgestellt worden, daß fast alle vorher aktive Christen gewesen seien, mehrheitlich Protestanten; sie stießen sich überwiegend am christlichen Dogma von Jesus als dem »Sohn Gottes« und sähen die islamische Offenbarung als »logischer« an, weil dort Jesus »nur« als ein großer Mensch und Prophet gelte. Die Muslime seien die konsequenteren Monotheisten, sie seien deshalb auch die »besseren Christen.«[9]

Für Christen ein Alarmsignal? Der Islam nun doch eine echte Bedrohung für die christliche Religion und Kultur? Wenn dem so wäre, dann müßte auf eine derartige Herausforderung mit geistigen Waffen geantwortet werden, nicht durch ein verstärktes Ressentiment. Es gibt Stimmen in eine solche Richtung, aber teilweise scheinen die Kirchen keineswegs für einen Dialog gerade auf dieser Ebene gerüstet zu sein.

»Bürgerproteste« gegen den Bau von Moscheen

Hier und da sieht es so aus, als deute ein äußerer Wandel erste Voraussetzungen für die tiefere Begegnung an. Jener Türke in München, den ich eingangs zitierte, hat heute keinen Grund mehr, sich darüber zu beklagen, daß man den Muslimen die Errichtung von repräsentativen Moscheen nicht gestatte. Schon zwei Jahre nach diesem Gespräch konnte ich verschiedenen Zeitungen und auch persönlichen Mitteilungen entnehmen, daß in vielen Gemeinden inzwischen solche Einschränkungen nicht mehr gelten. 1988 waren in der Bundesrepublik bereits über 900 islamische Kultstätten registriert, in den Vororten großer Städte stehen meist auffällige orientalische Kuppelbauten mit Minaretten, die größten in Hamburg, München, Frankfurt und Aachen.

Trotzdem sollte man den Wandel zum Besseren nicht überbewerten. Während ich an diesem Kapitel schrieb, kam mir in der Wiener *Presse* eine Zeitungsmeldung ins Haus, die schon mit ihrer

Überschrift zeigte, welch banale Anlässe noch immer tiefsitzende Islam-Affekte zum Gären bringen können. In breiten Lettern war dort am 5. August 1988 zu lesen: »Proteste gegen Minarett in Pforzheim. Deutsche Probleme mit frommen Türken«. Die geschilderten Vorkommnisse sind auswechselbar, ich könnte bei zwanzig oder dreißig ähnlich gelagerten Fällen in anderen deutschen Städten fündig werden – München und Hamburg haben da besonders von sich reden gemacht[10] –, aber ich will gerade dieses Beispiel etwas ausführlicher, und zwar im Wortlaut, zitieren, weil die Details lückenlos bereits erörterte Zusammenhänge illustrieren:

»Einen Platz zum Beten benötigen die Türken im badischen Pforzheim. 4000 wohnen in der Stadt des Goldes und des Schmucks, die meisten als gläubige Muslime. Dazu kommen noch rund 6000 aus dem umliegenden Enzkreis. Lange hatten sie sich mit einem Versammlungsraum in der Stadt begnügt. Und sie hätten sich vielleicht damit abgefunden, wenn nicht zermürbende Proteste von Nachbarn den Auszug erzwungen hätten. Ein Ersatz ließ sich nur mit Hilfe der Behörden finden. Nicht im Stadtinnern, sondern in einem Gewerbegebiet der östlichen Peripherie. Der abseitigen Lage zum Trotz lösten aber die Bauabsichten der gläubigen Muslime einen breiteren Aufruhr als die aufgegebene Versammlungsstätte aus. Denn für rund 2,5 Millionen Mark soll eine Moschee in maurisierendem Stil mit halbmondverzierter Kuppel und 25 Meter hohem Minarett entstehen. Ein evangelischer Pfarrer hört bereits den stundenweisen Gebetsaufruf der Imame von der ›Großmoschee‹ im Osten her über die Stadt erschallen. Der Vorsitzende der CDU-Fraktion im Stadtrat wehrt sich gegen den ›völlig fremden‹, für Einheimische ›zu provokativen‹ Baustil des Projekts. [...] Die Opposition schießt sich vor allem auf das Minarett ein, doch die Bauherren bestehen auf diesem für sie unverzichtbaren Teil des Gotteshauses. Sie weisen darauf hin, daß gleich gegenüber ein 100 Meter hoher Schornstein des städtischen Heizkraftwerkes das Stadtbild viel auffallender verunziert.«[11]

Im Mai 1989 las ich, daß von den inzwischen über 1000 Moscheen auf deutschem Boden nur etwa zehn ein Minarett besitzen. Man braucht nach dem geschilderten Fall nicht viel Phantasie, um sich vorzustellen, was die Turmzahl in den meisten Fällen so gering hält: »Bürgerproteste«, teils in Verbund mit Gemeinderäten, verhindern, daß Muslime ihre Kultstätten mit gar zu auffälliger

Symbolik ausstatten.[12] Allerdings entdeckte ich 1995 in einer Zeitung das Foto der fertiggestellten Moschee in Pforzheim: ein Kuppelbau – mit Minarett.[13]

Eines der interessantesten Fallbeispiele bietet aber Mannheim. Am 4. März 1995 wurde in der nordbadischen Industriestadt mit 320 000 Einwohnern, die im Ballungsraum der Rhein-Neckar-Industriezone liegt, Deutschlands bisher größte Moschee eingeweiht. Der Kuppelbau mit Minarett und einem Gebetssaal für mehr als 2500 Gläubige ist nicht in einem abseits gelegenen Industriegelände errichtet, sondern nahe dem Stadtzentrum und direkt neben einer katholischen Kirche. Die Moschee ist als Blickfang so auffallend wie die Kirche, nur daß das 32 Meter hohe Minarett um einiges niedriger ist als der Kirchturm. Proteste von Christen hätten für diese Einschränkung gesorgt, erfuhr ich bei meinem Besuch. Die rund zehn Millionen Mark (oder fünf Millionen Euro), die das Bauwerk kostete, sind durch Spenden der rund 20 000 Mannheimer Muslime zusammengekommen, öffentliche Gelder wurden nicht beigesteuert, so ist in einer Informationsschrift der Moschee zu lesen.[14]

Anfangs leistete allerdings auch in Mannheim eine Reihe deutscher Einwohner gegen die Errichtung einer derart repräsentativen Moschee an zentralem Platz beträchtlichen Widerstand. Auch hier wurden die sattsam bekannten Argumente geäußert, dieses Bauwerk passe nicht ins Stadtbild und sei ein alarmierendes Zeichen von Überfremdung. Aber die Zusammenarbeit zwischen der SPD-Stadtverwaltung und muslimischen Organisationen hat sich allen Widerständen zum Trotz gut entwickelt. Vertreter des Mannheimer Rathauses und der Vorstand des Islamischen Bundes bekennen sich gleichermaßen dazu, daß die Moschee eine Begegnungsstätte für Muslime und Christen sei.[15] Im Erdgeschoß der Moschee befinden sich die Räume des Christlich-Islamischen Bildungszentrums sowie des Instituts für Deutsch-Türkische Integrationsstudien. Beide Einrichtungen fördern durch Seminare und Vorträge die geistige Begegnung zwischen Muslimen und Christen. Seit 1997 finden regelmäßig ökumenische Gottesdienste in evangelischen und katholischen Kirchen sowie in der neuen Moschee statt. Auch christlich-muslimische Schulgottesdienste haben mittlerweile Tradition. Der Erfolg dieser Integrationsarbeit gilt inzwischen als Modell für andere deutsche Städte.[16]

Dann wieder das Gegenteil. So hatte sich in Stuttgart im Januar 2000 eine Bürgerinitiative gegen die Errichtung einer Moschee gebildet, dabei lag das von der muslimischen Gemeinde gekaufte Grundstück wie in vielen anderen deutschen Städten abseits in einem Industriegebiet. Selbst ein halbes Jahr später blieb der Baubeginn noch durch Proteste und bürokratische Hemmnisse verhindert.[17]

Zur selben Zeit wie in Stuttgart erregte im elsässischen Straßburg ein entsprechender Konflikt die Gemüter. Zwar hatte dort der Stadtrat mit einer Mehrheit von Sozialisten und Grünen dem Bau einer Moschee zugestimmt, auch hatten die Bischöfe der katholischen und evangelischen Kirche sowie der Großrabbiner der jüdischen Gemeinde sich für die Moschee ausgesprochen. Aber die bürgerlich konservativen Parteien äußerten Bedenken, und die rechtsextreme Nationale Front lehnte schroff ab. »Straßburg darf nicht zu einer Stadt der Minarette werden«, lautete die Begründung der Nationalen Front, die Muslime müßten »architektonische Bescheidenheit« lernen.[18] Durch solche politischen Streitigkeiten hat sich auch hier die Errichtung einer repräsentativen Moschee auf unbestimmte Zeit verzögert.

Unsere Fremdenfeindlichkeit stärkt den radikalen Islam

Wie »fremd« sind Türken wirklich?

1985 habe ich in Frankfurt während einer Tagung über Islam und Gastarbeiterprobleme, zu der ich als Referent geladen war, immer wieder feststellen können, daß dort anwesende Türken sich äußerst erregt beklagten: Ihre Kultur und Religion würden in den deutschen Medien überwiegend einseitig, ja verzerrt dargestellt. Besonders in den Illustrierten stoße man meist nur auf Berichte über »fanatische« islamische Sekten, durch deren Prediger die Gastarbeiter sich massenhaft aufputschen ließen. Vornehmlich veröffentliche man dazu Fotos von Mädchen mit Kopftüchern oder gar stärkerer Verhüllung, von orthodoxen Koranschulen, in denen die Männer streng nach Tradition weiße Kappen trügen, oder man zeige gar Fotos von Männern, die beim Klang einer Derwischmusik ekstatisch die Augen geschlossen hielten. Das Übergewicht solcher Darstellungen lasse vermuten, es sei Absicht, das »Fremdartige« des Türkischen besonders herauszustreichen und jeden Gedanken an kulturelle Gemeinsamkeiten zu unterschlagen. Nur selten lese man in Zeitungen mit massenhafter Verbreitung, daß es schon im Osmanischen Reich Mitte des 19. Jahrhunderts zahlreiche Reformen gegeben habe und daß heute in türkischen Städten bereits eine breitere Mittelschicht vorhanden sei, die sich an westlichem Denken orientiere – liberale Muslime, die versuchten, Tradition und Moderne in Einklang zu bringen. Gerade Angehörige dieser Mittelschicht hätten früher als andere Türken den Mut aufgebracht, bei drohender Arbeitslosigkeit ihr Geld im Ausland zu verdienen, und insofern sei der Anteil dieser Schicht unter den Zuwanderern in Deutschland wesentlich höher, als allgemein angenommen werde. Keineswegs stamme der größere Teil aus dem östlichen, »unterentwickelten« Anatolien, wie man das häufig zu hören bekomme.

Solche Auskünfte fand ich in der Fachliteratur bestätigt. Die Mehrzahl der Türken wandert zuerst einmal vom Dorf in eine Stadt des Heimatstaates ab, und überwiegend erst die Söhne und Töchter wagen als Arbeitsuchende den Sprung ins Ausland.[19] Diese städtische Jugend ist meist nicht mehr so fest in traditionellen Strukturen wie die Eltern verankert. Einer der jungen Türken, mit denen ich auf der Tagung sprach, sagte gar über die Altersgenossen seiner Heimatstadt Ankara: Mit der Religion sei es dort oft nicht viel weiter her als in deutschen Städten. Sehr viel an sogenannter Frömmigkeit sei bloße Konvention, ja in großen Städten nicht einmal das; dort würden gerade junge Leute sich über Ältere lustig machen, die die Moschee besuchen.

Allerdings, so schränkten die türkischen Tagungsteilnehmer wiederum ein, sei nicht zu leugnen, daß das Leben in vielen türkischen Kleinstädten und Dörfern noch sehr traditionell strukturiert sei. Konservativ gebliebene Bauern und Stadtbewohner, die mit einer zweiten Einwanderungswelle während der siebziger Jahre auch in die Bundesrepublik gekommen seien, hätten naturgemäß größere Schwierigkeiten, sich an fremde Lebensbedingungen anzupassen, sie müßten Mitteleuropa tatsächlich als eine völlig andersartige Zivilisation empfinden. Aber die meisten von ihnen seien deshalb noch lange keine »fanatischen« Fundamentalisten, die den Umsturz einer säkularen, demokratischen Gesellschaft wünschten. Sie lebten vielmehr einen traditionell starren, unreflektierten Glauben, in den sich allerhand Aberglaube eingeschlichen habe; diese Muslime würden sich eher passiv und nicht aggressiv gegen moderne Veränderungen abschirmen.

Bedenklich sei, daß westliche Medien hier nicht klar genug in der Berichterstattung unterschieden, sagten mir meine Gesprächspartner: Viel zuwenig würden Journalisten die Gegensätze zwischen einer volkstümlichen, in sich ruhenden Religiosität und einem revolutionären, auf Verdrängung ausgerichteten Fundamentalismus herausarbeiten; ja, oft würden Journalisten beide konservative Strömungen miteinander gleichsetzen – und gerade so sei es möglich, eine »islamische Gefahr« zu konstruieren, gerade so lasse sich die Anwesenheit türkischer Zuwanderer in Deutschland als bedrohlich darstellen. Tatsächlich sei die Zahl der Fundamentalisten unter den Türken höchstens 10 Prozent, und daran werde sich auch in Zukunft kaum etwas ändern.

Westliche Journalisten, sofern sie über fundierte Orientkenntnisse verfügen, unterstreichen eine derartige Differenzierung. Auch unterscheiden sie deutlich zwischen den gemäßigten islamistischen Parteien, wie sie in der Türkei größeren Einfluß gewonnen haben, und radikal-islamischen Strömungen. Allerdings beharren sie zum Teil auf der Ansicht, daß radikaler gesinnte Fundamentalisten ihre Anhängerschaft auch unter den Türken vermehren könnten. Und hierfür gibt es Argumente, die für liberale Türken beklemmend erscheinen müssen, erst recht jedoch den Europäern zu denken geben sollten. Fundamentalismus in seiner militanten, aggressiven Form entsteht ja, wie schon gezeigt, vor allem dort, wo die westliche Zivilisation soziale und religiöse Strukturen des Islam ernsthaft erschüttert hat. Bei den Türken geschieht dies aber mit einem besonderen Akzent. Teilweise werden sie nicht in der Heimat zu islamistischen Parteigängern, sondern entwickeln erst in der Fremde diese Neigung. Je schroffer sie sich von einer Mehrheit der Deutschen zurückgewiesen fühlen, um so mehr wächst bei ihnen die Sehnsucht nach »türkischer«, »islamischer« Tradition.

Diese Entwicklung trifft zuerst einmal auf jene Minderheit zu, die ohne Umwege direkt aus anatolischen Dörfern kommt und seelisch wie geistig am wenigsten auf den Schock der Begegnung mit deutschen Lebensformen vorbereitet ist. Bauern aus entlegenen Regionen, die vor wenigen Jahrzehnten selbst noch modernisierte Städte der Westtürkei als bedrohlich fremd empfinden mußten, sind in Mitteleuropa mehr als andere in ihren herkömmlichen Orientierungsmustern erschüttert. Als Gläubige eines passiven, unreflektierten Volksislam sind sie in die Bundesrepublik gekommen, als militante Fundamentalisten kehrt ein Teil von ihnen in die Heimat zurück.

Radikalisiert werden können aber auch türkische Jugendliche, die in Deutschland geboren sind und die Türkei nur noch von flüchtigen Besuchen kennen. Vor allem betrifft dies sozial Gestrandete. Bei türkischen Kindern ist die Zahl der Schulversager dreimal so hoch wie bei deutschen, was meist mit mangelnden Deutschkenntnissen und schlechter Eingliederung in den Alltag zu tun hat. Entsprechend höher als bei Deutschen ist bei jungen Türken die Zahl der Arbeitslosen.[20] Solche Jugendliche, die sich überall nur verachtet sehen, schließen sich teilweise zu Banden zusammen und bilden hierbei schon eine bedenkliche Konkurrenz zu deutschen Jugendbanden, etwa den Skinheads, nur eben mit umgekehrtem Rassismus. Oder sie werden zu Sympathisanten eines intoleranten, fundamentalistischen Islam. Gerade radikal-religiösen Vereinen gelingt es, sozial und kulturell entwurzelten türkischen Jugendlichen ein neues Selbstwertgefühl, eine neue emotionale »Heimat« zu vermitteln. Aber dies geschieht mit bedenklichen Begleiterscheinungen: Dort werden sie dazu angeleitet, das eigene Unterlegenheitsgefühl mit Überlegenheitsphantasien gegenüber der westlichen Zivilisation zu kompensieren.[21] Soweit es den Jugendlichen allerdings gelingt, in der Schule und später im Berufsleben erfolgreich zu sein, haben sie keine Probleme, sich in die Kultur ihres Gastlandes zu integrieren – und andererseits mit voller Überzeugung Muslim zu bleiben. Zu Beginn des 21. Jahrhunderts studieren schon 23 000 Türken an Deutschlands Universitäten, auch haben rund 50 000 türkischstämmige Unternehmer über 200 000 Arbeitsplätze geschaffen.[22]

Radikalisiert werden können aber auch Angehörige der türkischen Mittelschicht. Sie, oft voll Stolz auf Atatürks Reformen, fühlen sich um so mehr verunsichert und in ihrem Selbstbewußtsein verletzt, sobald sie von Deutschen hören müssen, Türken seien »primitiv« und ohnehin nicht fähig, sich in die »westliche Zivilisation« einzuleben. Je isolierter sich solche Zuwanderer aus westtürkischen Städten sehen und je intensiver ihnen eingetrichtert wird, wer in Deutschland leben wolle, müsse sich »wie ein Deutscher benehmen« – um so stärker werden auch sie sich auf »türkische«

Traditionen besinnen. Manche Türken, die unter dem Einfluß eines verwestlichten Denkens in Istanbul, Izmir oder Ankara die Religion als »Privatsache« angesehen haben und sich selber nur noch oberflächlich an manche Traditionen hielten, haben in Deutschland zu ihrer Religion »zurückgefunden«, wie sie selber betonen. Für besagte »Rückkehr« bieten ihnen zahlreiche religiöse Gruppierungen wirksame Hilfe, von gemäßigten Muslimen bis hin zur Minderheit radikaler Fundamentalisten. Und wenn sie die sonst vergeblich gesuchte Geborgenheit ausgerechnet bei Fundamentalisten finden, werden sie auch deren entschlossene Intoleranz zu ihrer eigenen Sache machen.

Die demonstrative Rückkehr zu türkisch-islamischen Lebensformen, die alle Anzeichen von Kompensation an sich trägt, schlägt sich selbst in Äußerlichkeiten nieder. So manche Frau, der wir in deutschen Städten mit Kopftuchverhüllung und einer unter dem Rock getragenen Pluderhose begegnen, kommt mit dieser »typisch türkischen« Tracht nicht direkt aus einem ostanatolischen Dorf, vielmehr hat sie noch bei ihrer Ankunft in der Bundesrepublik enge Röcke oder gar Bluejeans getragen, wie sie es in westtürkischen Großstädten gewohnt war. Erst nachdem sie von Angst erfaßt wurde, inmitten einer feindlich abweisenden Fremde jeder eigenen Kultur beraubt zu werden, hat sie auf die zuvor eher verachteten Kleidungsstücke zurückgegriffen: als äußeres Zeichen des Selbstbehauptungswillens, der bewußten Abgrenzung vom gar nicht so gastlichen Gastland.[23]

Weiterhin Barrieren gegen eine multikulturelle Gesellschaft?

Bei Deutschen wächst die Angst, einer »asiatischen« Minderheit Heimatrecht in »unserer abendländischen Kultur« geben zu müssen. Das Problem spitzt sich zu, indem ja die Türken als einzige »orientalische« Bevölkerungsgruppe von der Masse her so stark sind, daß sie ganze Stadtviertel in ihrem Erscheinungsbild verändern. Dies beginnt mit buntgekleideten, kopftuchverhüllten Frauen, setzt sich fort mit fremdartig klingender »orientalischer« Musik, wie sie hier und dort über Kassettenrecorder aus Radiogeschäften oder Kaffeehäusern klingt, und endet bei Moscheekuppeln und Minaretten in unmittelbarer Nachbarschaft deutscher Wohnviertel.

Wirtschaftliche Bedenken erscheinen gegen solche Befürchtungen kultureller »Überfremdung« eher zweitrangig. Zwar hört man immer noch das schon reichlich ausgeleierte Argument, die Türken würden den Deutschen die Arbeitsplätze wegnehmen. Aber an der Wende zum 21. Jahrhundert befürworten teilweise schon jene, die sich vor »Überfremdung« fürchten, eine gezielte Zuwanderung. Denn inzwischen hat sich ausreichend herumgesprochen, was eine Analyse der UNO 1999 an Zukunftsperspektiven eröffnet hat: Ohne Einwanderer überaltert das geburtenschwache Europa, schrumpft die Bevölkerung beträchtlich in den nächsten Jahrzehnten, und der Markt wird nicht genügend Arbeitskräfte finden. Die meisten europäischen Länder könnten auf stärkere Zuwanderung gar nicht mehr verzichten, wenn sie die sozialen Errungenschaften von bisher aufrechterhalten wollten. Allein Deutschland brauche pro Jahr 500 000 Zuwanderer, um die gegenwärtige Zahl der Erwerbstätigen – und damit die nötigen Beitragszahlungen für die Sozialversicherung – zu halten.[24] Das Argument, Zuwanderer würden unseren Wohlfahrtsstaat ruinieren, erledigt sich damit von selbst.

Die Angst vor »Überfremdung« bleibt. Wenn schon Zuwanderung nötig sei, dann solle sie aus europäischen Nachbarländern kommen. Die Türken aber mit ihrer »gar zu fremden Religion und Kultur«? Und ihrer »fremden Rasse«? Die Türken könnten niemals »echte Deutsche« werden.

Ein ethnisch, kulturell und religiös in sich geschlossener Staat! Solche Voraussetzungen müssen anscheinend erfüllt sein, daß Deutschland überleben kann – oder daß die abendländische Kultur unbeschadet überdauert. Dabei sind derartige Strukturen und entsprechende Ängste nicht unauflöslich mit abendländischer Tradition verknüpft. In der Antike waren die Grundlagen noch völlig anders. So hatte man in Griechenland und allen Staaten mit hellenistischer Kultur wie auch im Römischen Reich ethnische, kulturelle und religiöse Vielfalt als selbstverständlich genommen. Entscheidend war nur, daß die unterschiedlichen Gruppen sich möglichst reibungslos in das politische Ordnungssystem einfügten. Zwar haben sich auch damals zwischen Alteingesessenen und Zuwanderern soziale und politische Spannungen herauskristallisiert, aber den Menschen erschien die Mischung unterschiedlicher Kulturen und Lebensformen nicht grundsätzlich als ein Problem.

Erst als das Abendland »christlich« wurde, ist jene Dimension hinzugekommen, daß ein Staat religiös eine Einheit zu bilden habe. Und wie wir wissen, hat sich dieses Bedürfnis so tief in die christlich-abendländische Seele eingesenkt, daß eine Regierung schließlich nicht einmal mehr zwei verschiedene christliche Konfessionen in ihrem Herrschaftsbereich dulden wollte. Eine derartige Sehnsucht nach Einheit, nach einem ideell uniformen Staat, hat den Zerfall aller religiösen Horizonte überdauert: An die Stelle der konfessionellen Maßstäbe sind zunehmend nationale, allmählich nationalistische und am Ende rassistische Kriterien getreten.

Zur letzten Perversion einer derartigen Verweltlichung ist es schließlich im Nationalsozialismus gekommen: Dort ist aus der Einheit des Christentums die Einheit einer nationalistischen und rassistischen Ersatzreligion geworden, und diese Front war besonders gnadenlos gegen alle Andersdenkenden und Außenseiter gerichtet. Aber auch heute noch bedeutet es für viele Europäer (ob sie nun Christen sind oder nicht) eine schwer zumutbare Vorstellung, zukünftig in einem verstärkt multikulturellen, multireligiösen Staat zu leben. Vor allem dann, wenn hierzu der Islam eine weitere Variante liefert – ausgerechnet jene Religion und Lebensform, deren Vordringen in Europa jahrhundertelang als die größte Gefahr angesehen wurde.

Es gibt gegenläufige Traditionen, auch sie Jahrhunderte alt. Sie haben sich seit der Renaissance herausgebildet und in der Aufklärung ihren ersten Höhepunkt gefunden. Seitdem kämpfen liberale Kräfte verschiedener Couleur um das Ziel, daß Menschen unabhängig von ihrem Glaubensbekenntnis, ihrer Weltanschauung und ihrer »Rasse« in einem Staat einträchtig nebeneinander – miteinander – als gleichberechtigte Staatsbürger leben können.

Schon lange vor dem Eintreffen von »Asiaten« hat also bei uns eine multikulturelle Entwicklung begonnen: Wir haben uns aufgespalten in christliche und atheistische, in unzählige philosophische und politische Strömungen, in verschiedenste teils gegensätzliche Lebensformen. Aber ein solcher Wandel hat sich eben nur gegen vielerlei Widerstände durchsetzen können; das Ergebnis ist ein erzwungener, keineswegs ein von allen anerkannter Pluralismus. Und so bilden sich auch jetzt die verschiedensten Bewegungen, wenn es darum geht, eine »orientalische« Kultur, eine größere Zahl von Muslimen zu integrieren. Für den weiteren konsequenten Weg zu einem tatsächlichen pluralistischen Staat machen sich nicht nur liberale Intellektuelle, nicht nur liberale Politiker quer durch die Parteien stark, sondern auch kirchliche Kreise, und dies teils im Widerspruch zu einer mehr oder weniger großen Schar von Gläubigen.

Aber nicht nur wir sind aufgerufen, unter den gegebenen Bedingungen entschiedener als bisher eine derartige Entwicklung zu fördern. Das gilt ebenso für die Muslime, die auf Dauer bei uns leben und Tag für Tag mit anderen Kulturen konfrontiert sind. Sie müssen sich in ihrer Mehrheit stärker im Sinne eines pluralistischen Verständnisses von Kultur »europäisieren«.

Erste Anzeichen für eine solche Form eines spezifisch europäisch geprägten Islam, eines sogenannten Euro-Islam, sind auch bereits vorhanden. So ist etwa in Erklärungen einzelner muslimischer Gemeinden Deutschlands die Entwicklung deutlich zu spüren. Ich zitiere stellvertretend für andere Beispiele aus der bereits erwähnten Informationsbroschüre zur Moschee in Mannheim von 1995: »Wir leben in dieser Stadt und teilen aus diesem Grund ihre Gesellschaftsordnung und ihre politischen Grundwerte. Begriffe wie Demokratie und Menschenrechte sind Bestandteil unseres alltäglichen Lebens geworden. Sie sind voll und ganz mit unserer Religion vereinbar.«[25]

Inzwischen wurde auch schon eine öffentliche Erklärung auf allgemeinerer Ebene abgegeben. Am 15. Juni 2003 verabschiedete die »Konferenz der Leiter islamischer Zentren und Imame in Europa« während einer Tagung in der österreichischen Universitätsstadt Graz eine Resolution mit der Kernbotschaft, daß sich die in Europa lebenden Muslime zu Demokratie, Pluralismus und den Menschenrechten bekennen. Rund hundert führende Repräsentanten islamischer Gemeinden gaben damit den Muslimen wie Nichtmuslimen zu verstehen, islamische und europäische Identität würde keinen unauflösbaren Widerspruch bedeuten. Und an die Muslime wandten sie sich darüber hinaus mit dem Bescheid, in ihrer Religion sei keine Bestimmung vorhanden, die sie daran hindere, Bürger eines nichtislamischen Staates zu sein und die dortigen Gesetze loyal zu befolgen. Außerdem erteilten die Konferenzteilnehmer eine klare Absage an jede Form von Fanatismus und Extremismus.[26]

Eine verheißungsvolle Botschaft. Wenn auch eine Frage vorerst offen geblieben ist. Die Konferenzteilnehmer hatten nach langer interner Diskussion die Bezeichnung »europäischer Islam«

zurückgewiesen und stattdessen die Formulierung »Islam in Europa« gewählt. Auf diese Weise erweckten sie den Eindruck, es gebe ihrer Meinung nach doch eher einen unveränderbaren Islam, dessen Zentrum außerhalb Europas liegt. Also würde die Beeinflussung durch andere Kulturräume eine nur sehr untergeordnete Rolle spielen. Die Konferenzteilnehmer hatten sich nicht zu der Einsicht durchringen können, daß ein »europäischer Islam« eine zusätzliche Facette innerhalb einer weltweit ohnehin schon sehr ausdifferenzierten islamischen Kulturlandschaft bedeutet – neben den sehr unterschiedlichen Prägungen durch den arabischen, persischen, türkischen, indischen, ostasiatischen und schwarzafrikanischen Raum.

Für alteingesessene Europäer wie für zugewanderte Muslime stehen gleichermaßen Umbrüche bevor, deren Risse und Verwerfungen quer durch die gesellschaftlichen Institutionen verlaufen; hierbei ist nicht abzusehen, wie lange der Entwicklungsprozeß dauert. Es bleibt zu hoffen, daß wir in Europa während der nächsten Jahrzehnte – in solchen Zeitdimensionen müssen wir mindestens rechnen – dem Ideal eines pluralistischen Staates wieder ein Stück näher kommen. Und zu hoffen ist auch, daß in diesem Zusammenhang die so verhängnisvolle Angstparole »Der Islam bedroht das Abendland« gegenstandslos wird.

Anmerkungen

Einleitung: Ein Dauerkonflikt – für weitere Jahrhunderte?

1 Huntington: Kampf der Kulturen, S. 349 f.
2 Zitiert nach Profil, Nr. 33, 16. 8. 93, S. 37.

Gegenseitige Vorurteile

1 Neue Kronen Zeitung (Wien), 14. 11. 87, S. 4 f.
2 Der Spiegel, 1985/Nr. 48, S. 180.
3 Profil Nr. 33, 16. 8. 1993, S. 37.
4 Zitiert nach Der Spiegel, 1979/Nr. 4, S. 100.
5 Werner Schiffauer: Die Bauern von Subay (Stuttgart 1987), S. 220.
6 Darüber mehr im Kapitel: Der Dialog mit dem Islam beginnt.

Was Christen und Muslime gemeinsam haben

1 Zweites Buch Mose 20/4. Das Alte und das Neue Testament werden auch im folgenden, wenn nicht anders angegeben, nach der Luther-Übersetzung zitiert.
2 Eine gute Einführung in die Problematik einer historisch-kritischen Jesus-Deutung aus religionswissenschaftlicher Sicht findet sich bei Küng/Ess: Christentum und Weltreligionen, Islam, S. 147–149, S. 173–184.
3 Koran: Sure 19, 47. Zitiert wird auch im folgenden nach der Übertragung von Ludwig Ullmann in neu bearbeiteter Auflage (München 1980).
4 Koran: Sure 2, 143 ff.
5 Apostelgeschichte 9.
6 Durant: Das Zeitalter des Glaubens, S. 247.
7 Koran: Sure 9, 28 f.
8 Vgl. hierzu die Anmerkungen von L. W. Winter in der von Ludwig Ullmann herausgegebenen Koran-Übersetzung, S. 153.

Zweiteilung der Menschheit in Gläubige und Ungläubige

1 Fünftes Buch Mose 12/2–3.
2 Fünftes Buch Mose 13/7–11.
3 Aus Platzgründen kann im vorliegenden Buch nicht näher auf Zarathustra, diesen bedeutsamen, in seiner geistigen Nachwirkung meist unterschätzten Religionsstifter, eingegangen werden. Ich verweise hier auf meine ausführliche Darstellung in: Iran. Drehscheibe zwischen Ost und West, S. 23–50.
4 Glasenapp: Die fünf Weltreligionen, S. 183 f.
5 Fünftes Buch Mose 4/19.
6 Drittes Buch Mose 19/18.
7 Lukas 10/25–37.

8 Lukas 18/14.
9 Johannes 8/7–9.
10 Matthäus 7/3–5.
11 Es wäre ein Mißverständnis, wenn wir uns das jüdische Volk zur Zeit Jesu als einen homogenen Block religiös Unduldsamer vorstellten. Neben der machtvollen Gruppierung der Pharisäer haben die Sadduzäer als rivalisierende Partei das öffentliche Leben bestimmt: Sie lehnten die starre Gesetzesauslegung der Pharisäer ab und waren gegenüber der griechisch-römischen Kultur relativ aufgeschlossen, zeigten sich aber an einem religiösen Neuerer wie Jesus wenig interessiert.
12 Lukas 17/13–19; Johannes 4/7–29.
13 Apostelgeschichte 10.
14 Apostelgeschichte 12.
15 Matthäus 5/5–7.
16 Markus 16/16.
17 In der von der Deutschen Bibelgesellschaft herausgegebenen Ausgabe des Neuen Testaments: Die gute Nachricht (Stuttgart 1982), S. 92. In Auftrag gegeben wurde die Übersetzung gemeinsam vom Evangelischen und Katholischen Bibelwerk.
18 Matthäus 28/19–20.
19 Die gute Nachricht, Anmerkungen, S. 429.
20 Koran: Sure 9, 6.

Als der Islam über das Christentum triumphierte

1 Zitiert nach Hofmann: Der Islam als Alternative, S. 54.
2 Zitiert nach Mensching: Der offene Tempel, S. 39.
3 Eine präzise Darstellung solcher Zusammenhänge findet sich bei Hunke: Allahs Sonne über dem Abendland. – Weshalb aber die Muslime eine derartige Weltoffenheit verloren und schließlich vom Abendland kulturell überflügelt wurden, ist ein eigenes Problem. Vgl. hierzu das Kapitel: Fortschritt und Rückschritt im Islam.
4 Koran: Sure 48, 29.
5 Koran: Sure 9, 29.
6 Rondot: Der Islam und die Mohammedaner von heute (Stuttgart 1963), S. 195–197.
7 Lewis: Die Welt der Ungläubigen, S. 176–179.
8 Darüber mehr im Kapitel: Juden unter muslimischer Herrschaft.

Die moderne Toleranz und ihre Vorläufer

1 Lessing: Nathan der Weise, 4. Aufzug, 7. Auftritt.
2 Ebd. 2. Aufzug, 6. Auftritt.
3 Ebd. 3. Aufzug, 7. Auftritt.
4 Zitiert nach Jakob Wilhelm Hauer: Toleranz und Intoleranz in nichtchristlichen Religionen (Stuttgart 1961), S. 29.
5 Vgl. hierzu Friedrich Niewöhner: Maimonides. Außerdem vom selben Autor: Veritas sive Varietas. Lessings Toleranzparabel.
6 Offenbarung 19/20.
7 Vgl. hierzu die ausführliche Analyse bei Helmuth de Boor/Richard Newald: Die Geschichte der deutschen Literatur. Band 2: Die höfische Literatur (de Boor). 3. Aufl. (München 1977).

8 Zitiert nach Mensching: Der offene Tempel, S. 42.
9 Zitiert nach Küng/Ess: Islam, S. 42.
10 Nähere Einblicke in wirtschaftliche und politische Interessenverflechtungen jenseits aller religiösen Gegensätze, vgl. Steven Runciman: Die Eroberung von Konstantinopel 1453 (München 1977).
11 Zitiert nach Heinrich Heine: Zur Geschichte der Religion und Philosophie in Deutschland, Bd. 5 (München 1976), S. 590.
12 Ebd. S. 541 u. 589 f.
13 Goethe: Der west-östliche Divan. In: Goethe, Werke, Bd. 3 (Zürich 1948), S. 290.
14 Ebd. S. 402.
15 Zu den geistigen und machtpolitischen Konflikten während des Ersten Vatikanischen Konzils 1869–70 vgl. Seppelt/Schwaiger: Geschichte der Päpste, S. 420 ff.; Jedin: Kleine Konziliengeschichte, S. 122 ff. Die ausführlichen Darstellungen dieser kirchentreuen Katholiken belegen, wie sehr damals kirchliche Kreise mit allen nur möglichen Taktiken nachhelfen mußten, daß die Autorität des Papstes bei gewissen Entscheidungen in den Rang theologischer »Unfehlbarkeit« gehoben wurde.
16 Zitiert nach Birkner: Protestantismus im Wandel, S. 24 f.
17 Zitiert nach Neumann/Fischer: Toleranz und Repression, S. 72.
18 Zitiert nach Jens: Um nichts als die Wahrheit, S. 15.
19 Ebd. S. 15.
20 E. W. Böckenförde: Religionsfreiheit zwischen Kirche und Staat. In: Gewissen und Freiheit, Heft 22 (1984), S. 18. Zitiert nach Neumann/Fischer: Toleranz und Repression, S. 46.
21 Vgl. hierzu Thiel: Der Kampf gegen neue religiöse Bewegungen.
22 Der Spiegel, 1989/Nr. 31, S. 60.
23 Ebd.

Fortschritt und Rückschritt im Islam

1 Zitiert nach Shah: Die Sufis, S. 132. Idries Shah ist Perser und gilt als einer der bekanntesten Interpreten islamischer Mystik. Er lebt in London.
2 Zitiert nach Pascal Bruckner: Das Schluchzen des weißen Mannes, S. 184.
3 Zitiert nach Shah: Die Sufis, S. 125.
4 Zitiert nach Azzam: Der Islam, S. 16 f. Hamdy Azzam, Ägypter, ist der Ansicht, der Islam müsse sich auf seine einst revolutionär weltoffene Philosophie zurückbesinnen. Azzam lebte lange als ständiger Vertreter der Arabischen Liga und schließlich als Botschaftsrat Ägyptens in der BRD.
5 Shah: Die Sufis, S. 46.
6 Ebd. S. 44.
7 Über die Bedeutung des Gleichnisses »Von den Blindgeborenen« bei den Buddhisten vgl. meine ausführliche Darstellung in: Ungläubig sind immer die anderen (2. Aufl. 2002), S. 392 ff.
8 Vgl. zu Avicenna und Omar Chaijam meine ausführliche Darstellung in: Iran: Drehscheibe zwischen Ost und West, S. 135–145, 151–156.
9 Zitiert nach Dietl: Heiliger Krieg für Allah, S. 59.
10 Ebd. S. 61.
11 Zitiert nach Rill: Kemal Atatürk, S. 80.
12 Vgl. hierzu Werle/Kreile: Renaissance des Islam, S. 27.
13 Rill: Kemal Atatürk, S. 80 f.
14 Zitiert nach Werle/Kreile: Renaissance des Islam, S. 28.
15 Zitiert nach Rill: Kemal Atatürk, S. 83.

16 Ebd. S. 107
17 Ebd. S. 93.
18 Vgl. hierzu meine ausführliche Darstellung in: Syrien. Religion und Politik im Nahen Osten.
19 Zitiert nach Der Standard, 3. 4. 2003, S. 6.
20 Tibi: Der Islam, S. 211.

Krieg der Konfessionen

1 Engelbert Kaempfer: Am Hof des persischen Großkönigs 1684–1685 (Tübingen und Basel 1977), S. 177.
2 Über die Bedeutung der Wahhabiten ausführlicher im Kapitel: Christen immer geduldet? Das Beispiel Saudi-Arabien. Und im Kapitel: Vom Wahhabismus zu einem »modernen« Islamismus.
3 Vgl. Heiko Flotau: Ein altes Schisma bedroht die Hadsch. In: Süddeutsche Zeitung, 16./17. 7. 88, S. 9.
4 Zitiert nach Der Spiegel, 1989/Nr. 15, S. 161.
5 Vgl. Peter Gerner: Erwachen im Morgenland. In: Die Presse (Wien), 24. 2. 84, S. 3.
6 Matthäus 7/13–15.
7 Apostelgeschichte 20/28–30.
8 Der Brief des Paulus an Titus 1/7–14.
9 Zitiert nach Glasenapp: Die fünf Weltreligionen, S. 367.
10 Ebd. S. 367 f.
11 Köhle-Hezinger: Evangelisch – katholisch, S. 2.
12 Ebd. S. 2 f.

»Abtrünnige« und »Ketzer« im Islam

1 Koran: Sure 7, 37.
2 Koran: Sure 9, 6.
3 Karl Toifel: Die Türken vor Wien im Jahr 1683 (Prag 1883), S. 115.
4 Fünftes Buch Mose 13/7.
5 Drittes Buch Mose 24/16.
6 Vgl. hierzu meine ausführliche Darstellung in: Syrien. Religion und Politik im Nahen Osten, S. 119 ff., 270 ff.
7 Neue Zürcher Zeitung, 5. 5. 96, S. 59.
8 Aus einer ins Deutsche übersetzten Propagandaschrift der Bahai (1982).
9 Nach einem Kurzbericht der FAZ, 24. 10. 87.
10 Zitiert nach Die Zeit, Nr. 9, 24. 2. 89, Dossier, S. 19.
11 Zitiert nach Die Presse (Wien), 6. 4. 89, S. 3.
12 Der Spiegel, 1994/Nr. 4, S. 167.

Religiöse Minderheiten als Prüfstein der Toleranz

1 Vgl. Der Spiegel, 1981/Nr. 38, S. 138 f.
2 Frankfurter Allgemeine Zeitung (FAZ), 24. 1. 94.
3 Der Spiegel, 1994/Nr. 7, S. 148 f.
4 FAZ, 24. 1. 94.

Die Juden als »Problem«

1 Nach einer Zitatensammlung aus Werken Khomeinis in der FAZ, 8. 1. 80, S. 6.
2 Koran: Sure 4, 158.
3 Zitiert nach Gordon Allport: Die Natur des Vorurteils (Köln 1971), S. 447.
4 Mensching: Der offene Tempel, S. 75.
5 Ebd. S. 74.
6 Zitat nach Profil (Wien), Nr. 8/20. 2. 89, S. 55.
7 Vgl. dazu die Meldung in der Süddeutschen Zeitung, 11./12. 2. 89, S. 8.
8 Ulrich W. Sahm: Noch immer Angst vor dem Mann aus Galiläa. In: Sonntag aktuell, 19. 8. 84, S. 4.

Der Wille zum Dialog – und die Barrieren

1 Dokumentationsbericht über die Dritte Vollversammlung des Ökumenischen Rates der Kirchen. – In: Gewissen und Freiheit, Heft 6 (1976), S. 89 ff.
2 Zitiert nach Fitzgerald: Moslems und Christen – Partner?, S. 125.
3 Seit 1949 bemühen sich verschiedene katholische Organisationen um eine »Begegnung mit dem Orient«, und Muslime in ranghoher geistlicher Stellung haben darauf wohlwollend reagiert. So äußerte bereits 1950 der Großmufti von Ägypten auf einer Tagung muslimischer Politiker: »Christen und Muslime sollten als Geschöpfe ein und desselben Gottes brüderlich zusammenarbeiten.« Vgl. Mensching: Der offene Tempel, S. 97.
4 Fitzgerald: Moslems und Christen – Partner?, S. 126.
5 Ebd. S. 122.
6 Ebd. S. 138.
7 Zitiert nach Mensching: Der offene Tempel, S. 18.
8 Radhakrishnan, Sarvepalli: Die Gemeinschaft des Geistes. Östliche Religionen und westliches Denken (Darmstadt 1952), S. 356.
9 Zitiert nach Fitzgerald: Moslems und Christen – Partner?, S. 112.
10 Vgl. Times Literary Supplement, 8. 9. 89 (Literaturbeilage der englischen Tageszeitung »The Times«). Dort wird unter der Überschrift »Fifty Years on« Bezug genommen auf die englische Veröffentlichung eines Buches von Karl Barth 1939 (»The Church and the Political Problem of Our Day«), in dem die entsprechende These enthalten ist.
11 Fitzgerald: Moslems und Christen – Partner?, S. 116 f.
12 Ebd. S. 114.
13 Vgl. das Kapitel: Gegen die Moderne: »Unfehlbarkeit« des Papstes.
14 Zitiert nach Mensching: Der offene Tempel, S. 69.
15 Zitiert nach Italiaander: Die Herausforderung des Islam, S. 21 f.
16 Vgl. entsprechende Äußerungen in Der Spiegel, 1985/Nr. 20, S. 146.
17 Joseph Ratzinger: Wider die Abschaffung des Menschen. Antwort zur Krise der Werte und der Moral. In: Die Presse (Wien), 5. 12. 87.
18 Erklärung der Glaubenskongregation vom 5. 7. 83. Zitiert nach Jens: Um nichts als die Wahrheit, S. 30.
19 Ebd. S. 33.
20 Ebd. S. 35.
21 Zitiert nach Der Spiegel, 1983/Nr. 4, S. 90.
22 Zitiert nach Der Spiegel, 1989/Nr. 42, S. 246.
23 Küng: Wahrhaftigkeit. Zur Zukunft der Kirche, S. 16 f.
24 Fitzgerald: Moslems und Christen – Partner?, S. 126.
25 Ebd. S. 128.

Moderne Krise: der Fundamentalismus

1 Amnesty International Information, 1986/9, S. 4.
2 Italiaander: Die Herausforderung des Islam, S. 18.
3 Vgl. hierzu das Kapitel: »Aufklärung« kannten die Muslime lange vor den Christen.
4 FAZ, 17. 8. 95.
5 Ebd.
6 Der Spiegel 3/1997, S. 119–121.
7 Vgl. hierzu Thomas Meyer: Fundamentalismus, S. 157 ff.
8 Berger u. a.: Das Unbehagen in der Modernität, S. 201.
9 Vgl. hierzu Jens: Um nichts als die Wahrheit, S. 35 ff.
10 Die Beschlüsse des Zweiten Vatikanischen Konzils haben allerdings Vorläufer. Denn schon Pius XII., der sonst eher für starre, dogmatische Abgrenzung bekannt ist, hat in den vierziger Jahren dem Drängen von Theologen nachgegeben und – mit Einschränkung – zugestimmt, daß sich die katholische Bibelwissenschaft den Erkenntnissen moderner Wissenschaft öffnen solle. Vgl. hierzu: Seppelt/Schwaiger: Die Geschichte der Päpste, S. 517.
11 Der Spiegel, 1987/Nr. 13, S. 156.
12 Ebd. S. 164.
13 Henryk M. Broder in: Profil (Wien), 1988/Nr. 51/52, S. 52.
14 Der Spiegel, 1987/Nr. 1, S. 64.
15 Der Spiegel, 2000/Nr. 38, S. 207.
16 Süddeutsche Zeitung, 3. 1. 2001, S. 9.
17 Vgl. hierzu Der Spiegel 7/2001, S. 145.
18 Koran: Sure 45, 18.
19 Bassam Tibi: Wie Feuer und Wasser. In: Der Spiegel, 1994/Nr. 37, S. 172.
20 Zitiert nach Tibi: Der Islam, S. 96 f.
21 Tibi: Die fundamentalistische Herausforderung, S. 36.
22 Kepel: Die Rache Gottes, S. 55 f.
23 Zum Problem des »modernen« Islamismus vgl. auch meine ausführliche Darstellung in: Syrien. Religion und Politik im Nahen Osten, S.281–297.

Modellfälle des Islamismus

1 Kebir: Zwischen Traum und Alptraum, S. 301.
2 Ebd. S. 84.
3 Ebd. S. 74 f.
4 Sejjed Mohammad Chatami: Keine Religion ist im Besitz der absoluten Wahrheit. Das Haupt des Menschen ragt in den Himmel, aber seine Füße stehen auf der Erde. In: FAZ, 26. 9. 98, S. 35.
5 Vgl. hierzu oben die Darstellung von Avicenna und Ibn Al Arabi im Kapitel: Orthodoxe und Freidenker im Islam.
6 Vgl. hierzu meine ausführliche Darstellung in: Iran. Drehscheibe zwischen Ost und West. 4. erweiterte und aktualisierte Auflage, S. 343–440.
7 So der Bericht in Die Zeit, 18. 12. 2002, S. 39.
8 Vgl. hierzu das Kapitel: Beunruhigende Signale aus Ägypten, einem Kernland des Islam.
9 Die Zeit, 18. 12. 2002, S. 39.
10 Vgl. hierzu meine ausführliche Darstellung in: Gehl: Die Türkei – nur im Vorhof Europas? S. 57–67.
11 Vgl. hierzu FAZ, 21. 10. 2002, S. 12.

12 FAZ, 5. 2. 2003, S. 7.
13 Rüdiger Siebert: 5 mal Indonesien (München 1987), S. 360 f.

Terrorismus, die andere Art von Krieg

1 Koran: Sure 2, 217.
2 Koran: Sure 8, 66.
3 Koran: Sure 8, 13.
4 Koran: Sure 61,12 f.
5 Darwish, Ahmad Kamil: Was ist Islam? (München 1978), S. 19.
6 Vgl. hierzu: James Turner Johnson: Religion und Gewalt. Die Umdeutung des Jihad zur Rechtfertigung des Terrors. In: Neue Zürcher Zeitung, 2./3. 3. 2002, S. 51.
7 Zitiert nach Hartmut Sippel: Die Templer. Geschichte und Geheimnis (Wien 1996), S. 58 u. S. 60.
8 Vgl. hierzu das Kapitel: »Arabischer Sozialismus« und Islam. Die zwiespältige Moderne der Baath-Sozialisten. Und das Kapitel: Die »sozialistische« Konkurrenz der Nasseristen.
9 Der Spiegel, Oktober 1985.
10 Vgl. hierzu meine ausführliche Darstellung in: Iran. Drehscheibe zwischen Ost und West, S. 297–305.
11 Die Zeit, 20. 9. 2001, S. 39.
12 Vgl. hierzu Christa Zöchling: Im Namen Gottes. Selbstmordattentäter. In: Profil, 24. 9. 2001, S. 34 f.; Evelyn Roll: Anleitungen für den Todesflug ins Paradies. In: Süddeutsche Zeitung, 29. 9. 2001, S. 3.
13 Zitiert nach Der Standard, 29. 9. 2001, S. 2.
14 Vgl. Der Spiegel, 42/2001, S. 220.
15 Zitiert nach FAZ, 25. 9. 2001, S. 51.
16 So etwa in sehr ähnlicher Grundhaltung die Kommentare von Ernst Ulrich von Weizsäcker, Hans-Peter Martin und Gerald Mader nur wenige Tage nach dem verheerenden Selbstmordattentat vom 11. September 2001. Vgl. hierzu Der Standard, 15. 9. 2001, S. 8; 17. 9., S. 23 und 20. 9., S. 38.
17 Zitiert nach Der Standard, 28. 9. 2001, S. 3.

Muslimische Zuwanderer in Europa – eine Gefahr?

1 Der Bundesminister des Innern (Hrsg.): Betrifft Ausländerpolitik (Bonn, Januar 1983), S. 92.
2 Zitiert nach Heribert Prantl: Der Gesetzentwurf zum Ausländerrecht. In: Süddeutsche Zeitung, 2./3. 7. 88, S. 9.
3 Zitiert nach Profil (Wien), Nr. 49, 2. 12. 85, S. 42.
4 Der Spiegel, 1989/Nr. 45, S. 227.
5 Stuttgarter Zeitung, 8. 4. 95, S. 4.
6 Zitiert nach Stephen Castles: Wie begegnen wir dem neuen Rassismus? In: Italiaander: »Fremde raus«?, S. 135.
7 Vgl. die Kurzberichte der Stuttgarter Zeitung: Christliche Türken werden nicht abgeschoben (8. 8. 89); CDU begrüßt Bleiberecht für christliche Türken (10. 8. 89).
8 Michael Mönninger: Wir sind die besseren Christen. Morgenlandfahrer auf Religionssuche: Wenn Deutsche zum Islam übertreten. In: FAZ, 8. 10. 88, Nr. 235.
9 Ebd.
10 Ende/Steinbach: Der Islam in der Gegenwart, S. 453.
11 Erwin Märki in: Die Presse (Wien), 5. 8. 88, S. 10.

12 Vgl. Die Zeit, Nr. 20, 12. 5. 89, S. 45. Der Anlaß für den entsprechenden Bericht ist ein ähnlich gelagerter Fall in einer oberbergischen Industriestadt: Auch dort verweigerte der Gemeinderat den muslimischen Gastarbeitern ein Minarett.
13 Sonntag Aktuell, 3. 9. 95, S. 7.
14 Die neue Moschee in Mannheim. Ihre Errichtung und ihre Ziele. Hrsg. vom Institut für Deutsch-Türkische Informationsstudien (Mannheim 1995), S. 6.
15 Ebd.
16 Neue Zürcher Zeitung, 29. 9. 2000, S. 8.
17 Ebd.
18 FAZ, 4. 1. 2000, S. 5.
19 Vgl. Werle/Kreile: Renaissance des Islam, S. 122; Hartmut Esser: Ist das Ausländerproblem in der Bundesrepublik ein Türkenproblem? In: Italiaander: »Fremde raus«?, S. 172 f.; Werner Schiffauer: Die Bauern von Subay (Stuttgart 1987).
20 Bülent Arslan: Integration als Zukunftsaufgabe. In: Gehl: Die Türkei. Nur im Vorhof Europas?, S. 10 f.
21 Zuflucht in der Moschee. Zukunft in der Abwehr? Dossier in Die Zeit, 23. 8. 96, S. 11–13.
22 Bülent Arslan: Integration als Zukunftsaufgabe, S. 10 f.
23 Vgl. hierzu Bausinger: Kulturelle Identität – Schlagwort und Wirklichkeit. In: Bausinger: Ausländer – Inländer, S. 149.
24 Die Presse (Wien), 15. 1. 2000, S. 8.
25 Die neue Moschee in Mannheim, 1995, S. 7.
26 Vgl. hierzu den Bericht in Der Standard, 16.6.2003, S. 2

Zeittafel

Um 2100: Abraham verläßt mit seinem Stamm Mesopotamien und läßt sich in Kanaan nieder. Ihm schreiben später die Juden, Christen und Muslime zu, als erster den Monotheismus gepredigt zu haben.

1353 bis 1336: Der Pharao Echnaton (Amenophis IV.) führt mit der Verehrung des Sonnengottes Aton als alleinigem Gott eine monotheistische Glaubensform im Ägyptischen Reich ein. Aber seine Nachfolger machen die radikal-religiöse Reformation wieder rückgängig.

Um 1230: Der Prophet Moses stiftet am Berg Sinai die Zehn Gebote.

1013 bis 973: David wird König der Juden. Er erobert Jerusalem und macht es zur Residenz seines Reiches Israel. Jerusalem wird religiöses und kulturelles Zentrum des Judentums.

Um 620: Die Juden beginnen mit der Niederschrift des Alten Testaments.

Um 600: Zarathustra begründet im östlichen Iran eine monotheistische Religion, die rund ein Jahrhundert später zur Staatsreligion des Persischen Reiches wird – und schließlich Judentum, Christentum und Islam beeinflußt.

Um 500: In den Predigten und Schriften der jüdischen Propheten bildet sich die Sehnsucht und Erwartung auf den »Messias« aus.

Buddha wirkt in Indien.

Um 440: Die fünf Bücher Mosis entstehen in der uns heute bekannten Fassung.

Unter Perikles beginnt Athens Blütezeit.

Um 33: Jesus wird in Jerusalem gekreuzigt.

Um 34: Saulus bekehrt sich vor Damaskus zum Christentum und wandelt sich zum Apostel Paulus.

Um 45: Syriens Hauptstadt Antiochia wird zum Zentrum der christlichen Bewegung. Dort entwickelt Paulus seine Theologie, dort werden die Anhänger Jesu auch erstmals Christen genannt (in Anlehnung an den griechischen Begriff »Christos«, der »gesalbte König« – hebräisch »Messias«).

50: Ein Apostelkonzil in Jerusalem legt endgültig fest, daß bekehrte Heidenchristen dieselben Rechte haben wie bekehrte Judenchristen. Die Verpflichtung auf den jüdischen Ritus entfällt.

70: Der römische Kaiser Titus unterwirft die aufständischen Juden und läßt ihren Tempel in Jerusalem zerstören. Die Juden werden vertrieben und zerstreuen sich in alle Teile des Imperiums.

Um 70 bis um 100: Die vier Evangelien werden im Umkreis von Antiochia verfaßt. Zuerst entsteht das Markus-Evangelium (um 70). Dann folgen das Matthäus- und Lukas-Evangelium in Anlehnung an Markus (um 80). Um 95 entsteht die Apokalypse des Johannes, um 100 das Johannes-Evangelium.

132 bis 135: Letzter jüdischer Aufstand gegen die Römer, geführt von dem »Messias« Bar Kochba. Kaiser Hadrian läßt Jerusalem vollständig zerstören, verbietet den Juden den Zutritt zu dieser Stätte und errichtet dort eine römische Militärkolonie. Damit ist für die Juden der Traum von einem eigenen Staat vorbei – erst 1948 wird es einen neuen Staat Israel geben. Viele Juden wandern aus. Mit der Auslöschung Israels und Jerusalems haben auch die Christen ihren bisherigen Mittelpunkt verloren. Neue »Hauptstadt der Christen« wird Rom.

Um 150: Die erste kirchliche Organisation der Christenheit entwickelt sich in Antiochia, zur selben Zeit entstehen dort die ersten Christus-Bildnisse und Kreuzsymbole. Syrien wird Hochburg des (noch verfolgten) Christentums.

Um 200: Der Bischof von Rom erlangt als »Nachfolger Petri« im westlichen Teil des Römischen Reiches immer mehr den Vorrang vor anderen Bischöfen.

313: Kaiser Konstantin I. erläßt das Toleranzedikt von Mailand. Seither kann sich das Christentum im Römischen Reich frei entfalten.

324/325: Erstes Allgemeines Konzil in Nikäa unter Vorsitz des Kaisers Konstantin. Glaubensstreitigkeiten zwischen den Athanasiern bzw. den Katholiken (Christus ist Gottes Sohn) und den Arianern (Christus ist gottähnlich, jedoch nicht wesensgleich). Das Konzil verdammt die Arianer als Ketzer, aber die Anhängerschaft der Arianer besteht unvermindert weiter.

330: Kaiser Konstantin erhebt Byzanz unter dem Namen Konstantinopel zur Hauptstadt des Römischen Reiches. Rom wird damit zur zweitwichtigsten Stadt degradiert. Zunehmend entwickeln sich die westliche und die östliche Reichshälfte auseinander. Der politische Schwerpunkt des Imperiums verlagert sich in den Osten.

337: Konstantin läßt sich auf dem Sterbebett als erster römischer Kaiser christlich taufen, aber nicht katholisch, er bekennt sich zum arianischen Christentum.

Um 350: Kaiser Konstantius II., der Sohn Konstantins, fördert maßgeblich das arianische Christentum und erklärt es zur Staatsreligion. Der Kampf zwischen Arianern und Athanasiern (den »Katholischen«) geht noch über zwei Jahrhunderte unentschieden weiter.

379 bis 392: Kaiser Theodosius (379–395) erklärt das Christentum katholischer Prägung zur Staatsreligion (391) und bekräftigt die Verurteilung der rivalisierenden Arianer als Ketzer. 392 läßt er alle heidnischen Kulte verbieten. Die ersten Ketzerverfolgungen beginnen.

395: Nach dem Tod des Kaisers Theodosius wird das Römische Reich endgültig geteilt. Rom ist Hauptstadt des Weströmischen Reiches, Konstantinopel (Byzanz) Hauptstadt des Oströmischen Reiches.

476: Das Weströmische Reich bricht politisch zusammen.

496: Der Frankenkönig Chlodwig läßt sich zum christlichen Glauben bekehren. Von historischer Tragweite ist seine Entscheidung für das katholische und gegen das arianische Christentum.

527 bis 565: Unter Kaiser Justinian erreicht das Oströmische Reich seine größte Blüte. 537 beginnt er mit dem Bau der Hagia Sophia.

Um 570: Mohammed, der Prophet des Islam, wird in Mekka geboren.

600: Christliche Fanatiker zünden in Rom die Palatina-Bibliothek an, um (unersetzliche) Bücher der »heidnischen« griechisch-römischen Antike zu vernichten. Der kulturelle Kahlschlag hat, wie schon die Vernichtung der Bibliothek von Alexandria 391, nachteilige Folgen für die Entwicklung des »christlichen« Abendlandes.

622: Mohammed muß mit seinen Anhängern von Mekka nach Medina fliehen. Die »Hedschra« (Auswanderung) markiert den Beginn der islamischen Zeitrechnung.

632: Mohammed stirbt in Mekka. Arabien ist dem Islam unterworfen, Medina ist die Hauptstadt des entstehenden islamischen Reiches.

632 bis 634: Kalif Abu Bekr unternimmt erste Feldzüge in syrische und persische Randgebiete.

634 bis 644: Unter Kalif Omar erobern die Araber Syrien und Palästina (Damaskus 635, Jerusalem 638), Mesopotamien (641), Ägypten (642) und Persien (644). Viele der »Ketzer«christen, die vom byzantinischen Kaiser und der Staatskirche unterdrückt werden, begrüßen die Muslime als Befreier und werden zu einer Stütze der islamischen Herrschaft.

644 bis 656: Unter der Leitung von Kalif Othman wird 653 die erste schriftliche Fassung des Korans abgeschlossen.

656 bis 661: Unter Kalif Ali bahnt sich die Spaltung in Sunniten und Schiiten an. Ali wird zum Ahnherrn der Schiiten.

661 bis 680: Nach der Ermordung des Kalifen Ali wird Muawija, sein bedeutendster Gegner, Kalif. Er verlegt die Residenz von Medina nach Damaskus und begründet die Dynastie der Omayaden. Die Araber dringen im Westen weit nach Nordafrika, im Osten bis Baktra (Afghanistan) vor.

680: Nach Muawijas Tod meldet Hussein, der Enkel Mohammeds und Sohn des Kalifen Ali, seinen Anspruch auf die Nachfolge an. Muawijas Sohn Yesid läßt Hussein in der Schlacht von Kerbela töten. Die Schiiten bleiben während der folgenden Jahrhunderte von den Sunniten unterdrückt und entwickeln um ihre Leitfiguren Ali und Hussein einen Märtyrerkult.

688 bis 691: Der Omayaden-Kalif Abd Al Malik läßt in Jerusalem den Felsendom errichten.

705 bis 715: Der Omayaden-Kalif Walid I. läßt in Damaskus die Johannes-Basilika abreißen und an ihrer Stelle die Omayaden-Moschee erbauen. Während seiner Regierungszeit erobern die Araber Andalusien, Samarkand und Buchara.

749/750: Sturz der Omayaden-Dynastie. Die arabische Dynastie der Abbasiden kommt an die Macht, bekennt sich aber wie die der Omayaden zum sunnitischen Glauben und bekämpft die Schiiten.

754 bis 775: Der Abbasiden-Kalif Mansur macht 762 Bagdad zur Residenz. Der arabische Einfluß geht während der folgenden Jahrzehnte zurück, Perser bestimmen zunehmend die Entwicklung des Islam. Damaskus sinkt zur Provinzstadt ab.

754 bis 1031: In Andalusien entsteht unter einem Seitenzweig der Omayaden das kulturell blühende Kalifat von Cordoba, wird aber nicht zu einer ernsthaften politischen Bedrohung für das Abbasiden-Kalifat von Bagdad.

762: Ismail, der umstrittene 7. Imam der Schiiten, stirbt. Ein Teil der Schiiten will mit seinem Tod die Reihe der Imame beendet wissen und spaltet sich während der folgenden Jahrzehnte mit der Bewegung der »Siebener-Schiiten« ab.

773: Kalif Mansur läßt das indische Zahlensystem in Bagdad einführen. Die Zahlen werden während des 13. Jahrhunderts in Europa als »arabische Zahlen« bekannt.

786 bis 805: Der Abbasiden-Kalif Harun Al Raschid, Zeitgenosse Karls des Großen, macht Bagdad zur prächtigsten Stadt der Welt.

793: Die um das Jahr 100 in China erfundene Papierherstellung gelangt über Samarkand nach Bagdad. Um 1280 entsteht die erste Papierfabrik im christlichen Abendland (Italien). 1390 wird erstmals in Deutschland Papier hergestellt (Nürnberg).

800: Der Frankenkönig Karl der Große wird in Rom von Papst Leo III. zum Kaiser gekrönt. Kaiser Karl ist damit offiziell und mit religiöser Weihe als Nachfolger und Erbe der römischen Kaiser eingesetzt.

813 bis 833: Kalif Mamun, der Sohn Harun Al Raschids, führt das Abbasiden-Reich zur höchsten Blüte. Muslimische Wissenschaftler studieren nun systematisch griechische und persische Werke. Aristoteles wird zum vielgelesenen Autor, zwei Jahrhunderte bevor ihn das christliche Abendland zur Kenntnis nimmt.

Um 825: Der Perser Al Khwarizmi entwickelt in Bagdad die Algebra und das Rechnen mit Logarithmen.

Um 860: Ibn Nusair begründet in Nordsyrien die schiitische Sekte der Alawiten. Sie breitet sich während der folgenden Jahrhunderte bis nach Anatolien aus.

863: Im Streit um die geistige Vorherrschaft über die Christenheit entzweien sich der Papst von Rom und der Patriarch von Konstantinopel. Die Spaltung der Kirche in eine katholische (im Westen) und eine griechisch-orthodoxe (im Osten) zeichnet sich ab.

874: Mohammed Al Muntasar, der zwölfte Imam der Schiiten, wird unter ungeklärten Umständen ermordet. Jahrzehnte nach seinem geheimnisvollen Verschwinden bildet sich die Lehre vom »Verborgenen Imam«. Die Bewegung der »Zwölfer-Schiiten« entsteht.

Um 930: In Bagdad entstehen große Teile von »Tausendundeiner Nacht«.

936: Die Abbasiden-Kalifen verlieren vollends die politische Macht. Von 936 bis 1258 besitzt das Kalifat von Bagdad für die Sunniten nur noch religiöse Bedeutung. Bagdad bleibt aber das kulturell überragende Zentrum der islamischen Welt. Anstelle des Kalifen regieren nun in raschem Wechsel fremde Dynastien meist türkischer Herkunft.

969 bis 1171: Die schiitischen Fatimiden (aus Tunesien kommend) regieren in Ägypten und im südlichen Syrien. Ihr Kalifat ist gegen das sunnitische Kalifat von Bagdad gerichtet.

Um 1010: Die schiitische Sekte der Drusen entsteht unter fatimidischem Einfluß in Ägypten. 1021 weichen die Drusen vor zunehmender Verfolgung in den Libanon zurück.

Um 1037: Ibn Sina (Avicenna), einer der größten Philosophen und Ärzte der islamischen Welt, stirbt in Persien. Sein »Kanon der Medizin« dient seit dem 13. Jahrhundert auch als Lehrbuch an europäischen Universitäten – bis ins 17. Jahrhundert.

Um 1050: In Frankreich beginnt sich der Baustil der Romanik zu entwickeln, der sich auf weite Teile Europas ausdehnt, bis er um 1250 allmählich von der Gotik abgelöst wird.

1054: Der Papst von Rom und der Patriarch von Konstantinopel belegen sich gegenseitig mit dem Kirchenbann. Damit ist die Spaltung zwischen westlicher (katholischer) und östlicher (griechisch-orthodoxer) Kirche endgültig. Der gegenseitige Kirchenbann wird erst 1965 zum Abschluß des II. Vatikanischen Konzils aufgehoben.

1073 bis 1085: Der Kluniazenser-Mönch Hildebrand wird unter dem Namen Gregor VII. Papst. Mit ihm erlangt die Reformbewegung von Cluny endgültig politische Macht. Gregor verbietet die Einsetzung von Priestern und Bischöfen durch weltliche Herrscher. Damit beginnt der folgenschwere Streit um die Vorherrschaft zwischen

Papst und Kaiser (der »Investiturstreit«). 1074 verbietet Papst Gregor außerdem die bisher übliche Priesterehe und fordert kompromißlos den Zölibat, der sich seit diesem Zeitpunkt bis auf den heutigen Tag im Katholizismus gehalten hat. Zuvor war der Zölibat nur für Mönche und besonders ranghohe Kirchenmänner erforderlich.

Um 1090: Hasan As Sabah, ein Siebener-Schiit, begründet den Orden der Assassinen. Diese Organisation wird zum späteren Vorbild der muslimischen Selbstmordattentäter.

1096 bis 1099: Erster Kreuzzug. 1099 blutige Eroberung von Jerusalem durch die Kreuzritter.

1122: Omar Chaijam, einer der bedeutendsten Mathematiker und Dichter der islamischen Welt, stirbt in seiner Heimatstadt Neischapur (Iran).

1147 bis 1149: Zweiter Kreuzzug. Der Mystiker Bernhard von Clairvaux wird zum fanatischen Ideologen der Kreuzzugsidee. Etliche der muslimischen Fürsten verbünden sich mit den Kreuzrittern gegen andere muslimische Fürsten, die ihnen für die eigene Macht gefährlicher erscheinen als die »ungläubigen« Eroberer.

1171bis 1183: Sultan Saladin (1171–1193) entmachtet den letzten Kalifen der schiitischen Fatimiden-Dynastie und wird sunnitischer Alleinherrscher in Ägypten. Er begründet die Dynastie der Ayyubiden. In den folgenden Jahren fügt er Syrien seinem Herrschaftsgebiet ein.

1187: Saladin besiegt in der Schlacht von Hattin die Kreuzritter entscheidend und erobert noch im selben Jahr Jerusalem.

1189 bis 1192: Dritter Kreuzzug. Die Kreuzritter können nur Akko erobern und den Küstenstreifen behaupten.

Um 1200: Wolfram von Eschenbach (1170–1220) erreicht mit seinem »Parzival« den Höhepunkt der mittelhochdeutschen Epik. Dieses Werk bildet zugleich eines der wenigen Beispiele des christlichen Mittelalters, daß sich ein Dichter (relativ) tolerant mit dem Islam auseinandersetzt.

1202 bis 1204: Vierter Kreuzzug. Die katholischen Kreuzritter plündern das griechisch-orthodoxe Konstantinopel und verzichten nach reicher Beute auf die Fortsetzung des Feldzugs ins Heilige Land.

1215: Papst Innozenz III. beruft das Laterankonzil ein, auf dem Gesetze über das Vorgehen gegen Ketzer beschlossen werden. Das Prinzip der Inquisition ist geboren.

Um 1220: Von Frankreich her beginnt die Gotik in Deutschland zu wirken (die bis ins 16. Jahrhundert herein andauert).

Die Mongolen unter Dschingis Khan erobern den Iran.

1220: Friedrich II. von Hohenstaufen (1194–1250) wird in Rom vom Papst zum Kaiser gekrönt. Seine geistige Freizügigkeit sowie sein Machtstreben in Süditalien bringen ihn aber in Konflikt mit dem Papsttum. Er schafft in Sizilien und Unteritalien den modernsten Staat des christlichen Abendlands, stark von islamischer Kultur beeinflußt.

1223 bis 1240: Ibn Al Arabi, der große und umstrittene Mystiker, lebt bis zu seinem Tod in Damaskus.

Um 1230: Über Sizilien und das maurische Spanien gelangen zum ersten Mal Schriften islamischer und griechischer Autoren ins christliche Europa, ebenso die »arabischen« Zahlen.

1231: Die Kirche beginnt mit der Inquisition gegen »Ketzer«. Seit 1251 ist die Folter als Mittel der Befragung ausdrücklich erlaubt.

Um 1240 bis 1288: Ibn An Nafis, Arzt in Damaskus und später in Kairo, analysiert als erster Mediziner das System des Blutkreislaufs – dies drei Jahrhunderte früher, als europäische Forscher zu den gleichen Ergebnissen gelangen.

1258: Die Mongolen unter Hülägü Khan, einem Enkel Dschingis Khans, zerstören Bagdad. Ende des Abbasiden-Kalifats. Nach der Vernichtung dieses überragenden Kulturzentrums hört das Arabische auf, die völkerverbindende Kultursprache aller Muslime zu sein. Das Persische und später das Türkische werden zur Konkurrenz.

1270: Siebter und letzter Kreuzzug. Vergeblich belagern die Kreuzritter Tunis.

1273: Der große Mystiker Dschelaleddin Rumi stirbt in Konya (Anatolien).

1274: Der Dominikaner Thomas von Aquin, »Fürst der Scholastik« und größter katholischer Theologe des Mittelalters, stirbt in Italien.

1299: Der türkische Stammesfürst Osman, der seit 1288 regiert und in Westanatolien seinen Herrschaftsbereich beträchtlich ausgedehnt hat, nimmt den Titel Sultan an. Er wird zum Begründer der Osmanen-Dynastie (die 1922 mit der Abdankung des Osmanen-Sultans Mehmed VI. endet).

1300: Dante Alighieri (1265–1321) beginnt mit der Niederschrift seiner »Göttlichen Komödie«, einem der großen Meisterwerke mittelalterlicher Epik. Aber Dante steht fest in der kirchlichen Dogmatik seiner Zeit, indem er Mohammed als Prophet des Islam in der Hölle ansiedelt.

Um 1420: In Florenz beginnt die Renaissance und breitet sich im Verlauf eines Jahrhunderts in fast ganz Europa aus.

1453: Der Osmanen-Sultan Mehmet II. erobert Konstantinopel und macht die Stadt unter dem Namen Istanbul zu seiner Residenz. Damit endet das Byzantinische Reich.

Nikolaus von Kues (Nicolaus Cusanus, 1401–1464) verfaßt seine Schrift »Über die Einheit des Glaubens«, in der er Toleranz für alle monotheistischen Religionen, auch den Islam, fordert.

1492: Die Spanier vertreiben die letzten Mauren aus Spanien. Andersgläubige werden von nun an durch die katholische Inquisition unerbittlich verfolgt.

1492 bis 1503: Papst Alexander VI. Borgia wird durch seinen skrupellosen Machtdrang und sittenlosen Lebenswandel zum Symbol für den moralischen Niedergang des Papsttums.

1501 bis 1524: Ismail I. einigt den politisch und religiös zersplitterten Iran und führt die Zwölfer-Schia als Staatsreligion ein. Der Iran ist heute der einzige schiitisch regierte Staat. Ismail begründet die Dynastie der Safaviden (1501–1722) und ist der erste schiitische Schah des Iran.

1516/1517: Der Osmanen-Sultan Selim I. erobert Syrien und Ägypten. Damit endet die Mamluken-Dynastie.

1517: Der Augustinermönch Martin Luther verkündet in Wittenberg seine 95 Thesen zur Reformierung der Kirche und löst damit die europaweite Bewegung der Reformation aus.

1525: Franz I. (1515–1547), der katholische König Frankreichs, bittet den muslimischen Sultan Suleiman I. um ein Bündnis gegen seinen politischen Rivalen, den katholischen Kaiser Karl V.

1529: Die Türken belagern ergebnislos Wien.

1530: Reichstag zu Augsburg. Die Anhänger Luthers legen die »Augsburger Konfession« vor. Als sie aber bei den katholischen Fürsten auf Ablehnung und mangelnde Verhandlungsbereitschaft stoßen, wird die Religionsspaltung unwiderruflich.

1531: Der Reformator Ulrich Zwingli fällt im Kampf gegen ein katholisches Heer in der Schweiz.

1534: Bagdad wird von den osmanischen Türken erobert. Die seit dem Mongoleneinfall ohnehin geschädigte Metropole sinkt in den folgenden Jahrhunderten vollends zur glanzlosen Provinzstadt ab.

Um 1540: Das Osmanische Reich steht unter der Regierungszeit Suleimans I. (1520–1566) auf dem Höhepunkt seiner Macht. In den folgenden Jahrzehnten entstehen viele der bedeutenden Moscheen, meist von Sinan erbaut. Hochblüte von Istanbul, Bursa und Edirne.

1541: Johann Calvin führt in Genf die Reformation durch.

Ignatius von Loyola wird erster General des Jesuitenordens. Die Gegenreformation beginnt.

1555: Augsburger Religionsfriede. Die Protestanten werden rechtlich anerkannt, aber nur die Fürsten des Deutschen Reiches erhalten Religionsfreiheit, nicht die Untertanen. Die Untertanen müssen sich künftig nach dem Glaubensbekenntnis der Fürsten richten. Das Deutsche Reich ist mit seinen vielen Fürstentümern von nun an in eine uneinheitliche Religionslandschaft zerrissen.

1562: In Frankreich verschärft sich der Gegensatz zwischen Katholiken und calvinistischen Protestanten, den Hugenotten. Es kommt zum Bürgerkrieg, der mit Unterbrechungen bis 1598 dauert.

1571: Die protestantische Reformation in England wird vollendet. Die Calvinisten erlangen starken Einfluß.

1572: Die französische Regierung läßt in der »Bartholomäusnacht« nahezu 2000 Hugenotten in Paris töten.

1598: Das Toleranzedikt von Nantes beendigt den Religionskrieg in Frankreich. Die Hugenotten erhalten neben den Katholiken Gleichberechtigung.

1618 bis 1648: Der Dreißigjährige Krieg. In diesem überaus verlustreichen »Religionskrieg« zwischen Katholiken und Protestanten verflechten sich intensiv religiöse und machtpolitische Interessen vieler europäischer Nationen. Eine eindeutige Abkehr von jeglicher religiöser Motivation signalisiert aber ausgerechnet ein katholischer Kirchenfürst: 1635 verbündet sich der französische Kardinal Richelieu mit den protestantischen Schweden gegen die katholischen Habsburger.

1683: Unter Großwesir Kara Mustafa belagert das osmanische Heer zum zweiten Mal ergebnislos Wien. Seit der Niederlage vor Wien befinden sich die Türken in Europa auf dem Rückzug. Ein Detail am Rand: Auf seiten der muslimischen Türken kämpfen protestantische Ungarn, die Kuruzzen (»Kreuztürken«), gegen die »katholische Bedrohung« durch die Habsburger.

1684 bis 1699: Die habsburgischen Truppen erobern nach dem Sieg vor Wien während der folgenden 15 Jahre Ungarn. 1699 tritt das Osmanische Reich Ungarn an die Habsburger ab. Österreich steigt zur Großmacht auf.

1685: Ludwig XIV. hebt das Toleranzedikt von Nantes (1598) auf und läßt die Hugenotten aus Frankreich vertreiben. Viele der Flüchtlinge finden in Preußen Zuflucht.

Um 1700: Das Zeitalter der Aufklärung beginnt. Oberstes Leitprinzip der Erkenntnis ist die »Vernunft«. Religiöse Dogmen werden abgelehnt, sofern sie der Vernunft widersprechen.

Um 1750: In England beginnt als erstem Staat der Welt die industrielle Revolution, die im Verlauf der nächsten 100 Jahre den ganzen europäischen Kulturraum grundlegend umgestalten wird.

Um 1760: Abd Al Wahhab gründet in Arabien die Bewegung der Wahhabiten, die als erste strikt fundamentalistische Positionen vertritt.

1776: Die »Declaration of Independence« wird vom amerikanischen Kongreß am 4. Juli verabschiedet. Die dort festgeschriebenen Grundsätze von der gleichen Würde aller Menschen und den allgemeinen Menschenrechten werden wegweisend für die abendländische Moderne. Sie beeinflussen auch die Vordenker der Französischen Revolution von 1789.

1779: Lessing veröffentlicht »Nathan der Weise«, das große Toleranzdrama, das das Christentum, das Judentum und den Islam auf eine gleichwertige Stufe stellt. Das Drama kann zu Lessings Lebzeiten nicht aufgeführt werden und findet erst im 19. Jahrhundert große Verbreitung.

1789 bis 1794: Die Französische Revolution verändert Europa.

1819: Goethes »West-östlicher Divan« wird veröffentlicht. Der Gedichtzyklus stellt einen Bezug zum »Divan« des persischen Dichters Hafis her und ist ein frühes Zeugnis für den Versuch von Europäern, einen vertieften kulturellen Dialog mit dem »Osten«, mit der islamischen Welt zu beginnen.

1830: Die Franzosen erobern Algerien. Erstmals gerät ein islamisches Land unter westliche Kolonialherrschaft.

1831: Die Franzosen errichten in Beirut erste westliche Schulen. Sie verstärken ihren Einfluß im Libanon.

1844: Die religiöse Sekte der Babi, der späteren Bahai, entsteht im Iran. Nach vielen Verfolgungen gründen die Bahai 1863 in Haifa (Palästina) ihr religiöses Zentrum.

Um 1860: Die osmanische Oberschicht übernimmt zunehmend westliche Lebensformen. Unzufriedene Studenten und Offiziere stehen in Opposition zur absoluten Sultansherrschaft.

1864: Papst Pius der IX. veröffentlicht den »Syllabus«, in dem er die offizielle dogmatische Linie radikal zugespitzt zum Ausdruck bringt: Außerhalb der (katholischen) Kirche kein Heil! Eine Streitschrift gegen die »Irrtümer unserer Zeit«: Protestanismus, Liberalismus, religionsfreie Ethik, Trennung von Staat und Kirche, Sozialismus, Kommunismus, Atheismus.

1869/1870: Papst Pius IX. setzt auf dem Ersten Vatikanischen Konzil das Dogma von der »Unfehlbarkeit« des Papstes in Fragen der kirchlichen Lehre durch.

1882: Britische Truppen besetzen Ägypten. Das Land ist damit vollends aus osmanischer Oberhoheit gelöst und wird britisches Protektorat.

1897: Auf dem 1. Zionistischen Weltkongreß in Basel gründet Theodor Herzl die Zionistische Weltbewegung mit dem Ziel, in Palästina den Juden einen eigenen Staat zu schaffen.

1901: Die Konzession für Erdölbohrungen in Persien wird von Schah Muzaffar Ad Din an die Briten vergeben.

1908: Jungtürkische Revolution. 1909 Absetzung des letzten absolut regierenden Sultans Abdul Hamid II.Von nun an besitzt die Türkei eine konstitutionelle Monarchie. Seit der Jungtürkischen Revolution wird Istanbul in der Architektur stark europäisiert.

Erste Erdölfunde in Persien – die ersten überhaupt in der islamischen Welt.

1909: Die Anglo-Persian Oil Company wird gegründet, um die persischen Erdölfelder auszubeuten.

Juden gründen in Palästina die erste rein jüdische Stadt: Tel Aviv.

Um 1910: In den USA kommt der Begriff »Fundamentalismus« in Umlauf und bezieht sich auf radikal-religiöse protestantische Sekten, die sich scharf von den »ungläubig« gewordenen Amtskirchen abgrenzen.

1911: Gründung des ersten Kibbuz in Palästina.

1913: Im Iran beginnen die Briten Erdöl zu fördern; der Iran wird damit zum ersten Ölstaat des Vorderen Orients.

1915: Die Briten benötigen während des Ersten Weltkriegs die Araber als Verbündete gegen die Türken. Aus taktischen Gründen sichert der britische Hochkommissar in Kairo dem Sherifen Hussein von Mekka die Errichtung eines Großarabischen Reiches unter seiner Führung zu.

Die osmanische Regierung, die von radikal-nationalistischen Jungtürken dominiert wird, ordnet am 27. Mai die Deportation von zwei Millionen Armeniern in die mesopotamische Wüste an. Die Hälfte der Deportierten geht unterwegs an Strapazen und Schikanen zugrunde. Am 10. Juni ermordet die türkische Armee 25 000 Armenier. Mit solchen Verbrechen soll verhindert werden, daß die Armenier auf »türkischem Boden« einen eigenen Staat gründen. Bereits 1895–1897 und 1909 hatten Türken an Armeniern Massaker verübt.

1916: Britische Geologen entdecken im Irak erste große Erdölvorkommen, was das koloniale Interesse Großbritanniens an dieser Region erheblich steigert.

Geheimer Abschluß des Sykes-Picot-Abkommens zwischen Großbritannien und Frankreich: Nach dem voraussichtlichen Sieg über die Türken soll Frankreich das »Mandat« über den Nordteil der Osmanenprovinz Surya (Syrien, Libanon) erhalten, Großbritannien über den Südteil von Surya (Palästina) und den Irak. Dies steht in krassem Widerspruch zum Versprechen der arabischen Unabhängigkeit.

1917: Mit der Balfour-Deklaration sichern die Briten den Zionisten eine jüdische Heimstätte in Palästina zu – dies wiederum in Widerspruch zur Zusage an die Araber, daß sie ein Großarabisches Reich gründen können.

Die Briten besetzen Palästina.

Ausbruch der Oktober-Revolution im Russischen Reich und das Ende der Zarenherrschaft. Die Bolschewiken unter der Führung von Lenin übernehmen die Macht (Lenin stirbt 1924, Nachfolger wird Stalin).

1919 bis 1922: Griechisch-türkischer Krieg. Die Griechen versuchen die Schwäche des besiegten Osmanenreiches auszunutzen und ihren eigenen Staat auf Kosten der Türken zu vergrößern. Sie besetzen Ostthrakien und rücken nach Anatolien vor. Mustafa Kemal (der spätere »Atatürk«) ruft in Anatolien zum Widerstand auf, reorganisiert die türkische Armee und vermag die Griechen aus Anatolien und Ostthrakien zu verdrängen.

1922: Flucht des letzten Osmanen-Sultans Mehmed VI. Das Sultanat wird abgeschafft. Damit endet die Dynastie der Osmanen.

1923 bis 1938: Proklamation der türkischen Republik 1923 durch Mustafa Kemal, der sich ab 1934 Atatürk, »Vater der Türken«, nennt (gestorben 1938). Ankara wird neue Hauptstadt der Türkei, Istanbul bleibt aber geistiges Zentrum. In der Folge wird die Türkei durch Gesetze europäisiert. 1924 werden das Kalifat abgeschafft und die Koranschulen geschlossen. 1925 Auflösung der Derwischorden. 1926 wird der Fes verboten und durch den europäischen Hut ersetzt, die Frauen dürfen keinen Schleier mehr tragen. 1928 wird die arabische Schrift durch die europäische ersetzt. 1929 wird der Pflichtunterricht für persische und arabische Sprache an den höheren Schulen abgeschafft.

1924 bis 1932: Ibn Saud kann durch Eroberungszüge sein Herrschaftsgebiet auf Mekka und Medina ausweiten und wird damit zum mächtigsten Fürsten der Arabischen Halbinsel. Seit den zwanziger Jahren vergibt der ständig unter Geldnot leidende Fürst Konzessionen für vermutete Erdölvorkommen an westliche Firmen und wird damit für westliche Politiker und Geschäftsleute interessant. 1927 erkennen die Briten Ibn Saud als König von Nedschd und Hedschas an, Regionen, die er 1932 zum Königreich Saudi-Arabien vereinigt.

1925 bis 1979: Reza Khan besteigt als Schah Reza Pahlevi den Thron des Iran. Die Dynastie Pahlevi regiert absolut. Das Parlament besteht zwar formell weiter, darf aber keine demokratische Kontrolle ausüben. Unter den Pahlevi wird der Iran energisch und rücksichtslos zugleich modernisiert. Atatürk ist das erklärte Vorbild. Neue Spannungen mit der Geistlichkeit, aber auch mit den ärmeren Volksschichten entstehen.

1926: Der Libanon erhält eine eigene Verfassung (auf die Vorherrschaft der maronitischen Christen zugeschnitten) und wird Republik, bleibt aber unter französischem Mandat.

Atatürk stellt als erster Politiker eines islamischen Staates Mann und Frau rechtlich gleich.

1927: Im Irak beginnt die kommerzielle Erdölförderung durch ausländische Firmen.

1928: Atatürk vermeidet sämtliche religiösen Formeln in der neuen Verfassung. Er erklärt die Türkei zum säkularen Staat nach westlichem Vorbild mit strikter Trennung von Religion und Politik

In Kairo gründet Hassan Al Banna als Reaktion auf Atatürks neue Verfassung die ägyptische Muslim-Bruderschaft. Damit beginnt die Entwicklung der modernen radikal-islamischen Bewegungen.

Reza Pahlevi schließt, von Atatürk inspiriert, islamische Rechtsgelehrte von allem Einfluß auf Politik und Religion aus.

1932: Der Irak wird unabhängiges Königreich, bleibt aber unter britischem Einfluß.

Im Scheichtum Bahrain wird am 1. Juni das erste Erdölvorkommen der Golfstaaten entdeckt.

1933: Ibn Saud vergibt an die Amerikaner eine Erdölkonzession auf 60 Jahre. Die Ölsuche amerikanischer Firmen in Saudi-Arabien beginnt.

1934: Atatürk führt für Frauen das aktive und passive Wahlrecht ein.

Reza Pahlevi weist die Universität von Teheran an, von nun an auch Studentinnen aufzunehmen.

Um 1935: Khomeini erwirbt in Ghom den höchsten akademischen Grad. Seine Vorlesungen über islamische Moral finden regen Zulauf.

1938: Am 4. Juni werden in Saudi-Arabien die größten Erdöllagerstätten der Welt entdeckt. Während der folgenden Jahrzehnte kann Ibn Saud mit dem erwirtschafteten Reichtum sein Land technisieren, wenn er auch religiös eng mit den starr dogmatischen Wahhabiten verbunden bleibt. Er regiert bis zu seinem Tod 1953.

1938 bis 1950: Nach dem Tod Atatürks wird Ismet Inönü (bis 1950) zweiter Präsident der Türkei, er treibt energisch die Demokratisierung voran. 1945 werden Oppositionsparteien neben der bisher alleinregierenden »Republikanischen Volkspartei« zugelassen.

1939 bis 1945: Der Zweite Weltkrieg hat auch Folgen für den islamischen Orient. Die dortigen Kolonial- bzw. Mandatsmächte Großbritannien und Frankreich sind durch den Krieg militärisch weitgehend an Europa gebunden, so daß sie nicht mehr wie bisher die immer stärker werdenden arabischen Nationalbewegungen unterdrücken können. Das Ende der Fremdherrschaft in arabischen Ländern zeichnet sich ab.

1941 bis 1979: Mohammed Reza Pahlevi regiert, der letzte Schah des Iran.

1943: Unterzeichnung eines Unabhängigkeitsabkommens in Damaskus, Syrien ist damit autonom. Aber die Franzosen übertragen dem Libanon gesondert die Selbstverwaltung. Damit ist der Libanon ebenfalls als eigener Staat in die Unabhängigkeit entlassen.

Der arabische Christ Michel Aflak gründet in Damaskus unter Mithilfe des Muslims Salah Ad Din Al Bitar die Baath-Partei.

1946: Abzug der letzten französischen Truppen aus Syrien und dem Libanon.

Beendigung des britischen Mandats über Palästina, Ausrufung des Königreichs Transjordanien.

1947: Die UN-Vollversammlung beschließt, daß nach Beendigung des britischen Mandats in Palästina 1948 zwei unabhängige Staaten, ein jordanischer und ein jüdischer, entstehen sollen.

1948: Die Gründung des Staates Israel am 14. Mai im westlichen Teilgebiet von Palästina führt zum ersten Nahostkrieg zwischen Arabern und Israelis. Die Palästinenser leben seither als Flüchtlinge über den ganzen Nahen Osten verstreut.

David Ben Gurion, Führer der Arbeitspartei, wird Israels erster Ministerpräsident (und regiert mit Unterbrechungen bis 1963).

Die Vollversammlung des »Ökumenischen Rates der Kirchen« verkündet in Amsterdam, daß die Glaubensfreiheit aller Religionsgemeinschaften ein Menschenrecht sei.

1949: Nach der Kriegsniederlage der arabischen Staaten kann sich Israel behaupten. Jordanien erhält das Land westlich und östlich des Jordan sowie die Altstadt von Jerusalem zugesprochen.

Hassan Al Banna, der Gründer der ägyptischen Muslim-Bruderschaft, wird von Offizieren ermordet.

1950 bis 1961: Der türkische Ministerpräsident Adnan Menderes gibt reaktionären religiösen Parteien viel Spielraum und versucht osmanische Traditionen wiederzubeleben. 1960 wird er durch das Militär gestürzt, 1961 wegen gewaltsamer Unterdrückung der Opposition hingerichtet.

1951 bis 1953: Mohammed Mossadegh ist Premierminister im Iran. Er verstaatlicht die Ölindustrie und zwingt die Briten, den Iran zu verlassen. 1953 muß Schah Mohammed Reza Pahlevi fliehen, kann jedoch zurückkehren, nachdem loyale Truppen – mit Hilfe des amerikanischen Geheimdienstes CIA – Mossadegh gestürzt haben. Die Ölindustrie bleibt verstaatlicht, Großbritanniens Einfluß ist beschnitten. Dagegen erlangen die USA durch gezielte Wirtschaftshilfe vorrangigen Einfluß (bis 1979).

1952: Der Militärputsch der »Freien Offiziere« unter General Naguib und Oberst Gamal Abd Al Nasser beendet die ägyptische Monarchie.

In Jordanien wird nach der Abdankung König Talals sein Sohn Hussein König. Er regiert bis 1999.

1954: Nasser entmachtet Naguib und wird Staatspräsident mit diktatorischer Macht. Er läßt die Muslim-Bruderschaft hart verfolgen und etliche Führungsmitglieder hinrichten.

Im November beginnt in Algerien der Unabhängigkeitskrieg gegen die seit 1830 dauernde Kolonialherrschaft Frankreichs. Der Kampf wird von beiden Seiten äußerst blutig geführt und dauert sieben Jahre. Führende Kraft innerhalb der algerischen Widerstandsgruppen ist die FLN (»Front de Libération Nationale«).

1956: Im März erkennt Frankreich die Unabhängigkeit für Tunesien an, einen Monat später auch für Marokko.

Nasser setzt das aktive und passive Wahlrecht für Frauen durch. Im Juli kündigt Nasser die Verstaatlichung des Suez-Kanals an, was zu einer schwerwiegenden Krise mit Großbritannien und Frankreich führt.

Israel greift im Oktober Ägypten an. Zweiter Nahostkrieg ohne nennenswerte Kräfteverschiebung.

1958: Militärputsch arabischer Nationalisten im Irak. König Faisal II. wird ermordet. Ende der Monarchie. Innerhalb der arabisch-nationalistischen Gruppierungen gewinnen die Baath-Sozialisten des Irak stark an Einfluß.

Johannes XXIII. wird am 4. November Papst als Nachfolger des verstorbenen Pius XII. Unter seiner Amtszeit (1958–1963) werden die Bischöfe in ihrer Unabhängigkeit gestärkt, auch wird der Dialog mit anderen Kirchen begonnen.

1962: Nach siebenjährigem Krieg in Algerien verlassen die französischen Truppen das Land. Im Juli erhält Algerien die Unabhängigkeit, und im September wird Algerien Republik. Die FLN als die führende Kraft der Widerstandsbewegung regiert als »sozialistische« säkulare Einheitspartei und orientiert sich am Herrschaftsmodell Lenins, hier der syrischen und irakischen Baath-Partei verwandt. Auch suchen sie wie Nasser und die Führer der Baath-Sozialisten politisch die Nähe zur Sowjetunion, um so einen mächtigen Verbündeten gegen den »imperialistischen Westen« zu haben. Ihre Herrschaft dauert relativ unangefochten bis 1991.

November: Papst Johannes XXIII. eröffnet in Rom das Zweite Vatikanische Konzil. Er verkündet »Offenheit« und ist der erste Papst überhaupt, der gemeinsam mit nichtkatholischen Christen betet.

1963: Im Februar kann der irakische Flügel der Baath-Partei nach einem Militärputsch in Bagdad eine Koalitionsregierung mit arabischen Nationalisten bilden.

Im März übernimmt die syrische Baath-Partei nach einem Militärputsch in Damaskus die unumschränkte Macht. Aflak ist Generalsekretär.

Schah Mohammed Reza Pahlevi verkündet das Wahlrecht der Frauen. Dieses neue Gesetz und die Bodenreform, die er »Weiße Revolution« nennt, stoßen bei der Geistlichkeit auf heftigen Widerstand. Im Juni kommt es zu schweren Unruhen. Zum ersten Mal tritt Khomeini politisch hervor. Der Schah läßt den Aufstand mit brutaler Härte niederschlagen.

Papst Paul VI. wird Nachfolger des am 3. Juni verstorbenen Johannes XXIII. Unter seinem Pontifikat wird das Reformwerk des Zweiten Vatikanischen Konzils zwar fortgesetzt, aber in Details erheblich gebremst.

1964: Khomeini wird wegen seiner politischen Aktivitäten aus dem Iran verbannt. Bis 1965 lebt er im Exil in Bursa (Türkei), dann übersiedelt er nach Nedschef (Irak).

Die Palästinensische Befreiungsfront (PLO) wird in Jerusalem gegründet.

1965: Das Zweite Vatikanische Konzil kommt am 12. Dezember zum Abschluß. Bedeutende neue Aussagen zur allgemeinen Religionsfreiheit und zur Ökumene werden veröffentlicht. Unter anderem heben die katholische und griechisch-orthodoxe Kirche gegenseitig die Bannflüche auf, die seit 1054 unwiderrufen bestanden haben. Im Anschluß an das Konzil ruft Paul VI. zum »Dialog mit dem Islam« auf. Dies ist der erste offizielle derartige Aufruf von seiten eines Papstes.

Der Kölner Erzbischof Joseph Kardinal Frings gestattet türkischen Muslimen, einen Seitenflügel des Kölner Doms als Gebetsraum zu nutzen, solange sie in Köln keine Moschee besitzen.

1966: Im Februar putscht der radikale Flügel der syrischen Baath-Partei gegen die gemäßigten Baathisten. Die Alawiten gewinnen stärkeren Einfluß. Der Alawiten-Führer Hafis Al Assad wird Verteidigungsminister. In der Folge entzweien sich die syrische und irakische Baath-Partei über ideologische Fragen sowie über den Führungsanspruch innerhalb der arabischen Welt.

Sayed Qutb, der Führer der ägyptischen Muslim-Bruderschaft, wird auf Befehl Nassers hingerichtet.

1967: Der dritte Nahostkrieg, der sogenannte »Sechstagekrieg«, beschert im Juni den arabischen Staaten eine verheerende Niederlage. Jordanien verliert die Altstadt von Jerusalem und das Westjordanland an Israel, Ägypten den Sinai, Syrien die Golanhöhen. Die arabischen Nationalisten, Nasseristen wie Baathisten, erleben einen starken Vertrauensschwund. Damit gewinnen radikal-islamische Bewegungen erstmals beträchtlichen Zulauf, allen voran die ägyptische und syrische Muslim-Bruderschaft.

1968: Im Irak erringt die Baath-Partei durch einen Militärputsch die unumschränkte Macht. Stellvertreter des Partei- und Regierungschefs Hassan Al Bakr wird Saddam Hussein.

Michel Aflak emigriert nach innenpolitischen Schwierigkeiten in Syrien nach Bagdad und wird Generalsekretär der irakischen Baath-Partei.

In Nordirland beginnt der Bürgerkrieg zwischen katholischer Minderheit und protestantischer Mehrheit.

1969: Yassir Arafat wird Führer der PLO.

1970: Im September läßt König Hussein in Jordanien ein Blutbad unter Palästinensern anrichten, die bereits die Hälfte der Bevölkerung ausmachen und ihm politisch gefährlich geworden sind. Die Kommandozentrale der PLO weicht in den Libanon aus.

Am 28. September stirbt Gamal Abd Al Nasser. Nachfolger wird der bisherige Vizepräsident Anwar As Sadat.

Im November putscht Assad in Damaskus gegen die eigene Parteiführung. Innerhalb der Baath-Partei erringen die Alawiten die führende Position. Assad wird im März des folgenden Jahres Staatspräsident. Er regiert bis 2000.

Um 1970: Die sogenannte »Islamische Wiedergeburt« als Massenbewegung nimmt ihren Anfang. Immer mehr muslimische Staaten beginnen die »Verwestlichung« öffentlich abzulehnen und fordern die Rückbesinnung auf die traditionellen Werte des Islam.

Mitte der siebziger Jahre beginnen im Westen die Medien von »Fundamentalismus« zu sprechen.

1971: Schah Mohammed Reza Pahlevi feiert mit geladenen Gästen aus aller Welt bei Persepolis das »2500. Jahr der iranischen Monarchie« (seit Kyros). Die Feierlichkeiten können aber nicht vollständig von der Schattenseite der iranischen Wirklichkeit ablenken: Der rasante technische Fortschritt bringt Wohlstand nur für wenige, dagegen bleiben die Massen im Elend und leiden unter der Zerstörung ihrer traditionellen Strukturen.

Das Frauenwahlrecht wird während der siebziger Jahre in den meisten islamischen Staaten Gesetz, auch im traditionalistisch orientierten Königreich Afghanistan – nicht aber in Saudi-Arabien, den Golf-Emiraten und im Sudan.

In Ägypten läßt der neue Präsident Sadat nach nur wenigen Monaten seiner Herrschaft die wichtigsten Anhänger Nassers verhaften und leitet damit die Abkehr vom Nasserismus ein. Außerdem macht er entscheidende Zugeständnisse an die Muslim-Bruderschaft, indem er zunehmend Bestimmungen der Scharia in der säkular konzipierten Verfassung verankern läßt.

Um 1971: Khomeini verfaßt in seinem irakischen Exil in Nedschef sein wegweisendes Buch »Das Königreich der Rechtsgelehrten«. Mit den dort vertretenen politischen Vorstellungen weicht er erheblich von denen der meisten Islamisten ab. Indem er die politische Führung einer »Islamischen Republik« überwiegend Geistlichen zugestehen will, erntet er Widerstand sogar bei einer Reihe schiitischer Islamisten. Aber zur Überraschung selbst vieler Islamisten kann Khomeini dieses Modell 1979 bei seiner »Islamischen Revolution« durchsetzen.

1972: Im Irak wird das Amt des Partei- und Regierungschefs Hassan Al Bakr immer mehr auf Repräsentationsfunktionen beschränkt. Eigentlicher Regent wird sein Stellvertreter Saddam Hussein (der zumindest während der ersten Jahre das Bildungswesen ausbaut und die Emanzipation der Frauen fördert).

Der »Islamische Weltkongreß« ruft zum Dialog mit den Christen auf und schlägt vor, Muslime und Christen sollten in Zukunft auf gegenseitige Bekehrungsversuche verzichten.

1973: In vielen syrischen Städten kommt es unter Führung der Muslim-Bruderschaft zu Unruhen, nachdem Assad die neue Verfassung der »Sozialistischen Republik Syrien« proklamiert hat. Assad muß einlenken und die »säkularistischen« Passagen streichen.

Am 6. Oktober bricht der vierte Nahostkrieg mit Israel aus. Syrien gelingt nicht die Rückeroberung der Golanhöhen.

Der »Islam-Rat für Europa« erklärt verbindlich, der Islam verzichte in Europa auf Missionierung unter Christen.

In der Türkei erntet die »Nationale Heilspartei« unter Necmettin Erbakan bei den Parlamentswahlen 11,8 Prozent der Stimmen. Erstmals betritt damit eine islamistische Partei in der Türkei erfolgreich die politische Bühne.

1975: Im Libanon beginnt der Bürgerkrieg zwischen den verfeindeten Religionsparteien und dauert bis 1990. Muslime lehnen sich gegen die Vorherrschaft maronitischer Christen auf, schließlich bekämpfen sich aber auch Sunniten, Schiiten und Drusen untereinander.

1977: Bei den israelischen Wahlen im Mai gewinnt der konservative Likud-Block und löst nach 29 Jahren erstmals die Arbeitspartei in der Regierung ab. Ministerpräsident wird Menachem Begin.

Sadat bietet Israel den Frieden an und reist im November nach Jerusalem – der erste Besuch eines arabischen Politikers in Israel.

1978: Im Iran bedrohen Unruhen unter Führung Khomeinis ernsthaft die Macht des Schahs Mohammed Reza Pahlevi.

Im September finden zwischen Ägypten und Israel Friedensgespräche in Camp David (USA) statt. Unter Vermittlung von US-Präsident Jimmy Carter verhandeln Menachem Begin und Anwar As Sadat.

1979: Im Iran siegt die Islamische Revolution des Ayatollah Khomeini, der Schah Mohammed Reza Pahlevi verläßt Ende Januar das Land. Nach einer Volksabstimmung im Februar wird die »Islamische Republik Iran« ausgerufen. Wahlberechtigt sind auch Frauen, und das Frauenwahlrecht bleibt unter der Herrschaft der Ayatollahs und Mullahs erhalten. Der Iran ist der erste Staat der islamischen Welt, in dem ein säkulares Regime durch ein Regime »moderner« Islamisten abgelöst wird. Der Iran bleibt aber der einzige islamistische Staat, in dem Geistliche durchweg die politischen Schlüsselpositionen besetzen.

Im März schließen Ägypten und Israel einen Separatfrieden, Ägypten erhält den Sinai zurück, die Übergabe erfolgt im April 1982.

Im Juni wird Saddam Hussein unumschränkter Diktator im Irak.

Am 26. Dezember besetzen sowjetische Truppen Afghanistan, um das dort 1977 an die Macht gekommene pro-sowjetische Regime gegen Aufständische zu schützen.

1980: In der Türkei setzt am 12. September ein dritter Militärputsch das Mehrparteiensystem außer Kraft (der erste erfolgte 1960, der zweite 1971). Anlaß ist diesmal der Machtzuwachs der islamistischen »Nationalen Heilspartei« unter Necmettin Erbakan und andererseits extrem nationalistischer Parteien. Die bisherigen Regierungsparteien mit ihren instabilen Koalitionen haben sich unfähig gezeigt, die wachsende Wirtschaftskrise und den zunehmenden Terrorismus rechts- wie linksextremer Gruppen zu bekämpfen. Diesmal besteht die Militärdiktatur bis 1983. Nach einigen Strukturreformen lassen die Generäle dann wieder demokratische Wahlen zu.

Saddam Hussein beginnt am 22. September den ersten von ihm angefachten Golfkrieg. Seine Truppen überfallen den Iran wegen strittiger Grenzfragen und werden hierbei von westlichen Staaten mit Waffen und Technologie versorgt. Vor allem die USA sehen in dem säkularen Baath-Regime Saddam Husseins einen wertvollen Verbündeten gegen den radikal-antiwestlichen Gottesstaat Iran.

Osama Bin Laden reist erstmals nach Peshawar (Pakistan), um von dort aus – mit Hilfe des pakistanischen und amerikanischen Geheimdiensts – den Widerstand arabischer »Glaubenskrieger« gegen die sowjetische Invasion in Afghanistan zu organisieren.

Dem katholischen Reformtheologen Hans Küng wird kurz nach dem Amtsantritt des Papstes Johannes Paul II. die kirchliche Lehrbefugnis entzogen, weil er sich gegen das Dogma der päpstlichen Unfehlbarkeit in Glaubensfragen ausspricht.

1981: Sadat wird am 6. Oktober von einer radikalen Zweigorganisation der Muslim-Brüder wegen seines Friedensvertrags mit Israel erschossen. Nachfolger wird Hosni Mubarak.

1982: In Hama, der Hochburg der syrischen Muslim-Bruderschaft, sterben im Februar während einer zweiwöchigen Belagerung durch Truppen des Diktators Hafis Al Assad rund 30 000 Menschen.

Israel besetzt vorübergehend den Südlibanon, um Terroraktionen von Guerillagruppen der Palästinenser zu unterbinden. Die Kommandozentrale der PLO unter Führung von Yassir Arafat verläßt daraufhin den Libanon und übersiedelt nach Tunesien.

Der Libanon bleibt explosiv. Im September metzeln paramilitärische Verbände maronitischer Christen in den palästinensischen Flüchtlingslagern Sabra und Shatila hunderte Familien nieder. Ariel Sharon, der Verteidigungsminister der Likud-Regierung und zugleich Oberbefehlshaber der israelischen Truppen im Libanon, tut nichts, um das Massaker zu verhindern. Als sich später herausstellt, daß Sharon die christlichen Mörder sogar wissentlich gewähren ließ, muß er 1983 unter dem Druck einer empörten israelischen Öffentlichkeit als Verteidigungsminister zurücktreten. Es scheint so, als sei damit die politische Karriere von Ariel Sharon beendet.

Im Libanon entsteht die radikal-schiitische Miliz der Hisbollah (»Partei Gottes«), die ideologisch eng mit dem Gottesstaat Iran verbunden ist und von dort unterstützt wird. Aber auch das säkulare Syrien fördert aus machtpolitischem Kalkül die Hisbollah, den fanatischen Feind Israels. Die Hisbollah entwickelt beträchtliche soziale Aktivitäten für in Armut lebende Schiiten, weshalb sie bald sehr populär ist. Andererseits ist sie die erste islamistische Organisation, die mit religiös motivierten Selbstmordattentätern (»Märtyrern«) einer neuen Form von Terrorismus zum Durchbruch verhilft.

1982 bis 1992: In den Militärlagern des afghanisch-pakistanischen Grenzgebiets sammeln sich rund 100 000 radikale Muslime aus 43 Staaten. Diese erstmals internationale Begegnung radikaler Islamisten fördert die globale Vernetzung bisher nur regional operierender Gruppierungen.

1983: »Märtyrer«-Trupps der Hisbollah zerbomben die US-Botschaft in Beirut sowie das Hauptquartier der multinationalen Streitkräfte. Hunderte Menschen sterben. Die multinationalen Truppen unter Führung der USA verlassen daraufhin den Libanon. Der »Erfolg« dieser neuen Form von Terrorismus provoziert weltweit Nachahmer auch bei sunnitischen Gruppierungen.

1986: Osama Bin Laden wird zum Führer der arabischen »Glaubenskämpfer« in Afghanistan.

1987: Die Muslim-Bruderschaft »Hamas« (Eifer) wird im Westjordanland gegründet. Sie entwickelt sich während der nächsten Jahre zu einer radikalen Alternative und Bedrohung für die PLO. Im Dezember beginnt die Intifada, der Aufstand der Palästinenser gegen die Besatzungsmacht Israel im Westjordanland.

1988: Saddam Hussein verübt auf rebellische Kurden in der irakischen Stadt Halabja einen Giftgasangriff, bei dem über 3000 Menschen qualvoll sterben. Westliche Regierungen legen gegen dieses unvorstellbare Verbrechen keinen oder nur sehr zaghaften Protest ein, weil sie mit Saddam Hussein während des ersten Golfkriegs gegen den Gottesstaat Iran verbündet sind.

Im September endet der Krieg zwischen Iran und Irak, wobei keine der beiden Seiten Vorteile erringen konnte. Der drohende wirtschaftliche Ruin zwingt beide Staaten zum »Waffenstillstand«. Die geschätzten Kriegskosten betragen für den Irak rund 165 Milliarden Dollar, für den Iran rund 210 Milliarden Dollar.

1989: Khomeini verkündet am 14. Februar das Todesurteil gegen Salman Rushdie wegen »Beleidigung des Islam« in dessen Roman »Die satanischen Verse«.

Am 4. Juni stirbt Khomeini in Teheran an Darmkrebs. Die Nachfolge im Amt des religiösen Führers tritt Ali Khamenei an. Rafsandjani wird durch Volkswahl Staatspräsident. Unter der Ära Khomeini hat sich für viele Iraner das Elend noch vergrößert; Teheran ist von 1979 bis 1989 von 5 Millionen auf 9 Millionen Einwohner gewachsen; die Slums dehnen sich unter dem Druck der Zuwanderer unaufhaltsam aus.

Michel Aflak stirbt in einer Pariser Klinik. Auf Veranlassung Saddam Husseins erhält er ein Staatsbegräbnis in Bagdad.

Osama Bin Laden gründet im afghanisch-pakistanischen Grenzgebiet die Organisation Al Qaida, »Die Basis«.

1990: Im Libanon geht der Bürgerkrieg zwischen den verfeindeten Religionsparteien zuende. Das geschwächte Land ist völlig von der »Ordnungsmacht« Syrien abhängig.

Saddam Hussein besetzt am 2. August Kuwait. Die Westmächte fordern ihn ultimativ zur Räumung auf.

1991: Nachdem Saddam Hussein einen Rückzug aus Kuwait kategorisch abgelehnt hat, beginnt am 16. Januar unter Führung der USA der zweite Golfkrieg und endet am 28. Februar mit der Niederlage des Irak. Im März bricht im Irak der Aufstand der Schiiten und der Kurden gegen Saddam Hussein los. Im Verlauf der Kämpfe werden Nedschef und Kerbela, die heiligen Städte der Schiiten, schwer verwüstet. Da die US-Truppen den Aufständischen alle Hilfe verweigern, setzt katastrophales Flüchtlingselend ein. Die US-Regierung unter George Bush bewahrt das Regime Saddam Husseín vor dem völligen Zusammenbruch – aus der Überlegung heraus, der Irak könnte ohne diktatorische Gewalt in mehrere Teilregionen zerfallen und das Gleichgewicht im Nahen Osten noch mehr als bisher bedrohen.

Der besiegte Irak anerkennt alle ihn betreffenden UNO-Resolutionen zur Abrüstung. In den folgenden Jahren behindert aber Saddam Husseins Regime die Arbeit der UNO-Waffeninspektoren. Die UNO verhängt daraufhin ein Exportverbot für Erdöl. Das Embargo hat zur Folge, daß innerhalb eines Jahrzehnts eine halbe Million Iraker, hauptsächlich Kinder, wegen fehlender Nahrungsmittel und Medikamente sterben. Seit 1996 darf der Irak zwar im Rahmen des Programms »Öl für Nahrung« begrenzt Erdöl verkaufen, aber die Einnahmen kassiert vor allem das Regime selber und kann sich damit stabilisieren.

Osama Bin Laden verfeindet sich mit der saudi-arabischen Regierung, nachdem beim Ausbruch des zweiten Golfkriegs amerikanische Truppen ins Land geholt worden sind.

Am 21. Dezember wird die Sowjetunion offiziell aufgelöst. Die bisherigen Teilrepubliken schließen sich zur »Gemeinschaft Unabhängiger Staaten« zusammen. Damit endet für die mehrheitlich islamisch bevölkerten Staaten Aserbeidschan, Turkmenistan, Usbekistan, Tadschikistan, Kirgistan und Kasachstan die mehr als 120 Jahre dauernde russische Fremdherrschaft.

1991/1992: Im Dezember 1991 finden in Algerien die ersten freien Wahlen seiner Geschichte statt, nachdem die säkulare FLN durch Korruption und Mißwirtschaft das Land beinahe ruiniert hat. Die FLN verliert die Wahlen drastisch. Die Islamische Heilsfront erhält die meisten Stimmen. Daraufhin verhindert das Militär den zweiten Wahlgang im Januar 1992 und errichtet eine Diktatur. Ein jahrelanger Bürgerkrieg zwischen »Säkularisten« und Islamisten ist die Folge.

1992: Nach den israelischen Wahlen am 23. Juni siegt die Arbeitspartei über den Likud-Block. Ministerpräsident wird Yitzhak Rabin. Der Friedensprozeß im Nahen Osten erhält neuen Auftrieb.

1992 bis 1996: Osama Bin Laden engagiert sich im Sudan für die dortige islamistische Regierung. 1994 wird ihm die saudische Staatsbürgerschaft entzogen. 1996 muß er den Sudan auf Druck der USA und Saudi-Arabiens verlassen und übersiedelt wieder ins pakistanisch-afghanische Grenzgebiet.

1993: In Sivas (Türkei) töten sunnitische Islamisten bei einem Brandattentat 37 türkische Aleviten.

Arafat erkennt das Existenzrecht des Staates Israel an. Die Intifada gegen die Besatzungsmacht Israel endet. Im September unterzeichnet die Regierung Rabin mit der PLO ein Grundsatzabkommen, das den Palästinensern in den von Israel besetzten Gebieten begrenzte Autonomie einräumt (1994 tritt das Abkommen in Kraft).

Im November schließen Israel und Jordanien einen Friedensvertrag (der aber mit Rücksicht auf Syrien noch nicht ratifiziert wird).

1994: Im Januar stellt Assad einen Separatfrieden mit Israel in Aussicht, Bedingung ist der vollständige Abzug Israels aus dem Golan. Die Verhandlungen mit der Regierung Rabin entwickeln sich konstruktiv.

Im September marschieren Taliban-Milizen aus ihrem Exil in Pakistan nach Afghanistan ein und beginnen mit der schrittweisen Eroberung des Landes.

Im Oktober unterzeichnen Israel und Jordanien den Friedensvertrag.

1995: Im März entfachen türkische Islamisten in Istanbul Unruhen gegen die »ketzerischen« Aleviten und versetzen die Türkei wochenlang in einen explosiven Spannungszustand.

Am 4. November wird Israels Ministerpräsident Rabin wegen seiner Friedensbereitschaft mit arabischen Nachbarstaaten von einem rechtsradikalen Israeli erschossen. Nachfolger wird der bisherige Außenminister Shimon Peres.

Im Dezember wird in der Türkei die gemäßigt islamistische Refah-Partei durch demokratische Wahlen stärkste Kraft. (1996 können die Islamisten mit Necmettin Erbakan den Ministerpräsidenten stellen.)

1996: Im Juni gewinnt in Israel der Likud-Block die Wahl. Der rechtsradikale Kandidat Benjamin Netanjahu wird Ministerpräsident. Damit kommt der Friedensprozeß im Nahen Osten wieder ins Stocken.

Im Golfscheichtum Qatar wird der Fernsehsender Al Jazeera (»Die Insel«) gegründet, der erste politisch unabhängig berichtende Fernsehsender der arabischen Welt. Hier kommen regimekritische Journalisten aller islamischen Länder – aber auch Osama Bin Laden – zu Wort. Der Sender hat 45 Millionen arabische Zuschauer.

1997: Im Iran wird der relativ liberale Geistliche Mohammed Khatami durch Volkswahl zum Staatspräsidenten. Das Ergebnis ist sensationell, weil erstmals ein Kandidat entgegen dem Willen der konservativen religiösen Führung zur Macht gekommen ist. Vor allem jüngere Wähler und Frauen haben zu diesem Sieg beigetragen.

In der Türkei muß der islamistische Ministerpräsident und Führer der Refah-Partei Necmettin Erbakan auf Druck des Militärs hin zurücktreten.

Osama Bin Laden übersiedelt nach Kandahar, der Hochburg der Taliban in Afghanistan, nachdem ihn CIA-Agenten aus Peshawar entführen wollten. In der Folge unterstützt er die Taliban bei den Gemetzeln an der schiitischen Minderheit in Afghanistan.

1998: Im Januar verbietet das türkische Verfassungsgericht auf Druck des Militärs hin die islamistische Refah-Partei.

Die Al Qaida verübt am 7. August fast zeitgleich zwei Bombenattentate auf die US-Botschaften in Kenia und Tansania, wobei 263 Menschen sterben. Nun wird Osama Bin Laden einer breiteren Weltöffentlichkeit bekannt.

Die Ermordung von neun iranischen Diplomaten durch Taliban-Milizen in der afghanischen Stadt Mazar-i-Sharif treibt den Iran und Afghanistan im September vorübergehend an den Rand eines Krieges.

Saddam Hussein verweigert die weitere Zusammenarbeit mit den UNO-Waffeninspektoren, die daraufhin den Irak verlassen. Es kommt zu vereinzelten Angriffen der US-Luftwaffe auf vermutete Waffenverstecke.

1999: Am 15. Februar stirbt König Hussein von Jordanien mit 69 Jahren an Krebs. Er regierte seit 1952. Nachfolger wird sein 38jähriger Sohn als König Abdullah II.

Bei vorgezogenen Parlamentswahlen in der Türkei Anfang April wird die demokratische Linkspartei unter Führung von Bülent Ecevit mit 22 Prozent der Wählerstimmen stärkste Partei. Sie bildet eine (sehr brüchige) Regierungskoalition mit der extrem chauvinistischen Partei Nationalistische Bewegung. Die islamistische Partei des Necmettin Erbakan ist mit ihrem Stimmenanteil hinter die beiden säkularen Parteien zurückgefallen.

Bei den vorgezogenen Parlamentswahlen in Israel am 29. Juli verliert die krisengeplagte Likud-Partei unter Netanjahu und muß die Macht an die Arbeitspartei unter Ehud Barak abgeben. Netanjahu tritt als Führer des Likud zurück, Nachfolger wird der rechtsradikale Populist Ariel Sharon, der nach seinem schmachvollen Rücktritt 1983 wieder eine Führungsposition übernimmt. Barak will Rabins Friedenspolitik fortsetzen.

Ende Juli stirbt Marokkos König Hassan II. 70jährig. Er regierte seit 1961 als absoluter Monarch und hat Opposition nur zeitweilig unter politischem Druck und dann sehr eingeschränkt zugelassen. Er hinterläßt ein wirtschaftlich krisengeschütteltes Land, jeder fünfte Marokkaner ist arbeitslos. Nachfolger wird sein 35jähriger Sohn Mohammed VI.

2000: Hafis Al Assad stirbt am 10. Juni nach 30jähriger Herrschaft 69jährig an Herzinfarkt in Damaskus. Sein Sohn Baschar Al Assad folgt im Amt des syrischen Präsidenten.

Unter Vermittlung von US-Präsident Bill Clinton findet im Juli ein zweiter »Camp-David-Gipfel« statt (der erste wurde 1978 unter Jimmy Carter abgehalten). Gesprächspartner sind nun Ehud Barak und Yassir Arafat. In den Verhandlungen gesteht Barak den Palästinensern 90 Prozent des Westjordanlandes zu, aber die Verhandlungen scheitern vor allem an der Frage über den zukünftigen Status von Jerusalem. Erstmals ist jedoch versucht worden, die politische Zukunft Jerusalems zum Gegenstand echter Verhandlungen zu machen.

Israel. Am 28. September kommt Likud-Führer Ariel Sharon zu einer »Inspektion« auf den Tempelberg und zur Al-Aksa-Moschee. Der ungebetene Besuch des radikalen Likud-Führers in der drittheiligsten Pilgerstätte des Islam wird von den Palästinensern als gezielte Provokation empfunden. Es kommt zu schweren Unruhen. Die zweite »Intifada«, die sogenannte »Al-Aksa-Intifada«, beginnt. Die eigentlichen Ursachen für den Ausbruch der bürgerkriegsähnlichen Unruhen ist jedoch die tiefe Frustration der Palästinenser über die stockenden Friedensverhandlungen.

Die Zahl der Muslime mit dauerhaftem Wohnsitz in Deutschland ist auf 3,3 Millionen gestiegen, davon sind rund 2,5 Millionen türkischer Herkunft. Zu Beginn des 21. Jahrhunderts studieren schon 23 000 Türken an deutschen Universitäten. Rund 50 000 türkischstämmige Unternehmer haben über 200 000 Arbeitsplätze geschaffen.

Inzwischen leben rund 17 Millionen Muslime in Europa. 1950 waren es erst 900 000, sie überwiegend in Frankreich und Großbritannien.

2001: Afghanistan: Anfang März läßt das Taliban-Regime die weltberühmten Buddha-Statuen von Bamyan (3. und 4. Jahrhundert) als letzte Überbleibsel eines »Götzenglaubens« völlig zerstören, ebenso unersetzliche Kunstschätze aus vorislamischer Zeit im Nationalmuseum von Kabul.

Israel: Bei den vorgezogenen Neuwahlen am 6. Februar erringt der Likud-Führer Ariel Sharon mit 62,5 Prozent der Wählerstimmen einen Erdrutschsieg über Ehud Barak (37,5 Prozent).

Papst Johannes Paul II. besucht auf seiner Reise durch Syrien am 6. Mai die Omayaden-Moschee in Damaskus und betet dort gemeinsam mit muslimischen Geistlichen. Er hat als erster Papst überhaupt – zum Zeichen des »Dialogs« – eine Moschee betreten.

8. Juni: Im Iran stellt sich Staatspräsident Khatami für eine zweite Amtszeit zur Wahl. Er gewinnt mit 77 Prozent der Stimmen (noch um 7 Prozent mehr als 1997). Wieder verdankt er seinen Sieg vor allem den jugendlichen und weiblichen Wählern. Aber die religiöse Führung unter Ali Khamenei blockiert auch weiterhin viele Reformen.

11. September: Die Organisation Al Qaida verübt den Terroranschlag auf das World Trade Center in New York und das Pentagon nahe Washington, über 3000 Menschen sterben. Dieses für die Amerikaner traumatische Ereignis radikalisiert die Politik des seit Januar 2000 amtierenden Präsidenten George W. Bush.

Am 7. Oktober beginnen alliierte Truppen unter Führung der USA Angriffe auf Afghanistan, um das Netzwerk der Al Qaida zu zerstören und das mit den Terroristen verbündete Taliban-Regime zu stürzen. Nach sechswöchigem Kampf haben die westlichen Truppen im Bündnis mit Stammesfürsten aus dem afghanischen Norden die Taliban zumindest aus allen Städten verdrängt. Aber der Taliban-Führer Mullah Omar ist ebenso wie Osama Bin Laden unauffindbar. Al Qaida ist nicht in der Substanz getroffen.

2002: US-Präsident George W. Bush spricht in einer Rede am 9. Januar von der »Achse des Bösen« und rechnet ihr die Staaten Irak, Iran und Nordkorea zu.

März und April: Die Al-Aksa-Intifada, die seit eineinhalb Jahren Israel und das Westjordanland in schwerer Unruhe hält, bekommt eine neue Dimension. Nachdem die Zahl palästinensischer Selbstmordattentäter drastisch zugenommen hat, geht Sharon zu großangelegten militärischen Aktionen über. Mitte März besetzen israelische Truppen weite Teile des Westjordanlandes und umzingeln Arafats Amtssitz in Ramallah.

Seit dem Frühjahr verstärkt die US-Regierung den Druck auf Saddam Hussein, alle Massenvernichtungswaffen auszuliefern oder zu vernichten. Ein monatelanges Tauziehen zwischen den UNO-Waffeninspektoren beginnt, nur zögernd geben die irakischen Behörden Informationen preis.

28. September: Zweiter Jahrestag der Al-Aksa-Intifada. Die bisherige Bilanz: rund 2000 getötete Palästinenser, rund 600 getötete Israelis, 55 000 Menschen haben ihren Arbeitsplatz verloren.

3. November: Vorgezogene Neuwahlen in der Türkei, nachdem die bisherige Regierungskoalition an inneren Streitigkeiten zerbrochen ist. Die gemäßigte »islamische« Partei »Gerechtigkeit und Entwicklung« (AKP) gewinnt unter Führung von Recep Tayyip Erdogan die absolute Mehrheit. Die Demokratische Linkspartei (unter Bülent Ecevit Regierungspartei) scheitert an der Zehn-Prozent-Klausel, ebenso fast alle anderen Parteien, so auch die islamistische Saadet-Partei des Necmettin Erbakan. Nur die Republikanische Volkspartei (CHP), gegründet von Atatürk, kann sich als Oppositionspartei behaupten.

8. November: Die UN-Resolution 1441 verlangt vom Irak, alle chemischen, biologischen und nuklearen Waffen zu vernichten. Andernfalls drohen »ernste Konsequenzen«.

2003: Israel: Ende Januar gewinnt Sharon bei vorgezogenen Neuwahlen die absolute Mehrheit. Der oppositionellen Arbeitspartei gelingt es nicht, dem Wähler zur radikalen »Sicherheitspolitik« der Likud-Regierung überzeugend eine Alternative zu bieten.

Februar: Die UNO-Waffeninspektoren können im Irak keine versteckten Massenvernichtungswaffen finden. Dessen ungeachtet wünschen die USA von der UNO eine Resolution, die den Krieg gegen den Irak rechtfertigt. Dies scheitert am Veto Frankreichs und Rußlands. Es gelingt George W. Bush nicht, eine breite Allianz gegen den Irak zustande zu bringen. Ohnehin verweigern sich sämtliche islamische Staaten, aber auch Deutschland, Frankreich und Belgien. Einziger Bündnispartner, der Truppen schicken will, ist Großbritannien.

20. März: Beginn des dritten Golfkrieges. Amerikanische und britische Truppen benötigen 20 Kriegstage, bis sie am 9. April in Bagdad einmarschieren. Damit ist das Regime Saddam Husseins nach 24jähriger Gewaltherrschaft gestürzt. Aber von dem Diktator und seinen beiden Söhnen fehlt jede Spur.

Mitte April: Chaos in den irakischen Städten. Den amerikanischen und britischen Besatzern gelingt es nicht, eine stabile Ordnung zu schaffen. In Bagdad wird die Nationalbibliothek sowie das Nationalmuseum teilweise geplündert.

14. April: Papst Johannes Paul II. verneint in seiner 14. Enzyklika ausdrücklich, daß ein gemeinsames Abendmahl von Katholiken und Protestanten möglich sei. Er widersetzt sich damit Bestrebungen der Ökumene.

Die amerikanische Militärregierung löst Anfang Mai die Baath-Partei auf, die 35 Jahre (seit 1968) im Irak regiert hat. Rund 1,5 Millionen der insgesamt 24 Millionen Iraker sind Parteimitglieder.

Die USA verstärken ihre Drohgebärden gegen Syrien und den Iran. Sie kündigen den beiden Nachbarstaaten des Irak mehr oder weniger unverhohlen an, es könnte ihnen dasselbe Schicksal wie dem Irak bevorstehen, falls sie sich »nicht kooperationsbereit« zeigen.

Im Irak gewinnen nach dem Zusammenbruch der sunnitischen Baath-Diktatur islamistische Bewegungen der bisher unterdrückten Schiiten stark an Einfluß. Aber sie müssen innerhalb der eigenen Konfession mit säkularen Gruppierungen konkurrieren.

In Berlin findet Ende Mai erstmals ein Ökumenischer Kirchentag statt, der gemeinsam von der katholischen und evangelischen Kirche veranstaltet wird – für viele Gläubige ein Meilenstein auf dem Weg zur Ökumene.

In Graz (Österreich) veröffentlicht am 15.Juni die »Konferenz der Leiter islamischer Zentren und Imame in Europa« eine Erklärung, daß sich die in Europa lebenden Muslime zu Demokratie, Pluralismus und den Menschenrechten bekennen. Außerdem, wird jegliche Form von Fanatismus und Extremismus abgelehnt.

Mitte Juni weiten sich im Iran Studentenunruhen von Teheran auf andere Städte aus. Die Proteste richten sich erstmals deutlich auch gegen Staatspräsident Khatami, dessen Reformpolitik durch Religionsführer Khamenei nach wie vor stark gebremst wird.

Nach vier Monaten ist es im Irak den amerikanischen und britischen Besatzern noch immer nicht gelungen, das Land zu befrieden. Auch ist es ihnen bisher unmöglich, die angeblich versteckten Massenvernichtungswaffen Saddam Husseins zu finden, dabei hat der Vorwurf der heimlichen Lagerung solcher Waffen offiziell als ein wesentlicher Kriegsgrund gegolten. Immer mehr erhärtet sich weltweit der Verdacht, daß der amerikanische und britische Geheimdienst – und auch die Regierungen – Informationen manipuliert und die Öffentlichkeit bewußt getäuscht haben. Als immer unhaltbarer erweisen sich außerdem die Behauptungen, daß das irakische Regime Kontakte zur Al Qaida gepflegt habe. Zu groß waren und sind die ideologischen Gegensätze zwischen den säkularen Baath-Sozialisten und der radikal-islamischen Organisation.

Ausgewählte Literatur

Abu Zaid, Nasr Hamid: Islam und Politik. Kritik des religiösen Diskurses. Frankfurt/M. 1996.

Azm, Sadik Al: Unbehagen in der Moderne. Aufklärung im Islam. Frankfurt/M. 1993.

Azzam, Hamdy Mahmoud: Der Islam. Plädoyer eines Moslem. München 1983.

Bausinger, Hermann (Hrsg.): Ausländer – Inländer. Arbeitsmigration und kulturelle Identität. Tübingen 1986.

Berger, Peter L./Brigitte Berger/Hansfried Kellner: Das Unbehagen in der Modernität. Frankfurt/M. 1975.

Birkner, Hans-Joachim: Protestantismus im Wandel. Aspekte – Deutungen – Aussichten. München 1971.

Broder, Henryk M.: Die Irren von Zion. 3. Aufl. Hamburg 1998.

Bruckner, Pascal: Das Schluchzen des weißen Mannes. Europa und die Dritte Welt – eine Polemik. Berlin 1984.

Cahen, Claude: Der Islam. I. Vom Ursprung bis zu den Anfängen des Osmanenreiches (Fischer Weltgeschichte, Bd. 14). Frankfurt/M. 1968.

Dietl, Wilhelm: Heiliger Krieg für Allah. Als Augenzeuge bei den geheimen Kommandos des Islam. München 1983.

Durant, Will: Das Vermächtnis des Ostens. Bern 1956.

Durant, Will: Das Zeitalter des Glaubens. Bern 1965.

Ende, Werner/Udo Steinbach (Hrsg.): Der Islam in der Gegenwart. München 1984.

Fischer-Barnicol, Hans A.: Die islamische Revolution. Die Krisen einer religiösen Kultur als politisches Problem. Stuttgart 1981.

Fitzgerald, Michael/Adel Th. Khoury/Werner Wanzura (Hrsg.): Moslems und Christen – Partner? Graz, Wien, Köln 1976.

Gehl, Günter (Hrsg.): Fundamentalismus contra Weltfriede? Weimar 1996.

Gehl, Günter (Hrsg.): Die Türkei. Nur im Vorhof Europas? Weimar 2001.

Gehl, Günter (Hrsg.): Zusammenprall der Kulturen? Perspektiven der Weltpolitik nach dem Ende des Ost-West-Konflikts. Weimar 1999.

Gellner, Ernest: Leben im Islam. Religion als Gesellschaftsordnung. Stuttgart 1985.

Glasenapp, Helmuth von: Die fünf Weltreligionen. Brahmaismus, Buddhismus, Chinesischer Universismus, Christentum, Islam. Köln 1982.

Glasenapp, Helmuth von: Die nichtchristlichen Religionen. Frankfurt/M. 1957.

Grunebaum, Gustave Edmund von (Hrsg.): Der Islam. II. Die islamischen Reiche nach dem Fall von Konstantinopel (Fischer Weltgeschichte, Bd. 15). Frankfurt/M. 1971.

Guggisberg, Hans R. (Hrsg.): Religiöse Toleranz. Dokumente zur Geschichte einer Forderung. Stuttgart 1984.

Heer, Friedrich: Kreuzzüge – gestern, heute, morgen? Luzern u. Frankfurt 1969.

Heller, Erdmute/Hassouna Mosbahi (Hrsg.): Islam, Demokratie, Moderne. Aktuelle Antworten arabischer Denker. München 1998.

Hofmann, Murad: Der Islam als Alternative. 2. Aufl. München 1993.

Hunke, Sigrid: Allahs Sonne über dem Abendland. Unser arabisches Erbe. Stuttgart 1984.

Huntington, Samuel: Kampf der Kulturen. Die Neugestaltung der Weltpolitik im 21. Jahrhundert. 2. Aufl. München, Wien 1997.

Italiaander, Rolf (Hrsg.): »Fremde raus?« Fremdenangst und Ausländerfeindlichkeit. Gefahren für jede Gemeinschaft. Frankfurt/M. 1983.

Italiaander, Rolf (Hrsg.): Die Herausforderung des Islam. Ein ökumenisches Lesebuch. Göttingen 1987.

Jedin, Hubert: Kleine Konziliengeschichte. Die zwanzig ökumenischen Konzilien im Rahmen der Kirchengeschichte. Basel u. Wien 1959.

Jens, Walter (Hrsg.): Um nichts als die Wahrheit. Deutsche Bischofskonferenz contra Hans Küng. Eine Dokumentation. München u. Zürich 1978.

Kebir, Sabine: Zwischen Traum und Alptraum. Algerische Erfahrungen 1977–1992. Düsseldorf 1993.

Kepel, Gilles: Die Rache Gottes. Radikale Moslems, Christen und Juden auf dem Vormarsch. München 1991.

Kepel, Gilles: Das Schwarzbuch des Dschihad. Aufstieg und Niedergang des Islamismus. München 2002.

Köhle-Hezinger, Christel: Evangelisch – katholisch. Untersuchungen zu konfessionellem Vorurteil und Konflikt im 19. und 20. Jahrhundert vornehmlich am Beispiel Württembergs. Tübingen 1976.

Küng, Hans: Wahrhaftigkeit. Zur Zukunft der Kirche. Freiburg, Basel, Wien 1968.

Küng, Hans/Josef van Ess: Christentum und Weltreligionen. I. Islam. Gütersloh 1987.

Lewis, Bernard: Die Welt der Ungläubigen. Wie der Islam Europa entdeckte. Frankfurt/M. u. Berlin 1987.

Lewis, Bernard: Welt des Islam. Geschichte und Kultur im Zeichen des Propheten. Braunschweig 1976.

Maaluf, Amin: Der heilige Krieg der Barbaren. Die Kreuzzüge aus der Sicht der Araber. München 1996.

Meddeb, Abdelwahhab: Die Krankheit des Islam. Heidelberg 2002.

Mensching, Gustav (Hrsg.): Der offene Tempel. Die Weltreligionen im Gespräch miteinander. Stuttgart 1974.

Meyer, Thomas: Fundamentalismus. Aufstand gegen die Moderne. Reinbek bei Hamburg 1989.

Mitscherlich, Alexander: Toleranz – Überprüfung eines Begriffs. Ermittlungen. Frankfurt/M. 1974.

Neumann, Johannes/Michael W. Fischer (Hrsg.): Toleranz und Repression. Zur Lage der religiösen Minderheiten in modernen Gesellschaften. Frankfurt/M. u. New York 1987.

Niewöhner, Friedrich: Maimonides. Aufklärung und Toleranz im Mittelalter. Heidelberg 1988.

Niewöhner, Friedrich: Veritas sive Varietas. Lessings Toleranzparabel und das Buch Von den drei Betrügern. Heidelberg 1988.

Prittie, Terence: Wem gehört Jerusalem? Stuttgart 1982.

Religion und Politik im Iran. »mardom nameh« – Jahrbuch zur Geschichte und Gesellschaft des Mittleren Ostens. Redaktion: Kurt Greussing. Hrsg. v. Berliner Institut für vergleichende Sozialforschung. Frankfurt/M. 1981.

Rill, Bernd: Kemal Atatürk. Reinbek b. Hamburg 1985.

Ringel, Erwin/Alfred Kirchmayr: Religionsverlust durch religiöse Erziehung. Tiefenpsychologische Ursachen und Folgerungen. Wien, Freiburg, Basel 1986.

Schiffauer, Werner: Die Gottesmänner, Türkische Islamisten in Deutschland. Frankfurt/M. 2000.

Schimmel, Annemarie: Mystische Dimensionen des Islam. Die Geschichte des Sufismus. Köln 1985.

Schweizer, Gerhard: Iran. Drehscheibe zwischen Ost und West. 4. erw. u. aktual. Aufl. Stuttgart 2000.

Schweizer, Gerhard: Syrien. Religion und Politik im Nahen Osten. Stuttgart 1998.

Seppelt, Franz Xaver/Georg Schwaiger: Geschichte der Päpste. Von den Anfängen bis zur Gegenwart. München 1964.

Shah, Idries: Die Sufis. Düsseldorf u. Köln 1976.

Thiel, Norbert: Der Kampf gegen neue religiöse Bewegungen. Anti-»Sekten«-Kampagne und Religionsfreiheit in der Bundesrepublik Deutschland. Mörfelden-Walldorf 1987.

Tibi, Bassam: Die fundamentalistische Herausforderung. Der Islam und die Weltpolitik. München 1992.

Tibi, Bassam: Der Islam und das Problem der kulturellen Bewältigung sozialen Wandels. Frankfurt/M. 1985.

Tibi, Bassam: Der wahre Imam. Der Islam von Mohammed bis zur Gegenwart. München 1996.

Werle, Rainer/Renate Kreile: Renaissance des Islam. Das Beispiel Türkei. Hamburg 1987.

Zahrnt, Heinz: Gott kann nicht sterben. Wider die falschen Alternativen in Theologie und Gesellschaft. München 1970.

Zirker, Hans: Islam. Theologische und gesellschaftliche Herausforderungen. Düsseldorf 1993.

Personenregister

Weitere Standardwerke von Gerhard Schweizer zum Thema Islam:

Iran

Drehscheibe zwischen Ost und West

4. aktual. Neuauflage, 2000.
470 Seiten, gebunden, ISBN 3-608-94303-X

Der Iran steht vor neuen dramatischen Umbrüchen. Religiöser und kultureller Pluralismus gewinnen an Boden, seit der radikal-islamische Gottesstaat an seinen inneren Widersprüchen zu zerbrechen droht. Was sind die Folgen für die Weltpolitik?

Syrien

Religion und Politik im Nahen Osten

372 Seiten, gebunden, ISBN 3-608-93396-4

Syrien – eine Schlüsselmacht im Nahen Osten und ein faszinierendes Reiseland mit Sehenswürdigkeiten aus antiker, frühchristlicher und islamischer Zeit. Die westliche Berichterstattung reduziert den Nahostkonflikt meist auf die Krisenherde Israel und Palästina. Dabei unterschätzt sie den historisch begründeten großsyrischen Nationalismus. Syriens Versuch, sich den Libanon als »Provinz« einzuverleiben, ist ein bisher wenig beachteter Vorstoß in diese Richtung.

Ungläubig sind immer die anderen

Weltreligionen zwischen Toleranz und Fanatismus

2. aktual. Neuauflage, 2002.
364 Seiten, gebunden, ISBN 3-608-94223-8

An zahlreichen Beispielen aus Geschichte und Gegenwart zeigt Gerhard Schweizer, wie schwierig es für die Gläubigen der Welt ist, Andersgläubigen mit wirklicher Toleranz zu begegnen, und wie selbst heute politische und soziale Konflikte noch immer Auslöser von Glaubenskämpfen sind. Und er zeigt vor allem, daß die Bereitschaft zum Dialog für eine friedlichere Welt unabdingbar ist.